대한민국 역세권 입지지도

부의 레벨을 올리는
역세권 투자

STATION

표찬 (밴더빌트) 지음

대한민국 역세권 입지지도

부의 레벨을 올리는 역세권 투자

INFLUENCE AREA

원앤원북스

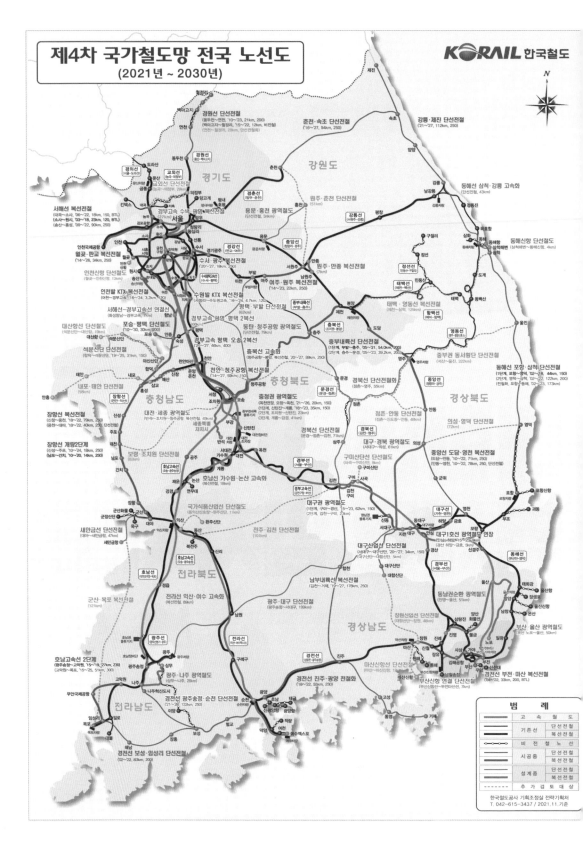

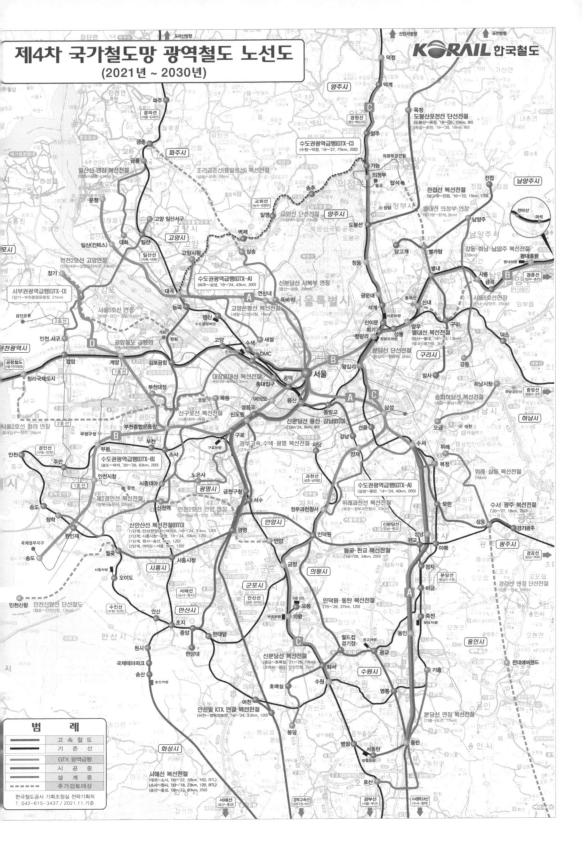

부동산의 방향을 이끄는 것은
KTX와 GTX일 수밖에 없다

『김학렬의 부동산 투자 절대 원칙』이라는 책이 있습니다. 대한민국 부동산의 프리미엄을 소비자들이 선택하는 '주요 구매 요인(Key Buying Factor)' 4개로 구분해 설명한 책입니다. 여기서 설명한 4대 요인은 교통, 교육, 상권, 환경입니다. 이중 교통은 일자리와 밀접한 관계가 있습니다. 교통망으로만 분석해서는 부족하고 반드시 일자리와 연결되어야 시너지가 날 수 있다는 뜻입니다. 집 앞에 역이 생기는 것은 틀림없는 호재입니다. 하지만 이후 어떤 일자리와 연결되는 역세권이냐에 따라 부동산의 가치는 천차만별 달라질 것입니다. 서울은 논외로 하더라도, 이러한 이유로 경기도 내에서도 수인선 역세권과 신분당선 역세권의 가치는 어마어마한 차이가 있습니다.

교통망 프리미엄으로 시장을 가장 디테일하게 분석할 수 있는 전문가가 바로 하우에스테이트의 표찬 대표입니다. 전작『대한민국 역세권 투자지도』를 보신 분들은 아시겠지만 그의 교통망에 대한 깊이는 대한민국 최고입니다. 지난 책을 통해 우리는 다양한 투자처를 분석할 수 있었고 실제로 꽤 많은 수익률을 올릴 수 있었습니다. 하지만 2022년 하반기부터 시장이 급격하게 차가워지기 시작했습니다. 단순히 교통망 호재만 가지고는 엉뚱한 의사결정을 할 수 있습니다. 좀 더 신중하고 본질에 가까운 부동산 분석이 필요한 타이밍이 된 것이죠.

『대한민국 역세권 입지지도』는 이런 시장에 꼭 필요한 역할을 해줄 것입니다. 이 책은 역세권의 가치를 본격적으로 분석하기 전에 부동산 투자의 육하원칙을 다시 한번 설명합니다. 가장 기본적으로 시장을 이해해야 합니다. 시장을 알아야 언제, 얼마나, 왜 사야 할지 보이기 때문입니다. 수급을 파악하고, 통화량과 물가지수를 확인하고, 부동산 정책을 통해 세금과 대출 가능 여부도 체크해야 합니다. 기준금리와 부동산 심리까지 파악하고 나면 그다음 스텝이 보일 것입니다. 어디를 사야 할지 결정하기 위해서는 입지를 알아야 합니다. 그 입지에서 어떤 상품을 사야 할지에 대한 의사결정 또한 여러 중요한 포인트를 알아야 합니다. 그래야 어떻게 사야 하는지에 대한 방법이 결정되기 때문입니다.

결국 이러한 다양한 사전분석을 통해 방향성을 예측해보면, 향후 부동산의 방향을 이끄는 것은 KTX와 GTX일 수밖에 없다는 결론이 도출됩니다. 디테일한 투자자라면 대한민국 부동산 프리미엄의 절대 다수를 가지고 있는 수도권 전철의 현재와 미래를 잘 파악하고, 광역시 도시철도의 현재와 미래를 집중적으로 공부해야 합니다. 더불어 지방 투자에 관심 있는 투자자라면 비수도권 광역철도에도 관심을 가져야 합니다. 이러한 체계적인 부동산 접근법을 구체적으로 설명한 책이 바로『대한민국 역세권 입지지도』입니다. 이 책 하나면 더 이상 불필요하게 구글, 네이버 검색을 할 필요가 없을 정도로 디테일하게 정리가 잘되어 있습니다.

대한민국 부동산의 방향성은 제4차 국가철도망 구축계획을 통해 전망하고 예측할 수 있습니다. 이 중에서 반드시 주목해야 할 주요 교통망 39개를 일목요연하게 잘 정리하고 포인트를 짚어줍니다. 마치 현장에서 보는 것처럼 생생하게 교통망별 특징을 살펴볼 수 있습니다. 고속철도, 일반철도, 도시철도, 광역철도 등 각 철도망의 역할과 향후 신설 가능한 철도망을 정리해줍니다. 물론 그 안에서 우리가 직접 투자 포인트를 선별해야겠죠.

교통망 인사이트로
시장을 분석한 최고의 책

호재가 호재로 끝나는 경우가 대부분입니다. 그 이유는 정치하시는 분들이 추진 가능성을 현실적으로 판단하기보다는, 추진되면 좋겠다는 지역 유권자들의 희망사항만을 담아 정치적으로 이용하는 경우가 많기 때문입니다. 따라서 교통 호재에 대한 선별 작업이 반드시 필요합니다. 교통 호재의 추진 가능성에 대한 인사이트가 있어야 하는 것이죠. 표찬 대표는 이번 책을 통해 그러한 인사이트에 포커싱합니다.

이 책을 통해 저는 이러한 인사이트를 얻게 되었습니다. 신규 노선이 생길 경우 실제 이용하는 사람들의 접근성이 이전보다 획기적으로 좋아지는지, 교통망 노선을 주기적으로 이용할 수 있는 일자리 노선인지, 메인 일자리와 직통 노선이 아닐 경우 환승이 가능한지 등을 꼭 확인해야 한다는 것입니다. 마지막으로 무엇보다도 이미 건설되고 있거나 가능성이 높은 지역을 우선적으로 살펴봐야 합니다.

지금의 부동산 시장의 혼란은 어찌 보면 교통망 시설의 부족에서 온 것이라고 생각합니다. 결국 교통망으로 인한 부동산의 차별화는 지속될 수밖에 없다는 것이고요. 어떻게 교통망을 분석하고 활용할지에 대한 자신만의 기준이 있었으면 합니다. 제가 그랬던 것처럼 여러분도 이 책을 통해 확실한 교통망 인사이트를 갖게 될 것이라 확신합니다.

스마트튜브 부동산조사연구소

김학렬 소장

역세권의 가치를
집대성하다

지난 2021년 2월, '역세권'을 주제로 『대한민국 역세권 투자지도』를 출간했다. 이번 『대한민국 역세권 입지지도』는 전작을 확장한 속편이다. 이 책은 최신 철도 계획과 데이터, 계획노선 예정지 정보, 부동산 시장상황 등을 집대성한 책이다. GTX를 비롯해 제4차 국가철도망 구축계획 등을 수록했고, 부동산 투자의 본질적인 접근 방식까지 다뤘다. 시시때때로 변화하는 부동산 시장에 있어 역세권과 관련한 미세한 접근 방식보다는, 노선 위주의 거시적인 접근 방식을 택했다.

일단 책을 낸다는 것은 출판사 입장에서는 돈이 되어야 한다. 좋은 작가를 섭외하는 과정, 글을 다듬고 사실관계를 확인하는 과정, 다양한 노출과 마케팅 작업 등이 필요하다. 몇 권의 책을 출간하면서 시장에서 평가를 받아 보니 과정의 중요성을 새삼 느끼게 된다. 유명인이 아닌 이상 경영경제 관련 책을 팔려면 투자 경험이 풍부하거나, 다양한 데이터 분석에 의한 시장 예측 등의 콘텐츠를 통해 세상에 알려진 사람이거나, 열혈 팬을 많이 확보하거나 그에 맞는 조직을 갖추고 있어야 한다. 이런 준비된 자의 책이 출간과 동시에 분야 베스트셀러에 등극하게 되고, 세상의 주목을 받게 된다. 물론 반대로 초판을 소화하는 것조차 벅찬 경우도 있다.

이번 책을 준비하면서 돈을 떠나 조직의 힘과 책을 만드는 단계의 중요성, 마케팅 작업에 많을 신경을 썼다. 기존의 책이 필자의 인사이트를 시장에 알리는 정도의 의미였다면, 이번 책은 시장을 파고들기 위한 전략으로 집필했다.

넘버원이 아닌
온리원의 길

부동산 전문가는 많다. 그 영역도 참 다양하다. 투자의 주체에 따라, 용도에 따라, 방법에 따라 접근하는 방식이 다르다. 어떠한 시장에서 '전문가'로 살아남는다는 것은 열심히 공부해서 의사나 판사가 되는 것 못지않다고 생각한다. 그러나 입지, 교통, 역세권을 다루는 전문가는 그리 많지 않다. 입지를 이야기할 때 지역을 분석하기 마련인데, 아파트 단지나 재개발·재건축에 관한 지엽적인 정보만 되풀이하는 경우가 대부분이다. 교통이나 역세권을 제대로 다루기 위해서는 어느 정도 전문성이 필요하다. 필자의 가장 큰 무기는 실제로 계획과 설계를 해봤고, 업무 협의 경험과 풍부한 네트워크로 철도망, 역세권에 대한 양질의 정보를 갖고 있다는 점이다. 현장답사와 부동산 시장 분석, 투자 경험을 잘 살려 최소한 '역세권'이라고 하면 '밴더빌트'라는 이름이 '넘버원'은 아니어도 '온리원'으로 기억되고 싶다.

국가 재정이 상당수 들어가는 일반철도나 광역철도, 도시철도 사업은 과정이 오래 걸릴 뿐 진행에는 문제가 없지만, 민간제안사업은 건설 시장이 위축되거나 금융위기와 같은 외부 변수로 사업 자체가 중단되기도 한다. 역세권 투자는 실제 운행까지의 각 진행 단계를 잘 파악하고, 주요 포인트를 확실하게 짚어 꼼꼼하게 전략을 세워야 한다. 현장의 중요성은 부동산 투자자라면 누구도 부인하지 않는다. 누구나 역세권에 대한 이야기를 할 수는 있지만 경험치에 따라 깊이가 다르기 마련이다. 전체적인 맥락을 이해하지 못하고 그냥 이야기하면 '여기가 개발되니까 좋다.' 하는 정도밖에 말할 수 없다. 그러므로 누구와 함께 가느냐가 중요하다. 역세권 전문가, 밴더빌트와 함께하는 것이 중요한 이유다.

부동산 하락 국면, 어떻게 접근해야 하는가?

2022년 하반기, 대한민국 부동산 시장은 역대급 조정기를 맞이하고 있다. 이러한 상황에서 기존에 해왔던 투자방법은 옳지 않다. 역세권이든 재개발이든 오르기보다는 방어에 급급할 수밖에 없기 때문이다. 그렇다고 시장에 대한 감을 놓는 순간, 허무하게 다음 기회를 놓칠 수 있다. 막상 좋은 시장이 와도 내 통장 잔고가 바닥이라면 할 수 있는 게 많지 않다. 따라서 '감'을 계속 유지하면서 다음 시장을 준비하며 시드머니를 만들어야 한다.

국가 경제 상황이 제대로 돌아가고 있다는 전제하에 부동산을 포함한 대부분의 재화의 가격은 우상향한다. 인구구조의 패러다임이 급격히 변하는 2040년까지는 부동산 가격도 우상향할 가능성이 높다. 주택보급률이 100%가 넘는다고는 하지만 이는 각자가 살고 싶은 집을 말하는 것이 아니다. '좋은 아파트'에 살고 싶은 사람을 세대수로 가정해 셈하면 아직 주택보급률은 수도권은 30%, 지방은 50%밖에 되지 않는다고 본다. 토지가, 인건비, 자재비 등이 모두 올라가는 상황에서 부동산만 내려갈 수는 없다. 다만 올라도 적당히 올라야 하는데 간혹 비정상적으로 가격이 올라가는 경우도 있기에, 조정기는 이에 대한 거품이 일부 빠지는 과정이라고 생각한다.

조정장에서는 무엇을 해야 하는가? 일단 원인에 따라 다를 수 있지만 만약 현재 상황이 급격한 가격 상승, 금리 인상 등과 밀접하다면 금리가 정점에 다다를 때까지는 기다리는 게 좋다. 물론 금리가 높다고 부동산 가격이 안 오르지는 않는다. 다만 급격한 금리 상승기에는 잠시 비를 피하는 게 좋다. 어느 정도 상승해서 당분간 이 정도 수준에서 유지한다고 하면 거품의 폭이 얼마나 빠지는지 지켜봐야 한다.

단기간 급격히 오른 상승분이 어느 정도 빠졌다고 생각되면 시드머니를 마련하기 위한 준비를 해야 한다. 부동산 조정장이 지속된다면 정부는 부동산 규제를 하나둘 풀 수밖에 없다. 조정장에서는 규제를 완화해도 시장에 미치는 영향이 미비하기에 섣불리 물어서는 안 된다. 상당수 규제가 완화되면 일단 싸게 사서 주변보다 살짝 저렴하게 내놓는 게 좋다. 이때는 경·공매가 유리할 수 있다. 어찌되었건 싸게 사서 매수자가 나타날 때까지 여유를 가지고 기다려야 한다. 시장이 조금 회복되면 갭 투자나 '줍줍'을 고려해야 한다. 본격적인 상승장은 아니기에, 리스크가 적고 세금에서 비교적 자유롭다면 지속적으로 시드머니를 만들어야 한다. 본격적인 상승장에서는 단기 매도보다는, 그동안 오르지 못한 가격까지 보존받을 수 있기 때문에 시황을 보며 천천히 매도하는 전략이 유리하다.

핫플레이스로 거듭난
성수동 연무장길

2017년 성수도시재생센터장으로 임명되면서 지역의 자원에 대해 많은 고민을 했다. 당시만 해도 지금처럼 성수동은 소위 '핫플레이스'가 아니었다. 성수동은 과거부터 수제화로 유명했던 지역이었고, 연무장길은 주로 피혁거리라고 불리며 재료상이나 관련 소품을 파는 매장이 많았다. 센터장을 맡은 이후, 부동산에 대한 여러 경험과 상권 및 상업시설 등에 대한 이해를 바탕으로 성수동을 분석했다. 장소의 특수성(대형 공장 활용), 준공업지역의 일자리 증가, 교통의 편리함(압구정과 근접, 분당선 개통), 대규모 서울숲 공원 부지, 지역의 부동산을 상징하는 갤러리아포레 등을 보면서 성수동이 뜨는 것은 시간문제라고 생각했다.

당시 서울숲 후면 아뜰리에거리는 젊은 사람들이 창업도 하고, 주말에는 유동인구도 제법 있는 활기찬 곳이었다. 그에 반해 연무장길은 평일 저녁이나 주말에는 삭막함 그 자체였다. 먹자골목이든, 카페골목이든 대로변보다는 살짝 후면 거리에 위치하고, 8m 이상의 적당한 도로폭과 길게 연장된 가로가 상권이 형성되기 좋은 조건이다. 여러 조건을 고려해보니 연무장길은 몇 년 만 있으면 서울의 대표 거리가 될 것 같았다.

센터장을 역임하던 시절, 이러한 미래를 예측해 연무장길에서 작은 축제를 열었다. 연무장길 600m를 차량이 들어오지 못하도록 규제하고 여러 전시 행사와 플리마켓 등을 유치해 '꽃길만 걸어요' 축제를 시작했다. 저녁 무렵에는 성수역 인근 수제화공원에서 주민들의 장기자랑을 비롯해 인기가수 공연까지 기획해, 없는 예산에 첫 행사치고 좋은 평가를 받았다. 이듬해 행사는 서울숲에서 진행했다.

컴컴해지면 지나가기 무서울 정도로 삭막했던 거리는 곧 완전히 바뀌어 각종

차례대로 성수도시재생축제 안내판, 핫플레이스로 떠오른 성수동 연무장길

편집숍, 촬영숍 등이 들어섰고, 도심에서 쉽게 볼 수 없는 대규모 카페와 유명 셰프가 운영하는 다양한 음식점이 들어오기 시작했다. 특히 많은 연예인들이 성수, 뚝섬, 서울숲 주변에 투자하면서 세간의 화재를 몰고 왔다. 주말에 우연히 연무장길을 지나갈 때면 과거 이러한 미래를 예측하고 대비했던 시절이 떠올라 흐뭇해하며 혼자 피식 웃곤 한다.

'역세권이 답이다' 블로그와
'싸부TV' 유튜브

핸드폰으로 다양한 정보를 접하는 SNS 시대에 있어 텍스트 위주의 블로그와 영상 위주의 유튜브는 규모가 가장 큰 소통의 장이다. 역세권을 주제로 다양한 콘텐츠를 선보이는 필자에게 유튜브는 피할 수 없는 도전이었다. 2021년 9월 7일, 처음으로 '싸부TV' 채널에서 방송을 시작한다. 유튜브를 통해 역세권을 넘어 부동산 전반에 대한 내용을 다루고 싶었다. 한 주간의 교통망 소식과 전문가 인터뷰,

철도 노선 주변 현황과 가치에 대한 평가 등을 다루고 있다. '역세권이 답이다' 블로그에서는 역세권을 주제로 철도계획과 역세권 인근 부동산 정보, 부동산 정책 등을 분석하고 예측하며 욕을 먹더라도 솔직한 이야기를 담기 위해 노력하고 있다.

GTX, 제4차 국가철도망 구축계획 등 굵직한 이슈가 많았기에 최근 부읽남TV, 단희TV, 스마트튜브, 직방TV, 집코노미TV 등 다수의 메이저 부동산 채널과 협업했다. 책을 출간하거나 블로그에 글을 쓰는 것은 텍스트로 승부하는 것이지만, 유튜브는 보여지는 매체이다 보니 외형 관리를 비롯해 말투나 표정, 전문성이 드러나는 대화기법 등 또 다른 기술이 필요했다. 더불어 다소 즉흥적인 부분도 없지 않아 있다. 글을 쓰는 과정과는 준비하는 자세부터 다르다. 누군가는 텍스트나 그림을 더 선호할 수 있지만, 다른 누군가는 귀동냥을 통해 또는 다른 일을 하며 무의식적으로 흘러가듯 정보를 듣고 싶어 한다. 지금 유튜브를 할까 말까 고민하는 분이 계시다면 그냥 시작해보라고 권하고 싶다. 구독자가 100명이든 1천 명이든 일단 그 환경에 익숙해져야 한다. 하다 그만둘지라도 자기만의 콘텐츠가 있다면 돈을 떠나 일단 열정으로 시도해볼 것을 권한다.

싸부IN,
사람에 사람을 더하다

서울 서초구 교대역 초역세권에 '싸부IN'을 오픈했다. 부동산이란 친구는 인생에 있어 동반자와 같다. 결혼을 안 하고, 아이를 안 낳을 수는 있어도 부동산을 버릴 수는 없다. 사는 곳이라는 관점에서 보면 힘든 하루를 마감하고 쉴 수 있는 좋은 안식처다. 돈의 관점에서 보면 냉혹한 친구다. 사람 간의 서열을 만들기도 하고, 부부싸움의 단골 소재이기도 하다. 칼도 의사가 쓰느냐, 살인자가 쓰느냐에 따라 그 의미가 달라지듯이 부동산 역시 양날의 검처럼 안식처가 되기도, 싸움의 대상이 되기도 한다.

이러한 부동산을 객관적인 시각으로 다루기란 쉬운 일이 아니다. 보통의 모임에서 부동산 투자 이야기를 꺼내는 게 쉽지 않은 이유와 같다. "어디를 샀는데, 이번에 조금 올랐어." 이 말 한마디면 이목이 온통 집중되고 나중에 모임의 밥값을 내야 할지도 모른다. 모두 좋은 아파트에 살지 않기 때문에 괜한 오해를 사기도 하고, 자랑질로 비칠 수도 있다. 그런데 부동산 투자자들은 대개 부동산 이야기를 하고 싶어 하고, 듣고 싶어 한다. 싸부IN은 그런 이야기를 편하게 하고, 편하게 듣는 곳이다. 부동산에 관해 누구나 편하게 이야기할 수 있는 곳, 그런 곳을 부동산의 성지 서초동 한복판에 오픈했다.

싸부IN에서는 싸부아카데미와 강의가 진행된다. 때로는 나눔 강의와 별도의 특강도 열린다. 강의뿐만 아니라 여러 소모임을 비롯해 친목 도모를 위한 파티도 가능하다. 언제든지 찾아 오셔도 좋다.

끝으로 필자를 기억해주고, 함께해주시는 모든 분들에게 감사의 마음을 전하고자 한다. 더욱이 추천사로 힘을 보태준 빠숑님, 조사 연구를 도와준 진짜자산가님, 하우 가족들, V97 식구들, 싸부 운영진, 건국대학교 부동산대학원 코르타스, 한양대학교 도시대학원 구름다리 멤버들, 끝으로 항상 힘이 되는 랑랑패밀리에게 더욱 감사함을 전하고 싶다. 앞으로도 필자와 함께한 시간이 아깝지 않도록 더욱 열심히 매진할 계획이다. 이제 진짜 시작이다. 최소한 '역세권'이라고 하면 누구나 떠오르는 사람이 되도록 최선을 다할 것을 약속해본다.

표 찬(밴더빌트)

차례

PART 1

역세권의 현재와 미래 가치

CHAPTER 1

역세권의 시대가 도래하다

CHAPTER 2

대세는 KTX와 GTX

PART 2

부동산 투자의 육하원칙과 이해

CHAPTER 1

시장을 알아야 언제, 얼마나, 왜 사야 할지 보인다

CHAPTER 2

어디를 사야 할지는 입지를 알아야 한다

CHAPTER 3

무엇을 사야 할지는 상품을 알아야 한다

PART 3

제4차 국가철도망 39개 사업 대해부

CHAPTER 4

비수도권 광역철도(11개 사업) 전격 분석

역세권의 현재와
미래 가치

역세권의 가치를 느껴라

　부동산 시장(가격) 관점에서 역세권의 의미는 무엇일까? 가족의 의미를 생각해 보자. 현재는 핵가족화로 형제자매가 많던 시절과는 의미가 사뭇 달라졌지만, 그래도 할아버지, 할머니가 살아 계실 때는 좋든 싫든 명절, 생신, 제사 등의 이유로 가족·친지와 만나게 된다. 누군가 가족의 구심점 역할을 하기 때문이다. 그러다가 할아버지, 할머니가 돌아가시면 모임의 횟수나 인원이 점차 줄어들기 마련이다. 이를 지역의 한 생활권에 대입해보자. 인구가 특정하게 모이는 지역은 통상 상권이 발달된 곳이나 주된 교통이 모이는 곳이다. 지하철(전철)이 없던 지역에 역이 개통되면 상권과 주된 교통에도 하나씩 변화가 생긴다. 노선의 가치, 수송 능력, 운행 횟수 등에 따른 지하철의 존재감이 클수록 관련 상권과 주된 교통의 기능은 더욱 확대된다. 특히 상권은 단기간에 형성되기보다는 서서히 사람이 모이는 곳, 수요가 있는 곳, 돈이 되는 곳 위주로 매장이 열리고 영업이 시작된다. 도보로 이동하기 곤란한 인근은 지하철까지 연결되는 마을버스 등 셔틀이 운행된다. 주변 버스 노선은 수요에 따라 버스역을 지하철 부근으로 이동한다. 결국 상권과 교통 모두 지하철 중심으로 서서히 하나씩 옮겨가며 나중에는 지역을 대표하는 곳으로 상징되게 마련이다.

지하철의 본질적 가치와 역 주변의 상황적 가치, 크게 두 가지 관점에서 지켜봐야 한다. 본질이 약한 지하철은 큰 힘을 발휘하지 못한다. 또한 지하철의 가치가 높아도 이를 이용할 수 있는 역 주변 수요에 대한 세력권이 없으면 무슨 의미가 있을지 생각해봐야 한다. 역 주변이 다 산이고, 물이고, 아파트 단지 하나 없다면 역의 존재감은 무의미하다. 주변에 저층 단독주택, 다세대주택만 밀집해 있거나 아파트 몇 동만 존재한다면 배후세력의 한계로 인해 역의 의미는 크지 않다. 1km 근방까지 주거시설이 밀집해 있고, 아파트 단지가 밀집해 있고, 다른 역이 존재하지 않는다면 해당 역은 개통 후 수년 내에 이 지역을 상징하는 대표적인 지역이 될 것이다.

정부에서는 수도권 교통망 패러다임 자체를 바꾸고 있다. 대표적으로 GTX 사업이 그렇다. 바야흐로 역세권 시대가 온 것이다. 이제 수도권에서 역세권은 선택이 아니라 필수가 되었다. 역세권도 다 같은 역세권이 아니다. 이 때문에 올바른 선별이 중요하다. '지하철이 생긴다고 한 지는 한 10년 된 것 같은데, 왜 삽도 안 들지?' '계획만 무성한데 정말 되긴 하는 건가?' '지하철 생기면 정말 좋아지긴 하는 건가?' '지하철과 부동산 가격이 정말 상관관계가 있는 건가?' 역세권에 익숙하지만 아직 잘 모르는 게 너무 많다. 노선에 앞서, 중요한 건 본 사업이 언제 진행되느냐 하는 문제다. 되지도 않을 노선에 너무 큰 의미 부여를 하는 건 사실상 무리가 있다. 제1~3차 국가철도망 구축계획 노선들 중에도 아직 시작도 못한 노선이 적지 않다. 제4차 국가철도망 구축계획이 수립되었다고 해서 마냥 긍정적으로 '언젠가는 되겠지?' 하는 건 잘못된 생각이다. 입지 전문가라고 불리는 다수의 전문가가 노선의 본질은 이야기하지 않고, 지역에 대한 접근과 미래 가치만 놓고 본다면 장님이 코끼리 만지듯 엉뚱한 이야기가 될 수 있다.

철도계획(설계) 경력 12년을 포함해 20여 년간 철도 전문가로 활동한 시간 덕분이지, 이제 노선만 보면 큰 흐름이 느껴지고 '아, 결국 이런 거구나!' 하는 생각이 든다. 정치적 판단, 예산 반영, 노선의 가치, 부동산 시장 상황 등 변수가 많기에 직접 꼼꼼히 따져보거나, 아니면 제대로 된 전문가의 이야기에 귀를 기울여야 한다. 철도 전문가는 부동산을 잘 모르고, 부동산 전문가는 철도를 잘 모른다. 철도 10년, 부동산 10년 정도 해보니 이제야 조금 보인다. 개인적인 판단이고, 워낙 변수가 많기에 맞다, 아니다 단정 지을 수는 없지만 신뢰가 간다면 따라오면 된다. 단순히 철도계획만 놓고 부동산 투자를 하지는 말기를 당부해본다.

SOC 사업의 본격적인 시작은 예산 확보다. 이는 첫사랑으로 비유할 수 있다. 첫사랑의 정도는 단순히 손만 잡았다고 느낄 수는 없다. 경험적으로 봤을 때 기본계획 구상, 사전타당성, 예비타당성은 흔히들 말하는 '썸'에 불과하다. 첫사랑이라 함은 기본계획 정도까지는 와야 한다. 금액으로 따지면 총 사업비의 0.1% 정도에 해당하는 20억~40억 원 정도라고 볼 수 있다. 이 정도 예산이 반영되었다면 첫사랑의 설렘을 느낄 만하다.

지하철 사업은 수천억 원, 수조 원에 달하는 사업으로 누구든 이를 쉽게 결정할 수 없다. 첫 시작은 국회 관문이다. 매년 9월 정기 국회가 열리면 관련 부서는 진행되고 있는 사업에 대한 예산을 올리게 되고, 국회 각 소관별로 예산 심사가 이어진다. 심사 과정에서 큰 틀에는 변화가 없더라도, 통상 12월 초까지 이런저런 이야기가 오가며 흔히 말하는 쪽지 예산도 반영된다. 가급적 해를 넘기지 않으려고 하기 때문에 12월 중순에 최종 예산이 확정된다. 이 예산 표를 보면 여러 사업과 관련된 금액이 적혀 있다. 일단 사업이 들어가 있어야 하고, 금액에 따라 현재 진행 과정을 추정해볼 수 있다. 물론 여기에 없다고 사업이 진행되지 않는 것은 아니다. 지자체 예산과 공기업 예산 등에 따라 진행되기도 한다. 그래서 지자체가 공개하는 예산도 병행해서 볼 필요가 있다. 각 지자체 의회 사이트에서 볼 수 있다. 통상 11월 초에 많이 올린다. 이 정도 단계까지 오면 나름 신뢰가 생기고, 최종 확정되어 기사화되고, 때에 따라서는 지역에 현수막이 걸리기도 하기에 부동산 시장에 적지 않은 영향을 주기도 한다. 특히 최근에 발표한 사업이나 구상 단계에서 첫 예산이 반영된 사업의 경우, 사업이 본 궤도에 들어왔다는 의미를 부여하며 대대적인 홍보가 진행되기도 한다. 그래서 좀 더 주목해서 볼 필요가 있다.

철도 예산의 경우 기본적인 철도계정에 더해 특별 기금, 지자체 예산, LH 신도시 사업 기금 등 여러 형태로 예산이 반영되기에 예산서만 보고 단순화할 수는 없다. 순차적으로 국가 예산, 국토교통부 예산, SOC 예산, 철도 예산 식으로 구분할수 있다. 철도 예산도 산하 기관(국가철도공단, 한국철도공사 등)에 내려가는 일반적인 관리비와 보조비가 상당하기에 실제 건설에 들어가는 예산은 4조~5조 원 안팎이다. 기본적으로 철도계정만 놓고 보면 2023년 예산은 4조 5천억 원으로 2022년 대비 약 1조 원가량 적게 편성되었다. 문재인 정부 때 국가 전체 예산이 꾸준하게 상승하면서 SOC 예산도 상당히 늘어난 경향이 있다. 인건비, 재료비 상승 등을 감안하면 예산이 늘어날 수 있지만 그래도 정책적 의지가 강했다고 본다. 그에 반해 이번 윤석열 정부는 기획재정부 자체가 "예산을 줄이세요." 하고 편성했기 때문에 상대적으로 밀리는 사업은 금액이 줄거나 예산 자체가 편성되지 못했다. 그만큼 모든 사업이 진행되기 어렵고 치열한 경쟁에 놓였다고 본다. 또 한 가지, 2023년 초에 정치적 이슈가 없기에 굳이 SOC에 집중할 필요가 없다. 통상 이런 사업은 선거를 앞두고 사업비가 늘어나는 경향이 강하다. 아무래도 표를 의식하지 않을 수 없기 때문이다. SOC 예산이 소극적인 또 하나의 이유다.

철도라고 하면 당연히 GTX다. 다른 사업은 눈에 보이지도 않는 듯하다. 다른 사업은 천천히 하더라도 GTX만큼은 100% 이상 예산을 반영하라고 시킬 듯하다. 2024년 총선을 앞두고 내후년 예산과 관련해 여러 사업이 언급될 수 있지만, 일단 내년은 GTX에 올인하는 모습이다. SOC 사업은 인건비, 재료비 싸움이기 때문에 한 번 판을 벌리면 빨리 하는 게 전체 공사비를 줄이는 방법이다. 그래서 판이 상당히 벌려진 계속 사업은 그 규모에 맞게 예산을 집행한다. 그러나 판은 있지만 상대적으로 급하지 않거나 제한된 인원과 장비로 천천히 해도 된다면 적당한 금액으로 공기를 조금씩 늘려가며 설계 변경을 통해 2~3년 늦게 준공하기도 한다. 수도권 중심의 3기 신도시와 같은 이슈가 있거나, KTX 연결선처럼 공사비 대비 효용가치가 높은 사업은 비교적 빨리 하는 경향이 강하다. SRT 사업이 대표적으로 다른 사업에 비하면 설계, 시공, 운행이 상당히 빨리 진행된 사례다.

2022년 철도 관련 예산 집행은 어떻게 되었을까? 실제로 동탄인덕원선, 경강선, 춘천속초선 등 1천억~2천억 원씩 예산을 반영했지만, 가시적으로 집행되진 못했다. 본 착공을 하지 않았다는 뜻이다. 오히려 감사원 지적을 이유로 사업이 멈추기도 했다. 그렇다면 그 예산을 어떻게 처리할까? 혹시 집행되지 못하면 국고로 다시 반납되어 예산 반영을 하는 걸까? 그렇지는 않다. 일단 건설비는 '국가철도공단'으로 이관된다. 예산을 넘긴 상태로, 이후에 내년 금액이 반영되면 추가적으로 합쳐서 순차적으로 진행하게 된다. 따라서 올해 쓰지 못한 예산이 상당하기에 굳이 내년 예산을 많이 집행할 이유가 없다고 본다. 예산을 이월했다고 마냥 안 써도 되는 것은 아니다. 예산 집행 규정에 따라 처리하지 못하면 다시 국고로 환원될 수 있다. 「국가재정법」 제50조에 따라 단순하게 내년 예산만을 볼 것이 아니라, 그동안 누적되어 있는 예산이 얼마인지 전체적인 상황을 고려할 필요가 있다. 순차적으로 하나씩 사업이 준공되어 이용할 수 있게 진행된다고 이해하면 된다. 계속 누적되어 가는 과정이 중요한 이유다.

CHAPTER 1

역세권의 시대가
도래하다

역세권 사업의
이해

「역세권의 개발 및 이용에 관한 법률」 및 시행령에 따르면 역세권이란 철도역 등 철도시설 및 주거, 교육, 관광 등의 복합용도 단지를 말한다. 국토교통부장관은 대지 면적 30만m^2 이상, 시도지사는 3만m^2 이상 구역에 역세권 개발구역을 지정해 사업 추진이 가능하다.

서울시는 역세권 장기전세주택, 역세권 청년주택, 역세권 활성화 사업, 역세권 복합개발 등과 관련해 운영 기준을 제정한 바 있다. 여기에는 대중교통 인프라가 집중된 역세권을 고밀도로 복합개발해 직장과 주거지가 가까운 콤팩트 시티를 조성해야 한다는 전략이 담겨 있다. 역세권의 범위는 기본적으로 지하철, 국철 및 경전철 등의 승강장 경계로부터 500m 이내 지역을 설정한다.

〈서울시 역세권 개발사업 설명자료〉를 참고해 역세권 사업의 추진 배경과 목적을 살펴보자. 노후 불량한 공간 환경, 역세권 입지 활용 부족, 가로 및 보행 여건 미흡 등 역세권에 실질적인 변화가 필요한 경우 관련 사업이 추진된다. 역세권 주

01 역세권 장기전세주택

- 1차 역세권 : 승강장 직각거리 250m
  (~'24년까지 한시적으로 350m로 완화)
- 2차 역세권 : 승강장 직각거리 500m

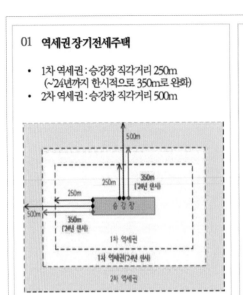

02 역세권 청년주택

- 승강장 경계에서 직각거리 350m 이내

03 역세권 활성화사업

- 승강장 경계에서 반경 250m 이내

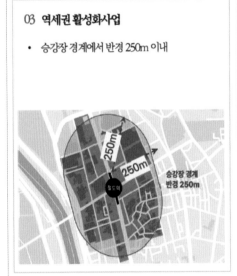

04 역세권 복합개발

- 승강장 경계에서 반경 250m 이내

사업 유형별 역세권의 범위

자료: 〈서울시 역세권 개발사업 설명자료〉

변의 물리적 환경이 노후화되고 열악해 차량 통행이 어렵거나 미관을 해치는 경우 이를 개선해야 된다는 공감대가 형성되고 있다.

역세권 사업 시 사유지를 국가나 지자체가 강제할 수 없기 때문에 낙후된 역세권의 용도 지역을 변경해 용적률 상향을 추진하는 등 공공과 민간이 윈윈하는 전략을 취한다.

사업 유형별 역세권의 범위는 목적에 따라 다소 상이한데, 기본적인 틀은 역세권 장기전세주택에 언급된 내용을 주로 쓴다. 이는 공공과 민간이 함께 개발하면서 용적률 상향에 따른 이익을 일정 부분 청년주택 등의 공공임대로 활용하고자 하는 것이다. 여기서 1차 역세권은 승강장 끝단에서 250m(한시적으로 2024년까지 350m), 2차 역세권은 500m다. 역세권 청년주택은 도로축은 장기전세주택 기준과 동일하지만, 승강장이 도로축과 일치하지 않을 경우 개별 출입구를 기준으로 350m로 설정해 범위가 더 넓어진다. 그에 반해 역세권 활성화 사업, 역세권 복합개발 사업은 당초대로 250m를 유지한다.

역세권 주택 및 공공임대주택 건립 관련 운영 기준 개선안(2022년 6월 20일)

구분	개정 전	개정 후
사업 대상지 확대	지구중심 이하 역세권	모든 역세권 *단 해제 지역의 경우 2022년 6월 20일부터 추진 가능
역세권 범위 확대	1차 역세권 범위 250m	350m(2024년 12월까지 한시적)
사업 방식 확대	「건축법」 「주택법」 「도시정비법」에 의한 사업시행계획인가	「빈집 및 소규모주택 정비에 관한 특례법」에 의한 소규모 재건축 사업 방식 추가
용적률 체계 개선	기준 → 허용 → 상한용적률	·지구단위계획: 기준 → 상한용적률 ·정비계획: 기준 → 상한 → 법적상한용적률

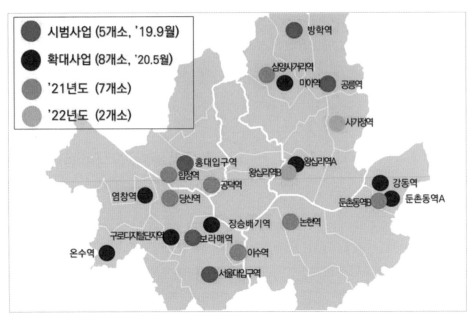

역세권 활성화 사업 대상지(2022년 7월 기준)

2022년 6월, 서울시는 역세권 고밀 개발 유도를 통한 고품질 장기전세주택 공급을 확대하겠다는 정책을 발표한다. 직주근접 콤팩트 시티 조성을 위한 역세권 활성화 사업을 확대하고자 하는 것이 서울시의 향후 정책 기조다. 역세권 범위 완화를 비롯해 용도 지역을 준주거지역까지 상향하고 플러스 인센티브를 적용해 최대 700%까지 확대해주고, 일률적인 35층 규제도 폐지하면서 부동산 공급물량을 확대하겠다는 계획이다. 또한 기존의 사업 대상지가 지구중심 이하였다면 앞으로는 모든 역세권을 대상으로 한다. 그동안은 상징적인 의미만 있었다면 이번에는 서울시가 어떻게든 진행하겠다는 강한 의지를 내비친 만큼, 역 주변 부동산의 가치는 더욱 커진 셈이다.

역세권 사업 유형별
주요 특징

사업 유형별 주요 특징을 함께 살펴보자.

역세권
장기전세주택

기반시설 설치 부담이 적은 역세권에 민간시행자가 주택을 건립하면 시가 용도지역을 상향해 용적률을 높여주고, 증가한 용적률의 50%를 장기전세주택으로 공급하는 방식이다. 도시정비형 재개발 방식으로 진행된다. 사업 요건은 대지 면적 3천㎡ 이상, 계획 세대수는 100세대 이상이다. 지구단위계획은 노후도 20년 이상, 토지면적 동의율 또는 토지사용권원 50% 이상을 충족해야 하고, 정비계획은 노후도 30년 이상, 토지 등 소유자의 50% 이상 동의해야 한다.

지구단위계획 수립 시 용적률 적용 체계

구분	1차 역세권					2차 역세권		역세권
현재 용도 지역	제2종 일반 주거지역 (7층 이하 포함)	제3종 일반 주거지역	제2종 일반 주거지역 (7층 이하 포함)	제3종 일반 주거지역	준주거 지역	제3종 일반 주거지역	준주거 지역	준공업 지역
변경 후 용도 지역	제3종 일반주거지역		준주거지역			제3종 일반 주거지역	준주거 지역	준공업 지역
기준 용적률	200	250	200	250	400	250	400	250
상한 용적률	300		500(비중심지)~700(중심지)			300	500	300

*1차 역세권만 종상향 가능

상한 용적률의 중심지와 비중심지는 〈2030 서울도시기본계획〉을 준해서 보면 된다.

〈2030 서울도시기본계획〉 기준 중심지

구분	중심지
도심(3)	한양도성, 강남, 영등포·여의도
광역중심(7)	용산, 청량리·왕십리, 창동·상계, 상암·수색, 마곡, 가산·대림, 잠실
지역중심(12)	동대문, 성수, 망우, 미아, 연신내·불광, 신촌, 마포·공덕, 목동, 봉천, 사당·이수, 수서·운정, 천호·길동
지구중심(53)	금호, 장한평, 구의, 군자, 중곡, 전농, 면목, 묵동, 동선, 종암, 삼양, 석관, 수유, 방학, 쌍문, 수락, 월계·응암, 신사, 홍제, 남가좌, 아현, 합정·신풍, 당산, 개봉, 구로, 오류, 독산, 시흥, 노량진, 상도, 신대방, 흑석, 난곡사거리 등

서울시가 검토 중인 사례 중 신당동 741번지 일대를 예로 보자. 노후도 및 과소필지 기준, 승강장 경계로부터 350m 이내 사업 대상지가 포함된다. 사업 면적 3천m² 이상이라는 대상지 지정 요건을 충족하고 있다.

신당동 741번지 일대 역세권 장기전세주택 사업 개요

구분	내용
위치 및 면적	신당동 741번지 일대 13,162.3m² (기반시설 1,879.3m²)
용도 지역 및 지구	일반상업, 제2·3종 일반주거, 가로 구역별 최고높이 제한지역
사업 방식	도시정비형 재개발 사업
용도	공동주택, 업무시설, 근린생활시설
세대수	공동주택 443세대 (분양 265세대, 공공임대주택 178세대)
건축 규모	지상 33층, 지하 4층, 5개 동
연면적	80,985.49m²
용적률/ 건폐율/높이	440.52%/22.48%/98.5m
제안자	신당동 도시정비형재개발 준비위원회

자료: 중구 내부 검토 자료

신당동 741번지 일대 역세권 장기전세주택 사업 요건 검토

검토 항목	관련 규정	검토 내용	적합 여부
사전검토 신청자격	토지사용권원 50% 이상 확보	51.85%	적합
사업 대상지	노후·불량 건축물의 총수 60% 이상/ 노후도 30년 이상 건축물 30% 이상/ 과소필지 비율 40% 이상	71.64%/37.31%/89.38%	적합
	사업 대상지 면적 3천m^2 이상	13,162.3m^2	적합
	공동주택 100세대 이상	전체 443세대	적합
사업 계획	제3종 일반주거지역 또는 준주거지역 (변경 포함) 전체 검토	제2·3종 일반주거지역(12,413.3m^2), 일반상업지역(669m^2) → 준주거지역 (12,413.3m^2), 일반상업지역(669m^2)	위원회 검토 필요
	용도 지역 상향에 따른 공공기여는 공공임대주택 부속토지 면적 50%	공공시설부지 제공 면적 3,195.26m^2 (용도 지역 상향에 따른 순부담률 19.25%)	적합

역세권
청년주택

역세권 청년주택은 서울시장, 서울주택도시공사, 민간 임대사업자가 만 19세 이상~만 39세 이하 무주택 청년과 신혼부부에게 우선적으로 공급하기 위한 임대주택이다(오피스텔은 제외). 대지 면적 1천m^2 이상, 역세권 반경 350m, 노후도 20년 이상 건축물 50% 이상, 토지면적 동의율 50% 이상 등을 충족하면 된다.

역세권 청년주택의 유형별 주택 구성을 보면 서울주택도시공사 선매입, 공공지원 민간임대주택, 공공임대주택 등의 방식이 있다. 서울주택도시공사 선매입은 주택 연면적 30% 이하를 선매입하는 조건으로 호당 매매대금 상한선에 따라 매입

표 제목: 서울주택도시공사 선매입 역세권 청년주택 호당 매매대금 상한선

유형	원룸, 청년	신혼부부 I	신혼부부 II	공공전세
일반 지역	3.5억 원 이하	4억 원 이하	5억 원 이하	6.5억 원 이하
역세권	4.5억 원 이하	4.5억 원 이하		7억 원 이하
전용면적 기준	23m² 이상	29m² 이상	36m² 이상	50m² 이상

자료: 서울주택도시공사

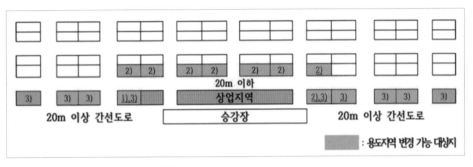

인접 및 도로 용도 지역 변경 가능 범위

자료: 서울특별시 역세권 청년주택 건립 및 운영 기준

가능하다. 이는 국토교통부 훈령 「기존주택 등 매입임대주택 업무처리지침」에 따라 주택 유형별 호당 매매대금 상한선이 규정되어 있다.

서울시 역세권 청년주택 사업을 위해 용도 지역을 변경하려면 현재 용도 지역을 기준으로 인접한 용도 지역과 도로가 기준에 부합되어야 한다. 특히 준주거지나 일반(근린)상업지에 바로 접해야 하는데, 변경하려는 부지와 폭 20m 이하까지 접하고 있다면 인정된다. 여기에 간선도로가 20m 이상의 폭을 유지하고 있어야 변경이 가능하다.

용도 지역 변경 시 용적률 적용 체계는 도표를 참고하기 바란다.

용도 지역 변경 시 용적률 적용 체계

구분	용도지역								
현재	제2종 일반주거지역	제3종 일반주거지역	제2종 일반주거지역	제3종 일반주거지역	준주거지역	제2종 일반주거지역	제3종 일반주거지역	준주거지역	근린상업지역
변경 후	준주거지역		근린상업지역			일반상업지역			
기준 용적률	400%		540%			680%			700%
공공기여율	15% 이상	10% 이상	25% 이상	20% 이상	10% 이상	30% 이상	25% 이상	20% 이상	10% 이상
용도별 비율 — 주거	85% 이상		80% 이상~90% 이하						
용도별 비율 — 비주거	15% 이하 (가로변 비주거 설치 의무)		10% 이상~20% 이하 (가로변 비주거 설치 의무)						

*공공기여율은 부지면적 기준으로 산정

서초동 역세권 청년주택 사례를 보자. 2021년 3월 준공된 청년주택은 1997년 노후된 골프연습장을 철거하고 그 자리에 대중교통 중심의 역세권 청년주택을 위한 지구단위계획을 수립하며 진행되었다.

서초동 역세권 청년주택 사업 개요

구분	내용
주용도	공동주택 및 근린생활시설
위치 및 대지 면적	서초구 서초동 1502-3, 12번지(2,557.9m²)
용도 지역	제2종 일반주거지역 → 준주거지역
건폐율/용적률	58.92%/399.92%

건설 규모	연면적 18,495.13m², 지상 12층, 지하 4층
세대수	280세대(민간임대 212세대, 공공임대 68세대)
공공기여 계획	383.726m²(공공기여 기준: 종상향 부지 면적의 15% 이상)

서초동 역세권 청년주택 사업 요건 검토

검토 항목		검토 내용	적합 여부
대중교통 중심 역세권		폭 25m 이상 도로에 위치한 서초역 승강장 경계로부터 250m 이내 위치 (서초대로 및 반포대로 40m)	적합
역세권	교차역세권		비해당
	버스전용차로 설치		비해당
	25m 이상 도로 위치		적합
지구단위계획 구역		지구단위계획 구역 신설	적합
전출입 도로 6m 이상		6m 이상 확보	적합
노후도 50% 이상		사용승인연도 1991년 12월 28일 이후	적합

역세권 활성화 사업과 복합 개발

역세권 활성화 사업은 도시정비형 재개발 사업으로 역세권을 복합개발해 대중교통 중심으로 공공임대주택과 공동체 커뮤니티 공간을 제공해 지역 발전에 이바지함을 목적으로 한다. 대지 면적 최소 1,500m² 이상, 최대 1만m² 이하로 승강장 경계로부터 250m 이내에 있어야 한다. 도로 요건은 2면 이상, 폭 4m 이상 도로에 접해야 하며, 이 중 한 면은 8m 이상이어야 한다. 지구단위계획 수립 시 20년 이

역세권 활성화 사업 중심지 체계 예시도

자료: 서울특별시 역세권 활성화 사업 운영 기준

상 건축물이 1/2 이상 되어야 하고, 토지면적 2/3 이상이 동의해야 한다.

　둔촌동 489번지가 역세권 활성화 사업으로 건축 허가를 받았다. 제3종 일반주거지역에서 근린사업지역으로 변경하고, 용도 지역 상향에 따라 공공기여로 주민복합센터와 임대주택 등을 설치할 예정이다. 지상 20층, 128세대로 용적률 599%를 적용받았다. 아파트 3개 동과 별도의 공공업무 공간, 북카페, 체육관 등의 주민복합센터가 들어설 예정이다.

둔촌동 489번지 역세권 활성화 사업 개요

구분	내용
주용도	공동주택 및 근린생활시설, 공공시설
위치 및 대지 면적	둔촌동 489번지(2,372m^2)
용도 지역	제3종 일반주거지역 → 근린상업
건폐율/용적률	599%/59.9%
건설 규모	연면적 26,218m^2, 지상 20층, 지하 7층
세대수	128세대(일반분양 109세대, 공공임대 19세대)
공공기여 계획	687.88m^2

둔촌동 489번지 역세권 활성화 사업 지구단위계획 결정 내용

구분		결정 내용	계획 내용
공공기여	공공기여율	부지면적 29% 이상	부지면적 35.762%
	공공기여시설 설치 기준	공공기여율 29%에 대한 공공임대주택 30% 이상, 지역 필요 시설 70% 이상	공공임대주택 30.89%, 지역 필요 시설 92.76%
용도 구분	비주거비율	연면적 20% 이상, 지상용적률 10% 이상	연면적 30.89%, 지상용적률 26.72%
주택 건설	주택 규모	공공임대주택 전용면적 60m^2 이하, 민간임대분양주택 기준 없음	공공임대주택 전용면적 49m^2, 민간임대분양주택 전용면적 49m^2, 59m^2, 69m^2
건축물 형태	미래주거환경 조성을 위한 주요 정책	에너지 효율 건축물, 친환경 건축물 중 2개 이상, 리모델링이 쉬운 구조, 커뮤니티지원시설 설치계획	에너지 효율 건축물 2등급 이상, 친환경 건축물 우수등급 이상
주민공동시설	커뮤니티시설	100m^2 이상 주민커뮤니티시설 설치	주민공동시설 255.013m^2

역세권
복합개발

역세권 복합개발은 기반시설은 양호하지만 주거 지역이 밀집한 곳에 용도 지역을 준주거지역으로 상향하면서 새로운 주거 공급 및 공공임대주택 신설을 추진하는 방식이다. 대지 면적 기준은 최소 $1,500m^2$에서, 최대 5천m^2(특별한 사유 인정 시 1만m^2)로 승강장 경계로부터 250m 이내에 해당되어야 한다. 노후도는 20년 이상 건축물 1/2 이상, 동의율은 토지면적 50% 이상이어야 한다.

주택 건설 사업 방식으로 추진 시 기준 용적률, 허용 용적률에 대해 공공임대주택 및 공공시설에 따른 상한 용적률을 적용받을 수 있게 된다. 상한 용적률은 간선도로변과 이면 도로변의 폭에 따라 400~600%까지 차등해 적용받는다.

이렇듯 역세권과 관련된 유형별 사업 방식을 살펴봤다. 사업 방식에서 본 것처럼 역세권 개발 사업은 공공의 도움 없이 주민이나 시행사가 주도적으로 진행하기 어려운 사업이다. 그럼에도 불구하고 역세권 반경, 노후도, 주민 동의 등 세 가지 요건만 갖추면 사업성은 각개 다를 수 있어도 모아주택과 같은 경우에는 활용될 여지가 있다. 또한 서울시 공모 형태나 시범사업 형식으로 역세권 개발 방식을 활용하고자 할 가능성이 상당히 높아졌다.

부동산 가치투자는 결국 인허가권이 있는 정부나 지자체의 정책 방향을 유심히 살펴봐야 한다. 국토교통부는 어떻게 하든 GTX를 건설하고자 한다. 서울시는 어떻게 하든 역세권과 모아주택을 키우고자 한다. 이를 기억하고 지난 정책과 앞으로의 발표에 귀 기울여야 할 것이다.

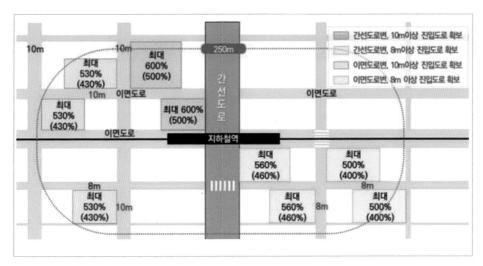

용적률 체계 적용 예시도

자료: 서울특별시 지구단위계획 수립 기준 및 매뉴얼

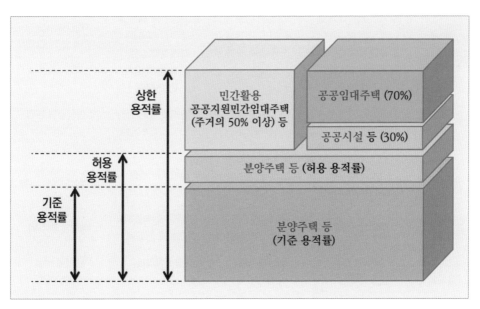

사업 대상지 용적률 예시

자료: 서울특별시 지구단위계획 수립 기준 및 매뉴얼

사업 유형별 주요 특징

구분	역세권 장기전세주택	역세권 청년주택	역세권 활성화	역세권 복합개발
서울시 관련 부서	주택정책실	주택정책실	도시계획국	도시계획국
사업 목적	역세권 내 장기전세주택 공급	청년 세대를 위한 임대주택 공급	공공임대시설 및 생활 서비스 시설 건립	저개발 역세권 지역을 발굴해 고밀 주거 공급
면적 및 세대수 기준	3천m² 이상 +100세대 이상	1천m² 이상	1,500m² 이상 ~1만m² 이하	1,500m² 이상 ~5천m² 이하
승강장 거리	350m 이내 (2024년까지 한시)	350m 이내	250m 이내	250m 이내
최대 상향 가능 용도 지역	준주거지역 (1차 역세권만 종상향 가능)	일반상업지역	중심상업지역	준주거지역
사업 방식	「도시 및 주거환경정비법」에 따른 도시정비형 재개발, 「주택법」에 따른 사업계획 승인, 「건축법」에 따른 건축 허가	「주택법」에 따른 사업계획 승인, 「건축법」에 따른 건축 허가	「도시 및 주거환경정비법」에 따른 도시정비형 재개발, 「주택법」에 따른 사업계획 승인, 「건축법」에 따른 건축 허가	「주택법」에 따른 사업계획 승인, 「건축법」에 따른 건축 허가
부동산 상품 특징	분양주택	임대주택	공동주택 모두 가능 (100% 비주거시설로 구성 가능)	주상복합형 분양, 임대주택+ 지역 필요 시설
관리 방안	정비계획 수립, 지구단위계획 수립	지구단위계획 수립	정비계획 수립, 지구단위계획 수립	지구단위계획 수립
적용 가능 유형	주택 및 준주택	주택, 준주택 (오피스텔) 제외	주택(도시형생활주택 제외) 및 준주택	주택 및 준주택
비주거 설치 비율	용적률 비율 5% 이상	용적률 비율 10~20%	용적률 비율 10% 이상	용적률 비율 10% 이상

노후도	지구단위계획	20년 이상 건축물 1/2 이상			
노후도	정비계획	노후 불량 건축물 60% 이상이면서 30년 이상 건축물 30% 이상, 과소필지 40% 이상 또는 2층 이하 건축물 50% 이상	해당 없음	노후 불량 건축물 2/3 이상 (서울시 노후 불량 건축물 기준 적용)	해당 없음
동의율 (사전검토)	지구단위계획	토지면적 50% 이상 또는 토지사용권원 50% 이상	토지면적 50% 이상	토지면적 2/3 이상	토지면적 50% 이상
동의율 (사전검토)	정비계획	토지 등 소유자 50% 이상	해당 없음	토지 등 소유자 50% 이상	해당 없음
도로 연접 기준		-	폭 20m 이상 간선도로 연결	2면 이상 폭 4m 이상 도로 연접+ 최소 한 면은 폭 8m 이상 도로 연접	2면 이상 폭 4m 이상 도로 연접 + 최소 한 면은 폭 8m 이상 도로 연접
공공 기여 시설		장기전세주택	공공임대주택	전체 공공기여시설 중 공공임대주택 30% 이상	전체 공공기여시설 중 공공임대주택 70% 이상, 공공시설 등 30% 이하
공통사항: 공공임대주택의 경우 건축물은 표준 건축비 기준으로 매입, 부속토지는 기부 채납. 공공기여시설의 경우 건축물 및 부속토지 모두 기부 채납.					

CHAPTER 2

대세는
KTX와 GTX

KTX와
KTX이음의 시대

경부고속철도는 서울과 부산을 잇는 대한민국을 상징하는 대표 노선이다. 서울 역부터 부산역까지 417km를 평균 20분 간격으로 운행하고 있다. 대한민국의 주요 도시인 수도권, 대전권, 대구권, 부산권을 연결함으로써 국토의 주간선 역할을 분명히 하고 있다. 그러나 선로용량 포화로 인해 이에 대한 확충이 시급한 상황으로, 우선적으로 서울과 오송 구간까지 전 구간이 순차적으로 복선화에서 복복선화를 하고 있다.

이에 천안아산역과 오송역이 더욱 거점화될 수 있다. 천안아산역의 정확한 행정 구역은 아산시다. 수도권이 아니기에 아무래도 가격에 한계는 어느 정도 있을 수밖에 없다. 고속열차가 자주 다닌다고 출퇴근 자체가 편해지는 것은 아니기 때문이다. 지역적인 인식 부분도 무시할 수 없다. 충청남도의 대장은 분명해 보이지만, 천안의 한계도 어쩔 수 없는 듯하다. 천안 불당과 아산 탕정은 서로 형, 동생하는 가격을 보여준다.

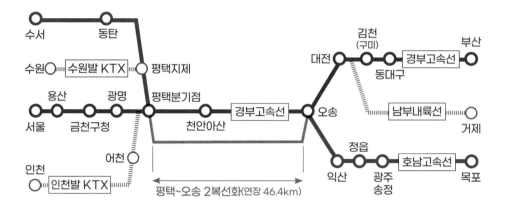

수서 동탄

수원 수원발 KTX 평택지제

용산 광명 평택분기점

서울 금천구청 천안아산 경부고속선 오송

어천

인천 인천발 KTX

평택~오송 2복선화(연장 46.4km)

김천 (구미) 부산

대전 경부고속선

동대구

남부내륙선 거제

정읍 호남고속선

익산 광주 목포
송정

평택~오송 복복선화 사업은 서울 및 수도권 고속열차 수요를 감당하기 위해 본 구간을 복복선화하는 사업이다. 본 노선도 및 종단면도를 확인해보면 천안아산역은 지하로 통과한다. 당초 무정차 통과로 진행하려고 계획했다가 여러 정치적 결정과 민원 때문에 구난역(정차 가능)으로 지정하면서 경부선 열차는 정차하는 방향으로 가닥이 잡히는 듯하다. 연장은 47km, 총 사업비는 3조 2천억 원이다. 2027년 완공을 목표로 서울역과 수서역을 시작으로 천안과 오송을 거친 후, 경부고속철도와 호남고속철도로 갈라지게 된다. 이는 KTX 전용선으로 최대 300km/h까지 속도를 내며 전국을 1일 생활권으로 만들 것이다.

인천발 KTX의 경우 인천에서 출발하기 위해서는 광명이나 서울로 와야 하는 번거로움이 생겨 자연스레 KTX의 필요성이 대두되었고, 지금까지 진행되어 오고 있다. 또한 수원발 KTX도 기존 경부선(일반철도)을 이용해 평일 기준 1일 4회(하행기준)만 운영하다 보니, 이에 대한 불편함을 감수해야 했다. 수원발 KTX는 경부선에서 KTX 전용선으로 연결하는 사업이다. 기존에 수원에서 출발하는 KTX(평일 부산행 4회)는 기존의 경부선을 따라 대전까지 이동한 후 KTX 전용선으로 부산까지

차례대로 수서역, 동대구역, 부산역, 광주역. 평택~오송 복복선화 사업은 2027년 완공을 목표로 서울역과 수서역을 시작으로 천안과 오송을 거친 후, 경부고속철도와 호남고속철도로 갈라지게 된다.

내려가야 했다. 평균 165분(2시간 45분) 정도 소요되었다. 이에 반해 수원발 KTX는 평택지제역으로 연결되어 바로 KTX 전용선으로 연결된다. 시간은 평균 135분(2시간 15분) 정도로 30분 정도 단축된다. 운행 횟수는 1일 12회(하선 기준) 부산행 6대, 부산+광주·목포행 6대(중련)가 운행될 예정이다.

고속철도 현황에 대해 알아보자. 경부고속철도는 2015년 8월 전 구간 본선 개통을 완료했다(대전북 연결선 개량 공사 2024년 완료 예정). 호남고속철도 1단계(오송~광주송정)는 2015년 4월 개통 완료했고, 호남고속철도 2단계(광주송정~고막원)는

2019년 6월 개통 완료했으며, 호남고속철도 2단계(고막원~목포)는 2025년 완료 예정으로 현재 노반 공사 중이다.

서울~시흥 간 용량 부족 해소를 위한 수도권 고속철도는 2016년 12월에 개통했다(작업구 존치 공사 중, 2022년 완료 예정). 인천발 KTX, 수원발 KTX 직결 사업은 2024년 완료 예정으로, 현재 노반 공사 중이다. 평택~오송 복복선화 사업은 실시 설계 중으로, 2027년 완료 예정이다.

고속선 운영(2021년 12월 31일 기준)

선별	구간	철도 거리(km)
경부고속본선	시흥 연결선 종점~부산	398.2
호남고속본선	오송~광주송정	183.8

고속철도 시행 중인 6개 사업(총 연장 552.8km)

사업명	사업 구간	총 사업비(억 원)	연장(km)	사업 기간
경부고속철도 2단계	대구~부산, 대전·대구 도심	82,470	169.5	2002~2024년
호남고속철도	오송~목포	106,490	260.1	2006~2025년
수도권 고속철도	수서~평택	30,583	61.1	2008~2022년
인천발 KTX	어천~경부고속	4,348	6.2	2016~2024년
수원발 KTX	서정리~지제	3,078	9.5	2016~2024년
평택~오송 복복선화	평택~오송	31,816	46.4	2020~2027년

수도권
GTX 시대

GTX의
장단점

GTX의 장점은 무엇일까?

첫 번째, 빠른 속도를 들 수 있다. 최대 180km/h, 평균 80km/h의 속도가 가능하다. 이는 서울지하철 평균 40km/h의 2배 수준이다. 즉 기존 출퇴근 대비 50%의 시간 감축이 가능하다.

두 번째, 1일 한 방향 기준 최대 120편성(GTX-B노선 100편성)이 운행될 예정이다. 출퇴근 7.5분, 평상시 10~15분 간격으로 운행된다면 오랜 기다림 없이 탑승이 가능하다. 출퇴근 교통수단으로 가치 상승이 기대된다. 다만 노선에 따라 운행 횟수가 줄어들기 때문에 기존선과 중복되는 노선은 이를 감안해야 한다.

세 번째, 많은 수송 인원이 기대된다. 즉 1편성 운행에 1천 명 이상 탑승이 가능하다. 1회 이동 시 수송 가능한 인원이 많아야 노선의 가치가 커진다. 승강장을 비롯한 역사 규모와 그 지역 주변에 상당한 영향력을 주기 때문이다. 경전철의 경우 200명도 태우기 힘들어 출퇴근 시 상당한 피로감이 든다.

끝으로 네 번째, 수도권 통합 환승 할인이 가능하다. 수도권 대중교통 요금을 통합해 대중교통 수단에 관계없이 이용거리에 비례해 요금을 부과하는 제도가 시행된다면 편의가 증진될 것이다. 2004년 7월부터 서울 버스와 수도권 전철 간에 통합 환승 할인제가 시작되었다. 2007년 경기 버스, 2008년 광역 버스, 2009년 인천 버스, 이후 개통되고 있는 수도권 전철도 환승 할인 제도가 확대 시행되고 있다.

그럼 GTX의 단점은 무엇일까? 먼저 지하 40m 이상의 대심도 터널로 가는 만큼 대합실에서 승강장까지의 동선이 길어질 수밖에 없다. 엘리베이터 이용 및 대기에 긴 시간이 소요될 것이다. 수도권 지하철보다 다소 긴 열차 운행 간격도 단점으로 뽑힌다.

통합 환승 할인에도 불구하고 적지 않은 요금을 지불해야 한다. 국토교통부 가이드에 의하면 제안 당시 기본 요금 2,719원(10km)+거리 요금 227원(5km)을 넘지 않아야 된다고 했다(GTX-C노선 기준). 다만 실제 이용 시 물가 상승을 감안할 가능성이 높기에 최소 기본 요금 3천 원(10km)+거리 요금 250원(5km) 정도라고 이해하면 좋다. 중간 거리인 40km 이동 시 기본 요금 3천 원에 거리 요금 1,500원(30km/5km×250원)을 더하면 4,500원 정도로 예상된다. GTX 간 환승이나 다른 대중교통 환승은 수도권 대중교통 통합 요금제를 적용받는다.

GTX는 민간투자 사업으로 진행되는 「대도시권 광역교통 특별법」상 광역철도다. GTX-C노선 제안서의 내용을 기초로 선정 당시의 내용을 보면 다음과 같다.

- 건설 기간: 실시 협약 체결일로부터 관리운영권 설정 기간 개시일 전날까지의 기간

- 공사 기간: 공사 착수일로부터 60개월

- 운영 기간: 관리운영권 설정일로부터 40년

- 표정속도: 80km/h 이상이 되도록 열차 운영계획을 수립. 추가 정거장을 포함한 모든 정거장에서 삼성역 또는 청량리역까지의 소요 시간 30분 이내가 되도록 계획

GTX 총괄표

구분	GTX-A	GTX-B	GTX-C	GTX-D
연장	83.1km	82.7km	85.9km	21.1km
정거장 수	11개 소	13개 소	14개 소	5개 소
최고속도	180km/h	180km/h	180km/h	180km/h
통행 방향	좌측	좌측	좌측	좌측
차량기지	운정	마석	덕정	미정
진행 상황	시공 중	우선협상자 선정 중	실시설계	확대 검토 중
건설 방식	BTO(30년)	BTO(30년)	BTO(40년)	미정
실시 협약	신한은행 컨소시엄	-	현대건설 컨소시엄	미정
영업기관 (위탁 운영)	SGrail (서울교통공사)	-	-	-
개통 시기 (최종 예상)	2024년(수서~동탄) (2028년)	2030년 (2032년)	2028년 (2030년)	- (2035년)
차량 편성	8량 1편성	6량 1편성	8량 1편성	6~8량 1편성
운전 시격 RH/NH	6.5분/10분(운정) 8.5분/15분(동탄)	7.5분/10~15분	7.5분/10~15분	7.5분/10~15분
전기(신호)	AC25000V(ATP)	AC25000V(ATP)	AC25000V(ATP)	AC25000V(ATP)

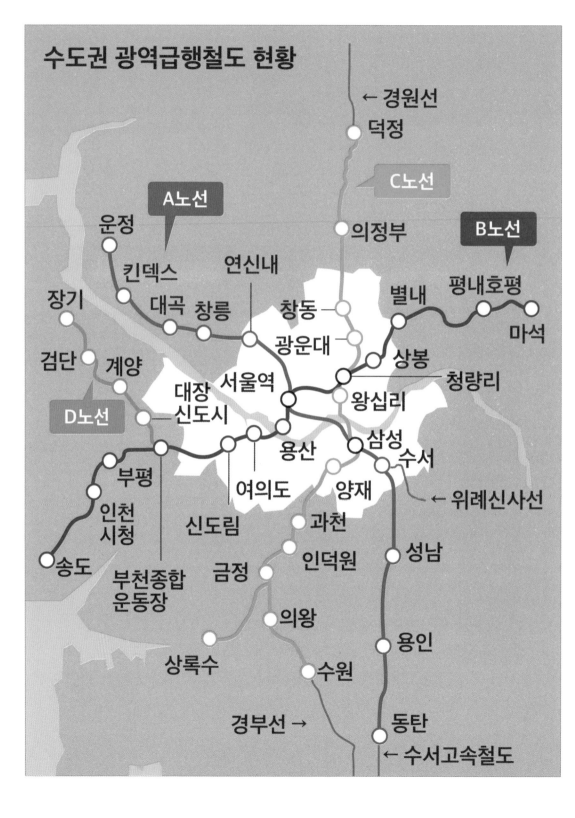

수도권 광역급행철도 현황

A노선

C노선

B노선

D노선

← 경원선

덕정

운정

킨덱스

연신내

의정부

평내호평

장기

대곡 창릉

창동

별내

마석

검단

계양

광운대

상봉

대장
신도시

서울역

왕십리

청량리

부평

용산

삼성
수서

인천
시청

여의도

양재

← 위례신사선

송도

신도림

과천

성남

부천종합
운동장

금정

인덕원

의왕

용인

상록수

수원

경부선 →

동탄

← 수서고속철도

GTX-C, 결국
추가 역 모두 정차!

부동산 시장이 좋았을 때, GTX-C노선과 관련된 발표는 시장의 화두였다. 국토교통부가 어떤 이야기만 전달하면 그 지역의 부동산 가격이 들썩들썩했기 때문이다. 현대건설 컨소시엄이 우선협상자로 선정되는 전후 과정에서 추가 역으로 예상되는 역 주변 부동산은 늘 떠들썩했다. 지자체의 강한 의지에 의한 왕십리역 정차, 지하철 요충지로 변하는 인덕원역 정차, 3기 신도시 주택 공급에 의한 의왕역 정차, 열차 회차를 위한 상록수역 정차까지 결국 당초 예상되었던 모든 역에서 정차함에 따라 '역시 지하철역 정차는 정치적 생물이구나.' 하는 생각이 들었다.

GTX에 대한 논의는 이미 2기 신도시 조성 과정 중에 수도권에서 서울로의 진입을 보다 신속히 하기 위해 여러 구상안이 나왔다. GTX의 'G'가 경기도를 의미하기도 했다. 경기도는 2009년 4월 'GTX, 수도권 교통혁명' 선포식을 발표하며 GTX-A·B·C노선을 처음 언급했다. 2011년 상반기 제2차 국가철도망 구축계획에 GTX 노선이 포함되면서 국정 과제에 포함되었다. 이 기간 동안 민간개발 사업으로 다양하게 논의되었지만 본격화되지 못했다. 2016년 제3차 국가철도망 구축계획에 보다 자세히 검토되면서, 2018년 12월 기존선을 포함하는 등 여러 조정 끝에 예비타당성 조사 결과를 발표했다.

2019년 기획재정부는 철도 예산을 감안해 GTX-C노선을 민자 적격 사업으로 승인한다. 2019년 6월 태조엔지니어링, 도화엔지니어링 등의 회사가 기본계획을 착수했고, 2020년 12월 기본계획 인가를 고시했다. 민자사업 절차에 따라 기획재정부 민간투자사업심의위원회(민투심) 심의 후 국토교통부는 GTX-C노선에 대한 사업을 지정, 시설사업기본계획을 수립해 고시한 것이다. 이후 2021년 6월 우선협

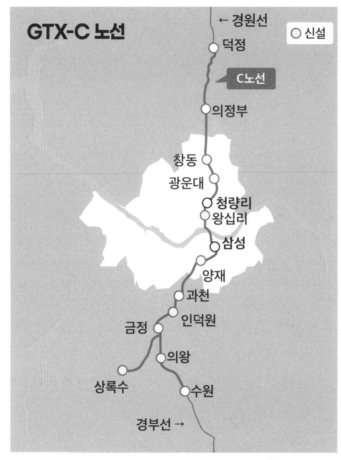

자료: 서울시, 국토교통부

상자로 현대건설 컨소시엄이 지정되었다. 참고로 민간투자 사업과 관련된 법은 「사회기반시설에 대한 민간투자법」에 기인한다.

협상대상자 지정 후 총 사업비, 시설 사용 기간, 사용료 등 사업 시행 조건 등의 실시협약을 체결할 예정이었으나 여러 변수가 불거진다. 대통령선거와 지방선거 등의 정치적 변수, 창동~의정부 구간이 기본계획 시 지하였다가 지상으로 종단계

차례대로 상록수역 일대, 상록수역 유치 현수막. 결국 당초 예상되었던 모든역에서 정차함에 따라 '역시 지하철역 정차는 정치적 생물이구나.' 하는 생각이 들었다.

획이 변경되면서 벌어진 여러 민원, 은마아파트 관통 등에 따른 민원 등이 청구되면서 실시협약은 1년 넘도록 진행되지 못했다. 이후 정권이 바뀌고 국토교통부 장관이 바뀌면서 GTX에 대한 정책적 의지가 강해지자 협약도 되기 전에 실시설계를 진행하는 상황까지 이르렀다.

당시 현대건설이 공을 많이 들인 이유는 현대차그룹의 삼성역 GBC 신사옥과 수만 평에 달하는 의왕역 부지 때문인 것으로 보인다. 어떤 식으로든 시너지를 생각하면 공을 많이 들일 수밖에 없는 상황이다. 현대건설은 입찰가를 낮춰서라도 낙찰받기 위해 노력했고, 손해를 조금 감수하더라도 입찰가를 낮춘 그 노력이 빛을 발한 것으로 보인다. 우선협상자 선정 이후에는 급조된 컨소시엄이 아닌 이상 거의 그대로 진행된다고 보면 된다. 앞으로 체결 과정에서 국토교통부의 입김에 따라 여러 가지 조정 과정이 생기겠지만, 결과적으로 진행함에 있어 문제는 없어 보인다.

추가 역 선정 과정에서 왕십리역은 사전에 정보가 많이 노출된 덕분에 부동산 가격이 발표 전부터 반영되기 시작했다. 왕십리역과 청량리역, 인덕원역과 과천역은 사실상 보통 지하철역 1개 정거장 거리에 불과하다. 역간 거리를 감안하면 굳이 안 생겨도 무방하나 왕십리역, 인덕원역은 다수의 노선이 환승되는 거점역이기에 이를 쉽게 포기하긴 어려웠다.

GTX-C노선의 열차 효용만 놓고 본다면 인덕원역 이후 남측보다는 광운대역, 창동역, 의정부역 등이 유리하다. 남측 구간은 열차 운행이 쪼개질 수 있다. 과천역에서 일부 회차와 안산역 구간의 일부 회차 등을 고려한다면 운행 횟수가 많지 않을 수 있다. 이에 반해 덕정역을 제외한 북측은 모든 열차가 정차하기에 삼성, 강남까지 오는 GTX 효과가 상당해 보인다.

GTX는 수요자 입장에서는 여러 혜택을 받을 수 있다. 그러나 향후 운행 중에 재정 적자가 생긴다면 국토교통부가 어떤 식으로든 적자를 보전해주겠지만, 결국 GTX 요금 체계에 대한 검증과 효율화 방안에 대한 이야기가 나올 수 있다. 지하철 이용수요는 결국 다른 대중교통 이용자가 채우는 것이기에 다른 노선의 열차 수요도 감소할 수밖에 없다. 운영기관에서는 여객운송약관에 의한 무료 승차 등을 통해 손실 보전을 요청할지 모른다. 결국 신분당선처럼 시간이 지나면서 요금 인상이 불가피할 수도 있다.

부동산 투자에 있어 철도망 구축계획은 두 가지 관점에서 봐야 한다. 첫째 노선의 가치, 의미, 진행 절차 등을 분명히 알아야 한다. 둘째 발표에 따른 이슈를 사전에 접수해야 한다.

GTX-B,
추가 역 생길까?

수도권 광역급행철도 B노선은 인천광역시 연수구에서 경기도 남양주시 일원까지 연결되는 사업으로 총 연장은 82.7km에 달한다. GTX-B노선은 신도시 개발 등으로 대도시 생활권이 확대됨에 따라 수도권 전철의 공급 부족 및 승용차 의존율 심화로 인한 도로용량 부족, 만성적인 도로 교통난을 해결하고자 진행되었다. 수도권 내 주요 거점역을 30분대에 연결하는 광역급행철도망 구축으로 수도권 주민들의 교통 복지를 증진하고, 수도권 방사축 중 통행량이 가장 많은 인천~부천 축을 서울 도심인 용산역과 연결해 교통난을 해소하고자 한다. 또한 중앙선, 경춘선 등 일반열차의 용산역 운행을 통한 중앙선 용산~망우 복복선화 사업을 대체할 수도 있다.

GTX-B노선은 2011년 4월 제2차 국가철도망 구축계획에 반영되었고, 2016년 6월 제3차 국가철도망 구축계획에도 반영되면서 본격적으로 추진되었다. 그리고 2019년 10월 GTX-B노선은 기존선 활용을 전제로 예비타당성 조사를 통과했다. 전체 82.7km 중 신설은 59.8km, 기존선은 22.9km다. 경춘선을 활용한 노선으로 신설 역 10개, 기존 역 3개에 정차할 예정이다.

기본계획 결과를 토대로 주요 구간을 살펴보면 여의도 구간은 9호선축 병행 설치, 용산 구간은 1호선축 하부를 통과할 예정이다. GTX-C 청량리역 승강장을 수평 배치하고 중앙선 연결선 구리역 전방까지 접속할 예정이다. 대규모 공공단지를 배제하고 최단 거리로 한강을 통과할 예정이다.

GTX-B노선은 인천에 친화적인 노선이다. 상징성을 더해 가장 효과적인 교통 대책임이 분명하다. 반대로 기존 경춘선을 활용한 노선에는 변수가 있다. 결국 선

수도권 광역급행철도(GTX-B) 노선도

평내호평

마석

별내

청량리

망우

서울역

용산

신도림

여의도

부천종합운동장

부평

인천시청

송도(인천대입구역)

자료: 서울시, 국토교통부

로용량에 대한 문제를 끄집어낼 수밖에 없다. 현재 경춘선은 전동차와 ITX열차가 운행되고 있다. 향후 춘천속초선이 연결되면 KTX이음까지 운행될 수 있다. 기존의 열차를 대체하든, 경춘선 운행 횟수를 줄이든 조정될 수밖에 없다고 본다. 이런 맥락에서 청량리~상봉 구간 이후 중앙선과의 연결에 대한 논의가 언제든지 나올 수 있다. GTX-B노선의 사업 목적을 보면 용산~망우 복복선화가 언급되어 있다. 선로가 연결되어 있기 때문에 구리시에서 경춘선 갈매역 정차가 어렵다고 느껴지면 중앙선 구리역을 요청할 가능성도 배제할 수 없기 때문이다.

　GTX-C노선 인덕원역의 경우 사업 초기 비교적 조용했다. 과천보다 수요가 몇

배 많은 인덕원을 두고 역을 정차하지 않는 게 이해가 되지 않았지만, 결국 본격적인 논의가 시작되면 중앙선 이야기는 나올 수 있는 시나리오다.

GTX-B노선의 역을 짧게 살펴보자. 송도역은 인천 1호선 인천대입구역으로 주변에 더샵 브랜드 아파트가 많고, 송도 센트럴파크 주변에 호텔과 쇼핑센터 등도 많아 인천 최고의 네임벨류로 뽑힌다. 인천 부동산 시장의 바로미터다. 인천시청역은 구축이 대다수로 경사가 심한 게 흠이지만 그만큼 개발 여력도 많다. 틈이 많은 만큼 잘 찾아보면 기대가치가 높을 수 있다. 부평역은 좌측 미군기지 이전에 따른 공원화 계획과 재건축 이슈가 있는 부평동아1단지(86.9/2,475)의 가격이 많이 올랐다. 다른 교통수단보다 시간 절약이 많이 되는 송도역, 인천시청역, 부평역의 GTX 효과는 상당할 듯하다. 부동산 시장이 좋지 않아 가격 조정이 생긴다면 재개발·재건축 지역이나 개발 여력이 있는 지역들의 경우 다시 접근해도 좋을 듯하다.

부천종합운동장역은 부천의 미래라는 생각이다. 청사진만 봐도 많은 변화가 예상된다. 준공업지역과 역세권 개발 사업 등 투자 비용이 비교적 높아 쉽지 않겠지만 이만한 입지도 없음을 기억해야 한다. 신도림역은 정비구역을 눈여겨봐야 한다. 신도림역 남측 상가주택이나 북측 문래동 준공업지역도 운행되는 시점에서는 수요가 모이는 입지로 탈바꿈될 가능성이 높다.

여의도역이나 용산역은 여러 개발 호재와 정책적 이슈가 많은 지역이라 설명이 필요 없지만, 많은 비용이 필요한 만큼 쉽게 접근하기는 사실상 어렵다. 서울역은 다소 복잡한 동네다. 대한민국 철도의 중심은 맞지만 구도심 성격의 상업, 업무, 주거가 밀집된 지역이다. 서울역 북부 역세권 개발을 비롯해 공공재개발 등 주변 환경 개선이 상당할 듯하다. 충정로 방향의 정비사업이 매력적으로 느껴진다. 청량리역은 서울지하철의 소용돌이로 도시철도의 성지다. 과거 청량리역의 이미지는 많이 벗었다. 새롭게 건설되는 상업시설, 주상복합 등으로 상당한 매력을 갖고 있지만 전통시장을 비롯한 구도심의 한계도 공존한다. 북측 홍릉(바이오 거점)까지의 도로변을 눈여겨보면 좋을 듯하다. 망우역(상봉역)은 서울에서 다소 밀리는 지역으로 아직 빌라촌의 이미지가 남아 있다. 7호선과 연계해서 보면 GTX 효과와 모아타운의 주된 사업지로 편입되면서 기대가치가 높아졌다.

별내역은 남양주의 중심이다. 왕숙역이 생긴다고 하더라도 무게 추는 별내역에 있다. GTX 못지않게 8호선은 매력적인 노선으로 동북부 철도망의 핵심 권역으로 자리 잡을 듯하다. 평내호평역은 GTX로 인해 이동시간이 단축되고 편해진다는 인식이 강해지면 역 주변으로 주거 지역이 확대될 가능성이 높다. 마석역은 일단 차량기지 덕을 본 지역이다. 평내호평역과 마찬가지로 산을 깎는 상황이 올 수도 있다. 월산지구 등 다소 거리가 먼 지역도 개발 압력을 받을 수 있지만, 일단 도보권의 가치가 높아 보인다. 인근 차량기지의 의미도 정확히 알아야 한다. 대규모 수용과 인근 도로 개설 등 틈새시장을 찾는다면 부동산 투자 고수의 반열에 오를 수 있다.

아직 갈 길이 먼만큼 부동산 시장을 염두에 두고 접근하는 전략이 필요하다. 2022년부터 부동산 시장이 위축되고 있는 만큼 급매물이 나오더라도 밀당이 중요하다. 일단 싸게 사는 사람이 결과적으로 이길 수밖에 없다.

추가 역 이슈로 송도~용산 민자사업 구간에서 가능성 높은 곳을 뽑는다면 연수역과 청학사거리 주변 일대다. 역간 거리가 멀고 수인분당선 환승이 가능하며 기존 구도심 수요도 있기 때문이다. 용산~상봉 재정비사업 구간에는 동대문역사문화공원역이 언급될 수 있다. 나름 수요가 있고 서울시에서 추진하고자 하는 역 중 하나이기 때문에 서울시장의 의지에 따라 정치적으로 풀릴 수도 있다.

GTX-D의
운명

　서부권 광역급행철도는 김포·검단(인천) 등에서 강남 구간 등 노선 연장을 강력하게 건의했지만, 장기역~부천종합운동장역 노선으로 반영했다. 이는 대안별 경제성, 총 사업비, 국가 균형 발전 등 정책적 측면을 종합 고려한 결과다. 장기역~부천종합운동장역 구간을 신설하고 부천종합운동장역 이후 구간은 GTX-B노선을 공용하는 것으로 우선 계획했으나, 윤석열 정부가 들어서면서 분위기가 사뭇 달라졌다. 다시 원점부터 재검토하는 수순으로 가고 있다. 국토교통부는 장기역~부천종합운동장역 구간을 신설하는 방안이 사업비 규모 및 경제적 타당성 측면에서 가장 적합한 것으로 분석했다.

　총 사업비는 2.2조 원으로 경기도 건의안 6.4조 원, 인천시 건의안 9.5조 원보다 적은 예산이다. 지자체 건의안 추진 시 4.2조~7.3조 원의 사업비가 추가 소요되어 수도권과 비수도권 간 투자 규모 균형 측면 등을 고려해 결정했다고 한다. 서부권 광역급행철도의 건설 구간은 장기역~부천종합운동장역이나, 실제 열차 운행은 GTX-B노선을 공용해 신도림역, 여의도역을 거쳐 용산역 등 서울 도심까지 직결 운행하는 방안을 추진할 계획이었다. GTX-B노선 선로용량(부천종합운동장역~용산역 간 270회) 및 GTX-B 열차 운행 횟수(예비타당성 조사 기준 92회) 등을 고려하면 여유 선로용량은 170회 이상으로, 서부권 광역급행철도 직결 운행 시 선로 부족 문제는 없을 것으로 예상했기 때문이다.

　그러나 이번에 결정할 생각 자체가 없었다고 본다. 대선 과정에서 GTX-D노선에 대한 이슈가 부각되느냐에 따라 사업 속도나 방향이 결정될 것으로 보였다. 본격적인 이야기는 제5차 국가철도망 때 어느 정도 선일지 결정될 것으로 보인다.

사업비도 중요하지만 정치적 결정에 있어서는 선택적 요소에 불과하다. 인천 방향 Y자 노선은 현실적으로 공항철도 등의 대안이 있기에 어려울 수 있다. 기존에 추진했던 안에 대한 이슈는 계속 부각될 수 있을 듯하다.

서부권 광역급행철도가 GTX-B노선과 직결해 서울까지 환승 없이 운행하는 방안이 확정된 것은 아니다. GTX-B노선 사업자와 협의를 거쳐 GTX-B노선을 공용해 서울 도심까지 열차를 직결 운행하는 방안을 추진한다는 계획 정도였다. 서부권 광역급행철도 열차가 GTX-B노선을 공용해 운행할 경우 김포·검단(인천)에서 신도림역(2호선 환승역), 여의도역(9호선 환승역), 용산역 등 서울 도심까지 환승 없이 이용할 수 있을 것으로 기대하고 있다.

GTX-B노선 직결 운행 시 이동시간은 장기역과 여의도역은 24분, 장기역과 용산역은 28분 정도로 예상하고 있다. 검토는 할 것으로 보이나 얼마든지 180도 바뀔 수 있는 상황이다. 큰 결정에서 보면 이 논의는 의미가 없어 보였다. 여러 대안 검토 등을 핑계로 계속 GTX-D노선 사업을 연장시킬 가능성이 높아 보이지만 결국 원점에서 재검토할 수밖에 없다.

서부권 광역급행철도 외에도 김포·검단 등 수도권 서부권의 교통 혼잡 문제가 크기에, 추가적인 대책을 고민하고 있다. 수도권 서부권의 교통 혼잡 문제 개선을 위해 서부권 광역급행철도 외에도 다양한 철도 노선 간의 연계성을 강화하고, 인천 2호선 고양 연장 및 공항철도 급행화, 인천 1·2호선 검단 연장 등의 사업을 조속히 추진할 수 있도록 지원하겠다고 발표했다.

인천 2호선 고양 연장의 경우 킨텍스역에서 GTX-A와 환승하거나, 공항철도 급행화를 통해 계양역에서 공항철도로 환승하게 한다. 환승 시간을 고려하지 않은 순수 열차 이동시간만 산정한 수치로 실제 이동시간은 사업 여건에 따라 변동 가능하다. 환승 시간은 역별 여건에 따라 다양하나, GTX 노선 간에는 평면환승 또는 최단거리 수직환승 등을 통해 환승 시간을 대폭 단축한다. 5호선 김포·검단 연장의 경우 노선계획, 차량기지 등에 대한 지자체 간 합의 시 타당성 분석을 거쳐 추진하기 위해 추가검토사업에 반영했다. 그러나 이동경로 자체가 의미 없다. 김포 경전철을 타고 9호선을 타는 게 제일 빠를 수 있기 때문이다. GTX-D노선도 확정되지 않았고, 인천 2호선 고양 연장도 사업성이 높지 않기에 실현될지 지켜봐야 한다. 어느 누가 장기역에서 GTX-D를 타고, 다시 GTX-B를 타고, 다시 GTX-A를 타고 삼성역까지 출근하겠는가?

대도시권 광역철도란 무엇인가?

　대도시권 광역철도의 의미를 다시 한번 되새길 필요가 있다. 「대도시권 광역교통 관련에 관한 특별법 시행령」에서는 대도시권의 범위를 정하고 있다. 제4조에는 광역철도의 정의와 조건들이 나와 있는데, 2022년 6월 국토교통부는 이를 개정했다. 당초 광역철도의 기준은 수도권의 경우 '서울시청 또는 강남역을 중심으로 반경 40km 이내일 것'으로 명시되었으나, 이를 삭제하면서 수도권 인근 충남 천안, 강원 춘천까지도 GTX 연장 사업을 요청하고 있다. 국토교통부는 당초 본 규정 때문에 불가하다는 입장이었지만, 윤석열 정부의 공약과도 연결되면서 결국 규정을 삭제한 만큼 정치적 결정에 따라 추가 연장도 가능해 보인다.

　가끔 국회에서는 고속도로나 철도와 관련해서 공청회나 토론회를 열곤 한다. 이는 통상 지역 국회의원이 지역 내 현안 문제를 다루고자 진행하는 일상적인 활동이다. 이를 통해 본인이 이러한 일을 하고 있다는 정도지 실제로 그러한 계획이다 반영될 확률은 반반 정도로 보면 된다. 종종 어떠한 분위기를 만들고자 의도적으로 띄우는 경우도 있다. 그런데 그렇게 띄워지는 내용이 어느새 현실화되기도 한다. 그래서 어떤 내용이 담겼는지에 대해 주목할 필요도 있다. 결국 위 규정 폐지도 GTX를 평택으로 연결해야 된다는 공청회에서부터 비롯된 것이다. 지자체나 토론회 등을 위한 B/C(비용편익비)는 얼마든지 만들어낼 수 있다. KDI(한국개발연구원)에서 진행하는 타당성 조사도 어느 정도 조정이 가능한 마당에, 용역을 맡긴 기관에서 원하는 B/C를 만드는 일은 그다지 특별한 이야기가 아니다.

「사회기반시설에 대한 민간투자법」

제7조(민간투자사업 기본계획의 수립·공고 등):
① 정부는 국토의 균형개발과 산업의 경쟁력 강화 및 국민생활의 편익 증진을 도모할 수 있도록 사회기반시설에 대한 민간투자사업기본계획을 수립하고, 이를 공고(인터넷에 게재하는 방식에 의하는 경우를 포함한다)하여야 한다. 공고한 사항이 변경된 경우에도 또한 같다.

「사회기반시설에 대한 민간투자법 시행령」

제2조의2(총사업비의 산정):
1. 조사비: 사업 시행을 위한 측량비 및 그 밖의 조사비
2. 설계비: 공사 시행을 위한 설계에 드는 비용
3. 공사비: 재료비, 노무비, 경비, 일반관리비 및 이윤을 합친 금액에 따른 예정가격의 결정기준과 단가
4. 보상비: 사업 시행을 위한 보상에 드는 비용

---

5. 부대비: 사업타당성 분석비, 환경영향평가비 등 사업 시행과 관련한 각종 비용

6. 운영설비비: 시설 운영을 위하여 최초로 투입하는 장비, 설비 및 기자재의 가액

7. 각종 세금과 공과금: 공사의 시행·준공·등기 및 소유권 이전과 각종 세금 및 부담금

8. 영업준비금: 시설 운영을 준비하기 위하여 필요한 창업비, 개업비 등 필수경비

제13조(사업계획의 검토·평가):

1. 사업시행자의 구성 형태, 사업출자자와 사업시행자의 관계 등 사업시행자 구성의 적절성

2. 사업비의 규모, 건설기간, 건설입지, 건설의 내용 등 사업계획의 타당성

3. 자체자금 조달능력, 차입금 조달능력 등 자금조달계획의 현실성

4. 사용료, 사용량, 무상 사용기간 또는 소유·수익 기간, 할인율, 부대사업의 규모 등 사업의 경제성

5. 필요토지의 확보 정도 및 확보계획의 타당성 등 필요토지 확보능력

6. 최저요구 기술수준의 충족도, 최신 공법의 적용 여부 등 기술능력

7. 시설 보수계획의 적정성, 관리운영계획의 적정성 등 시설의 관리능력

8. 시설이용자 등에 대한 편익제공 정도 등 사회적 편익에 대한 기여도

「철도 민간투자사업 제안에 대한 업무처리지침」(국토교통부 훈령)

제5조(철도 민간투자사업 제안 방식):

민간은 다음 각 호 중 하나의 방식으로 철도 민간투자사업을 제안할 수 있다.

1. 수익형 민간투자사업: 시설이용자가 지불하는 사용료로 투자비를 회수하는 방식으로서, 주무관청이 투자위험을 분담하는 위험분담형수익형 민간투자사업과 손익공유형 수익형 민간투자사업을 포함(BTO)

2. 임대형 민간투자사업: 철도시설의 준공과 동시에 해당 시설의 소유권이 국가에 귀속되며, 사업시행자에게 일정기간의 시설관리운영권을 인정하되, 그 시설을 실시협약에서 정한 기간 동안 임차하여 사용·수익하는 방식(BTL)

많이 오른 지역의
공통분모, GTX

전국에서 아파트 매매가격이 가장 많이 오른 곳을 보면 수도권의 경우 GTX 영향권에 있는 지역이었다. 결국 이들 지역은 GTX 개발 호재라는 공통분모를 갖고 있었다. 고양시 킨텍스역, 대곡역, 창릉역, 인천시 연수구 송도역, 남양주 평내호평역, 상록수역, 의왕역 등 대부분 GTX와 떼어놓을 수 없었다.

그러나 2022년 들어 국제 정세와 글로벌 금융 시장이 요동치면서 금리 상승 등 여러 부담이 조정을 불러왔고, 상대적으로 많이 오른 지역은 오히려 더 많이 빠지는 결과를 초래하기도 했다. 그렇다면 이들의 가격 상승이 거품이었다고 보는 게 맞을지, 아니면 단기 상승에 따른 일시적 조정으로 보는 게 맞을지 고민일 수 있다.

부동산 가격은 GTX 등 교통 호재만 영향을 주는 것이 아니다. 자본주의 시장에서 재화는 늘 인플레이션 압력에 노출될 수밖에 없고, 화폐의 가치는 늘 떨어지기 마련이다. 부동산도 결국 재화이기에 모든 비용이 상승하면 자연스레 올라가는 게 당연하다. 일정한 주기를 가지고 우상향할 수밖에 없다. 가격의 절대적 영향은 시장에 달려 있고, 상대적 영향은 입지나 상품에 따라 달리 움직일 수 있다.

GTX 효과는 분명하게 있음에도 불구하고, 그 효과가 높은 지역은 상대적으로 서울과의 접근성이 멀기에 양날의 검이 될 수 있다. 비교적 일자리가 풍부한 지역은 자생력을 바탕으로 교통까지 좋아지면서 그 효과가 커질 수 있지만, 베드타운 성격의 지역은 교통의 편리함에도 불구하고 지역의 슬럼화, 아파트 노후화 등의 영향을 받기 때문에 GTX 하나로만 가격을 평가할 수 없다. 그래도 확실한 건 GTX역이 생기면 주변에 상권과 업무, 1인 가구 등 여러 영역이 집중될 수 있어 수요는 걱정하지 않아도 된다.

대한민국 철도 현황

한국철도공사 여객사업본부는 고속열차(KTX, KTX산천, KTX이음)와 일반열차(ITX 새마을, 새마을호, 무궁화호, 누리로, 통근열차)를 통칭하는 여객열차를 운행한다. 고속열차는 2004년 개통 이래 전국 반나절 생활권 국민 생활을 주도했고, 2017년 강릉선 개통과 함께 명실상부한 전국 반나절 생활권을 완성했다. 일반열차는 전국에 90여 개 간선 및 지선을 운행하고 있다.

한국철도공사 광역철도본부는 광역·도시철도 사업의 국내 최대 운영자로서 총 15개 광역철도 노선(경부·경인·경원·장항(1호선), 경의·중앙, 안산·과천, 분당·수인, 경춘, 일산, 경강, 동해, 서해)을 운영하고 있다. 1974년 개통 당시에는 일평균 8만 명을 수송했으나, 2021년 기준 287개 역에서 일평균 246만 명의 이용고객을 수송하고 있다. 국내 최초 2층형 도시 간 급행열차인 ITX청춘을 운영하고 있으며, 대구권과 충청권 신규 노선을 확충하고자 한다.

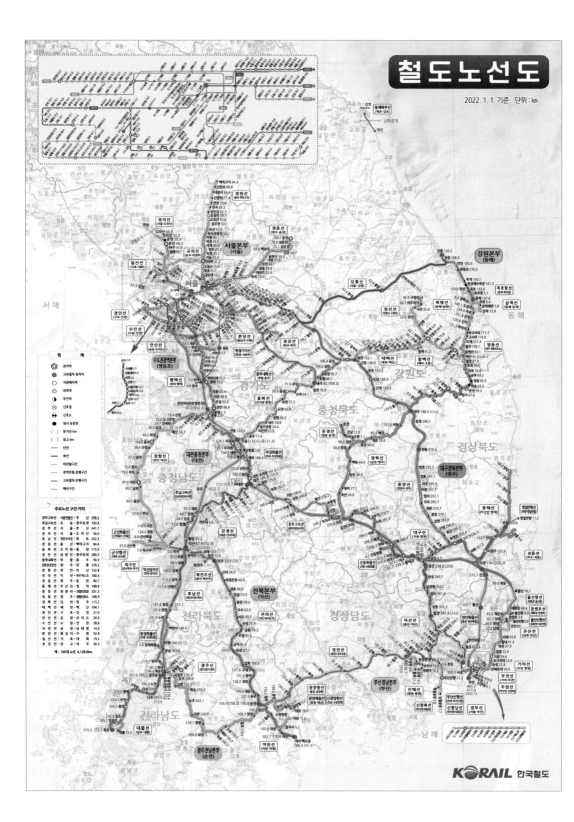

우리나라 대표 공기업인 한국철도공사가 운행하고 있는 간선여객(일반철도), 광역여객(수도권 전철)의 개통 시기와 철도 거리, 일일 운행횟수, 운영 중인 역의 수 등을 보면서 전반적인 철도 현황을 이해해보자.

간선여객 연도별 개통 현황

개통일	운행 구간	개통일	운행 구간
2021년 12월 31일	중부내륙선 (부발~충주) 개통	-	-
2021년 1월 5일	중앙선 (원주~제천/도담~단촌)	2018년 1월 26일	동해선(포항~영덕) 개통
2017년 12월 22일	강릉선 개통	2015년 4월 2일	호남고속선·동해선 개통
2010년 11월 1일	경부고속철도 2단계 구간 개통	2010년 3월 2일	KTX산천 영업 개시
2004년 4월 1일	고속철도(KTX) 개통	2004년 3월 24일	호남선 복선전철
1997년 2월 20일	영동선 전철 (영주~강릉)	1980년 10월 17일	충북선 복선전철 (조치원~봉양)
1975년 12월 5일	영동선(철암~북평)	1973년 10월 16일	태백선(제천~고한)
1968년 2월 7일	경전선(진주~광양)	1966년 11월 9일	경북선(영주~예천)
1966년 1월 19일	고한선(예미~고한)	1965년 9월 18일	경인선(영등포~인천)
1963년 8월 20일	서울 교외선 (능곡~의정부)	1955년 12월 31일	영암선(영주~철암)
1942년 4월 1일	중앙선(청량리~경주)	1939년 7월 25일	경춘선(성동~춘천)
1936년 12월 16일	전라선(익산~여수)	1931년 8월 1일	장항선(천안~장항)
1929년 12월 25일	충북선(조치원~충주)	1914년 8월 16일	경원선(용산~원산)
1914년 1월 11일	호남선(대전~목포)	1906년 4월 3일	경의선(서울~신의주)
1905년 1월 1일	경부선(서울~부산)	1899년 9월 18일	경인선(노량진~제물포)

자료: 한국철도공사

광역여객 연도별 개통 현황

개통일	운행 구간	개통일	운행 구간
2021년 12월 28일	동해선(일광~태화강)	2021년 12월 11일	경의선(임진강~도라산)
2020년 9월 12일	수인선(수원~한대앞)	2020년 3월 28일	경의선(문산~임진강)
2018년 6월 16일	서해선(소사~원시)	2017년 1월 21일	중앙선(용문~지평)
2016년 12월 30일	동해선(부전~일광)	2016년 9월 24일	경강선(판교~여주)
2016년 2월 27일	수인선(송도~인천)	2014년 12월 27일	경의선(공덕~용산)
2013년 11월 30일	분당선(망포~수원)	2012년 12월 15일	경의선(공덕~가좌)
2012년 12월 1일	분당선(기흥~망포)	2012년 10월 6일	분당선(왕십리~선릉)
2012년 6월 30일	수인선(오이도~송도)	2011년 12월 28일	분당선(보정~기흥)
2010년 12월 21일	경춘선(망우~춘천)	2009년 12월 23일	중앙선(국수~용문)
2009년 7월 1일	경의선(서울~문산)	2008년 12월 29일	중앙선(팔당~국수)
2008년 12월 15일	장항선(천안~신창)	2007년 12월 27일	중앙선(덕소~팔당)
2006년 12월 15일	경원선(의정부~소요산)	2005년 12월 21일	경인 2복선(주안~동인천)
2005년 12월 16일	중앙선(청량리~덕소)	2005년 1월 20일	경부 2복선(병점~천안)
2004년 11월 26일	분당선(오리~보정)	2003년 9월 3일	분당선(선릉~수서)
2003년 4월 30일	경부 2복선(수원~병점)	2002년 3월 15일	경인 2복선(부평~주안)
2000년 7월 28일	안산선(안산~오이도)	1999년 1월 29일	경인 2복선(구로~부평)
1996년 1월 30일	일산선(지축~대화)	1994년 9월 1일	분당선(수서~오리)
1994년 4월 1일	과천선(인덕원~남태령)	1993년 1월 15일	과천선(금정~인덕원)
1988년 10월 25일	안산선(금정~안산)	1986년 9월 2일	경원선(창동~의정부)
1974년 8월 15일	경원선(청량리~광운대)	1974년 8월 15일	경인선(구로~인천)

자료: 한국철도공사

일반선 운영(2021년 12월 31일 기준)

선별	구간	철도 거리(km)
경인선	구로~인천	27.0
경부선	서울~부산	441.7
호남선	대전조차장~목포	252.5
전라선	익산~여수엑스포	180.4
중앙선	청량리~도담	148.5
중앙선	도담~모량	182.8
경전선	삼랑진~광주송정	277.7
장항선	천안~익산	152.8
충북선	조치원~봉양	115.0
영동선	영주~청량신호소	188.9
동해선	부산진~영덕	188.9
경춘선	망우~춘천	80.7
태백선	제천~백산	104.1
경의선	서울~도라산	56.0
분당선	왕십리~수원	52.9
일산선	지축~대화	19.2
경원선	용산~백마고지	94.4
경북선	김천~영주	115.0
안산선	금정~오이도	26.0
과천선	금정~남태령	14.4
경강선	성남~여주	57.0
경강선	원주~강릉	120.7
서해선	소사~원시	23.4
중부내륙선	부발~충주	56.9

노선별 일일 운행 횟수(2021년 3월 31일 기준)

노선명	주중	주말	노선명	주중	주말
경부선	181	200	충북선	16	16
호남선	120	122	대구선	8	8
전라선	58	64	동해선	40	42
중앙선	24	24	동해남부선	30	30
태백선	12	12	영동선	28	28
강릉선	36	59	경전선	46	54
장항선	28	28	경북선	10	10

역 운영 현황(2021년 12월 31일 기준)

역 구분/ 영업고시	소계	보통 역	간이역		조차장	신호장	신호소
			역원 배치	역원무 배치			
여객 및 화물	36	35	-	1	-	-	-
여객	445	269	2	174	-	-	-
화물	41	27	1	12	1	-	-
기타(비영업)	165	6	-	119	1	32	7
합계	687	337	3	306	2	32	7

한국철도공사의 주된 업무는 운영 및 유지 보수이며, 사업 검토와 공사는 국가철도공단이 맡고 있다. 현재 공사 중인 철도 사업과 설계 중인 노선들을 일반철도와 광역철도로 구분해 연장과 총 사업비를 살펴보자. 사전타당성의 경우 국가철도공단이 직접 하는 경우도 있고, 지자체가 나서서 하기도 한다. 예비타당성 조사 업무는 기획재정부의 지시로 국토교통부가 KDI(한국개발연구원)에 위탁해 진행하고 있다.

일반철도 공사 중인 19개 사업(연장 1,335.1km)

노선명	사업 구간	사업 내용	연장(km)	총 사업비(억 원)
경전선	보성~임성리	단선전철	82.5	16,162
동해선	포항~삼척	단선철도	166.3	34,186
중앙선	원주~제천	복선전철화	44.1	12,124
경전선	부전~마산	복선전철(BTL)	32.7	15,484
평택선	포승~평택	단선철도	30.3	7,153
동해선	울산~포항	복선전철화	76.5	26,769
동해선	부산~울산	복선전철화	65.7	28,271
서해선	송산~홍성	복선전철	90.0	41,487
중부내륙선	이천~문경	단선전철	93.2	25,237
장항선	신성~주포, 남포~간치	단선개량	33.0	9,065
경원선	동두천~연천	단선전철화	20.9	4,703
중앙선	도담~영천	복선전철화	145.1	43,048
서해선	대곡~소사	복선전철(BTL)	18.3	15,768
중앙선	영천~신경주	복선전철화	20.4	5,603
장항선	신창~대야	복선전철화	118.6	7,436
경전선	진주~광양	복선전철화	51.5	1,672
동해선	포항~동해	단선전철화	172.8	4,347
월곶판교선	월곶~판교	복선전철	34.2	22,580
인덕원동탄선	인덕원~동탄	복선전철	39.0	28,137

자료: 국가철도공단

일반철도 설계 중인 7개 사업(연장 531.9km)

노선명	사업 구간	사업 내용	연장(km)	총 사업비(억 원)
경부선, 충북선	천안~청주공항	복선전철	59.0	5,122
경강선	여주~원주	복선전철	22.0	9,255
춘천속초선	춘천~속초	단선전철	93.7	24,377
남부내륙선	김천~거제	단선철도	177.9	49,438
동해선	강릉~제진	단선전철	111.7	27,406
대구산업선	서대구~대구국가산업단지	단선전철	36.4	15,511
석문산업단지 인입철도	합덕~석문산업단지	단선전철	31.2	10,719

광역철도 공사 중인 7개 사업(연장 267.8km)

노선명	사업 구간	사업 내용	연장(km)	총 사업비(억 원)
수원~인천 복선전철	수원~인천	복선전철	52.8	20,074
신분당선(용산~강남)	용산~강남	복선전철	7.8	16,470
진접선 복선전철	당고개~진접지구	복선전철	14.9	14,604
삼성~동탄 광역급행철도	삼성~동탄	복선전철	39.5	20,455
신안산선 복선전철	안산~여의도	복선전철	44.9	43,055
대구권 광역철도	구미~경산	기존선 개량	61.9	1,928
수도권 광역급행철도 A노선	파주~삼성	복선전철	46.0	35,505

광역철도 설계 중인 6개 사업(연장 223.15km)

노선명	사업 구간	사업 내용	연장(km)	총 사업비(억 원)
충청권 광역철도 1단계	계룡~신탄진	기존선 개량, 2복선화, 단선신설	35.4	2,694
용산~상봉 광역급행철도	용산~상봉	복선전철	19.95	25,584
수도권 광역급행철도 B노선	송도~용산, 망우~마석	복선전철	62.8	41,119
수도권 광역급행철도 C노선	양주~수원	복선전철	74.8	43,858
신분당선(광교~호매실)	광교~호매실	복선전철	10.1	10,916
충청권 광역철도 (옥천 연장)	대전조차장~옥천	복선전철	20.1	490

일반철도 중에 현재 공사 중이거나 설계 중인 춘천속초선을 비롯해 중부(남부) 내륙선, 동해선, 장항선(서해선), 광주순천선(경전선) 등 국토의 중심이 되는 철도 축 대를 이해해보자.

서울 사람은 속초가 편하다

춘천속초선은 설계가 마무리되어 본 착공을 기다리고 있다. 실시설계와 인허가 가 생각보다 시간이 길어질 수 있고, 본 노선에 대한 수요가 대단히 많거나 특별한 이슈가 없다면 본 착공까지 의외로 시간이 걸릴 수 있다. 노선과 정거장의 위치가

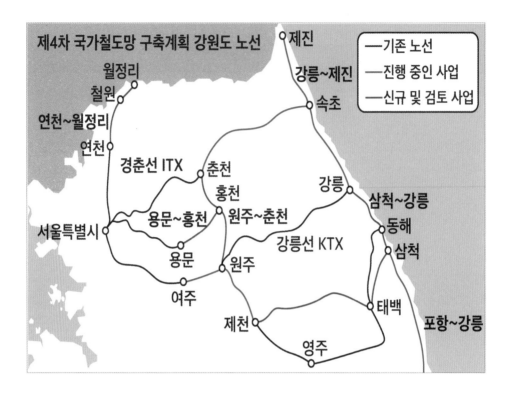

제4차 국가철도망 구축계획 강원도 노선

어느 정도 나오면 큰 축에서 흔들기는 쉽지 않기에 세부적인 결정사항보다는 본 착공이 하루라도 빨리 시작되는 게 중요하다.

정거장의 가치를 수도권과 비교할 수는 없다. 지역으로 갈수록, 인구가 적을수록 그 의미는 작을 수밖에 없기 때문이다. 그렇다고 의미가 없는 것은 아니다. 지역에서는 나름의 의미가 있고, 작지만 상업적 기능이 확대되기도 한다. 특히 주목해야 할 곳은 아무래도 속초다. 거리가 멀기도 하고, 무엇보다 바다를 향한 도시민의 마음이 있기 때문이다. 속초역 광장부에서 바다로 향하는 길이라면 개발적 가치가 충분히 있어 보인다. 춘천의 의미도 다시 한번 살펴봐야 한다. 우여곡절 끝에 레고랜드의 본모습이 보이기 시작했다. 이제는 끝자락이 아닌 서울과 속초의 중심적 도시로서 기능이 확대될 수 있다.

다른 신설 역들은 아무래도 토지 중심으로 봐야 한다. 광장 출입구를 기준으로 반경 500m를 우선 선점할 필요가 있다. 토공(흙 쌓기)으로 막혀 있거나, 지상으로 막혀 있다면 후면의 의미는 작을 수밖에 없다. 토지 보상도 틈새 투자처다. 비교적 철도의 토지보상가가 후한 만큼 보상이 예정된 지역을 눈여겨볼 필요가 있다. 비록 바로 시작되지는 않더라도 시간을 충분히 가지고 타이밍을 미리 잡는다면 투자적 메리트는 충분히 있다.

벌교 꼬막을
맛보러 가보자

광주순천선은 영호남 간 인적·물적 교류를 통한 호남권 경제 활성화, 남해안 선벨트 문화관광 활성화, 경전선 미개량 구간 전절화 등을 위해 지역 균형 발전 차원에서 진행되는 사업이다. 2011년 제2차 국가철도망 구축계획, 2016년 제3차 국가철도망 구축계획에 포함되면서 2020년에 타당성 조사 및 기본계획을 진행했다. 광주순천선은 광주를 시작으로 전라남도 권역을 가로지르는 노선으로, 시작은 호남선과 연계되고 끝은 경전선과 연계되는 사업이다. 기존 역 4개와 나주혁신도시에 신설 역이 생긴다. 나주혁신도시에는 광주나주 광역철도도 생길 수 있기에 좀더 주목해서 볼 필요가 있다.

광주송정~순천 단선전철 사업으로 총 연장은 94.2km다. 광주역을 비롯해 광주송정역, 나주혁신도시, 보성, 벌교, 순천 등에 정차할 예정으로 2028년을 목표로 하고 있지만 제한된 수요로 사업이 늦어질 수 있다. 인구수를 보면 순천시는 28만

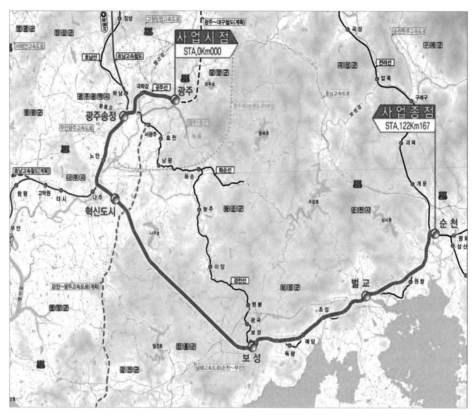

광주순천선 노선도

명, 나주시는 12만 명에 불과하다. 특히 나주시 구간은 전답이 대부분이고 화순, 장흥, 보성, 순천 구간은 임야가 대부분이다.

　지역은 지역대로 분석해야 한다. 본 설계가 진행되지 않은 만큼 토지를 규제할 명분은 딱히 없다. 그렇다면 어떤 관점에서 접근해야 할까? 철도든, 도로든 지방 투자는 토지에 중점을 둬야 한다. 토지를 싸게 선점하는 일이 우선이고, 더불어 주변 분위기를 봐야 한다. 본인이 매입한 토지가 수용할 토지인지, 인근 토지인지, 본 사업과 부대사업에 따라 도로 등 다른 계획은 없는지 살펴봐야 한다. 수용될 것 같다면 보상가를 극대화하는 것도 방법이다. 역이 신설되면 주변에 도로망도 구축되는데 적게는 5개, 많게는 10개 이상의 도로가 생길 수 있다. 토지는 맹지에서 탈출만 해도 2배가 오를 수 있다.

대한민국은 3~4시간이면 대부분 갈 수 있다. 주말에 가족여행을 계획하거나 지인과 놀러갈 계획이 있다면 현장을 직접 가보는 것도 한 방법이다. 이참에 벌교 꼬막을 맛보러 가보자!

동해안 벨트 완성으로 북한과의 교류 확대

동해선의 기점은 부산진역이다. 서울로 연결되는 노선이 아니기에 기점을 달리하고 있다. 동해안 벨트를 중심으로 부전역~태화강역, 태화강역~포항역, 포항역~삼척역, 삼척역~강릉역, 강릉역~제진역 등 동해남부선, 동해선, 동해북부선으로 표기되며, 현재 나뉘어 사업이 진행되고 있다. 이 중 강릉역~제진역 사업은 111.7km 단선철도 건설로 2027년 운행을 목표로 하고 있으며, 총 사업비는 2조 7,406억 원에 달한다. 남측 단절 구간인 강릉역~제진역 구간 철도 건설로 남북철도 및 유라시아 대륙철도망을 연결해 남북 간 상생 발전을 도모하고자 한다. 강릉권과 속초권을 연결하는 철도 교통 수단을 제공해 관광 활성화를 통한 지역 균형 발전이 목적이다. 2011년 제2차 국가철도망 구축계획, 2016년 제3차 국가철도망 구축계획에 반영되었지만 사업성의 한계로 결국 2020년 4월, 예비타당성 면제 사업으로 결정되었다. 운행 차량 및 열차 운영은 6량 1편성, 고상홈, EMU-260 열차가 운행될 예정이며, 평일은 1시간 30분 간격, 주말은 1시간 10분 간격으로 운행

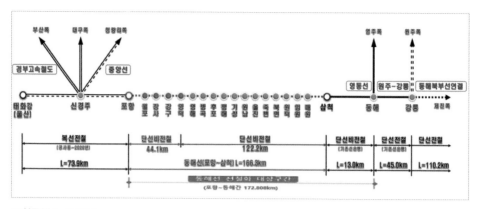

포항동해 노선 개요

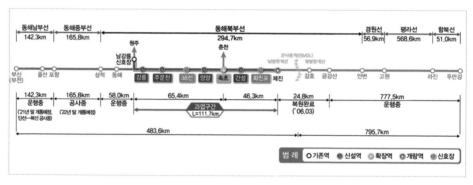

강릉제진 노선 개요

될 예정이다.

강릉역은 동해선과 경강선이 만나는 곳으로 강릉역 육거리를 중심으로 예전보다 활성화되고 있다. 강릉역에서 해변 방향의 경우 세컨하우스 수요도 의미가 있다. 역 주변 가격은 많이 올랐으나 절대가로 보면 비교적 높지는 않다. 주문진역은 신설로 타 지역에 비하면 토지 가격이 저렴한 편이다. 바다 조망 카페를 추천해본다. 양양역도 신설로 인근에 군부대와 농공단지가 있다. 낙산해수욕장 가는 길을 봐야 한다. 공항은 있지만 서울 일반행은 운행을 안 하고 플라이강원에서 운영하는 제주행만 이용 가능하다. 속초역은 신설되면서 춘천속초선과의 시너지가 클 것으로 보인다. 향후 강릉에서 이어지는 경강선이 속초까지 연결될 수도 있다. 주요 동선은 속초역에서 청초호, 속초해수욕장까지 연결되는 구간이다. 간성역은 신설로 인근 토지 평당가가 3만 3천 원에서 35만 원까지 오른 모습을 볼 수 있다. 제진역은 기존 역 개량으로 북한과 거의 근접해 쉽게 접근하기는 어려워 보인다.

한반도 내륙을 관통하는
고속열차가 수서에서 거제까지

중부내륙선은 2021년 12월 31일, 부발역을 기점으로 충주까지 연결되는 열차가 첫 운행을 시작했다. 운행 거리는 총 56.9km로 이후 2024년 12월 충주에서 문경까지 연결될 예정이다. 앞으로 문경, 점촌, 김천까지 이어지는 문경점촌선과 김천, 진주, 거제로 이어지는 남부내륙선이 연결되면 경부선, 호남선, 중앙선에 이어 한반도 남북축 내륙을 통과하는 4번째 노선이 연결된다. 경부선과 호남선이 예전 열차 중심이라면 중앙선과 중부내륙선은 KTX이음 중심의 고속화열차가 운행되어 상당한 시간 단축이 예상된다.

문경점촌선보다 남부내륙선이 먼저 건설될 예정으로, 국토교통부는 사업 속도를 높이기 위해 T/K(Turn Key, 일괄 수주 계약) 방식으로 추진하려고 했으나 여의치 않아 일반 방식으로 전환해 진행 중에 있다. 총 178km의 거리로 2027년 운행을 목표로 하고 있다. 사업성의 한계로 예비타당성 면제 사업으로 진행되고 있으며, 진주역에서 경전선을 활용해 일부는 마산까지 운행될 예정이다.

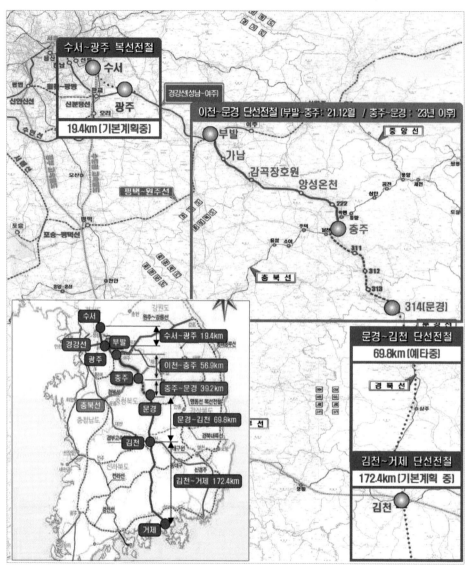

수서~광주 복선전철
수서
경강선(성남~여주)
신안산선
신분당선
광주
오리
19.4km (기본계획중)

이천~문경 단선전철 (부발~충주: '21.12월 / 중주~문경: '23년 이후)
부발
가남
중앙선
감곡장호원
양성온천
평택~원주선
222
충주
모승~평택선
충북선
311
312
313
314(문경)

수서
수서~광주 19.4km
경강선
부발
광주
이천~충주 56.9km
충주
중주~문경 39.2km
충북선
문경
문경~김천 69.8km
김천
김천~거제 172.4km
거제

문경~김천 단선전철
69.8km (예타중)
경북선

김천~거제 단선전철
172.4km (기본계획 중)
김천

중부(남부)내륙선

문경점촌선은 제4차 국가철도망 구축계획에 포함되었다. 수서광주선에서 경강선을 이용해 수도권에서 남해안까지 연결되는 전체적인 하나의 큰 축대가 연결되는 것이다. 중부내륙선 판교역 연장 관련 이슈가 있지만 현실적으로 쉬운 문제는 아니다. 회차선, 대피선 등의 역 개량 공사 및 선로 공사에 따른 추가 비용이 적지 않게 들기 때문이다. 다만 경강선 자체가 거점역에서는 일반열차를 염두에 두고 승강장 계획을 했기에 덕분에 정치적 결정에 따라 정차 가능성도 있다. 현재 중부내륙선 이용 수요는 상당히 미비하다. 요금 할인이 들어갔음에도 불구하고 제한된 지역 수요와 환승에 따른 불편함으로 인해 그냥 시외버스가 편하다는 생각이 든다. 향후 시간이 지나면 효과가 조금씩 올라갈 수 있다고 본다. 중부내륙선은 KTX이음의 경우 총 6량으로, 1호(특실), 2~5호(일반실), 6호(자유석)로 운행된다. 길이는 24m 정도로 일반 전동차보다 다소 크다. 20m 전동차 병행이 어려운 이유다.

서해안 벨트 완성으로
유라시아까지 연결을 목표로

장항선은 천안역을 기점으로 익산역까지 연결되는 노선으로 영업 거리는 155km다. 다른 노선에 비해 상대적으로 수요가 적은 노선이다 보니 전체적인 개량보다는 신성, 주포, 남포, 간치, 대야, 익산 등 구간별로 나눠 역이 개량되거나 신설, 폐지되고 있다. 홍성까지 연결되는 서해선이 완공되면 서해안 벨트로 동해선과 마찬가지로 서해선, 장항선, 전라선으로 이어지는 노선이 완성된다. 기존선을 개량하거나 대부분 신설선으로 열차 속도에 있어 확연한 차이를 보여 수도권

장항선 노선도

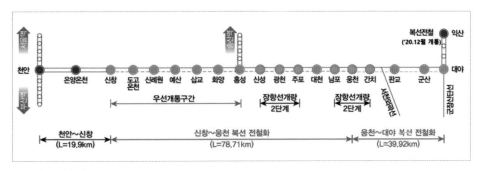

장항선 노선 개요

접근성이 상당히 양호해진다. 비록 장항선이 통과되는 구간의 지역의 경우 인구 밀도가 높지는 않지만, 상대적으로 수십 년간 낙후된 지역이어서 나름대로 작은 발전을 기대해본다. 물류와 관광자원 활용에도 본 노선이 그 역할을 충분히 할 것이다.

장항선의 역들은 화물 정차역이나 일부 간이역이 있다. 장항선 주요 도시들은 대부분 인구 밀도가 높지 않으므로 상업지역이라고 해도 그 가치가 다른 도시에 비하면 상대적으로 낮다. 광천역은 여러 논의가 있었으나 결국 기존 역을 고수했다. 대천역은 실제 대천해수욕장까지 약 8km 정도 거리가 있다. 웅천역은 기존 역에서 우측으로 500m 정도 이동해 신설된다.

CHAPTER 3

수도권 전철의
현재와 미래

역세권의 가치,
어떻게 판단할까?

역세권의 가치를 판단할 때 꼭 기억해야 할 것은 다음의 세 가지다.

1. 노선

2. 수송 능력

3. 운행 횟수

일반열차는 KTX, SRT와 같은 고속열차, 그리고 여기에 더해 EMU230 이상의 준고속열차, 일명 KTX이음이 있다. 요금이 같으니 KTX이음 또한 고속열차라고 부르자. 여기에 더불어 과거 새마을호, 무궁화호를 대체하는 ITX열차가 있다. KTX, ITX 이렇게 두 가지가 있다고 이해하면 되겠다. 이는 사실 출퇴근용보다는 출장용에 가깝다. 요금도 비싸고, 일반 지하철이나 버스와의 환승 할인도 되지 않는다. 수도권에 고속(준고속)열차, 일반열차가 갈수록 많이 운행되고 있음에도 불구하고 아직까지 출퇴근용과는 거리가 멀다. 교통은 보편적으로 편해야 한다. 나만 편한 건 의미가 없다. 누구나 편하게 이용해야 하고, 그래야 부동산 가격이 따라간다.

지하철은 크게 일반 지하철, 경전철 두 가지로만 이해하자. 지하철은 중량전철, 중형전철 등이라 표현하고, 경전철은 경량전철, 트램 등이라 표현한다. 노선의 가치, 수송 능력, 역 주변 개발 상황 등에 있어서 규모가 다소 다르기에 의미도 다르게 봐야 한다. 예를 들어 동북선의 경우 노선계획 시 지하철 역사 안에 화장실을 둘지 말지 고민할 정도로 역사시설이 너무 작다. 또 김포 경전철은 선거 때만 되면 늘 방송에서 타기 힘들다는 시민들의 읍소가 터져 나올 정도로 협소하다. 규모 부분은 이러한 느낌만 대략적으로 이해하면 된다.

지하철의 장점은 출퇴근이다. 정시성을 확보할 수 있는 지하철은 수도권에서 부동산을 선택할 때 가장 중요하게 보는 요인으로 꼽힌다. 그렇다면 가치 있는 지하철이란 무엇일까? 신설 예정 철도를 가정해보자. 어떤 지하철 노선이 건설될 때 노선의 가치가 커지면서 부동산 가격에 영향을 줄 수 있을까? 앞서 언급한 세 가지(노선, 수송 능력, 운행 횟수)를 확인하면 된다. 지하철의 가치는 수도권에서 영향을 크게 미치므로 이를 기준으로 설명해보겠다. 히니씩 실펴보자.

1. 노선: 서울(강남권)로 가야 한다!

2022년 7월 기준 수도권에는 23개의 노선이 다닌다. 23개의 노선 중에 어떤 노선의 가치가 높을까? 너도나도 2호선을 꼽을 것이다. 왜일까? 일단 주요 업무지구와 상권, 상업지구를 상당수 이용할 수 있다. 출퇴근 시에도 2호선 라인에 있어야 유리하다.

수도권으로 확대해서 보면 결국 노선의 가치는 서울 접근성과 연관이 있다. 가급적 강남3구 일대를 가면 더 좋다. 그렇지 않다면 출퇴근용으로 쓰기에 불편함이 있다. 통상적으로 이야기하는 업무베이스 인구는 강남권은 200만 명, 광화문권은 120만 명, 여의도권은 40만 명에 달한다. 테헤란로, 강남대로, 서초대로 등으로 이어지는 강남권은 서울 업무지구의 최상이라 할 수 있다. 여기에 강남역 상권과 부의 상징인 압구정은 여러 지역의 돈이 몰리는 중심지다. 이러한 곳을 지하철로 한 번에 갈 수 있다는 것은 큰 매력이다. 강남이 아니라면 광화문, 여의도 일대라도 가야 한다. 그래야 그 노선을 이용한다. 환승 없이 다이렉트로 가는 지하철이 최상이다. 이러한 노선이 신설된다면 서울에서 다소 멀어진다고 해도 아파트 단지 조건에 따라 얼마든지 가격이 상승할 수 있다.

또한 노선의 연장이 어느 정도는 나와야 한다. 서울 도시철도 신림선처럼 너무 짧으면 의미가 크지 않다. 광역철도 기준이라면 40km 이상(제4차 국가철도망 20km 이상), 서울도시철도라면 15km 이상은 나와야 가치가 크다고 본다. 아직 발표되지 않은 노선은 미리 예측하기가 어렵다. 비록 스스로 전문성이 조금 있다 하더라도 최종 결정이라는 것은 유동적이기에 생각이 많아진다. 결과로만 이야기할 수는 없기에 여러 매체를 통해 개인적인 의견을 피력하기는 하지만, 지역에 계신 분들은 민감할 수밖에 없는 현안이라 늘 조심스럽다.

2. 수송 능력: 한 번 이동 시 1천 명 이상

일반 지하철의 경우 1량 기준으로 적정 인원은 160명이다. 지하철 1~4호선의 경우 10량으로 이동하기 때문에 1,600명을 동시에 태울 수 있다. 그에 비해 김포, 우이 경전철의 적정 인원은 1량 기준 80명에 불과하다. 그것도 2량만 이동한다. 한 번 이동 시 160명밖에 수송할 수 없는 것이다. 비약적으로 보면 최대 10배까지 차이가 날 수 있다. 평상시에는 그리 크게 느끼지 못하지만 출퇴근 시에는 가히 전쟁이 따로 없다. 여간 불편한 게 아니다. 이러한 상황을 인지한다면 그 노선에 누가 집을 얻으려고 하겠는가? 일단 거두절미하고 한 번 탈 때 1천 명은 타야 수도권 지하철의 의미가 크다.

이미 경전철은 힘들다. 2량, 3량, 5량 다 의미 없다. 14.5m 2량(김포, 우이), 9.5m 3량(신림, 동북, 위례), 6m 5량(위례, 동탄) 등 다 거기서 거기다. 중량전철은 20m 6량 이상이면 얼추 1천 명이 넘는다. 중형전철은 18m 6량은 다소 부족하지만 그래도 얼추 괜찮다. 중량 3량(신안산선), 중형 4량(동탄인덕원선)은 다소 부족하다. 다만 장래 확장을 위해 승강장을 확보해둔다면 그 의미를 살릴 수는 있다. 만약 승강장의 크기도 협소하다면 한계가 있을 수 있다.

GTX의 경우 GTX-A·C노선은 8량, GTX-B노선은 6량으로 계획 중이다. 그 의미가 충분히 있다고 본다. 수송 능력이 있는 노선이 역 주변의 개발에도 영향을 많이 미친다. 타다 보면 편하고 빠르다는 생각을 하게 되고, 그러다가 하나둘씩 모이게 된다. 이를 감안하다 보면 역 주변에 오피스텔이나 원룸 등도 생긴다. 신설 지하철이 있다면 이를 꼭 염두에 두기 바란다.

3. 운행 횟수: 편도 기준 120대 이상

지하철의 운행시간은 통상 18~19시간 정도다. 그러나 새벽이나 밤늦은 시간에는 자주 다니지 않는다. 전체 운영시간을 기준으로 편도 기준 하루 120대 이상은 다녀야 한다. 이는 최소 기준으로 말하는 것이다. 지하철은 시간을 보고 타면 안 된다. 이번에 놓치면 다음 지하철을 타면 그만이다. 시간을 확인해야 할 정도로 자주 오지 않는 지하철은 경쟁력이 떨어진다. 편도 기준 120대의 의미는 출퇴근 5분 간격, 평상시 10분 간격이다. 최소한 이 정도는 되어야 한다는 뜻이다. 2호선의 경우 최대 편도 기준 240대 이상이다. 이에 반해 경강선은 60대가 채 안 간다. 향후 월곶~판교선이 연결된다면 다소 늘 수는 있지만 운행 횟수에는 별반 차이가 없을 것이다.

지하철은 외곽으로 갈수록 열차 운행 횟수가 적어진다. 서울 외곽 위주로 차량기지가 생기면서 차량기지 너머 외곽부터는 열차가 50%밖에 운행하지 않아서다. 한 예로 7호선 온수역 기준으로 천왕역, 까치울역은 1~2개 역 차이지만 운행 횟수 면에서는 차이가 크다.

신설 지하철 생긴다면
어떤 지하철을 이용할 것인가?

2022년 6월, 지하철 요금과 관련한 설문조사를 해본 적이 있다.

"만일 10분을 아낄 수 있다면 1천 원을 더 지불하고 이용할 용의가 있습니까?"

신분당선 신사 연장 후 요금이 최대 2천 원가량 추가되면서 너무 과한 것 아니냐는 의문이 들었다. 실제 이용자의 입장에서 어떤 선택을 할 것인지 궁금했다. 차량 상태, 지하철 상태 등 모든 조건은 동일하다는 가정 아래 순수하게 요금 차이만으로 결정해달라고 했다.

설문조사 참여자 101명 중 51명(50%)은 1천 원을 더 주더라도 10분을 아끼겠다고 답했다. 여기에 20분을 아끼는 데 2천 원이라면 더 많이 이용하겠다는 의견도 많았다. 10분 정도는 기회비용으로 포기할 수 있지만, 20분은 대다수가 금액보다는 시간의 의미가 더 크다고 답했다. 물론 출근시간에는 시간을 아끼고, 퇴근시간에는 여유 있게 돈을 아끼겠다는 의견도 있었다. GTX 노선의 가치는 20분 이상이다. 그만큼 수요가 충분히 있을 수 있다고 본다.

수도권
전철 확대

2022년 8월 기준 수도권 전철은 총 23개 노선이 운행 중에 있다. 2022년 상반기 4호선 연장 진접선 개통을 시작으로 신분당선 신사 구간 연장, 신림선 개통 등 수도권 철도망이 좀 더 촘촘해졌다. 2021년 제4차 국가철도망 구축계획과 서울, 경기, 인천의 도시철도 계획 등이 순차적으로 진행된다는 것을 감안해보면 향후 10년 내 수도권에는 30개 정도의 지하철이 운행될 것으로 보인다. GTX-A·B·C 노선을 비롯해 동북선, 위례신사선, 서부선, 3기 신도시와 연계된 대장홍대선, 고양선, 과천위례선 등도 운행이 가능할 수 있다.

수도권 전철이라는 표현은 지하철 외에도 여러 지상철도가 있기 때문에 '전기로 운행되는 철도'라는 의미로 이해하면 된다. 크게 보면 서울교통공사의 1~9호선, 한국철도공사의 경춘선, 경의중앙선, 수인분당선, 인천도시철도 1·2호선 등이다. 이 외에도 별도의 운영자를 선정하고 소유권은 지자체에 있는 우이신설선, 신림선, 동북선 등의 서울도시철도가 있으며, 용인, 의정부 등은 별도의 경전철 사업으로 운행되고 있다. 이 중 1~9호선 노선의 개요와 수요, 열차 운행 등을 하나씩 알아보자.

서울교통공사 1~4호선 운영 지표(2022년 3월 1일 기준)

구분		계	1호선	2호선	3호선	4호선
구간		8개 노선	서울역~청량리	성수~성수(지선)	지축~오금	당고개~남태령
영업 거리(km)		298.0	7.8	60.2	38.2	31.1
역 수(개)		275	10	50	34	26
소요 시간(분)		551.5	18	90 (9/11)	67.5	53
보유 차량 수(칸)		3,522	160	794	470	450
열차 편성 (1편성당 칸 수)		403 (10/8/6/4)	16 (10)	84 (10/6/4)	47 (10)	45 (10)
표정속도(km/h)		32.4	26.0	32.5 (36.0/32.7)	34.0	35.2
열차 주행거리 (평일, km/일)		106,700.6	5,066.0	24,132.8	13,233.7.7	12,916.0
운행 시격	RH(출근)	2.5~4.5	3.0	2.5 (7.0/10.0)	3.0	2.5
	NH(평시)	5.0~9.0	5.0	5.5 (10.0/10.0)	6.5	5.5
운행 횟수	평일	3,639	497	917	370	454
	휴일	3,250	466	842	351	398
2020년 실적 (천 명/ 백만 원)	수송 인원 (일평균)	1,934,464 (5,285)	115,586 (316)	577,744 (1,579)	235,105 (642)	222,536 (608)
	승차 인원	1,282,565	67,397	399,100	148,753	144,142
	운수 수입	1,193,191	56,163	393,797	140,436	132,561

착공일	1971년 4월 12일	1978년 3월 9일	1980년 2월 29일	1980년 2월 29일
개통일	1974년 8월 15일	1980년 10월 31일	1985년 7월 12일	1985년 4월 20일

*S: 서울교통공사 열차, K:코레일 열차

서울교통공사 5~8호선 운영 지표(2021년 4월 5일 기준)

구분		5호선	6호선	7호선	8호선
구간		방화~하남검단산(마천)	응암 순환~신내	장암~온수	암사~모란
영업 거리(km)		59.8	36.3	46.9	17.7
역 수(개)		56	39	42	18
소요 시간(분)		108.5	75.0	87.0	32.5
보유 차량 수(칸)		640	312	576	120
열차 편성 (1편성당 칸 수)		80 (8)	39 (8)	72 (8)	20 (6)
표정속도(km/h)		33.1	29.0	32.3	32.7
열차 주행거리 (평일, km/일)		19,309.4	10,140.0	16,913.7	4,989.0
운행 시격	RH(출근)	2.5	4.0	2.5	4.5
	NH(평시)	7.0	8.0	6.5	9.0
운행 횟수	평일	580	322	389	280
	휴일	502	263	332	252
2020년 실적 (천 명/ 백만 원)	수송 인원 (일평균)	258,551 (706)	148,148 (405)	289,974 (792)	86,820 (237)
	승차 인원	173,234	95,024	200,850	54,065
	운수 수입	163,916	87,094	168,394	50,830

착공일	1990년 6월 27일	1994년 1월 8일	1990년 12월 28일	1990년 12월 29일
개통일	1995년 11월 15일	2000년 8월 7일	1996년 10월 11일	1996년 11월 23일

9호선 2·3단계 운영 지표(2020년 1월 기준)

구분		9호선 2·3단계	
구간	언주~중앙보훈병원	보유 차량 수(칸)	54
영업 거리(km)	13.6	열차 편성(1편성당 칸 수)	9(6)
역 수(개)	13	표정속도(km/h)	일반: 29.0, 급행: 40.9
소요 시간(분)	일반: 28, 급행: 20.5	열차 주행거리 (평일, km/일)	3387.6
운행 시격	RH(출근) 일반: 10~11분, 급행: 5분~11분	운행 횟수 평일	일반: 46회, 급행: 44회
	NH(평시) 11분	토요일 (공휴일)	일반: 41회, 급행: 37회
2019년 실적 (천 명/ 백만 원)	수송 인원 (일평균) 54,825 (150)	착공일	2008년 8월 5일
	승차 인원 (일평균) 30,563 (84)	개통일	2단계: 2015년 3월 28일 3단계: 2018년 12월 1일
	운수 수입 (일평균) 30,981 (85)		

자료:서울교통공사

압도적인 수요, 지하철 2호선

　2호선은 강남 개발에 따라 강남과 강북을 연결하는 철도 노선으로 구축되었다. 지하, 고가, 순환 철도에 따라 차량 정비와 주택 개발 등을 위해 성수지선과 신정지선이 연결되기도 했다. 본선 43개 역, 지선 8개 역을 포함해 51개 역이 운행 중에 있으며, 본선 역을 중심으로 1일 승하차 인원과 각 역별 역세권(승강장 끝단 350m) 내 건축물 수와 노후도, 주거용 건물을 개략적으로 파악해봤다. 노후도가 높고, 주거시설이 많으면서 특별한 규제사항이 없는 역을 좀 더 주목해서 봐야 한다. 특히 신당역 이후 건대입구역까지 노후 건축물이 주로 모여 있는 작은 블록 단위 개념에서 접근하는 것도 좋다. 또한 구로디지털단지역에서 영등포구청역 구간, 신촌역에서 충정로역 구간도 투자 가치가 있다.

　이와는 별개로 현재 정비사업이 진행되고 있는 주요 역의 부동산 상황을 살펴봤다. 문래역을 보면 문래동 4구역은 우여곡절 끝에 최근 조합설립 75%를 채우고 조합설립총회를 열었다. 이곳은 준공업지역이라 용적률이 높은데 아파트는

2호선(본선) 1일 승하차 인원 및 역세권 건축물 수와 노후도

역명	승하차	건축물	노후도	주거용	역명	승하차	건축물	노후도	주거용
시청	101,600	460	85%	50	교대	99,000	810	40%	260
을지로입구	90,100	700	94%	50	서초	43,000	490	37%	150
을지로3가	71,600	1,930	94%	420	방배	33,600	600	45%	380
을지로4가	42,200	2,600	93%	660	사당	123,500	1,130	42%	700
동대문역사문화공원	64,700	2,000	77%	1,100	낙성대	55,100	1,700	34%	1,200
신당	46,800	2,200	77%	1,050	서울대입구	95,000	1,740	45%	1,130
상왕십리	28,900	1,620	59%	1,160	봉천	46,300	1,960	46%	1,440
왕십리	37,200	1,530	59%	920	신림	110,800	1,920	44%	1,020
한양대	16,700	350	62%	160	신대방	50,100	1,860	44%	1,540
뚝섬	49,300	1,220	64%	640	구로디지털단지	122,700	940	54%	760
성수	84,800	910	64%	310	대림	67,500	1,580	58%	1,100
건대입구	104,400	1,600	57%	1,070	신도림	93,400	480	74%	200
구의	47,900	1,350	44%	990	문래	46,800	720	78%	180
강변	60,200	280	33%	180	영등포구청	56,800	1,500	61%	750
잠실나루	30,500	140	34%	110	당산	43,700	520	48%	270
잠실	170,700	150	35%	80	합정	90,400	1,380	51%	630
잠실새내	41,900	650	29%	410	홍대입구	117,600	1,490	49%	490
종합운동장	23,600	150	43%	120	신촌	70,300	1,810	61%	880
삼성	108,400	320	40%	60	이대	30,400	1,280	63%	740
선릉	141,800	780	20%	360	아현	20,800	1,630	71%	1,100
역삼	125,700	1,050	32%	400	충정로	31,600	1,600	77%	1,230
강남	180,700	550	33%	140					

*2호선(본선) 1일 승하차 인원 2022년 8월 평일 기준. 환승역은 1~8호선 수요도 합계한 수치임.

*건축물(호수), 노후도(건축물 30년 이상), 주거용(호수) 등 부동산플래닛 역 주변 승강장 끝단 반경 350m(2호선만 고려) 참조. 약 20만 평 부지 건축물 수 및 노후도를 개략 조사함.

300%, 지식산업센터는 400%로 추후 아파트 1,220가구, 지식산업센터 1천 호와 공공청사를 지을 예정이다. 이 지역은 거의 대부분 근생이다. 남성맨션(83.5/390) 재건축은 시공사 선정을 진행 중에 있으며 시공사 다수가 참여하지 않아서 유찰되었다. 단지 수가 작아 일반분양이 충분히 나오지 않아서 사업성이 낮다는 이야기가 많다. 25평형이 9억 3천만 원(21.10)에 실거래되었다. 2022년 7월 기준 9억 5천만~11억 원의 매매호가를 형성하고 있다.

신동아아파트(82.04/495)는 조합설립인가 단계이며 문래역에도 가깝지만 양평역에 더 인접하다. 근처 목동 학군을 이용하기에 편리한 위치에 있다. 25평형이 8억 8천만 원(21.7)에 실거래되었다. 진주맨션(84.8/160)은 포스코건설에서 324가구와 부대복리시설을 건립한다. 2022년 7월 기준 전용면적 117타입의 매매호가는 15억 원이다. 대선제분 재개발 1-1구역은 2022년 3월 10일에 사업시행인가를 완료하고, 용적률 599% 주택 141가구와 오피스텔, 근린생활시설이 들어온다. 문래역 인근 문래힐스테이트(03.6/776) 전용면적 84타입은 15억 6,750만 원(21.9)에 실거래되었다. 2022년 7월 기준 매매호가는 15억 원 중반에서 16억 원 초반이다.

서울대입구역을 보면 봉천역 동측은 2022년 2월 26일에 도심복합사업 8차 후보지에 선정되었다. 봉천 13구역의 공공재개발 사업시행자는 LH이며 준공 목표는 2026년이다. 460여 세대가 공급되는데 이 중 일반분양은 280세대라고 한다. 봉천 4-1-3구역은 사업시행인가 진행 중으로 GS건설이 공동사업자로 참여한다. 2027년 입주를 목표로 921세대가 공급될 예정이다. 2022년 7월 기준 매매호가는 8억~15억 원이다. 봉천 4-1-2구역은 철거가 완료되었다. 997세대로 지어지며 조합원은 685명, 일반분양 물량은 112세대다. 시공은 현대건설이며 2024년 12월을 예상하고 있다. 2022년 7월 기준 매매호가는 7억 원 중반에서 11억 원 사이로 형성되어 있다. e편한세상서울대입구(19.6/1,531) 전용면적 84타입은 13억 원(22.6)에 실거래되었다.

　구의역을 보면 자양1 재정비촉진구역은 KT 부지를 이전하고 최첨단 업무복합 개발을 진행한다. 아파트와 업무시설 및 편의시설이 들어온다. 이곳에는 1,363세대의 주거시설과 오피스텔, 업무시설, 구청사가 들어온다. 롯데건설이 건축 중이며 2023년 12월에 후분양한다. 2024년 준공 예정이다. 자양5 재정비촉진구역은 총 840세대 입주할 예정으로 2026년에 준공 및 입주를 맞출 예정이다.

　구의역 근처에는 신축이 없기에 자양1·5 재정비촉진구역이 완성되면 주변 일대가 변화할 것이다. 강변우성(92.12/354)은 9억 3천만 원(21.5)에 실거래되었다. 2022년 10월 기준 12억 원에서 15억 원으로 매매호가가 형성되어 있다.

구관이 명관,
지하철 3·4·7호선

좋은 신설 역세권은 노선에 힘이 있어야 하고, 예산 집행이 가능해 늦지 않게 진행되어야 하고, 역 주변에 다른 개발 조건이 많아야 한다. 반대로 기존 역세권은 개통 후 시간이 지나면서 지역의 인지도 상승을 비롯해 업무, 상권, 학군 등이 형성되면서 자연스레 부동산 가격이 맞춰진다. 입지적 관점에서 보면 기존 역세권보다는 앞으로의 미래 가치가 높은 곳, 즉 많은 변화가 예상되는 곳이 좀 더 큰 의미를 가질 수는 있다. 하지만 기존 역세권도 지역의 재개발이나 아파트 단지 노후화로 인한 재건축에 따라 얼마든지 부동산 시장에 변화를 줄 수 있기에 이를 간과해서는 안 된다. 서울시는 정비사업에 신속통합기획을 마련하고 역세권 활성화 사업, 모아주택, 모아타운 등 다각도로 정책적 지원을 펼치고 있다. 이를 잘 활용할 필요가 있다. 부동산에 있어서도 구관이 명관임을 잊지 말자. 이에 특별히 수도권 23개 노선 중 3·4·7호선을 살펴볼 필요가 있다.

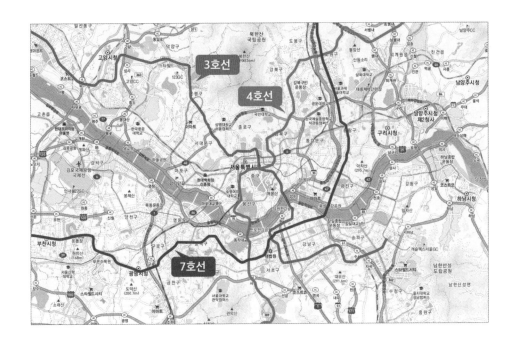

X축의 서북과
동남을 잇는 3호선

지하철 3호선은 지축역에서 오금역(연장 38.2km), 그리고 일산선이라고 불리는 지축역에서 대화역(연장 19.2km)까지를 말한다. 1985년 첫 개통을 시작으로 계속해서 확장되고 있다. 수서차량기지와 지축차량기지를 이용한다.

2015년 부동산 업체가 설문조사를 실시한 결과, 3호선은 가장 선호도가 높은 노선으로 선정되기도 했다. 그 이유는 강남, 서초, 옥수, 한남 등 여러 부촌을 가장 많이 경유하고 있기 때문이다. 그러나 노선만 놓고 보면 다른 노선에 비해 우회하는 구간이 많아 적자가 심하다는 불명예도 안고 있다. 다행히 삼송지구, 원흥지구 등 택지개발 등으로 수요는 많이 나아진 편이다. GTX-A노선과 위례신사선 개통에 따른 환승역으로 연신내역과 학여울역을 주목하고 있다.

연신내역을 보면 위쪽 갈현 1구역은 얼마 전부터 이주를 공식적으로 시작했다. 갈현 1구역은 조합원이 중도금 없이 잔금 100%여서 부담도 적다. 4,124세대로 지어질 예정이며 84타입의 피(P)는 3억 원 후반대로 형성되어 있다. 매매호가는 2022년 7월 기준 4억 원 초반에서 18억 원 사이다. 공공주택 복합사업 본 지구 연신내역의 예상 세대수는 427세대이며, 보상 절차가 시작되어 현재 구역설계 공모를 진행 중이다. 용적률은 600%이며 우선공급가는 6억 4천만 원, 일반공급가는 7억 5천만 원이다. 공공주택 복합사업 1차 불광동 329-32 인근의 조합원 수는 780여 명이며, 세대수는 2천 세대가 공급될 예정이다. 인근 북한산힐스테이트7차(11.7/882)는 9억 9천만 원(22.8)에 실거래되었다.

학여울역을 보면 대치우성1차와 대치쌍용2차는 통합 재건축으로 속도를 높일 예정이다. 통합되면 약 1,400가구의 아파트로 변화할 것이며, 만약에 대치쌍용1차까지 통합 재건축에 합의한다면 대략 2,500가구의 대단지로 변신이 가능하다. 하지만 대치쌍용1차가 재건축 초과이익 환수제를 고려해 재건축을 무기한 중단했기에 좀 더 지켜봐야 할 사안인 것 같다.

은마(79.8/4,424)는 5년 넘게 재상정이 반복되었던 서울시 도시계획위원회 소위원회를 통과했다. 조건부 통과로 본 위원회에 정비계획안을 상정할 것이다. 25억 원(22.9)에 실거래되었다. 대치쌍용1차(83.3/630)는 27억 9천만 원(22.6)에 실거래되었다. 2022년 7월 기준 대치쌍용2차(83.11/364)의 매매호가는 27억~28억 원이며, 대치우성1차(84.1/476)의 매매호가는 26억~27억 원이다.

X축의 동북과
서남을 잇는 4호선

2022년 3월 19일 4호선 연장 진접선이 개통했다. 진접선(당고개~진접)은 14.9km 복선전철 사업을 비롯해 창동차량기지를 진접차량기지로 옮기는 사업이다. 평일 출퇴근 시간대에는 10~12분 간격으로 운행되며, 진접에서 서울역까지는 순수 이동 시간만 52분이 소요된다. 별내별가람역, (풍양역), 오남역, 진접역 등에 정차한다. 진접선 개통으로 남양주 별내신도시, 진접지구 등에서 서울 도심까지의 교통이 다소 편해졌다. 총 사업비 1조 4천억 원 규모로 2013년 기본계획 고시 후, 2015년부터 착공한 지 7년 만에 개통되었다. 창동에서 진접으로 차량기지를 이전하는 사업은 2018년 착공해 2026년에 완공될 예정이다. 진접선은 대부분 터널 구간(12.8km, 86%)으로 건설되어 도시 간 연결성을 높였다. 열차 운영은 서울교통공사가 맡고, 역사 운영은 남양주도시공사가 담당한다. LH는 2026년 말을 목표로 풍양역(가칭) 신설을 위한 타당성 용역을 추진하고 있다. 남양주 진접2지구(1만 호), 왕숙1지구(5만 3천 호) 입주민도 이용이 가능하다.

진접선은 시간 단축 등의 기대효과에도 불구하고 실질적으로 강남권 진입에는 큰 도움이 되지 못하는 게 현실이다. 기존의 광역버스 이용이 더 편하게 느껴지기 때문이다. 열차 배차 간격도 쉽게 표현하면 '당고개행-당고개행-진접행'처럼 2~3차례 당고개행이 지나가면 진접행이 1대 오는 느낌이다. 이 느낌은 경험해본 사람만 안다. 결국 서울 강남권으로 향하는 다른 대안을 고민하지 않을 수 없다. 그렇다면 이 노선의 의미는 작은 것인가? 꼭 그렇지만은 않다. 이 진접선을 축으로 8·9호선 연장으로 연결될 가능성이 있기 때문이다. 4호선을 타고 우회해서 들어가는 것보다 시간을 획기적으로 단축시킬 가능성이 높다. 추가적인 이슈를 보면 별내별가람역 8호선 연장, 풍양역 9호선 연장, 차량기지 이전에 따른 변화 등이 기대된다.

별내별가람역은 8호선 연장선상에 놓여 있다. 제4차 국가철도망 구축계획에 포함된 만큼, 세 가지 이슈 중에서 파급력은 가장 크다. 주변이 다소 애매한 부분도 없지 않아 있지만, 잠실과 직결되는 8호선 연결은 호재임이 분명하다.

9호선 연장이 가능한 풍양역은 개통까지는 상당한 시일이 소요될 것으로 예상된다. LH나 국토교통부는 2026년 말을 기대하고 있지만, 차일피일 미룰 가능성이 다분해 보인다. 추가 역 설치의 경우 무리하게 초기 비용을 들이기보다는 확실히 수요가 채워졌을 때까지 기다리는 경향이 많다. 현재 풍양역은 정거장을 위한 별도의 공사는 진행되고 있지 않다. 진접2지구의 세팅이 완료될 시점에 진접선 수요를 감안해 결정할 듯싶다. 여기에 9호선 연결 여부 등을 이유로 다시 한번 미뤄질 가능성도 다분하다. 9호선 풍양역까지 연결되려면 앞으로 10년 이상, 그러니까 2035년까지는 내다봐야 한다. 철도는 그만큼 오래 걸린다.

창동차량기지가 진접차량기지로 옮겨간다는 것은 어떤 의미일까? 차량기지는 크게 보면 기피시설에 가깝다. 차량기지 이전부지와 해제부지, 둘의 관점은 조금 다르다. 우선 이전부지는 통상 민원이 비교적 적은 외곽 한적한 곳에 터를 잡기 때문에 개발과는 조금 거리가 있다. 개인적인 사정에 따라 손해를 보기도 하지만 직접 보상이나 차량기지 진입로 개설, 민원 해결을 위한 공동시설 설치 등에 따라 혜택을 보기도 한다. 과거 여러 뉴스를 보면 예정 부지 주변에서 결사반대를 외치는 이유도 결국 이러한 부분과 연관성이 높다. 해제부지는 상당히 고마운 일이다. 해제된 부지에 어떤 시설이 들어오느냐에 따라 그 파급력은 상당할 수 있다. 공원이나 공공시설, 편의시설, 상업시설 등 비교적 주거시설에 좋은 영향을 주는 요소들이 많이 들어온다. 해제에 따른 추가적인 도로시설 확충 또한 좋게 작용한다. 종종

임대아파트 등의 이유로 민원이 생기기도 하지만, 전체적인 상황을 보면 좋은 상황으로 이어지는 게 대부분이다.

창동차량기지 이전으로 창동역~노원역 일대 개발 사업과 상계 재건축 단지들이 한때 폭등장을 연출했던 점도 기억해야 한다. 이번에 차량기지 주변 상황을 다시 확인해보기 바란다. 진접차량기지는 진접선과 별개 사업으로 진행되고 있으며, 2026년 완공을 목표로 하고 있다. 진접차량기지가 완공되면 이후 창동차량기지 해체 작업과 주변 환경 정리(부지 조성)가 이어질 것이고, 2030년부터 창동역, 노원역 주변에 대한 개발이 본격화될 예정이다.

창동역은 GTX-C노선이 정차하는 역이다. 중단된 민자역사는 아레나스퀘어라는 복합상업시설로 재탄생될 예정이다. 창동역은 아레나스퀘어 건설을 비롯한 도시재생사업으로 꾸준하게 변하고 있다. 창동역, 노원역, 차량기지 부지, 면허시험장, 중랑천 등 전체적인 변화로 인해 이미 많은 투자자의 손길이 오간 곳이다. 북한산아이파크(04.7/2,061)는 9억 4천만 원(22.7)에 거래되었고, 삼성래미안(92.8/1,668)은 6억 원(22.6)에 거래되었다.

서울역 주변은 중심업무시설과 상업시설이 즐비하다. 서울역 북부역세권 사업이 본격적인 준비 중에 있다. 민자역사로 롯데아울렛이 입점해 있으며 인근에는 서울스퀘어 등 업무용 빌딩이 많다. KTX를 비롯한 일반철도 지하철 1·4호선, 경의중앙선, GTX-A·B까지 연결되면 철도망 자체만으로는 최고의 역이 분명하다. 연계 교통으로 광역버스를 비롯한 30여 개 버스가 인근에 정차하지만, 오히려 이러한 교통의 포화로 실제 역 주변 상권 확장이나 활성화에는 제한적인 모습이다. 서울역 남측에는 신속통합기획 1차 공덕동A, 청파 1·2구역, 후암 1구역 등이 정비사업을 기다리고 있다. 서울역센트럴자이(17.8/1,341)의 경우 17억 9천만 원(22.3)에 거래되기도 했지만, 2022년 하반기에는 가격이 조정되고 있다.

현장 스케치

차례대로 창동역 1, 2

4호선과 7호선이 만나는 이수역은 서리풀터널 개통으로 강남 접근성이 상당히 좋아지면서 서울시 역세권 활성화 사업지로 선정되기도 했다. 이수역 좌측은 동작구, 우측은 서초구로 상당한 가격 차이를 보인다. 동일한 입지 조건이고 해도 지역의 네임벨류를 무시할 수 없는 이유다. 역 인근은 상업지역이지만 조금만 벗어나면 제2종 일반주거지역이 주를 이룬다. 서초구 방배 5·6·15구역 재건축 사업이 진행 중에 있다. 방배현대홈다운1차(99.11/644)는 21억 원(22.8)에 거래되었다.

수익성 높은
효자노선 7호선

도봉산역을 살펴보자. 삼환도봉(87.10/660)은 2020년 1월 22일 정밀안전진단 D등급을 받고 신탁 방식으로 추진되는 재건축 아파트 단지다. 만약 재건축을 통해 신축 아파트로 변모한다면 660세대에서 900세대로 변화한다. 2022년 7월 기준 매매호가는 7억 5천만~8억 8천만 원을 형성하고 있다. 도봉산역 북쪽으로는 군사시설 보호구역 내 건축물 이격거리가 완화되면서 캠프잭슨 도시개발 사업이 탄력을 받고 있다. 기존에는 시설물과의 이격거리가 300m였던 반면, 현재는 150m를 기준으로 협의되었다. 캠프잭슨 도시개발 사업은 개발제한구역을 해제하고 공동주택 및 국제아트센터, 문화예술마을 등을 조성해 문화예술복합단지로 개발하는 사업이다. 수락리버시티2단지(09.8/473)는 7억 4천만 원(22.4)에 실거래되었다.

상봉역을 살펴보자. 공공재개발 2차 중화 122구역은 중화역과 상봉역 사이에 있다. 1,600세대의 신규 물량이 공급되는데 선정 당시 853가구보다 대규모로 늘어났다. 추진위원회에서는 정비계획안의 수립을 위한 주민동의율을 80% 이상 확보했다. 2022년 7월 기준 6억 원 초중반에 매물이 나와 있다.

모아타운 2차 중화1동 4-30 일원은 7만 5,015m² 면적에 달한다. 권리산정일은 2022년 6월 21을 기준으로 한다. 2022년 7월 기준 매매호가는 3억 원 초반에서 4억 원 중반이다. 상봉 7구역은 조합원은 132명이며, 931세대로 지어질 예정이다. 현재 사업시행계획 변경을 위한 건축심의를 준비하고 있고 2023년 시공사 선정, 2024년 관리처분, 2025년 이주와 철거, 2028년 준공을 예상하고 있다. 용적률은 830%로 예상된다. 상봉 9구역은 오래된 상봉터미널 자리에 49층짜리 주상복합단지가 들어선다. 아파트 999가구, 오피스텔 308실이 들어오면서 1,300여 세대의 상봉역 랜드마크가 될 예정이다. 2022년 12월 사업시행인가를 거쳐 2024년 착공을 목표로 하고 있다.

상봉역에서 가장 근거리에 위치한 한신아파트(97.10/1,544)는 8억 8천만 원(21.8)에 실거래되었다. 2022년 10월 기준 8억 원 초반에서 9억 원 초반의 매매호가를 형성하고 있다. 상봉프레미어스엠코(13.11/497)는 상봉역에서 가장 신축으로

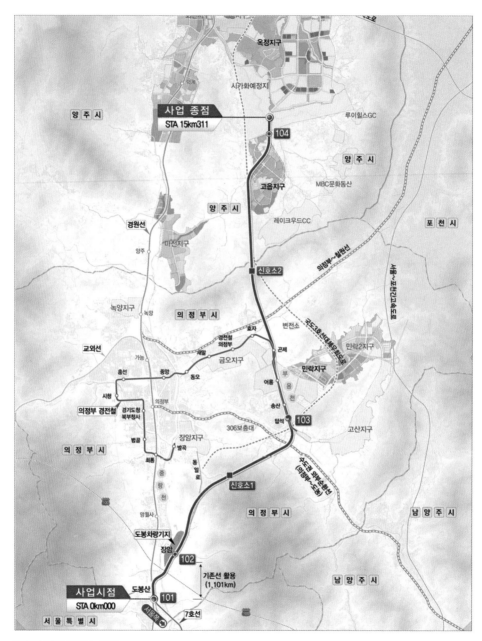

7호선 양주 연장 노선도

자료: 의정부시

2022년 7월 기준 11억~12억 원에 매매호가가 형성되어 있다.

지하철 7호선이 분주하다. 한쪽에는 청라행이, 또 다른 한쪽에는 양주행이 연결된다. 보통 연장선은 한쪽이 끝나면 크로스로 건설하곤 하는데 7호선은 급하긴 급한가 보다. 노선의 연장이 길어지다 보니 모든 열차가 전 구간을 운행하지 않는다. 실제 출퇴근을 감안하면 연장선에 대한 운행이 많지 않음을 분명히 인식해둘 필요가 있다.

7호선은 1996년 첫 개통을 시작으로, 2000년 온수~장암 전 구간이 완성되어 현재 서울교통공사가 관리 및 운영 중에 있다. 이후 인천 방면의 역 운영은 인천교통공사에서, 양주 방면의 역 운영은 경기교통공사가 맡을 예정이다. 서울시는 장거리 운행에 대한 피로감 등으로 온수~장암 중심 구간만 관리한다. 열차 운행은 별도의 약정을 통해 위탁·관리될 예정이다.

장암역을 보자. 경기 의정부시가 서울 노원구 도봉운전면허시험장이 이전하는 장암역 일원에 대한 개발계획을 수립했다. 도봉운전면허시험장이 이전되면 유동인구가 늘어나고 개발제한구역을 해제해 주변 상권이 발전할 수 있다. 장암역 인근 이전지 주변에 주민편익시설을 조성하고, 환승주차장 부지 개발을 위한 환승주차장 서울시 지분을 매각하려 한다. 주변에 신축 아파트는 없으며, 2003년 건축된 현대아이파크아파트(03.11/700)가 6억 5천만 원(22.4)에 실거래되었다. 2004년에 지어진 신일유토빌플러스(04.11/864)는 5억 9천만 원(22.5)에 실거래되었다.

탑석역(의정부 경전철 환승)은 민락2지구와 고산지구의 주민들까지 7호선을 이용하기에 수요가 더 늘어날 것으로 예상된다. 탑석역이 아쉬운 건 복선이 아니라 단선으로 운행된다는 것이다. 정차시간과 배차 간격 부분에서 불편함이 있을 수 있다. 의정부법조타운도 2028년 완공 예정이다. 추가로 미군 공여지에 캠프스탠리라는 물류단지를 세우려는 계획을 세웠으나 고산지구 주민들의 반대가 많은 편이다. 탑석역 근처에는 최근 완성된 고산지구가 위치해 있다. 최근 지어진 아파트는 아직 실거래가 없다. 대광로제비앙더퍼스트(20.4/722)는 6억 8,700만 원(22.5)에 실거래되었다. 탑석역 근처 송산주공을 재건축한 2,573세대 대규모 아파트 탑석센트럴자이(21.12/2,571)는 8억 3,500만 원(22.3)에 실거래되었다.

양주고읍역(고읍옥정역) 위쪽으로는 옥정택지개발지구와 양주신도시 회천택지지구가 형성되고 있다. 그동안 역명을 두고 옥정 주민과 고읍역 인근 주민 간의 다툼이 있었다. 위치는 고읍 쪽이지만 워낙 옥정의 신규 택지의 영향을 많이 받기 때문이다. 고읍역에서 가장 가까운 산내들마을한양수자인(09.11/598)은 4억 1천만 원(22.5)에 실거래되었다. 옥정택지개발지구의 대단지 아파트 e편한세상옥정메트로포레(20.6/2,038)가 4억 4천만 원(22.9)에 실거래되었다.

옥정포천선은 공청회도 하고 기본계획 중에 있지만, 정치적인 이슈에 따라 이런저런 이야기가 오가고 있다. 지난 지방선거 당시 노선 재검토까지 이야기가 오갔지만, 결과적으로 당초대로 진행하는 방향으로 결론이 난 듯하다. 이에 201역(옥정신도시)까지는 7호선을 연장하고, 201~204역은 셔틀로 이동하는 식으로 진행되는 양상이다. 다만 7호선 양주 구간 건설이 시작한 지 얼마 되지 않았고, 수요적인 한계도 분명하기에 서둘러 진행되지는 않을 듯싶다. 1단계 사업이 마무리되는 시점에 2단계 사업도 본격화되지 않겠나 보고 있다. 7호선 단선 셔틀은 여러모로 아쉬운 부분이다.

인천광역시는 서울도시철도 7호선 청라국제도시 연장선 추가 역 건립을 위해 1,200억 원의 사업비를 마련 중에 있다. 이는 청라시티타워역과 청라국제도시역 사이에 별도의 역을 신설하기 위함이다. 지금 시점에서는 청라 연장선 개통에 맞춘 신설은 어려워 보이지만, 향후에는 가능할지 모른다. 청라의료복합타운, 스타필드청라, 하나금융타운, 돔구장 등 수요가 충분하고, 청라시티타워역과 청라국

현장 스케치

차례대로 청라시티타워역 부지, 청라커낼웨이

제도시역 간 거리가 3km나 되기에 추가 역 건설이 필요하다는 입장이다. 추가 역 건립에 들어갈 사업비를 국비 지원으로 요청했지만 국토교통부의 불가 입장에 따라 지자체가 마련해야 한다. 독골사거리역, 가현역, 심곡천역, 커낼웨이역, 청라시티타워역, 청라국제업무단지역, 청라국제도시역 7개 역이 공사 중에 있다. 제3연륙교도 완공되면 경인고속도로를 통해 인천공항과 영종국제도시의 이동이 편리해진다.

가현역(002역) 우측은 루원시티도시개발구역으로 인천 서구 가정동 가정오거리 일대의 대규모 재개발 구역이다. 인근에 인천 2호선 가정역이 위치해 있으며, 7호선 연장으로 서울 접근성이 좋아진다. 서구 가정, 신현, 원창동 일원의 약 40만 평의 면적을 개발했으며, 2만 5천 명을 수용한다. 사업비로 약 9천억 원 이상이 소요되었다.

2018년에 준공된 루원시티프라디움(18.3/1,598)은 5억 3천만 원(22.10)에 실거래되었다. 인근 루원호반베르디움더센트럴(18.1/980)은 5억 7천만 원(22.9)에 실거래되었다. 2,378세대 루원시티SK리더스뷰는 2022년 1월, 1,128세대 포레나루원시티는 2022년 12월, 778세대 루원지웰시티푸르지오는 2022년 11월, 1,789세대 루원시티2차 SK리더스뷰는 2023년 4월, 1,412세대 루원시티린스트라우스는 2023년 6월에 차례대로 입주한다. 루원시티 위쪽으로는 동우1차, 동우2차, 한성아파트, 성광아파트, 현광아파트가 통합으로 소규모 주택정비사업을 실시한다. 현재 가정2지구가 개발 중이며 향후 7호선 연장선 심곡천역과 가현역이 개통되기 때문에 교통은 더 좋아진다.

청라시티타워역(004역) 인근에는 2019년에 입주한 청라국제금융단지한양수자인레이크블루(19.1/1,534)가 8억 8천만 원(22.5)에 실거래되었다. 부동상 상승장 때 인천, 그중에서도 청라와 송도는 교통과 개발 호재로 인해 가장 큰 폭으로 상승한 곳이다. 최근 서구의 경우 가격을 낮춘 급매물이 속출하면서 약세를 이어가며 가격이 주춤하고 있는 모양새다. 주변 검단신도시 등의 신규 입주물량과 금리 인상 시기 등을 감안하면 당분간 상승에는 한계가 있어 보인다.

송도, 청라, 영종은 인천경제자유구역(IFEZ)이다. 상당수 공사가 진행되었음에도 불구하고, 2030년은 되어야 전체적으로 마무리될 듯하다. 제3연육교와 7호선 연장, 하나은행 이전 등은 청라의 교통 편의와 네임벨류를 더욱 높일 수 있다. 청라에 어떤 개발이 있고, 어떤 개발이 진행 중인지 살펴보자.

① 하나금융타운

위치: 청라국제도시 3-4BL 일원

사업 규모: 24만 8천m²(총 사업비: 7,300억 원)

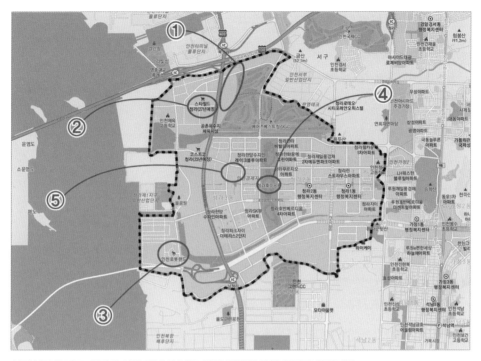

청라신도시 지도. 청라에 어떤 개발이 있고, 어떤 개발이 진행 중인지 살펴보자.

② 스타필드청라

위치: 청라국제도시 2BL 일원

사업 규모: 16만 5천m²(총 사업비: 1조 3천억 원)

사업 내용: 쇼핑, 문화, 레저 및 엔터테인먼트 시설을 갖춘 복합쇼핑몰

사업 진행: 2020년 인허가 및 공사 착공, 2024년 공사 준공, 스타필드청라 개장

③ 로봇랜드 조성

위치: 인천 서구 로봇랜드로 155-11번지 일원

사업 규모: 76만 9천m²(총 사업비: 7,113억 원)

사업 진행: 2021년 6월 개발계획 변경 승인

④ 청라시티타워 건설 사업

위치: 청라국제도시 중앙 청라호수공원 일원

사업 규모: 높이 448m(지하2층, 지상30층)(총 사업비: 4,143억 원)

시공자: 한양, 주관 시공사 재선정 중

사업 규모: 전망대, 스카이워크, 글라스플로어, 스카이데크, 탑플로어 등

사업 진행: 2020년 12월 시공사 재선정 유찰, 2021년 9월 입찰 현장설명회

⑤ 국제금융단지

위치: 청라국제도시 B4, B5, A5, 주25 일원

사업 규모: 15만 9천m²(4만 8천 평)(총 사업비: 1조 1,996억 원)

사업 내용: 업무(금융), 공동주택, 오피스텔, 호텔·문화·판매시설 등

급행의 시대,
지하철 9호선

지하철 9호선 4단계 사업을 보자. 노선 연장은 4.12km(전 구간 지하, 복선), 정거장은 4개 소(고덕역 환승)다. 사업 시행은 서울시 도시기반시설본부가 진행하고, 총 사업비는 6,408억 원(용지 보상비 포함)이 책정되었다. 개통 목표는 2028년이지만 1~2년 더 소요될 것으로 보인다. 고덕강일지구 개발로 여객수요가 증가했고, 9호선 남양주 연장선 진행을 위해서라도 조기 도입이 필요해 보인다. 열차 편성은 1편성당 6량(승강장 8량 확보), 운행 간격은 급행과 일반 1:1 비율이다. 급행역은 출퇴근 시 3.5분, 평상시 5분 간격으로 운행된다. 일반역은 출퇴근 시 7분, 평상시 10분 간격으로 운행된다.

현재 9호선은 중앙보훈병원역까지 운행 중이다. 9호선의 특징은 무엇보다 급행의 비중이 높기 때문에 조금 비싸더라도 충분히 감안해야 한다는 점이다. 중앙보훈병원 인근 둔촌주공 건설 현장은 현재 공사대금을 이유로 분쟁 중에 있다. 중앙보훈병원 인근은 공원과 개발제한구역이 많아 개발이 더디게 진행 중이다.

남양주 연장에 앞서 4단계 구간(길동생태공원역)까지 실제 이용하려면 2030년은
봐야 한다. 계획상으로는 남양주 구간이 미리 삽을 뜨는 것처럼 나올 수 있으나,
현실에서는 완공 시점에나 남양주 구간 공사가 진행될 가능성이 다분하다. 진접
2지구(풍양역)까지 한 번에 갈지, 8호선 '별내역-별내별가람역'처럼 끊어서 갈지도
지켜봐야 한다. 처음에는 다 그럴듯하게 계획하지만 현실은 녹록지 않다. 왕숙역
(GTX-B)까지만 우선 개통하고, 왕숙역 중심 구간부터 진접2지구 풍양역까지는 그
다음 단계로 넘길 수 있다. 한 번에 진행되는 게 오히려 운이 좋았다는 생각이 들
기도 한다. 따라서 이 구간은 이용하려면 2035년, 2040년까지는 생각하는 게 기
본이다.

강동~하남~남양주 도시철도 (18.1km)

3공구(1.485km)

9호선 4단계
추가 연장(1.25km)

미사
강변도시

강동구

고덕강일1지구

고덕역

상일IC

2공구(1.289km)

한영고

9호선 4단계 4.12km

1공구(1.348km)

길동생태공원

중앙보훈병원

하남JC

※ 역 위치와 명칭은 변경 가능

자료: 서울시

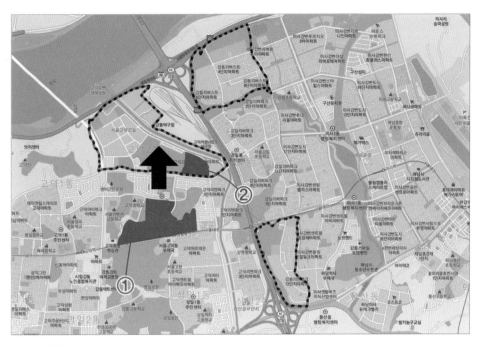

고덕강일지구 지도

길동생태공원역, 한영고역, 고덕역 등이 정차될 예정이다. 그중 길동생태공원역
(고덕강일지구) 인근을 보자. 마지막 블록인 중간 좌측 구간(화살표)이 한창 진행 중
에 있다. 2024년 이케아 및 상업·업무시설이 건설 중이다. 지식산업센터 분양권
은 초피(분양권 당첨 이후 미계약 상태에서 바로 붙는 피)가 형성되어 거래되고 있다. 살짝
외지기는 하지만 9호선 개통 시 도보 이동도 가능하기에 수요는 어느 정도 있을
듯하다.

녹지공간은 호텔 등 여러 이야기가 나오고 있지만 확정된 건 없는 듯하다. 고덕
그라시움(①)을 감안해 여러 동선을 눈여겨볼 필요가 있다. 길동생태공원역에서
연결되는 동선축이 유망해 보인다. 이 축 인근에 정거장이 예정되어 있다. 본 도로

차례대로 9호선 승강장(6량→8량), 김포공항역 승강장(급행, 완행). 9호선의 특징은 무엇보다 급행의 비중이 높기 때문에 조금 비싸더라도 충분히 감안해야 한다는 점이다.

를 쭉 따라가면 좌측에 고덕강일제일풍경채(②)가 한창 공사 중에 있다. 고덕그라시움 초입으로 연결된 도로는 향후 근생 기능이 강화될 듯하다. 이 축대를 중심으로 다세대주택 건축 현장을 여러 개 볼 수 있다. 현장에 가면 주변을 걸으면서 향후 지하철이 생겼을 때 어떤 동선의 변화가 생길지 예측해볼 필요가 있다. 인근에 서울세종고속도로가 공사 중에 있다. 강동IC 중심으로 차량 동선이 상당히 모이면서 여러 변화가 예상된다.

9호선 4단계는 왕숙지구 등을 위한 남양주 연장을 고려한다면 시급하게 진행될 수밖에 없다. 속도감 있게 진행될 수 있다는 뜻이다. 4단계 구간만 놓고 보면, 급행의 의미가 상당한 고덕역(941역)을 우선시해야 한다. 9호선은 남양주 연장과 공항철도 연결까지 고려해보며 큰 그림으로 봐야 한다. 9호선 4단계 추가 연장은 남양주 연장 구간과 묶여서 갈 수 있기 때문에 시간을 가지고 봐도 된다.

용산의 시대,
신분당선

신사역~강남역~정자역~광교중앙역~(호매실역)으로 이어지는 지하철이다. 대한민국 IT산업을 대표하는 판교에서 청계산을 다이렉트로 연결해 양재·강남축으로 이어지는 노선 자체만 놓고 보면 나름 경쟁력 있다고 본다. 그러나 민간투자라는 허울 앞에 시민의 발이라고 불리는 '지하철'의 대중적인 이미지하고는 다소 결이 다를 수 있다.

2022년 5월 28일, 신분당선 강남~신사 구간이 연장 개통되었다. 금번 연장 개통은 신분당선 용산~강남 복선전철 사업 구간(7.8km) 중 1단계로, 기존 광교역~강남역까지의 신분당선 운행 구간에서 신논현역(9호선), 논현역(7호선), 신사역(3호선)까지 노선이 연장되었다. 이번 개통을 통해 광교에서 신사까지 10분가량 단축되어 출퇴근 교통난 해소와 경부고속도로 운행 차량 감소 등에 기여할 것으로 기대된다. 또한 경기 남부 지역 주민은 9호선을 통해 강서, 송파, 강동 지역으로, 7호선을 통해 광진, 동작 지역으로, 3호선을 통해 종로, 은평 지역으로 이동하는 등 서

신분당선 운임조정 안내

신분당선 운임조정 안내　🚈 DX LINE 신분당선

□ 조정일시 : 2022년 5월 28일(토) 영업개시부터
□ 조정사유 : 신분당선[신사~강남] 개통 및 정기 운임조정
□ 조정내용 : 신분당선[신사~강남] 별도운임 ☞ 500원(신규 개통)
　　　　　　 신분당선[정자~광교] 연계 할인금액 ☞ (현행) 700원 ▶ (조정) 600원
○ 신분당선 운임 : 수도권 전철 기본운임 1,250원(10km까지) + 각 구간 별도운임 [1] + 거리초과운임 [2]
(1) ■ 신분당선[강남~정자]구간 별도운임 : 1,000원(동결)
　　 ■ 신분당선[정자~광교]구간 별도운임 : 1,000원(동결)
　　 ※ 단, [강남~정자]구간과 [정자~광교]구간을 연계하여 이용할 경우 [정자~광교]구간 별도운임 : 400원 적용
　　 ■ 신분당선[신사~강남]구간 별도운임 : 500원(신규 개통)
(2) 거리초과 운임 : 10km 초과 50km까지 초과 5km당 100원 추가, 50km 초과 시 8km당 100원 추가

▶ 교통카드

구 분		현행 기본운임		개통 및 조정 기본운임		적용된 별도운임
		교통카드	1회권	교통카드	1회권	
일반	각 구간내 이용시	[강남 ~ 정자] 또는 [정자 ~ 광교]	2,250원	2,350원	조정없음		1,000원
		[신사 ~ 강남]	–		1,750원	1,850원	500원
	연계 이용시	[강남 ~ 정자] ~ [정자 ~ 광교]	2,550원	2,650원	2,650원	2,750원	1,400원
		[강남 ~ 정자] ~ [신사 ~ 강남]	–		2,750원	2,850원	1,500원
		각 구간을 모두 연계 이용시	–		3,150원	3,250원	1,900원
청소년	각 구간내 이용 시	[강남 ~ 정자] 또는 [정자 ~ 광교]	1,520원	1,520원	조정없음		800원
		[신사 ~ 강남]	–		1,120원	1,850원	400원
	연계 이용시	[강남 ~ 정자] ~ [정자 ~ 광교]	1,760원	2,650원	1,840원	2,750원	1,120원
		[강남 ~ 정자] ~ [신사 ~ 강남]	–		1,920원	2,850원	1,200원
		각 구간을 모두 연계 이용시	–		2,240원	3,250원	1,520원
어린이	각 구간내 이용시	[강남 ~ 정자] 또는 [정자 ~ 광교]	950원	950원	조정없음		500원
		[신사 ~ 강남]	–		700원	700원	250원
	연계 이용시	[강남 ~ 정자] ~ [정자 ~ 광교]	1,100원	1,100원	1,150원	1,150원	700원
		[강남 ~ 정자] ~ [신사 ~ 강남]	–		1,200원	1,200원	750원
		각 구간을 모두 연계 이용시	–		1,400원	1,400원	950원

신분당선 운임조정 안내문

울 전 지역으로의 이동이 편리해졌다. 기존 광교역에서 신사역까지 신분당선과 3호선 전철을 이용하면 50분 정도 소요되었지만, 개통 후에는 40분이면 이동할 수 있게 되었다.

　그런데 신분당선 요금은 비싸도 너무 비싸다. 거의 GTX급 수준이다. 민간투자사업으로 진행되었던 만큼 다소 비싸지는 것은 이해한다. 국토교통부와 사업시행자는 문제없다는 입장이지만, 지하철이 서민의 발인 점을 생각하면 다른 노선과의 차별성(높은 가격)에 문제 제기를 하지 않을 수 없다. 같은 지하철인데 2배 비싼 요

금이라니…. 아무리 민간투자라고는 하지만 이는 국토교통부가 제대로 중심을 잡지 못해서 나온 결과라고 생각한다.

요금을 살펴보면 강남~신사 구간에는 500원이 별도로 부과된다. 광교에서 강남까지 2,650원의 요금이 발생하는데, 연장 역인 신논현역이나 신사역에서 하차 시 3,150원을 내야 한다. 노선의 관리 주체를 살펴보면 구간별로 달리 운영되고 있다. 용산~강남 구간은 새서울철도, 강남~정자 구간은 신분당선, 정자~광교 구간은 경기철도가 운영한다(광교~호매실은 아직 미정). 구간별로 이렇게 짧게 사업시행자를 지정한 것도 문제고, 그렇다고 요금을 별도로 매긴 것도 문제다. 신분당선을 타고 신사~강남 구간을 가면 500원을 더 내야 하고, 여러 구간을 거치면 최대 2천 원을 더 내야 한다. 향후 당연히 지하철 요금이 더 오를 텐데 이를 어떻게 감당할지 의문이다. 실제로 조금 있으면 광교에서 탑승할 시 4천 원을 지불해야 한다. 해도 해도 너무하다. GTX 요금하고 큰 차이가 없을 수 있다. 향후 신안산선 개통 시 신분당선 요금을 참조할 수 있기에 감안해서 봐야 한다.

신분당선의 1단계 연장 역인 강남역, 신논현역, 논현역, 신사역 일대를 살펴보자. 강남역에서 도보권인 래미안리더스원(20.9/1,317)은 30억 원(22.5)에 매매되었다. 강남역과 신논현역 더블역세권인 롯데캐슬클래식(06.6/990) 42평형은 32억 1천만 원(22.4)에 거래되었고, 롯데캐슬클래식 옆에 위치한 서초푸르지오써밋(17.6/907) 40평형은 31억 5천만 원(22.2)에 거래되었다. 거래가만 놓고 보면 평당가 8천만~9천만 원 사이로 '평당 1억 원' 시대라는 말이 이젠 현실로 다가왔다.

신논현역과 논현역 사이에는 많은 빌라와 다세대주택이 밀집해 있다. 이 구역에 속하는 반포1동은 전반적인 노후도가 높은 편으로 서울시가 추진하는 모아타운과 같은 소규모 주택정비사업 지정이나 역세권 개발도 가능할 수 있다. 실제로 2021년 9월 논현역 인근이 역세권 활성화 사업 대상지로 지정되기도 했다. 전체적인 지정보다는 일부 구역만 지정될 수 있는 만큼 현장 분위기가 중요해 보인다. 대형 개발은 현실적으로 어렵기 때문에 메이저 대형 단지의 효과는 크지 않을 듯하다.

신분당선 추가 역 일대 꼬마빌딩 거래는 최근 2~3년간 다른 지역에 비해 상당한 손바뀜이 있었다. 건물의 연식, 연면적, 도로의 조건, 상권 형성 등 여러 변수 조건이 있기에 딱히 얼마라고 표현하기는 어렵다. 다만 평균적으로 5~6년 전 평당가 5천만~8천만 원 수준이었던 꼬마빌딩의 경우 2022년 상반기 기준 평당가 1억~2억 원에 거래되고 있다. 2020~2021년과 비교해도 적어도 50% 이상, 많게는 200%까지 올랐다는 뜻이다. 아무래도 주거용 부동산에 대한 세금 규제와 가격 상승이 다른 토지와 건물에도 영향을 미친 것으로 보인다.

가격 상승분만큼 임대료 수준은 따라오지 못해 수익률 2%도 미치지 못하는 곳이 많이 보인다. 최근 금리 상승 추세를 감안하면 무리한 대출을 안고 투자하기에는 상당한 부담이 될 수도 있다. 다만 가격이 어느 정도 자리를 잡는다면 연장선 개통은 아무래도 업무·상업시설에 유리하게 작용할 것이므로 임대료가 조금씩 오를 가능성이 높다.

서울시가 추진하고자 하는 '경부고속도로 지하화' 사업 구간계획을 살펴보면 반포IC~서초IC 구간 도로의 경우 10분 이내 거리에 강남역, 신논현역, 논현역, 신사역이 다 포진되어 있다. 따라서 향후 사업이 진행된다면 긍정적인 영향을 줄 수 있다. 그동안 고속도로와 접해 있던 부동산은 도로에 '막혀 있는' 개념이었는데, 경부고속도로 지하화 사업이 진행된다면 혈이 뚫리는 만큼 상대적으로 가치는 커질 것이다.

그러나 현실은 녹록지 않다. 일단 국토교통부, 서울시, 서초구의 입장이 서로 다르다. 정치적으로 보면 현재 한 팀인 것은 분명하다. 하지만 한남IC~양재IC 구간은 서울시 관리 구역이다 보니 서울시는 교통을 중심에 두고 큰 틀에서 보려 하는 반면, 서초구는 상부층을 광장과 공원으로 만들려는 계획에 비중을 두고 있다. 지하층에 2개의 도로층을 만들어 이동시키고, 상부층은 최대한 주민 편의를 위해 활용하자는 의견이다. 국토교통부는 양재IC 이후 구간을 다각적으로 검토하고 있지만, 협의 관계가 복잡한 만큼 쉽게 나서기 어려운 모양새다.

총 연장 8km 내외의 공사 난이도를 감안해보면 최소 5조 원 이상(복합 개발을 염두에 두면 10조 원 이상)이 소요될 것으로 보인다. 대형 복합 공정이 들어갈 수밖에 없다. 또한 10년 이상의 공사 기간을 감안하면 그동안 교통 정체는 2배 이상 늘어날 것이다.

신분당선 광교~호매실 복선전철 사업은 제1·2·3공구로 나눠 공사를 시작하려한다. 진행 속도를 높이고자 설계와 시공을 일괄 발주하는 T/K(Turn Key, 일괄 수주

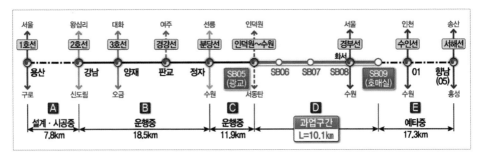

신분당선(광교~호매실) 노선 개요

계약) 공사로 진행된다. 여기서 T/K란 사용자에게 모든 권한을 넘긴다는 개념이다. 감독은 국가철도공단과 건설공사관리회사(CM)가 맡는다.

신분당선 수원 호매실 연장 사업의 기본계획은 2022년에 고시되어 2024년 착공 예정이다. 완공 시 호매실에서 강남까지 40분대로 갈 수 있다. 기존에 지하철이 없었던 만큼 상대적으로 효과는 클 수밖에 없다.

수원월드컵경기장역 위쪽으로는 장안 5구역이 건축 중에 있다. 인동선과 신분당선이 연장 착공되면 더블역세권이 되어 더욱 교통의 입지가 우수해진다. 창현초등학교, 창현고등학교, 아주대학교의 학군과 아주대학교병원을 이용 가능하다. 동수원IC를 통해 경부고속도로로 진입할 수 있고, 용서고속도로를 통해 자차로 강남, 판교로 진입할 수 있다. 인근에 광교중앙역에 더 가까운 광교중흥에스클래스(19.5/2,231)는 14억 5천만 원(22.9)에 거래되었다. 현재 장안 5구역에 건축 중인 서광교파크스위첸(23.5/1,130)의 분양가는 6억 3천만 원이었다.

수성중사거리역에는 장안 3·4구역이 위치해 있다. 장안 3구역은 현재 관리처분총회 예정이며, 역세권에 가장 인접한 곳이다. 신분당선이 연장된다면 수혜를 직접적으로 받을 것으로 보인다. 장안 4구역보다 위치, 금액 부분에서 훨씬 투자성이 있어 보인다. 2022년 7월 기준 피(P)는 3억 5천만 원 정도로 형성되어 있다.

수원아너스빌위즈(17.4/798)는 7억 2천만 원(22.1)에 실거래되었고, 장안 4구역의 더샵광교산퍼스트파크(22.5/666) 전용면적 59m²의 매매호가는 2022년 7월 기준 7억 5천만 원에 형성되어 있다. 장안 3구역 인근 유네스코에 등재된 화성 문화재 보호구역도 참고해야 한다. 향후 수원 트램이 어찌될지도 관전 포인트다.

신분당선 중 화서역은 교통과 개발 호재가 두드러지는 곳이다. 화서역의 가장 큰 개발 호재는 2023년 말에 완공되는 스타필드수원이다. 화서역에서 굉장히 가까운 거리에 위치해 있다. 그동안 스타필드가 생기면 그 일대 주택가는 상승했다. 거기에 더불어 화서역에는 복합환승센터가 생기고, 바로 한 정거장 거리에 있는

현장 스케치

차례대로 신분당선 수성중학교, 호매실역, 수원 화성, 수원월드컵경기장

수원역에는 삼성역까지 30분 걸리는 GTX-C노선이 개통될 예정이다. 화서역파크 푸르지오(21.8/2,355)는 10억 4천만 원(22.2)에 실거래되었다.

호매실역은 1차 연장된 신분당선 예정 역의 끝부분이지만, 제4차 국가철도망 구축계획에 따르면 봉담역까지 예정되어 있다. 이것이 확정된다면 더 발전 가능성이 있어 보인다. 주변은 택지개발이 진행 중이다. 호반써밋수원(17.4/567)은 6억 4천만 원(22.9)에 실거래되었다. 호매실호반베르디움더센트럴(17.6/1,100)은 6억 3천만 원(22.9)에 실거래되었다.

각 역마다의 장단점이 분명히 있다. 신분당선의 강남 접근성이 양호한 점과 도청이 이전되는 광교신도시(법원 등 공공기관 밀집)의 배후세력만으로도 그 가치는 충분하다. 동탄인덕원선을 염두에 둔 상황에서 각각의 블록 단위 개발 가능성을 엿보며 접근할 필요가 있다.

2022년 5월 말 개통했고, 2026년 착공계획을 갖고 있는 신사~용산(5.3km) 구간은 미군기지 반환 이전에 정거장 개착 공사를 하기 위해 노력 중인 상황이다. 관계기관의 협의에 따라 2023년 전에 가이드 정도는 나올 수 있다. 용산~삼송 구간은 용산에 대한 방향 이후 어떻게 기존 노선과의 중복을 피하고, 경제성을 끌어 올릴지가 관건이다. 정부와 서울시가 용산 시대 개막을 알린 만큼 정치적 변수가 사업에 얼마큼 보탬이 될지가 관건이다. 용산~삼송 구간은 제4차 국가철도망 구축계획에 포함되어 있지만, 아직까지는 확실한 뭔가가 없다.

지상지하철, 이제 지하로 가나?

2022년 3월, 서울시는 〈2040 서울도시기본계획〉을 통해 지상철도를 지하화하겠다는 정책을 내놓았다. 이후 3개월 뒤 지방선거가 있었던 점을 감안하면 정치적 해석도 가능하겠지만, 오세훈 시장이 다시 당선되면서 큰 틀의 방향성은 유지하게 되었다. 내용을 보면 서울시 전체 지상철 구간을 장기적으로 지하로 넣고, 지상 구간은 녹지와 업무, 상업, 문화 공간으로 활용하겠다는 이야기다. 향후 용역 결과에 따라서 지상철 주변 지역의 부동산에 관심이 쏠릴 수 있다.

〈2040 서울도시기본계획〉에는 서울시 도시 공간 단절, 주변 지역 환경 악화 등을 방지하기 위해 지상철도 101.2km, 국철 71.6km, 도시철도 29.6km 등을 단계적 지하화해 철도 부지를 활용하고, 공공 부담을 최소화하는 방향이 담겨 있다. 역사 규모가 크거나 부득이한 경우 데크 설치로 연계 시너지를 높이는 내용도 담겼다. 오세훈 시장이 과거 경의선숲길을 연트럴파크로 바꾸면서 주변 일대가 좋아졌다는 점을 떠올리자. 당장은 아니어도 특정 지역에서 시범 사업이 진행될 가능성

서울 내 지상철도·차량기지 현황

차량기지 면적 총 4.6km², 지상철도 연장 총 101.2km

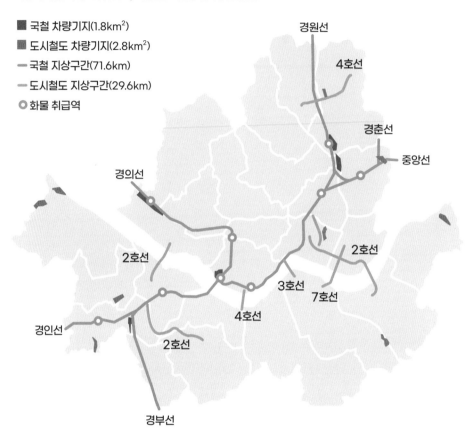

■ 국철 차량기지(1.8km²)
■ 도시철도 차량기지(2.8km²)
━ 국철 지상구간(71.6km)
━ 도시철도 지상구간(29.6km)
◎ 화물 취급역

경원선
4호선
경춘선
중앙선
경의선
2호선
2호선
3호선
7호선
4호선
2호선
경인선
경부선

은 높다.

국철은 한국철도공사(1호선, 경춘선, 경의중앙선 등) 관할 철도를 말하고, 도시철도
는 서울교통공사(2~9호선)의 관할 철도라고 이해하면 된다. 시대적 상황에 따라 지
하로 가는 것이 맞지만, 당장은 경제적 부담과 기술적인 어려움이 존재한다. 상징
적으로 몇 개 구간은 당장 가능하지만, 다수의 구간을 동시에 하기란 쉽지 않다.

제4차 국가철도망을 비롯해 철도 기간망 사업상 꼭 필요한 사업의 경우 시간이 오래 걸리더라도 국토교통부와 협의해 진행될 듯하다.

비교적 입체 교차(지하화)하기 용이하면서 다수의 민원이 발생하는 곳에서 우선 진행될 가능성이 높다. 실제로 홍대입구역의 경우 인근 경의중앙선 지하화 사업으로 생긴 공원 주변이 핫플레이스로 자리 잡았다. 좋은 사례가 있기에 지상철 주변에 있는 주민들이 빨리 지하화해달라고 요청할 가능성도 더욱 높아졌다. 새로운 틈새 투자처가 될 수 있기에 연구해볼 가치가 있다.

서울시는 2013년 용역을 통해 지하화 대상 구간인 지하철 1·2호선, 국철 구간인 경인선, 경부선, 경의선, 경원선, 중앙선, 경춘선 등 총 86.4km를 지하화하는 데드는 예산을 38조 원으로 추산한 바 있다. 지하철 9호선 공사비를 기준으로 하면 2호선 4개 노선(21.9km) 공사비만 최소 3조 원 이상 든다. 노선 확대와 시공비 상승 등을 고려하면 실행 시점에는 이보다 훨씬 많은 비용이 소요될 것이다. 1·2호선 지하화 공사를 하더라도 기존 지하철 운행을 멈출 수는 없다. 지상철 주변에 녹지가 있다면 가능하겠지만 2호선처럼 주변에 상권과 건물이 가까이에 있으면 기존 지하철을 운행하면서 지하화 공사를 하기가 어렵다. 특히 지하철 2호선은 고가구간과 한강 통과 구간으로 인해 기존선을 운행하면서 공사하기가 어렵다. 노선 주변 밀집된 건물, 지반 상태 등을 고려하면 공사비를 떠나 기술적으로 어려운 부분이 있고, 각종 민원에 휩싸일 수 있어 상당한 시일이 필요해 보인다.

1899년 최초의 철도이자 인천과 서울을 연결하는 경인선은 총 27km에, 21개 역에 정차하고 있다. 구로~동인천 구간은 복복선으로 승하차 수요만 보면 서울 못지않게 많은 이용객이 있다. 선로용량 한계와 고상홈만 설치된 노선 특성상 일반열차는 취급하지 않고 전동차 운행과 화물열차가 운행되고 있다. 전 구간 지상철이기 때문에 지역 입장에서는 지역을 단절시키고, 발전에 한계를 느껴 하루라도

경인선 지하화 추진 구간(도원역~구로역)

빨리 지하로 연결되기를 희망하고 있다. 열차 운행 조건에 따라 다를 수 있지만 복선, 복복선 등을 고려하면 적어도 사업비가 1km당 1,500억~2천억 원으로 추정되고 있다. 총 5조 원 안팎이다.

2008년 경인선 지하화 논의가 처음 언급되기 시작했고, 2013년 인천, 부천에서 업무협약 체결 후에 100만 시민 서명운동까지 달성하면서 정부와 국회에 이를 전달했다. 이후 기본구상 및 타당성 연구 용역이 시작되었지만 평가는 좋지 않았다. 윤석열 정부의 공약으로 언급되면서 추진되고 있지만, 2022년 6월 타당성 검토에서도 B/C가 0.43밖에 나오질 않아, 사업성 확보를 위한 방법이 필요하다는 자체 분석을 내놓기도 했다. 지하화 편익이 제대로 반영되기 어렵다는 점과 「도시철도법」의 원인자 부담 원칙, 그리고 막대한 재원을 조달하기 어렵기에 결국 인천시도 어느 정도 비용을 부담해야 된다는 점 등이 과제로 보인다. 한편 윤석열 정부는 경인선(4조 7,340억 원)뿐만 아니라 경부선 서울역~당정(32km, 19개 역) 16조 700억 원, 경원선 청량리~도봉산(13.5km, 11개 역) 3조 510억 원 등 총 18조 1,400억 원의 재원 마련이 필요한 상황이다. 이를 위해 지상 구간을 개발해 부담을 줄임으로써 부족한 부분은 충당한다는 계획을 갖고 있다.

현장 스케치

차례대로 지상철 경원선(의정부역), 경의선(수색역), 경의선(일산역), 중앙선(양평역)

CHAPTER 4

광역시 도시철도
현재와 미래

수도권만큼 촘촘해지는
부산지하철

부산 1호선의 경우 1979년 10월 기본계획을 수립하고, 1981년 6월 노포~범내골 구간을 착공했다. 이후 범내골~중앙동 구간, 중앙동~서대신동 구간을 연이어 착공하기 시작했다. 1987년 5월, 범내골~중앙동 구간 개통을 시작으로 부산의 첫 지하철이 운행됐다. 이후 한참이 지나 2009년 11월, 신평~다대포해수욕장 구간도 착공해 2017년 4월, 연장 구간도 개통되었다.

부산 2호선의 경우 1991년 5월 기본계획이 확정되어 1991년 11월 호포~서면 구간을 착공했다. 1999년 6월 호포~서면 구간 개통, 2001년 8월 서면~금련산 구간 개통, 2002년 1월 광안역 개통, 2002년 8월 서면~장산 구간 개통, 2008년 1월 양산~호포 구간 등이 순차적으로 개통되었다.

부산 3호선의 경우 1996년 2월 기본계획이 확정되어 1997년 11월 수영~대저 구간을 착공하고 2005년 11월 개통되었다. 부산 4호선의 경우 1996년 2월 기본 계획이 승인되었고, 2003년 12월 미남~안평 구간을 착공해 2011년 3월 개통되

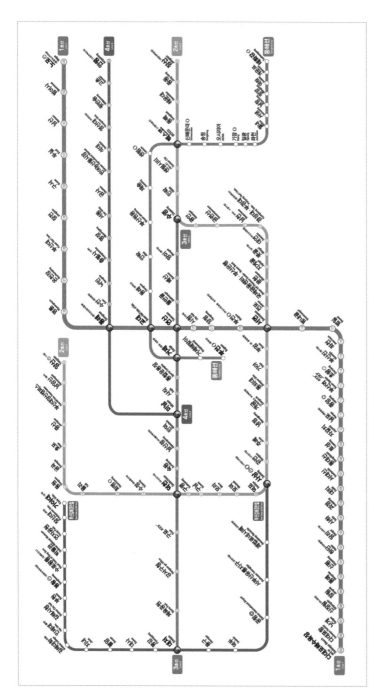

부산지하철 노선도

자료: 부산교통공사

었다.

부산 2호선 송정역 인근 해운대송정우림필유(15.10/407)는 5억 3,900만 원(21.10)에 실거래되었다. 2022년 7월 기준 매매호가는 5억 원 중반에서 7억 원 사이에 형성되어 있다. 2022년 5월에 거래된 지상 1층 근생은 토지 평당가 2,100만 원에 거래되었다. 2022년 3월에 거래된 지상 2층 단독주택은 토지 평당가 2천만 원대에 거래되었다.

동부산관광단지역을 보면 북쪽으로는 오시리아 관광단지 조성 사업이 진행 중이다. 이미 지어진 곳과 현재진행형인 사업이 있다. 부산도시공사가 총 6조 원을 들여 관광객 수요를 위해 숙박, 레저, 쇼핑, 테마파크 등을 짓는 복합해양 레저도시 사업이다. 국립수산과학관, 아난티 코브, 힐튼호텔, 이케아, 롯데프리미엄아울렛 등이 입주해 있다. 대규모 테마파크시설인 롯데월드 어드벤처 부산도 입점했다. 이 밖에도 앞으로 아쿠아리움을 비롯해 복합문화시설인 문화예술타운 쇼플렉스도 들어온다. 어린이와 청소년을 대상으로 한 운동·체험시설과 가족형 복합리조트로 개발될 트렌디·유스타운도 들어온다. 그 안에 어린이 종합 테마파크 아이월드도 입점할 계획이다. 대규모 메디컬 복합개발 사업인 오시리아 메디타운도 들어올 예정이다.

이렇게 호재가 계속 이어지는 오시리아 관광단지는 부산의 랜드마크로 자리매김할 예정이다. 근처에 특별한 주택시설은 없으며 오시리아스위첸마티에(22.3/600)의 매매호가는 2022년 10월 기준 5억~8억 5천만 원이다.

부산지하철 4호선의 특징은 최초의 상업용 경전철 사업이며, 무인운전에 별도의 레일이 없는 한국형 고무차륜열차(K-AGT)가 운행된다는 점이다. 14개 역, 연장 12.7km, 운행 간격은 출퇴근 시 5분, 평상시 8분이다. 반여농산물시장역, 석대역, 영산대역(아랫반송), 윗반송역으로 이어지는 구간에는 센텀2지구 도시첨단산

현장 스케치

차례대로 부산지하철 열차시각 안내판, 2호선 승강장, 3호선 내부, 4호선 고무차륜 노선

업단지가 들어설 예정이다. 부산도시공사가 부산시 해운대구 반여동, 반송동, 석대동 일원에 시행하는 사업으로 사업 면적은 191만 2,440m²(58만 평)에 달하며, 3,400세대(9,400명)를 수용한다. 인근 반송 재정비사업과 수목원 조성 등으로 많은 변화가 예상된다.

부산지하철 1~4호선 사업 개요 및 제원

구분		1호선	2호선	3호선	4호선
총 연장		40.48km	47.1km	18.3km	12.7km
운행 구간		노포동역~ 다대포해수욕장역	양산역~호포역 ~장산역	수영역~대저역	미남역~안평역
정거장 수		40개 소	42개 소	17개 소	14개 소
차량기지		2개 소	1개 소(+회차 1개 소)	1개 소	1개 소
총 사업비		1조 9,341억 원	2조 8,553억 원	1조 7,395억 원	1조 2,616억 원
건설 기간		1981~2017년	1994~2008년	1996~2005년	1996~2010년
차종		통근형 직류전동차	통근형 직류전동차	통근형 직류전동차	고무차륜형 경전철
궤간		1,435mm	1,435mm	1,435mm	1,700mm
전원 공급 방식		DC1,500V 가공선식	DC1,500V 가공선식	DC1,500V 가공선식	DC750V 제3궤조
차체 크기	길이	17,500mm/ 17,900mm	17,500mm	17,500mm	9,140mm
	폭	2,750mm	2,750mm	2,750mm	2,400mm
	높이	3,670mm	3,640mm	3,600mm	3,500mm
출입문 수		6개(편측 3개 소)	8개(편측 4개 소)	8개(편측 4개 소)	4개(편측 2개 소)
차체 재질		스테인리스	스테인리스	스테인리스	알루미늄
정원	선두차	113명 (좌석 42~44명/ 입석 69~71명)	113명 (좌석 39명/ 입석 74명)	113명 (좌석 39명/ 입석 74명)	52명 (좌석 18명/ 입석 34명)
정원	중간차	124명 (좌석 48~56명/ 입석 68~76명)	124명 (좌석 48명/ 입석 76명)	124명 (좌석 48명/ 입석 76명)	M1·4 52명, M2·3 54명 (좌석 22명, 24명/ 입석 30명, 30명)

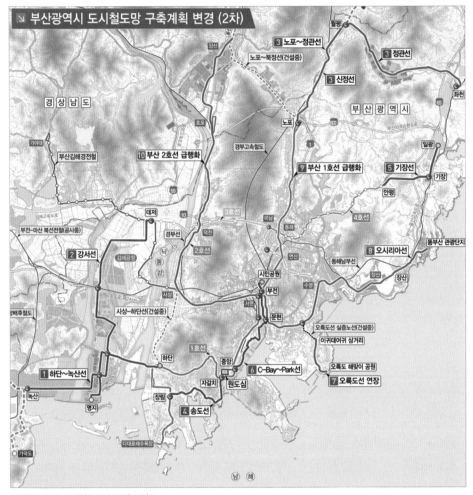

부산광역시 도시철도망 구축계획

해운대구는 부산시에서 상징적인 존재다. 센텀2지구 도시첨단산업단지가 비록 내륙에 가깝다고 하더라도, 주변에 정주 여건이 상당히 개선되고 일자리도 모일 수 있기 때문에 많은 기대가 예상된다. 해운대구는 엘시티를 비롯한 조망이 탁월

한 해안가, 그리고 주요 상업시설이 모여 있는 센텀지구 일대의 가격이 전체적으로 높다.

센텀2지구의 경우 해운대구에서 좋은 입지를 가지고 있지는 못하지만 대체 효과는 충분히 가능할 것으로 기대된다. 반여동, 반송동 등 주변 지역에 대한 평가는 다양하다. 개발이 오랜 시간 걸릴 수 있고, 협소한 주택이 많아 사업성이 떨어진다는 이야기도 있지만 반전을 기대해볼 만하다. 전체적인 투자금액도 다른 지역에 비해 가격적인 메리트가 있기에 살펴볼 만하다.

사상에서
가덕신공항까지

현재 공사 중인 사상하단선은 향후 하단녹산선과 연결된다. 사상하단선의 사업 구간은 2호선 사상역에서 1호선 하단역으로 총 연장 6.9km, 정거장 7개 소, 차량기지 1개 소 등이 예정되어 있다. 차량 시스템은 고무차륜열차로 운행된다.

2010년 3월 예비타당성을 통과해 2013년 1월 기본계획이 확정되었다. 2017년 공사를 시작하다가 2019년 2월 4공구 승학산 비탈면 대형 낙석사고로 상당 기간 공사가 중지되었다. 이후 재개되어 공사가 이어지고 있지만 2022년 8월 기준 총 공정률은 60%에도 미치지 못하고 있다. 실제 이용은 2025년에나 가능해 보인다.

사상하단선은 총 5개 공구로 2호선 사상역~민창철강 구간은 SK에코플랜트가, 2공구 학장동까지 구간은 두산건설이, 3공구 한국법무보호복지공단까지 구간은 한진중공업이, 4공구 호서부산빌딩까지 구간은 DL건설이, 5공구 1호선 하단역까지 구간은 한화건설이 맡는다.

부산지하철 5호선이라고 불리는 사상하단선은 하단녹산선으로 이어지고, 향후 가덕신공항 이전에 맞춰 추가 연장도 가능하다. 하단녹산선은 우여곡절 끝에 2022년 6월 예비타당성 통과가 확정되면서 5호선의 큰 그림에 한걸음 나아갔다. 총 연장 13.5km, 정거장 11개 소, 총 공사비 1조 1,265억에 달하는 사업으로 향후 3년간 계획 및 설계를 마치고 5~6년간의 공사를 마치면 2032년에는 운행이 가능해 보인다. 진행되는 과정에서 추가 역 설치나 명지신도시 지하화 등 여러 민원의 소지도 있기에 시간적 변수는 남아 있다.

사상역을 보면 부산의 대표적인 노후 단지인 사상공업단지가 2030년까지 첨단산업단지 스마트시티로 변화한다. 지지부진했던 서부산 행정복합타운도 2026년까지 18개 기관이 입주를 목표로 지어질 예정이다.

사상역 근처에는 먹자골목이 잘 형성되어 있다. 사상역 근처 2층 상가의 경우 2022년 5월에 평당가 1,400만 원대에 실거래되었다. 2층 규모 단독주택은 평당가

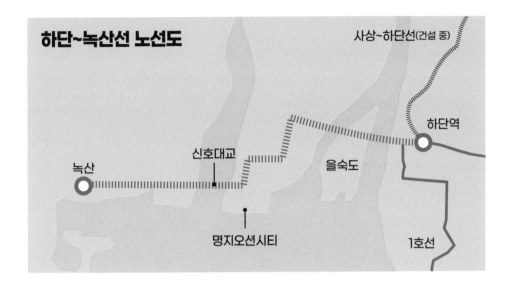

하단~녹산선 노선도

사상~하단선(건설 중)

하단역

신호대교

녹산

을숙도

1호선

명지오션시티

1,300만 원대에 실거래되었다. 사상서희스타힐스(22.11/874) 분양권은 2022년 7월 기준 5억 3,600만 원의 매매호가를 형성하고 있다. 다소 연식이 오래된 사상강변동원(99.12/600)은 3억 6,500만 원(22.8)에 실거래되었다.

하단역을 보자. 하단 지역에서 유일하게 재건축 지역으로 지정된 하단 1구역은 하단대진을 재건축하는데, 현재 조합설립 직전 단계다. 하단대진(83.9/240) 19평 매물은 2억 9,500만 원(22.4)에 실거래되었다. 하단 2구역은 토지 면적 10만 8,868m²로, 1,940세대가 입주할 예정이며, 조합원 수는 900명 정도 예상된다. 현재 동의율 75% 이상 징구 후, 사업설명회 이후 사전타당성 검토 심의를 접수할 예정이다. 하단 2구역의 매물은 2022년 7월 기준 2억 원 초반에서 3억 원까지 나와 있다.

하단 3구역은 하단역에서 가장 가까운 위치에 있다. 아직까지 특별한 진행 상황은 없다. 이곳의 매물은 2022년 7월 기준 2억 원 초중반에 가격대가 형성되어 있다. 하단역 옆의 당리역에서도 재개발이 진행되고 있다. 하단역 근처에는 신축은 없고 당리역의 당리푸르지오(13.7/542)가 가장 신축이다. 전용면적 84m² 기준 6억 원(22.4)에 실거래되었다.

녹산역을 보면 녹산국가산업단지를 거점으로 신평·장림산업단지, 사상공업단지 등을 연계해 부산형 스마트그린 산업단지 조성을 추진한다. 녹산역 근처에는 아파트는 없고 산업단지로 형성되어 있다. 동측에 위치한 부산신호사랑으로부영 2차(14.06/1388)는 매물도 거의 없고 최근 큰 평수인 53평이 3억 7,500만 원(21.7)에 실거래되었다. 2022년 7월 기준 53평은 5억 원 초반에 매매호가가 형성되어 있다. 전세가 거의 대부분이어서 산업단지의 수요가 공급보다 많은 편이다.

동남권 광역철도 중심지, 양산

양산도시철도의 사업 구간은 1호선 노포역을 시작으로 사송지구, 2호선 양산 종합운동장역, 북정역 등으로 이어진다. 사업시설은 총 연장 11.43km, 정거장 7개 소, 차량기지 1개 소, 환승시설 1식 등이다. 차량 시스템은 고무차륜열차로 운행된다. 2014년 4월 예비타당성 조사 통과 후 2017년 7월 기본계획을 고시했다. 2019년 본격적인 공사가 시작되어 2024년에 완료될 예정이다.

차례대로 동부산관광단지, 오시리아 루지, 해운대힐스테이트위브, 엘시티, 해운대 블루라인파크, 동해선 일광역

인접 도시로 확대되는
대구지하철

대구도시철도는 지난 1997년 1호선 개통을 시작으로 2005년 2호선, 2015년 3호선을 개통해 하루 40만 명이 이용하고 있다. 총 연장은 1호선 28.4km, 2호선 31.4km, 3호선 23.7km로 89개 역에 정차한다. 대구권 광역철도 사업과 1호선 하양 연장 사업이 공사 중에 있다. 1997년 최초에는 부산도시철도와 마찬가지로 10km 구간제 요금을 적용해 성인 1구간 500원, 2구간 600원이었다. 이후 시내버스 무료 환승을 도입한 후 2006년 10월 28일 요금 체계를 개편해 현재 1·2·3호선 전 구간은 단일 요금제를 적용하고 있다. 엑스코선, 대구산업선 등이 곧 착공을 기다리고 있다. 다른 지역에 비해 사건사고가 많았던 지역으로 2003년 2월 대구지하철 1호선 중앙로역 방화사건으로 인해 다수의 사망자가 발생하는 참사를 겪기도 했다.

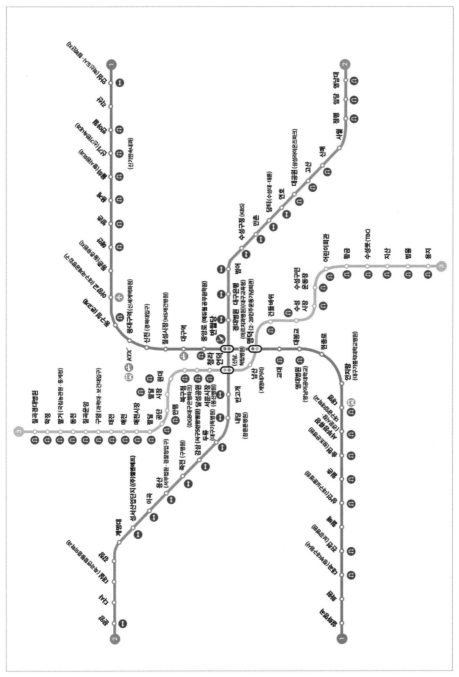

자료 : 대구교통공사

대구지하철 노선도

대구지하철 운영 지표

구분		계	1호선	2호선	3호선
영업 구간	역 수	91개 역	32개 역 (설화명곡~안심)	29개 역 (문양~영남대)	30개 역 (칠곡경대병원~용지)
	연장	영업: 82.9km 건설: 87.17km	영업: 28.4km 건설: 31.02km	영업: 31.4km 건설: 32.2km	영업: 23.1km 건설: 23.95km
열차	보유	92편성(468량)	34편성(204량)	30편성(180량)	28편성(84량)
	운행	평일: 69편성 904회, 휴일: 51편성 816회, 토요일: 59편성 856회	평일: 23편성 296회, 휴일: 17편성 264회, 토요일: 20편성 280회	평일: 24편성 296회, 휴일: 18편성 264회, 토요일: 20편성 280회	평일: 22편성 312회, 휴일: 16편성 288회, 토요일: 19편성 296회
운행 시격	시간	1호선 운행 시간, 3호선 시격 상이	05:30~24:00 18시간 30분	05:30~24:00 18시간 30분	05:30~24:00 18시간 30분
	시격		RH: 5분 NH: 8분	RH: 5분 NH: 8분	RH: 5분 NH: 7분
	소요 시간	영업 거리 차이로 호선별 소요 시간 상이	편도 55분 00초 *정차시간: 25초	편도 55분 00초 *정차시간: 25초	편도 48분 30초 *정차시간: 25초
	속도		평균: 40.1km/h 표정: 31.0km/h	평균: 43.0km/h 표정: 34.3km/h	평균: 37.7km/h 표정: 28.6km/h

대구지하철 일평균 운영 실적(단위: 명, 천 원)

구분	2021년 실적				2022년 목표			
	계	1호선	2호선	3호선	계	1호선	2호선	3호선
수송 인원	334,704	144,538	130,351	59,815	355,240	151,017	141,558	62,665
수송 수입	232,425	96,060	99,436	36,928	246,261	102,734	102,204	41,322

대구지하철 전동차 제원

구분		1호선	2호선	3호선
차종		통근형 직류전동차	통근형 직류전동차	과좌식 모노레일 차량
궤간		1,435mm	1,435mm	800mm
편성/차량		34개 편성/204량	30개 편성/180량	28개 편성/ 84량
편성공차중량		199.6톤(6량)	186.5톤(6량)	94.12톤(3량)
편성 구성		TC-M1-T-M1-M2-TC	TC-M1-T-M1-M2-TC	MC1-M-MC2
정원		6량 총원 722명 (TC: 113명, M 1, 2, T: 124명)	6량 총원 722명 (TC: 113명, M1, 2, T: 124명)	3량 총원 265명 (MC1, 2: 84명, M: 97명)
전기 방식		DC 1,500V	DC 1,500V	DC 1,500V
운전 방식		자동/수동 운전	자동/수동 운전	무인/수동 운전
신호 방식		ATC/ATO (지상속도코드)	ATC/ATO (차상거리연산)	ATP/ATO (차상거리연산)
속도제어 방식		가변전압 가변주파수(VVVF)	가변전압 가변주파수(VVVF)	가변전압 가변주파수(VVVF)
성능	최고속도	운용속도 80 km/h, 설계속도 100 km/h	운용속도 80 km/h, 설계속도 100 km/h	운용속도 70 km/h, 설계속도 80 km/h
	가속도	3.0km/h/s	3.0km/h/s	3.0km/h/s
차체	길이	17,500mm	17,500mm	15,100mm
	폭	2,750mm	2,750mm	2,980mm

　4호선으로 불릴 가능성이 있는 엑스코선은 총 연장 12.5km에 10개 역에 정차할 예정이다. 3호선과 같은 3량 1편성 모노레일 방식으로, 수성구민운동장역을 기점으로 이시아폴리스역까지 운행된다. 2023년에 공사에 들어간다면 2028년 준공이 가능하지만, 지금 분위기로는 2년 정도 더 소요될 듯하다. 당초 13개 역을 추진

대구도시철도 현황

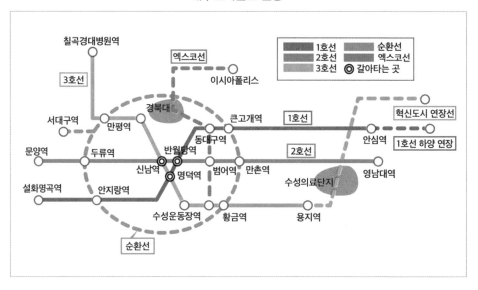

하다가 10개 역으로 축소하면서 추가 역에 대한 논의도 지속되고 있다. 경북도청 후적지, 경북대학교, 대구 도심융합특구 등으로 이동이 가능하다. 운행 간격은 출퇴근 시 8.5분, 평상시 15분 간격으로 구간이 짧기 때문에 왕복 운행도 40분대면 충분하다.

대구산업선은 서대구역에서 달성군청, 테크노폴리스, 국가산업단지를 잇는 총 연장 35.4km의 사업이다. 제3차 국가철도망 구축계획에 포함되었고, 국가 균형 발전을 위해 예비타당성 면제 사업으로 선정되었다. 총 9개 역, 단선철도로 운행될 예정이다.

동서남북축으로 서대구역, 만촌역, 안지랑역 등 대구 전역을 크게 순환하는 대구순환선도 검토 중에 있다. 당초 트램 방식으로 추진하려다가 교통 혼잡 등 여러 문제들이 노출되면서 현재는 모노레일 방식으로 검토 중에 있다. 이에 대구순환선과 연관된 환승 가능한 역 중 주목해야 할 역을 정리해봤다.

2호선 만촌역을 보면 '2030 도시·주거환경정비기본계획 정비예정구역(이하 2030 예정지구)' 수성구 지산동 1271 일대 2만 3,888m²의 면적을 재건축한다. 2030 예정지구 수성구 30-11 지산동 1272-2 일대 3만 4,547m² 면적 등도 재건축된다. 현재 이 일대에는 매물이 없다. 바로 옆에 위치한 범어라온프라이빗2차(18.10/206)는 13억 원(21.10)에 실거래되었다. 수성e편한세상2차(07.4/447)는 전용면적 84m² 기준 10억 9,500만 원(21.5)에 실거래되었다. 가장 최근에 지어진 힐스테이트범어(20.12/414)는 15억 6천만 원(22.7)에 실거래되었다. 만촌역보다는 수성구청에 더 가깝다.

2호선 두류역을 보면 북측에 광장타운이 재건축을 추진 중에 있다. 광장타운1차(84.3/672)의 용적률은 177%, 건폐율은 19%다. 광장타운2차(87.6/180)의 용적률은 203%, 건폐율은 19%다. 동쪽으로는 재건축 예정 후보지 내당시영(79.8/470)이 있다. 내당시영은 3억 5천만 원(22.4)에 거래되었다. 두류역 근거리 개발 상황을 보면 서북쪽으로 2030 예정지구 서구 30-05 재개발 구역과 서구 30-06(광장타운2차), 서구 20-28(광장타운1차)이 있다. 북동쪽에는 2030 예정지구 서구 30-04 구역과 서구 00-29(내당시영)가 있다. 두류역과 가까운 삼정그린빌(02.5/1,208)은 5억 3천만 원(22.9)에 실거래되었다. 두류센트레빌더시티(22.12/333)는 6억 2천만 원(22.9)에 실거래되었다.

3호선 황금역 인근에는 2030 예정지구 수성구 30-21 광명프레지던트가 있다. 1만m² 이하의 소규모 재건축이다. 광명프레지던트(80.8/233)는 3억 8천만 원(22.6)에 실거래되었다. 수성구 10-22(청구중동)와 몇몇 상가들이 재건축 예정지로 잡혀 있다. 청구중동(81.3/140)은 50타입이 2억 9,500만 원(21.12)에 실거래되었으며, 2022년 7월 매매호가는 2억 5천만~3억 원이다. 수성sk리더스뷰(10.9/788) 46평형

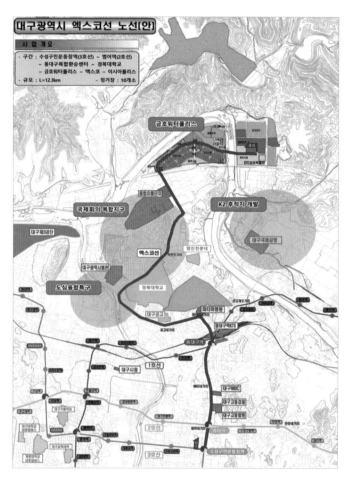

엑스코선 노선(안)

은 13억 2,800만 원(21.12)에 실거래되었으며, 2022년 7월 매매호가는 12억 원 중반에서 16억 원 중반이다. 황금역과 초역세권 위치에 있는 대우트럼프월드수성(07.4/967)은 9억 5천만 원(21.7)에 실거래되었으며, 2022년 7월 기준 7억~9억 원 중반에 매매호가가 형성되어 있다.

차례대로 3호선 모노레일, 3호선 모노레일 노선, 동대구역 안내도, 중앙로역 승강장, 안지랑역, 두류역

철도의 본고장, 대전지하철

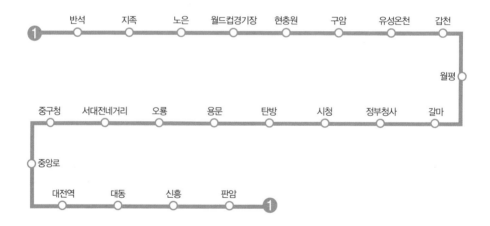

대전도시철도는 1995년 5월 5개 노선으로 구상되었지만, 1996년 1호선 착공 이후 IMF 외환위기가 발생해 다른 노선의 추진은 무기한 연기되었다. 대전은 철도의 본고장이다. 일단 국가철도공단과 한국철도공사 본사가 대전에 위치해 있다.

철도 관련 산업체나 연구소도 많아 철도의 성지로 불리기도 한다. 대전에는 도시철도와 연결된 관광 명소도 많은데 식장산, 보문산, 국립과학관, 대덕연구단지, 유성온천, 현충원, 계룡산 등을 이용할 수 있다.

대전지하철 1호선은 총 연장 22.6km(동구 판암동-유성구 외삼동), 정거장 22개 소를 운영하고 있다. 차량기지는 2개 소다.

2004년 대전광역시는 2호선에 대한 구체적인 논의를 시작했다. 이후 정부의 예비타당성 조사를 진행했으나 경제성이 낮게 나와 진행할 수 없었다. 2011년 제2차 국가철도망 구축계획에 충청권 광역철도가 추진되면서 2호선 계획은 여러 논의 끝에 순환선으로 정리되었다. 모노레일, 자기부상 등 운행 방식에 대한 여러 논

대전지하철 1호선 운행 현황

구분		현황		비고
		평일	휴일	
운행 구간		판암↔반석		-
영업 시간		05:30~24:12		-
영업 연장		20.5km		-
소요 시간		40분		-
역 수		22개 소		-
운전 시격	RH	5~6분	8분(혼잡 시)	혼잡 시(17~19시)
	NH	10분	10분	
운행 횟수		242회	218회	-
운행 거리		4,971.6Km	4,464.6Km	-
차량기지		판암, 외삼		2개 소
전동차 보유		21편성		84량

의 끝에 어렵게 예비타당성을 통과하면서 사업은 본격화되는 듯했다. 그러나 사업비와 트램 방식, 정치적 결정 등에 따라 노선이 수차례 바뀌기도 했다. 2019년 예비타당성 면제 사업으로 지정됨에 따라 설계를 진행 중에 있고, 2023년 착공할 예정이다. 운행은 2028년에 가능해 보인다.

최종 결정에 의한 사업을 살펴보면 노면전차(트램)이며, 노선 연장은 36.6km, 표정속도는 22km/h에 불과하다. 서대전역을 기점과 종점으로 순환하는 형태로 총 45개 역이 정차할 예정이다. 소유자는 대전광역시, 운영자는 대전교통공사, 차량기지는 연축차량사업소에 둘 예정이다. 순환선은 큰 골격으로 연축지선과 진잠지선으로 나뉜다. 도안신도시와 대전 베이스볼드림파크를 비롯해 카이스트, 충남대학교, 한남대학교 등 상당수 대학교가 영향권에 들어간다.

2022년 지방선거에서 새로운 시장이 선출됨에 따라 결정에 변수가 생겼다. 열차 속도를 비롯한 교통 체증, 경사도 등 실질적인 문제가 여러 개 노출되었기 때문이다. 여기에 기본설계 때 7,500억 원 정도의 사업비가 1조 5천억 원까지 2배 늘어났고, 충청권 광역철도 노선과의 중복성도 지적되었다. 또다시 사업이 무산되는 게 아니냐는 추측까지 나오고 있다. 그럼에도 예비타당성 면제 사업으로 지정된 점, 추가 비용은 대전시가 부담한다는 점 등을 고려해보면 추진하는 데 큰 문제는 없어 보인다.

대전 1호선과 2호선이 만나는 역 중에 중요한 지역을 함께 살펴보자.

먼저 유성온천역이다. 인근 장대B구역은 유성온천역에서 1.5km 정도 떨어져 있고, 구암역에 더 가깝다. 2019년에 조합설립인가가 나왔으며, 사업시행인가를 접수 준비 중에 있다. 단독주택의 매매호가는 2022년 7월 부동산 매매 사이트 기준 10억 원이다. 유성온천역 바로 위쪽으로는 봉면2지구 제1종지구단위계획구역이 있다. 이곳에는 유성온천과 관련한 다양한 관광숙박시설 복합개발이 추진될 예

대전도시철도 2호선 트램 노선도

충청권 광역철도

반석역

1호선

유성온천역

오정역

정부청사역

2호선

서대전
네거리역

대동역

서대전역

진잠역

정이다. 도안호반베르디움2단지아파트(14.2/970) 33평형은 7억 7천만 원(22.7)에 거래되었다. 유성자이(10.10/350) 41평형은 5억 6천만 원(22.3)에 거래되었다. 유성온천역 근처 지상 3층 근생은 2022년 2월 토지 평당가 1,900만 원에 거래되었다.

정부청사역은 청사, 시청, 법원과 일자리와 관련된 다양한 시설, 민간 상업시설이 잘 정리되어 있어 주거환경이 좋다. 엑스포 과학공원 부지에는 신세계 사이언스콤플렉스가 들어설 예정이다. 파랑새(95.6./406)는 4억 8천만 원(22.6)에 거래되었다. 향촌(95.3/1,650)은 5억 5천만 원(22.10)에 거래되었다.

서대전네거리역 주변에는 개발하는 곳이 많다. 오류동 삼성아파트(86.12/2,526)는 1986년에 지어진 대단지 아파트다. 재건축 안전진단을 받았지만 통과하지 못했다. 주변 인프라가 좋아서 실거주에 적합하다. 대흥 4구역은 현재 사업시행인가를 접수하고 진행 중에 있다. 공급된다면 909세대가 공급될 예정이다. HJ중공업과 계룡건설의 컨소시움으로 진행될 예정이다.

선화구역은 해링턴플레이스휴리움(25.4/997)이 입주 예정이다. 분양권의 매매호가는 2022년 7월 기준 84타입은 매물이 없고, 74타입은 3억 원 중반이다. 선화 B구역은 대전해모로더센트라(24.2/862)가 입주 예정이다. 84타입 분양권 매매호가는 2022년 7월 기준 3억 원 후반에서 5억 원 중반이다. 문화 2구역은 현재 사업시행인가 후 관리처분인가를 진행 중이다. 749세대로 지어질 예정이다. 조합원 수는 247명이며, 신탁 방식으로 진행 중이다. 이 밖에도 서대전네거리역 주위로 오류동 1구역, 태평동 2·3구역, 문화동 2·6구역 등 재개발 사업이 한창 진행 중이다. 서대전네거리역 인근 선화센트럴뷰(12.4/662)는 5억 3천만 원(22.7)에 실거래되었다.

현장 스케치

차례대로 대전 1호선 내부, 반석역 승강장, 반석역 세종시 BRT 표지판, 용두역 용두네거리, 유성온천역 노선 안내판, 세종시 정부청사

순환선으로 연결되는 광주지하철

1990년대 서울에 지하철이 본격화되면서 광주시도 도시철도의 필요성을 느끼게 되었다. 당초 5개 노선을 계획했으나 IMF 외환위기로 대부분의 계획이 취소되고 1호선만 건설하게 되었다. 광주지하철 1호선은 2008년 4월 개통했고, 동구 녹동역에서 광산구 평동역까지 이어지며, 총 연장은 20.5km다.

광주지하철 1호선 운행 현황

영업 거리	20.5km	역 수	20개 역
표정속도	34.3km	차량 보유	92량(23편성)
운행 시격(출퇴근 시)	5~7분	운행 횟수(평일)	240회
운행 시격(평상시)	10분	운행 횟수(주말, 휴일)	206회

광주지하철 2단계 공사가 시작되어 본격화되고 있다. 2021년 6월, 광주시는 남구청 앞 백운광장 주변 공사를 시작으로 본 착공에 들어갔다. 남구청에서 조선대학교 방면 대남대로 160m 구간 11개 차로 중 3개 차로를 점유해 공사 중에 있다. 가시설 설치 공사를 시작으로 본격적인 공사가 시작되었다. 2호선이 이제 본궤도에 접어들면서, 1단계 구간은 2027년에는 실제 이용이 가능해 보인다. 이후 단계별로 진행될 예정으로 전 구간 완성까지는 오랜 시간이 소요될 예정이다. 광주 전역을 도는 순환선이지만 그래도 지하로 연결되어 1호선과 더불어 대부분의 지역을 훑고 가는 모습이다. 이에 더해 상무에서 나주까지 연결되는 광역철도망도 연결된다면 철도망의 의미가 더욱 커질 수 있다.

5년 후에는 광주에서 지하철이나 전철을 흔히 볼 수 있을 듯하다. 경상도에 비하면 인구수나 발전의 속도가 느리지만 지역 나름의 역할은 분명 있어 보인다. 정도의 차이는 있지만 전체적인 가격대는 신축 위주로 차이를 보이고 있다. 상무지구와 전남대학교, 조선대학교 주변에서 변화가 예상된다.

남광주역 주변 학동 4구역에는 지상 29층, 19개 동 2,314세대의 대단지 현대노블시티가 들어올 예정이다. 2022년 7월 기준 33평형의 조합원 분양가는 3억 원 초반에 형성되어 있다. 방림삼일 재건축 구역은 SK뷰로 사업승인인가 예정 중이다. 2022년 7월 기준 매매호가는 4억 원 초반에서 4억 원 후반대다. 전용면적 72타입이 4억 8,800만 원(22.4)에 실거래되었다. 남광주역 초역세권에 위치한 무등산아이파크(17.1/1,828)는 7억 원(22.7)에 실거래되었다.

2호선 노선계획도

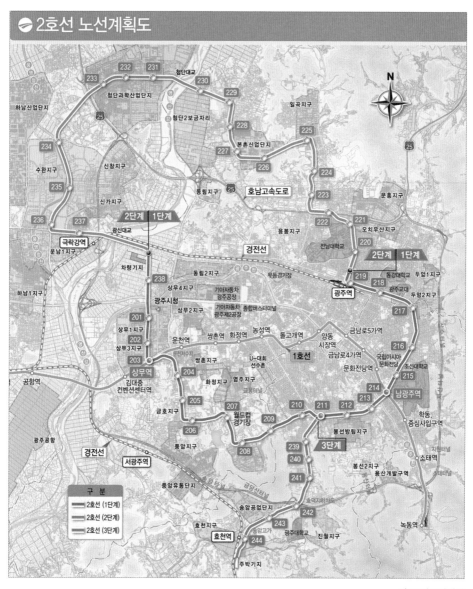

자료: 광주광역시

현장 스케치

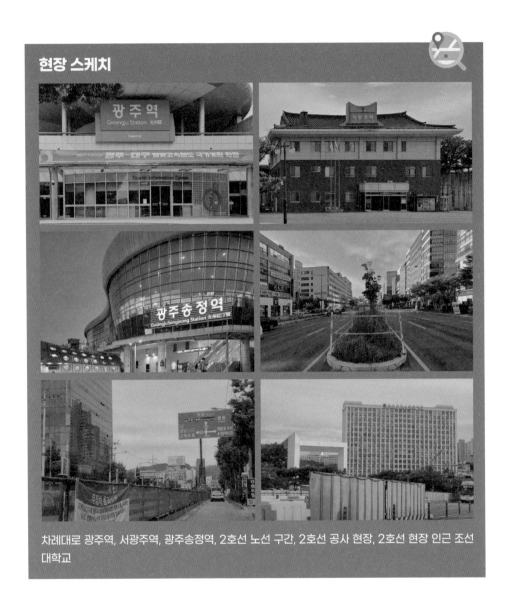

차례대로 광주역, 서광주역, 광주송정역, 2호선 노선 구간, 2호선 공사 현장, 2호선 현장 인근 조선
대학교

CHAPTER 5

비수도권
광역철도의 확대

시대적 변화에 따른
비수도권 광역철도의 확대

2005년부터 철도자산 관리의 주체가 기존 철도청에서 코레일과 국토교통부, 국가철도공단으로 변경되었다. 「철도산업발전기본법」에 따라 철도자산은 시설, 운영, 기타자산으로 나뉜다.

시설자산(선로, 터널 등)은 SOC로 공공성이 있는 기반시설, 기반시설의 건설 및 관리 업무와 직접 관련된 부대자산 등을 뜻한다. 이는 시설사용계약 대상인 국가로 귀속된다. 운영자산(역사, 차량, 차량기지 등)은 영업활동이 주된 목적인 운영시설, 운영시설과 직접 관련된 토지 및 업무용 건물로 공사가 출자한 자산이다. 기타자산은 시설자산 또는 운영자산으로 분류되지 않은 자산으로 잡종재산 등을 말한다. 이 중 운영자산에서 차량은 한국철도공사나 각 지자체 교통공사에서 소유하는데, 2020년 〈철도통계연보〉에 의하면 지역 간 철도차량은 총 1만 5,937량으로 나온다. KTX 1,530량, SRT 100량, KTX이음 30량, 디젤기관차 243량, 전기기관차 175량, 디젤동차 121량, 전기동차 2,627량, 간선형 전기동차 166량, ITX청춘

64량, 객차 761량, 발전차 99량, 화차 1만 8량, 기중기 13량 등이다.

차량별 기대수명은 고속철도 30년, 기관차 25~40년, 동차 20~25년, 객차·발전차·화차·기중기 25년 등으로 예전 새마을호, 무궁화호에 해당되는 디젤기관차, 디젤동차의 경우 상당수가 20년 차 이상이다. 결국 전기동차 중심으로 개편되면서 기존 디젤열차는 서서히 줄고 있다. 일부 관광열차를 제외하고 5~10년 후에는 자취를 감출 수도 있다. 디젤은 이산화탄소 발생 등 환경 파괴의 주범으로 지목되며 천대받고 있다. 물론 전기열차를 친환경 교통수단이라고는 할 수 없지만 시대적 변화에 맞춰 이제 전철화는 필수가 되고 있다. 운영비를 보더라도 초기 건설비용은 부담이지만, 이후에는 단가가 떨어지기 때문에 전국의 철도는 지속적으로 전철화되는 중이다.

열차는 기간철도망 역할로 큰 의미가 있지만, 광역시 단위에서 보면 지하철(전철) 1개 노선은 상대적으로 이동에 제약이 많다. 지하철로 이동하는 이용객들은 지하에서 환승해서 다른 곳으로 이동하며 시간을 최소화하려 한다. 여러 교통수단을 번갈아 타면 시간이 더 소요되고 불편하기 때문에 다수의 노선이 운행되어야 그 시너지가 커질 수 있다. 현재 공사 중인 광주를 비롯해 대전, 대구에서 순환선을 두려고 하는 목적이 여기에 있다고 본다.

광역시와 인근 다른 지역 주민들은 수도권은 지속적으로 지하철이 확대되는 데 비해 다른 지역은 큰 변화가 없다며 불만을 쏟아내고 있다. 이에 따라 정책적으로 제3·4차 국가철도망 구축계획에 광역시와 주변 도시를 연결하는 광역철도 사업을 확대하게 되었다. 이미 구축된 기존선은 광역철도로도 활용할 수 있는 중요한 철도 자원이다. 그런데 전국 단위로 보면 별도의 고속 선로를 이용하기 때문에 기존선은 찬밥 신세가 되었다. 향후 디젤열차가 없어지면 말 그대로 화물열차만 다녀야 하는 상황이 올 수도 있다. 따라서 선제적으로 광역철도 사업에 기존선을 연계해 활용하는 방안이 나오고 있다.

결국 비수도권 광역철도의 확대는 주민들의 요청, 도심의 확대, 기존선 활용, 전철화 등 시대적 변화에 따른 수순이라고 볼 수 있다.

비수도권
선도사업 5개

국토교통부는 비수도권 11개 사업 중 5개 사업을 선도사업으로 선정해 우선적으로 진행한다고 했다. 광역별로 1개씩 지정된 5개 선도사업의 총 연장은 222km, 총 사업비는 약 7조 6천억 원으로 추정하고 있다. 이는 지속적인 균형 발전 정책에도 불구하고 수도권 쏠림현상이 계속되고 있어, 보다 효과적인 균형 발전을 위해 광역권 내 다양한 거점을 연결하는 등 메가시티 구축을 지원하기 위한 교통망 구축이 필요했기 때문이다. 수도권 인구 집중도를 국가 간 비교해보면 2019년 기준 한국은 50%로 영국(36%), 일본(35%), 프랑스(18%) 등에 비해 상당히 높다. 인구뿐만 아니라 대기업 본사 75%가량이 수도권에 집중되어 있어 자원과 인력의 편중이 심각한 상황이다.

광역철도는 권역별 메가시티 내 주요 거점 간의 이동시간과 거리를 효율적으로 단축할 수 있는 핵심 인프라 수단이다. 그런데 수도권에 비해 비수도권은 광역철도망이 미비해 메가시티 구축을 통한 단일 경제·생활권 형성에 제약이 되고 있었다. 제4차 국가철도망 구축계획 발표 전까지 진행되고 있는 사업을 보면 수도권의 경우 신분당선, 분당선, 중앙선, GTX, 신안산선 등 13개 사업에 약 40조 원이 배정된 반면, 비수도권은 대구권 1단계, 충청권 1단계 등 기존선 개량형 위주의 4개

비수도권 선도사업 노선

자료: 국토교통부

사업에 약 1조 원이 배정되었다.

국토교통부는 비수도권 광역철도 활성화를 위해 11개 노선을 신규 반영했으며, 장기간 소요되는 철도 건설 절차와 한정된 인력·예산 등을 고려해 신규 비수도권 광역철도에 대한 국민들의 사업 추진 체감도를 높이고자 선도사업을 선정했다. 노선에 대한 자세한 설명은 'PART 3'에서 다루겠다.

새마을호, 무궁화호가 없어진다

　1970년 새마을운동이 한창인 시절, 당시 새로 투입된 속도가 빠른 열차의 명칭을 '새마을호'로 호칭하게 된다. 새마을호는 30여 년간 철도 열차의 주력모델로 활약하다가 고속열차 시대와 전기열차 시대를 맞아 사실상 운행이 정지되었다. 현재는 개조된 일부 새마을호만 운행되고 있으며, 나머지는 ITX새마을호로 대체되었다. 새마을호는 기존 선로에 접합한 열차 속도로 운행된다. 2022년 10월 기준 기본운임료는 4,800원(50km 기준)이며, 추가 요금은 1km당 96원을 받는다. 특실과 우등실은 15% 할증된다.

　통일호 운행 이후 새로운 열차등급 조정에 따라, 1988년 서울올림픽을 앞두고 우등열차의 이름을 '무궁화호'로 개칭했다. 비둘기호, 통일호, 무궁화호, 새마을호 등 차량 속도와 수준에 따라 달리 불리며 별도의 요금 체계를 적용했다. 현재 무궁화호의 기본운임료는 2,600원(40km 기준)이며, 추가 요금은 1km당 65원을 받는다. 별도의 특실과 우등실은 없다.

이제 전철화 시대를 맞아 디젤열차는 막을 내릴 예정이다. 고속화 시대가 도래하면서 전용선이 건설되고, 기존선은 광역도시 전철화 및 화물 운행 중심으로 양분화될 예정이다. 현재는 4대 광역시를 중심으로 기존선을 활용한 전철화 사업이 본격화되고 있다. 부산 동해선을 시작으로 대구, 대전을 중심으로 주변 도시와의 광역철도 사업이 제4차 국가철도망 구축계획의 핵심 의제 중 하나로 부각되었다. 향후 경부선, 호남선 등을 연계한 전기동차가 운행될 예정이다.

2020년 〈철도통계연보〉에 의하면 도시광역철도 차량은 기관별로 총 5,895량 소유하고 있다. 서울교통공사 3,563량, 서울시메트로9호선 216량, 부산교통공사 926량, 대구교통공사 468량, 인천교통공사 346량, 광주도시철도공사 92량, 대전교통공사 84량 등이다. 통상 열차가 운행되는 궤도의 궤간은 1,435mm 표준궤(세계 공통)를 쓰고 있기에 별도의 기관차만 있다면 모든 선로에 열차를 운행할 수는 있다. 다만 전력, 신호, 통신, 승강장 단차, 스크린도어 위치 등을 감안하면 현실적으로 상시적 운행은 어렵다고 본다. 최근에 열차나 전동차는 고상홈(높이차 약 1.2m)에 적합한 열차로 개발되기 때문에 과거 일반열차가 다니던 저상홈(높이차 약 0.5m)에서는 이용이 어렵다. 차량에서 이 단차를 극복하던지, 아니면 별도의 승강장을 확보해야 한다. 대구, 대전에서 진행되고 있는 광역철도 사업은 2~4량 운행이 가능한 고상홈을 확보하고 승객이 안전하게 환승할 수 있는 통로, 게이트, 대합실 등을 만드는 작업이다.

광역철도 사업으로 구분되면 수도권, 광역시 여객운송약관에 따른 요금을 적용받게 되고, 다른 대중교통과의 요금 환승, 노인 무료승차 등이 가능해지기 때문에 무궁화호와 같은 일반열차와는 다른 개념에서 출발한다. 출퇴근이 가능하도록 운행 횟수가 늘어나고 기존 열차보다 역간 거리는 촘촘해진다. 광역철도 사업에 의한 구도심 활성화나 도시개발 사업 등이 활발히 진행될 수 있다.

충청권으로 확대, 대전·세종·청주가 하나로

철도계획이나 역세권의 의미는 수도권과 광역대 단위, 광역 내 도시철도에 따라 사뭇 다를 수 있다. 이는 철도망이 갖고 있는 영향력과 교통수단의 대안 효과에서 그 의미를 찾을 수 있다.

자가용으로 출퇴근을 하고 싶어도 러시아워의 혼잡함과 주차시설 미비 등으로 서울로의 자가용 진입은 한정된 인원만 가능하다. 정시성을 확보할 수 있는 수도권 전철의 파급력은 상대적으로 클 수밖에 없다. 이에 반해 지방 광역 단위는 자가용 이용 시 수도권보다는 전체적으로 여유가 있고, 정시정 확보도 용이하다.

수요적 측면에서도 쉽게 말해 '쪽수'가 다르다. 그렇기에 역세권의 가치와 주택시장, 특히 아파트 시장은 이에 민감할 수밖에 없다. 역세권 투자는 수도권은 아파트, 상업, 업무용 중심으로 보고, 광역대 단위도 이에 준하여 살펴보되 KTX나 ITX 신설용은 토지를 중심으로 봐야 그 효과를 제대로 누릴 수 있다.

충청권 광역철도부터 함께 살펴보자. 국토교통부는 2021년 4월 대전시, 충청

남도, 국가철도공단, 한국철도공사와 충청권 광역철도 1단계(계룡~신탄진) 건설 사업의 원활한 건설 및 운영을 위한 업무협약을 체결했다. 충청권 광역철도 1단계는 기존 운영 중인 일반철도 노선(계룡~중촌 호남선, 오정~신탄진 경부선)을 개량해 전동차를 투입해 운영하는 사업이다. 충청권 광역철도 1단계는 총 연장 35.4km이며, 정거장은 12개(신설 6개, 개량 6개), 총 사업비는 2,307억 원(국고 1,198억 원, 지방비 1,109억 원)이다. 광역철도로 구분됨에 따라 국가가 70%, 지자체가 30%를 부담한다. 지자체 요청에 의한 오정역과 용두역(대전 1호선 구간) 신설 비용은 지자체가 전액 부담한다. 계룡, 흑석리, 가수원, 서대전, 회덕, 신탄진 등 6개 기존 역이 개량되고 도마, 문화, 용두, 중촌, 오정, 덕암 등 6개 역은 신설된다. 해당 구간 개통 시 1일 65회(편도) 운행될 예정이고 용두(대전 1호선), 서대전·오정(대전 2호선) 등 기존 대전도시철도와 환승도 가능하다. 연간 약 700만 명이 이용할 것으로 추산하고 있다.

대전 2호선과의 수요 중복 때문에 기획재정부의 적정성 재검토에 따라 당초 개통 목표인 2024년보다는 1~2년 뒤로 밀리게 되었다. 본 노선은 기존 경부선 및 호남선의 선로 여유 용량을 활용해 광역전철망을 구축함으로써 대전과 인접 도시 간 접근성을 향상하는 사업이다.

2015년 8월 광역철도 사업으로 지정되었고 2018년 12월 기본계획을 고시했다. 현재 설계는 마무리되고 있으나 정책적 결정에 따른 변수가 남아 있다. 이후 충청권 광역철도 2단계(신탄진~조치원), 3단계(강경~계룡) 계획에 따라 세종시, 대전시, 계룡시, 청주시 등 충청권 주요 거점 도시 간 접근성 향상이 가능해졌다. 서울 접근성도 유리해지고, 여러 기관 본사를 비롯해 무엇보다도 세종시를 인근에 품고 있다. 대전 1호선 연장은 세종으로 연결되고, 이후 청주 도심이나 청주공항으로 별도의 노선이 생길 예정이다.

제4차 국가철도망 구축계획을 같이 고려해보면 대전 1호선의 의미가 더욱 커졌다. 본 노선에서 1호선과 연계한 역의 의미가 클 수 있다. 용두역은 현재 없는 역으로 대전 1호선 용문역과 오룡역 사이에 예정되어 있다. 1호선 추가 역과 광역전철 추가 역이 동시에 진행되기에 다른 역보다 영향력이 커지게 되었다. 용두역 주변 아파트 단지와 재개발·재건축 단지를 다시 살펴봐야 하는 이유다.

다음으로 계룡과 신탄진이다. 일반철도와 전철의 의미는 한 끗 차이 같지만, 한 끗에도 의미가 있다. 2량짜리면 어떠하고, 하루 60대면 어떠한가? 그래도 전철이

간다면 업무, 상업, 학교 등의 접근성이 양호해진다. 충청권 광역철도, 대전 1호선 연장, 청주 도심(청주공항)까지 철도망이 연결된다면 전체 인구수 300만 명에 해당되는 수요에 영향을 줄 수 있다.

청주 도심 통과, 가능할까?

충청권 철도망의 가장 큰 화두 중 하나는 대전, 세종, 청주가 하나로 연결될지 여부다. 그중에서 청주 도심 통과 여부에 따라 시장의 반응이 뜨거울 수 있다. 윤석열 정부가 공약으로 언급한 만큼 막대한 예산에도 불구하고 쉽게 포기하긴 어렵다. 수도권이나 다른 광역급 도시에 비해 수요가 한정되어 있다 보니 경제성을 가지고 접근하기는 쉽지 않아 보인다. 사업성이나 경제성보다는 균형 발전 차원에서 예비타당성 면제 사업으로 진행되는 것도 배재할 수 없다. 충청북도 청주의 인구는 85만 명에 달하지만 도심 교통망은 제한적인 상황이다. 시대적 상황도 그렇고, 상징적 의미에서 필요해 보인다. 청주 자체에서 순환하는 익미보다는 오송과 세종, 더 나아가 직결 환승을 통해 대전까지 이어짐으로써 메가시티 구축에 한 발 더 가까워질 수 있다.

충청북도와 청주시는 예전부터 청주의 주축대인 사직대로를 중심으로 오송과 터미널에서 도청, 시청, 청주공항을 연계하는 방향을 선호하고 있지만 비교적 도로 폭이 넓고 상대적으로 노선의 연장이 짧은 직지대로축도 대안으로 보고 있다. 어떤 식의 결과든 사업비가 상당하므로 정치적 결정이 필요하고, 지역에서도 일관된 목소리로 지하철의 필요성을 강하게 어필해야 한다. 사업성 확보를 위한 여러

현장 스케치

차례대로 조치원역, 오송역, 청주터미널, SK하이닉스

대책 마련과 대안 제시도 필요하다. 저심도 공법 등 공사비 절감을 위해 일정 기간
교통의 불편을 감수하더라도 사업 유치에 적극 나설 필요가 있다.

대구권으로 확대,
구미에서 영천으로

    대구권 광역철도 사업은 제3차 국가철도망 구축계획에 따라 대구광역시와 주변 지역을 연계하는 경부선을 활용한 철도 사업이다. 대구권 광역철도 1단계 사업은 구미역에서 경산역까지 연결하는 사업으로 사곡, 왜관, 왜관공단, 서대구, 원대, 대구, 동대구, 경산 등의 역에 정차할 예정이다. 광역철도로 지정된 사업으로 사업비의 70%를 지원받아 진행 중이다. 1일 편도 기준 60회 운행 예정이며, 이는 수도권 경강선의 운행 간격과 유사하다. 1편성 2량이라는 한계 때문에 민원 소지가 다분하다. 차량기지는 경산역으로 결정되었다.

    2015년 8월 대구역과 동대구역을 지나는 경부선에서 KTX 전용 선로를 확보하기 위해 복복선화 및 별도의 선로를 신설했다. 복복선 중 내선의 경우 빠른 열차가 다니고, 외선의 경우 느린 열차와 화물열차가 다닌다. 선로의 여유가 많기에 기존 경부선과 도심 구간 외선을 활용한 전동차 중심의 광역철도 사업이 진행되는 것이다.

　구미역, 서대구역 사이에는 공단이 밀집되어 있다. 근로자 수만 놓고 보면 구미 국가산업단지 10만 명, 구미농공단지 2만 명, 왜관공단 1만 명, 진량공단 1만 명 등 약 15만 명의 근로자가 인근에서 출퇴근하고 있다.

　구미 사곡역은 구미국가산업단지의 수요가 몰릴 예정이다. 사곡역에서 대구역까지는 30분 정도 걸리기에 구미와 대구의 교통 연계가 이뤄질 전망이다. 구미 사곡지구 도시개발 사업으로 최근에 지어진 e편한세상금오파크(20.9/1,210)는 4억 원(22.6)에 실거래되었다. 사곡역에서 가장 가까운 상모사곡화성파크드림(08.6/418)은 2억 3천만 원(22.10)에 실거래되었다.

　칠곡 왜관역은 아래쪽에 택지개발예정지구가 있다. 현재 개발 진행 중으로 단

현장 스케치

차례대로 구미역, 서대구역 진입 구간, 영천역, 왜관역

독주택과 상가가 들어와야 마무리된다. 이미 2018년 말에 칠곡왜관태왕아너스센텀(18.11/728)이 입주했고 3억 6천만 원(22.7)으로 최고가를 찍었다. 2022년 7월 기준 3억 원 초반에서 후반으로 매매호가가 형성되어 있다. 왜관역에서 근거리에 위치하고 있는 협성휴포레칠곡왜관(17.11/606)은 3억 2천만 원(22.10)에 실거래되었다.

부산권으로 확대, 부전역을 중심으로

부산을 중심으로 울산, 양산, 김해, 창원 등과 연결되는 노선을 살펴보자. 2016년 12월 첫 운행을 시작한 동해선 광역전철 사업은 기존선을 개량한 비수도권 첫 번째 사업이었다. 동해선은 동해안을 중심으로 이동하는 일반열차를 말하며, 전동차는 동해선 광역전철이라고 말한다. 동해선 광역전철 사업은 2003년 8월 기공식을 가지고 구간 공사를 시작했고, 구간별 일부 개통만 진행되다가 2016년 12월 부전역에서 일광역까지 운행되는 광역전철 영업을 본격적으로 개시했다. 이후 2021년 12월 일광역에서 울산 태화강역까지 이어지며 보다 완성된 광역전철로 운행되고 있다.

또 하나 부전역에서 이어지는 부전마산선 공사가 마무리되고 있다. 총 연장 32.7km에 10개 역이 정차하는 일반철도 사업으로 향후 KTX이음이 운행될 예정이다. 민간투자 사업으로 SK건설에서 공사를 맡았다. 2020년 3월 터널 붕괴사고 이후 공사가 중지되었다가 재개되어 곧 운행을 기다리고 있다. 여기에 더해 부전

현장 스케치

차례대로 부전역 지상철 광장, 지상철 전면부

역에서 창원 마산역까지 연결되는 광역전철 사업도 주민들의 요청과 각종 민원으로 인해 추진 중에 있다. 사업 초기 광역전철 운행은 예정에 없었으나, 동해선과 같이 출퇴근을 고려한 광역철도 사업의 필요성이 대두되면서 지자체의 요구 끝에 국토교통부도 결국 동의하게 되어 관련 예산이 반영되었다.

이와 관련된 노선에서 부전역과 창원역의 부동산 시장을 살펴보자. 먼저 부전역을 보면 부산시민공원 주변 2-1정비구역은 현재 감정평가를 마치고 조합원 분양 신청을 앞두고 있다. 최고 69층, 1,902세대로 지어질 예정이다. 이 구역의 매매호가는 2022년 7월 기준 10억 원 초반에서 15억 원대를 형성하고 있다. 부산시민공원 주변 3정비구역은 사업시행인가를 예정 중에 있다. 규모가 가장 크고 최고 60층에 3,380세대 규모로 공급될 예정이다. 현재 시공사를 선정하려 하고 있다. 3정비구역은 매물의 유형과 면적에 따라 2022년 7월 기준 8억~15억 원의 매매호가를 형성 중이다. 부산시민공원 주변 4정비구역은 세대수는 850세대, 조합원 수는 800명 정도다. 사업시행인가 접수 단계에 있으며 시공사는 현대엔지니어링이다. 이 구역의 매매호가는 2022년 7월 기준 3억 원 중반에서 6억 원 초반이다. 전포 1-1구역 e편한세상시민공원1단지(22.9/1,286)는 2022년 7월 기준 7억 원 중반에서 8억 원대로 매매호가가 형성되어 있다. 삼한골든뷰센트럴파크(19.5/1,272)는 8억 원(22.8)에 실거래되었다.

창원역을 보면 근처에 스타필드창원이 2025년 준공 예정이다. 스타필드가 생기면 주택의 매매가도 상승하는 효과가 있다. 제39보병사단 부지에 지은 창원중동유니시티1단지(19.6/1,803)는 5억 7천만 원(22.9)에 실거래되었다. 2022년 6월에 거래된 지상 3층, 지하 1층 근생은 토지 평당가 1,250만 원대에 거래되었다. 2022년 7월에 거래된 지상 2층, 지하 1층 단독주택은 토지 평당가 590만 원대에 거래되었다.

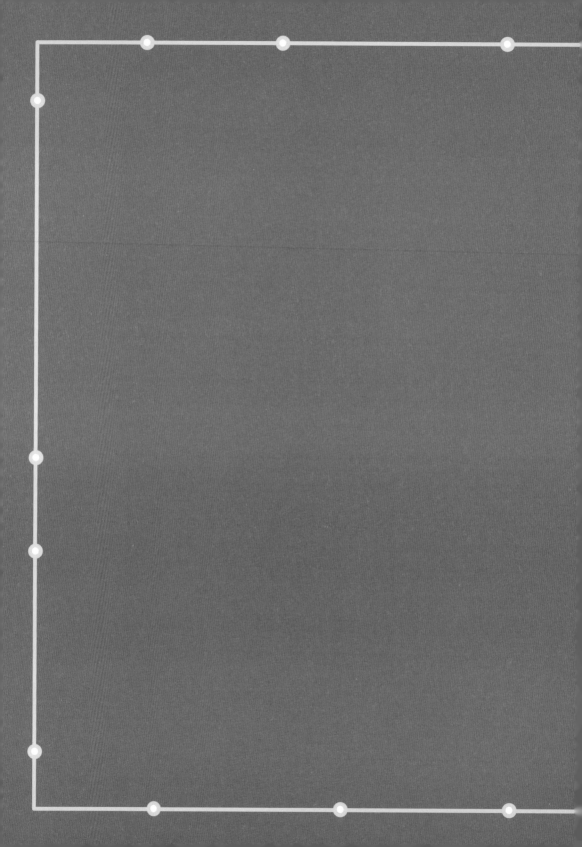

부동산 투자의
육하원칙과 이해

현명한 투자자를
위한 제언

계약서를 쓰러 갈 때면 매도자와 매수자, 공인중개사는 모두 긴장을 한다. 매도자는 '이 가격이 잘 받은 걸까? 더 오르면 어떡하지?' 하며 마음을 졸이고, 매수자는 '이왕 사기로 한 거 어떻게 좀 더 가격을 조정해볼 수 없을까?' '중도금, 잔금을 미룰 순 없을까?' 이런저런 생각으로 머릿속이 복잡하다. 그리고 그 가운데에는 혹시라도 계약이 성사되지 않으면 어떡하나 조급해하는 공인중개사가 서 있다. 시장 대응과 협상 과정에서 몇백만 원은 기본이고, 몇천만 원씩 가격이 조정되기도 한다. 매수자의 말 한마디, 공인중개사의 말 한마디가 결정에 큰 영향을 미치는 순간이 오기도 한다.

동일한 아파트에 입주할지라도 집집마다 상황과 사정은 제각각이다. 입주를 위해 기다렸던 시간과 투자하는 금액도 다 다르다. 재건축·재개발 조합원이었을 수도 있고, 청약으로 입주했을 수도 있고, 경·공매로 들어온 경우도 있다. 저마다 입장은 다르지만 거액이 오가는 것만은 분명하다. 시장이 혼란스러울수록 결정을 내리기가 쉽지 않다. 그래서 더더욱 '정확한' 정보와 가치 판단이 중요하다.

우리는 흔히 어떠한 정보나 상품의 가치를 판단할 때 인플루언서(영향력 있는 사람)에게 조언을 구하곤 한다. 개인 투자자가 모든 현장과 상품을 다 경험해볼 수는 없기 때문이다. 인플루언서는 직접 투자한 경험을 토대로, 혹은 데이터 분석이나 현장답사 등을 통해 일목요연하게 정리한 콘텐츠를 통해 관련 노하우와 정보를 공유한다. 과거에는 주로 강연장에서 정보를 주고받았다면 지금은 시대가 변해 스마트폰 애플리케이션이나 블로그, 카페, 유튜브 등을 통해 정보의 교환이 이뤄진다.

우리나라 부동산 인플루언서의 경우 페이스북, 트위터와 같은 SNS보다는 블로그, 카페, 유튜브를 중심으로 인지도를 쌓고 활동하고 있다. 개인 사이트를 운영하거나 카카오톡 단톡방, 네이버 밴드 등에서 활동하는 경우도 있다. 이 중 블로그와 유튜브는 그 목적이 조금 다르다. 강의를 주로 하시는 분들은 블로그와 카페 위주로 활동하는 경우가 많다. 알다시피 인지도와 유튜브 광고 수입 등이 주목적인 경우에는 강의를 잘 안 한다. 필자가 개인적으로 유튜브 활동을 주저했던 이유도 강의와의 차별성에 대한 혼란이 가장 컸다.

뒤늦게 유튜브를 시작한 이유는 시대적 변화를 따라가야 했기 때문이다. 나름대로 유튜브만의 차별성은 분명 있다. 정규강의와 특강 때는 아무래도 부동산 위주로 강하게 이야기하게 된다. 특히 정규강의 때는 전체적인 정리와 해설이 필수다. 일목요연한 설명을 통해 전체 노선을 이해하게 하고, 나무가 아닌 숲을 볼 수 있게 돕는다. 그에 반해 유튜브는 조금 가볍다. 개괄적인 설명 위주다. 가십거리도 필요하고, 무엇보다도 재미가 있어야 한다. 역할과 목적이 다르기에 힘들지만 현장과 유튜브, 두 마리 토끼를 다 잡으려 노력하고 있다.

역할과 목적이 다르기에 힘들지만 현장과 유튜브, 두 마리 토끼를 다 잡으려 노력하고 있다.

인스타그램은 부동산 인플루언서가 활동하기에 적합한 채널은 아닌 것 같다. 별도로 개인 매장을 운영하지 않는 한 인스타그램에서 활동하는 전문가는 드물다. 관심도도 많이 떨어진다. 물론 남들은 모르는 숨겨진 정보를 찾을 수 있는 기회일 수 있지만, 시간만 보낼 수도 있다.

부동산도 세분화되어 있어서 인플루언서마다 각자 전문 분야가 따로 있다. 부동산 특화 비즈니스 스페이스 '싸부IN'을 운영하며 강사 분들을 직접 섭외해보니, 수강생이 잘 모이는 강의도 있었고 그렇지 않은 강의도 있었다. 인지도가 매우 높거나, 전문 분야가 시장 트렌드와 부합하는 경우 호응이 좋았다. 그렇다면 최근에는 어떤 세부 분야가 호응이 좋았을까? 재개발·재건축, 세금, 대출, 분양권, 법인 투자(소액), 시장 전망, 교통, 경·공매, 지식산업센터, 건축(주택), 토지, 상가, 인테리어, 토지 보상, 풍수 등 여러 분야가 있었다. 이 중 기대수익률이 높은 분양권과 재개발·재건축, 출구 전략 차원에서 선호도가 높은 세금 분야의 인기가 높았다. 정부의 규제책에 대응하고자 대출 쪽 강연을 찾는 수요도 꽤 있었다. 법인 투자는 2018~2020년 개인 투자가 막히자 대안으로 급부상했으나, 현재는 취득세와 종합부동산세(이하 종부세) 부담으로 많이 시들해졌다. 지식산업센터, 오피스텔, 생활형 숙박시설 등 틈새시장, 대체 투자처를 찾는 수요도 많았다. 2022년 하반기에는 부동산 경매가 급부상했다. 다른 세부 분야는 인지도에 따른 영향이 큰 편이었다.

이처럼 부동산 투자를 위해서는 참으로 많은 것을 알고 있어야 한다. 물론 좋은 때를 만나 우연히 가격이 올라가는 경우도 있다. 하지만 본질적으로 자본의 속성과 경제적 논리 등을 통해 어느 정도 예측과 대응이 가능하다. 결과적으로 부동산 투자는 몇 가지 큰 틀로 구분해서 볼 수 있다.

부동산 투자의
네 가지 관점

부동산 투자를 바라보는 관점은 크게 시장, 입지, 상품, 방법 네 가지로 축약할 수 있다. 이 네 가지는 부동산을 보다 더 명확한 데이터와 근거를 바탕으로 투자적 관점에서 바라보고 기술하기 위한 노력의 결과다. 시장, 입지, 상품, 방법을 이해한다면 스스로의 선택에 좀 더 확신을 갖기에 충분할 것이다.

시장은 수요와 공급, 통화량과 물가, 정책과 세금, 금리와 대출, 심리와 상황 등에 영향을 받는다. 입지는 신도시 개발, 도심 재정비, 철도·도로 개통, 기피시설 이전, 학군과 학원 등에 영향을 받는다. 상품은 아파트, 아파트 외 주거시설(단독주택, 다가구·다세대주택 등), 비주거시설(오피스텔, 지식산업센터 등), 토지(농지, 대지 등),

부동산 투자의 네 가지 관점

시장	입지	상품	방법
•수요와 공급	•신도시 개발	•아파트	•청약
•통화량과 물가	•도심 재정비	•주거시설	•매매
•정책과 세금	•철도·도로 개통	•비주거시설	•경·공매
•금리와 대출	•기피시설 이전	•토지	
•심리와 상황	•학군과 학원	•상가	
		•공장	

상가(꼬마상가, 구분상가 등), 공장 등과 관계가 깊다. 성공적으로 투자하기 위해서는 방법이 중요한데 청약(분양), 매매(공인중개사), 경·공매 등을 알아야 한다.

첫째로, 시장을 이해해야 한다. 시장을 이해하는 것이 제일 중요하다. 여기서 말하는 시장이란 거시적인 국가 경제 상황, 그리고 대내외적인 시장 변화를 뜻한다. 수요와 공급, 통화량, 정책, 금리, 매수심리 등은 부동산 가격에 가장 민감하게 반응한다. 아무리 입지와 상품이 좋다고 하더라도 시장상황이 여의치 않다면 가격은 오르지 않는다. 언제, 얼마나 사야 할지는 이러한 변화들을 읽어가는 과정에서 알 수 있다. 소나기가 오면 피해가고, 장마라면 오랜 기다림 속에서 무리하지 않고, 곧 볕이 뜰 것 같다면 조금 무리해서라도 여러 개 들어가도 좋다. '왜' 사야 하는지는 시장의 변화에 달려 있고, 상황이 좋아지고 있다면 발전 가능성이 높은 지역을 고르면 된다. 그리고 그 지역 내에서도 상대적으로 가격 상승이 양호한 우량한 상품을 매수하는 것이 좋은 투자법이다.

둘째로, 입지를 이해해야 한다. 대한민국은 적지 않은 면적이 산악 지형이다. 기존의 도심과 산업단지 등을 제외하고 수도권 지역에 개발가능한 곳은 개발제한구역(GB)으로 묶여 있다. 산을 깎거나 바다를 매립하는 경우를 제외하고는 대규모

개발은 사실상 쉽지 않다.

입지는 전통적 입지와 신흥 입지로 구분해볼 수 있다. 전통적 입지는 오랜 시간에 걸쳐 형성된 흔히 강남3구라 불리는 부촌이 대표적이다. 이는 시대적 상황에 맞는 개발이 맞물린 결과다. 고위 공직자와 대기업 오너, 전문직 종사자가 이곳에 주로 모여 산다. 학군이 좋거나 학원가가 밀집한 주변 지역, 신축 고급 아파트나 초고층 주상복합단지가 몰린 지역, 한강변과 같은 조망과 경관이 우수한 지역, 대형 공원이나 호수를 끼고 있는 지역 등을 부촌이라 부른다. 학세권, 숲세권 등의 호칭으로 부르기도 하며 사람들 인식 속에 좋은 동네, 잘사는 동네로 한동안 각인된다. 신흥 입지는 전통적 입지의 초기 단계다. 3기 신도시와 같은 대규모 택지개발이나 교통의 발달, 그중에서도 특히 철도 노선이 신설되면서 생기는 역 주변, 기피시설이나 혐오시설 등이 이전하면서 생기는 공원 주변, 노후도가 심해 재개발·재건축 등이 진행되는 지역이 대표적이다. 신흥 입지는 시간이 흐르면서 지역의 네임밸류가 상승하고, 전통적 입지로 고착화되어 간다.

셋째로, 상품을 이해해야 한다. 부동산 시장은 시대적 상황을 반영한다. 수요와 공급의 단순한 차원에서 보면 아무래도 많은 사람이 갖고 싶은 재화가 가격도 상승한다. 부동산은 시대에 맞는 물건을 선호하는 경향이 뚜렷하고, 사람들은 가격이 상승할 것으로 예상되는 물건에 투자하려 한다. 아파트의 경우 기본적으로 출퇴근을 고려한 전통적인 입지를 비롯해 대단지, 브랜드, 학군, 학원가, 공원, 대형 마트 등의 요소를 선호하는 경향이 상당하다. 수요자의 니즈를 충족하는 물건은 학세권, 숲세권, 몰세권 등으로 불리며 가격에도 직접적인 영향을 미친다.

넷째로, 방법을 이해해야 한다. 부동산 투자의 기본은 같은 물건을 사더라도 싸게 사는 것이다. 부동산 시장의 급변하는 분위기나 정책의 변화, 개발계획 발표 등에 따라 경우에는 아파트 가격이 하루 만에 1억 원 이상 올라가는 경우도 적지 않다.

CHAPTER 1

시장을 알아야 언제, 얼마나, 왜 사야 할지 보인다

수요와 공급:
단기적 영향이 크다

　수요와 공급의 법칙은 누구나 아는 상식이다. 누구나 아는 원리임에도 부동산 투자에 잘 대입하지 않는다. 요즘 MZ세대는 부동산에 투자할 때 데이터에 많이 의존하지만, 기존의 전통적 투자자는 감이나 주변의 의견만 믿고 돈을 넣는 경우가 적지 않다. 공급물량에 비해 수요물량은 수치적으로 환산이 어렵기에 과거의 데이터나 인구수, 세대수 등을 감안한 잠재수요를 예측할 필요가 있다.

　유효수요는 인구의 증감이나 이동, 소득 수준의 향상, 가격 상승 예상, 대출 금리 하락 등에 따라 증가할 수 있다. 그러나 이 또한 예측이 어렵다. 공급량은 정책적 상황, 건설경기, 수요 증가 예상에 따른 사업성 등에 따라 도시개발이나 정비사업으로 결정된다. 공급량은 유효수요와 달리 어느 정도 예측이 가능하다.

　수요는 기본적으로 일정한 실수요가 있고 시황에 따라 민감하게 바뀌는 투자수요가 있는데, 이때 가격은 투자수요가 얼마나 움직이느냐에 따라 큰 영향을 받는다. 특정한 시기에 과한 공급이 이뤄지고, 부동산 시장도 그리 좋지 않다면 결국

수요와 공급 법칙

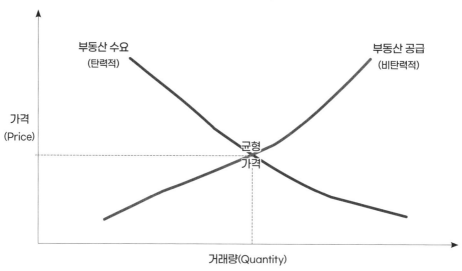

미분양이 급증한다. 미분양은 실수요를 통해 일정 부분 소화되기는 하지만 투자수요가 들어와야 완벽히 해소되기에, 만일 그 시기 동안 가격 변동이 없었다면 이후 가격 상승을 기대해볼 수 있다.

우리나라의 주택 시장은 한마디로 아파트 시장이다. 아파트 시장의 변화가 단독주택, 다가구·다세대주택, 오피스텔 등에 영향을 주기 때문이다. 아파트 시장(가격)은 수요와 공급에 따라 단기적으로 영향을 많이 주고받는데, 수요와 공급만 놓고 보면 공급에 좀 더 민감한 모습을 보인다. 우리나라의 인구는 약 5,200만 명을 정점으로 더 이상 늘지 않을 것으로 예측된다. 앞으로 10년 내에는 큰 인구 변화가 없지만, 향후 20년이 지나면 본격적으로 줄어들 전망이다. 그러기에 공급의 영향력이 더욱 커질 수 있다.

공급은 시황과 건설경기, 정책적 영향 등에 따라 늘기도 하고 줄기도 한다. 서

우리나라 인구 변화 추이

(단위: 천만 명)

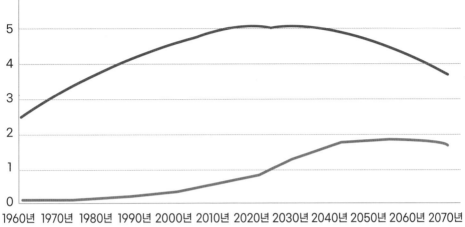

*2022년 이후는 추정치 ━━ 추계인구 ━━ 고령인구(만 65세 이상)

울과 수도권은 상대적으로 일자리, 문화시설, 병원 등이 풍부하고 학군이 양호하기에 전국적인 수요가 모일 수 있지만, 지방은 일자리가 부족하거나 인구수가 작은 중소도시의 경우 수요를 감당하기에 제한적인 상황이다. 그래서 지방 아파트는 공급에 막대한 영향을 받는다.

인허가는 공사 전 사업 승인을 받고 건축 허가를 받기 위한 절차다. 「주택법 시행령」에 따라 30세대 이상의 경우 신고를 하게 되어 있다. 인허가를 받았다고 모두 착공되는 것은 아니다. 부동산 시장이나 건설경기 상황이 좋지 않거나 시공사가 부실 상태에 빠지면 진행되지 못하는 경우도 있다. 인허가 이후 실제 입주까지는 약 4~5년 정도 소요되지만, 둔촌주공 재건축 사태처럼 공사가 정지되면 1~2년 더 소요된다고 보면 된다.

착공은 공사의 시작을 의미한다. 건설사 입장에서 보면 중간에 멈추긴 어렵기

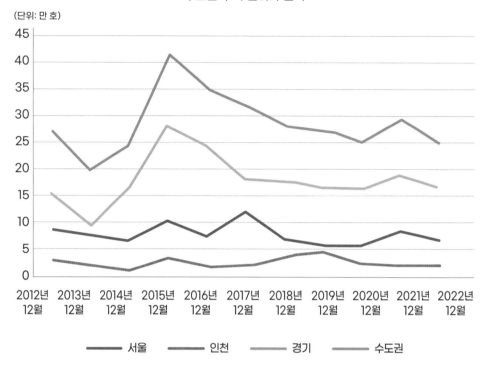

수도권 주택 인허가 실적

(단위: 만 호)

2012년 12월, 2013년 12월, 2014년 12월, 2015년 12월, 2016년 12월, 2017년 12월, 2018년 12월, 2019년 12월, 2020년 12월, 2021년 12월, 2022년 12월

서울　인천　경기　수도권

때문에 착공량과 준공량은 거의 차이가 없는 편이다. 준공은 공사가 완료된 것으로 부동산 시황에 따라 분양이 성황리에 마감되기도 하고, 상황이 여의치 않으면 미분양되기도 한다. 결론적으로 인허가물량 100%에서 20% 정도는 이런저런 이유로 연기되거나 취소되고, 80% 물량이 착공되고 준공된다.

인허가(사업 승인)물량, 착공(분양)물량, 입주물량 등을 부동산 시장에서는 공급지표로 삼는다. 인허가물량은 '국토교통부 통계누리'에서 확인 가능하며, 해당 물량은 향후 4~5년 후 실제 입주로 연결된다. 착공(분양)물량은 사업시행자가 국토교통부에 사업을 하겠다고 요청하는 것으로, 일반모집 인원은 기존의 다른 주택에

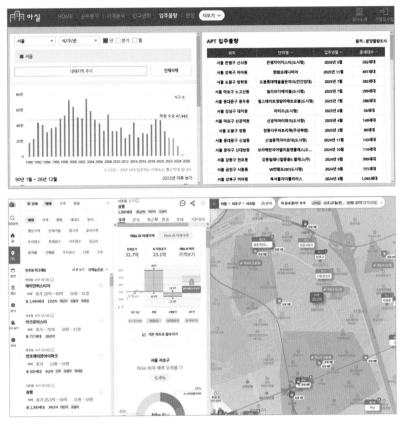

차례대로 아실 아파트 입주물량(위), 리치고 AI 시세 예측(아래)

서 이전되거나 전월세에서 넘어오는 수치에 해당한다. 즉 일반모집 인원만큼 기존의 매수수요는 감소하게 된다. 입주물량은 매매 및 신규 공급물량을 나타내는 중요한 통계지표다.

이 밖에도 여러 부동산 플랫폼을 통해 관련 지표를 확인할 수 있다. 부동산 빅데이터와 관련해서는 한국부동산원, KB부동산, 부동산114, 아실, 호갱노노, 부동산플래닛, 부동산지인, 리치고 등을 추천한다. 예를 들어 부동산플래닛 특정 지역

부동산플래닛 특정 지역 영역 그리기 서비스

영역 그리기 서비스(유료)를 통해 기본적인 구역 면적 정보 외에 30년 이상 노후도 현황, 건축물 정보, 세대수, 과소필지 등을 한 번에 볼 수 있다. 엑셀 파일로도 제공한다. 이제는 웬만한 부동산 정보는 컴퓨터 앞에 앉아서 80% 정도는 획득할 수 있다. 나머지는 현장에서의 감과 분위기 정도다.

통화량과 물가지수:
부동산은 우상향한다

통화량은 부동산과 같은 재화의 가격과 밀접한 관계가 있다. 통화량이 늘어나면 화폐의 가치는 떨어지고 실물가격은 상승한다. 통화량은 보통 M1, M2로 표기한다. M1은 현금통화, 일반예금 등의 합계로 '협의통화'라고 불리며, M2는 M1에 저축성예금(예적금), 외화예금 등을 더한 것으로 '광의통화'라고 표현한다. 다시 말해 M1은 해지 절차 없이 입출금할 수 있는 통화를 말하며, M2는 해지 절차를 거쳐야 입출금 가능한 금융상품 통화를 뜻한다.

본원통화(M): 중앙은행에서 시중은행에 흘러들어간 돈

협의통화(M1): 현금+현금화 가능한 예금

광의통화(M2): M1+2년 미만 정기예금, 수익증권, 양도성예금증서 등 시중 전체 화폐량

금융기관유동성(Lf): M2+2년 이상 정기예금, 금융채, 증권사 예수금, 보험사 계약준비금 등

광의유동성(L): Lf+국가, 지방, 금융기관, 증권사, 보험사 등이 발행한 금융상품 총 통화량

여기서 M1/M2를 지수로 표현하기도 하는데, 통상 30%가 넘으면 부동산이 상승하는 시기라고 보는 경우가 많다. 왜냐하면 이 비율이 높다는 것은 정기예금과 같은 안전자산에 돈을 넣기보다 부동산과 같은 실물자산에 투자한다는 뜻이기 때문이다. 물론 이 비율을 단순히 유동성으로 단정 지을 수는 없다. 심리적인 요인도 상당하기에 수치에만 의존해서는 안 된다. 이처럼 부동산 가격은 수요와 공급 외에도 다른 여러 요인이 복합적으로 작용하기에 다각적인 사고가 필요하다.

지난 10년간의 M1 통화량을 보면 2010년에는 400조 원에 불과했지만, 2020년에는 1,200조 원까지 치솟는다. 10년 사이 3배 증가한 것이다. 다시 말해 시중에 어머어마한 돈이 돌아다니고 있다는 뜻으로 부동산 자산 투자에 지대한 영향을 미쳤다고 이해하면 된다. 10년이라는 시기 동안 부동산이 매년 지속적으로 상승했다고 볼 수는 없으므로 통화량 증가만으로 가격이 오른다고 단정해서는 안 된다. 다만 일정하지는 않지만 복합적인 상황에 따라 시차를 두고 가격 상승에 영향을 주는 것은 분명해 보인다.

물가지수를 볼 때는 소비자물가지수(CPI), 생산자물가지수(PPI), GDP디플레이터 등을 살펴본다. 소비자물가지수는 통계청이 매달 발표하는 지표로 전월세를 비롯한 설탕, 식용유 등 460여 개 생필품의 가격 정도를 직전년도 동월 대비 얼마나 달라졌는지 수치적으로 표현한다. 즉 도시 소비자가 지불하는 가격의 시간 경과에 따른 평균 변화를 측정한 것이다. 미국의 소비자물가지수와 품목은 다소 다르지만 개념은 비슷하다. 생산자물가지수는 국내에서 생산되는 금융, 부동산, 통신 등 기업 상호 간 1차 단계에서의 거래가격 변동성을 측정한 물가지수다. 시장의 동향을 파악하기 용이하다. GDP디플레이터는 재화 및 서비스의 국내 거래가격 및 수출입 가격의 변동성까지 포함하는 물가지수를 말한다.

소비자물가지수는 인플레이션의 측정 도구다. 일정한 비율의 상승은 시장에서

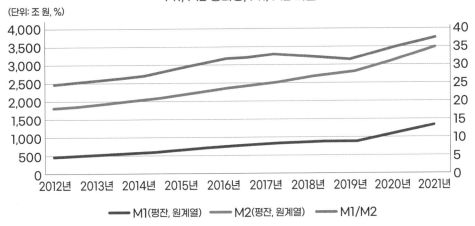

M1, M2 통화량, M1/M2 비율

(단위: 조 원, %)

범례: ━ M1(평잔, 원계열) ━ M2(평잔, 원계열) ━ M1/M2

연도별 소비자물가지수(2020년=100)

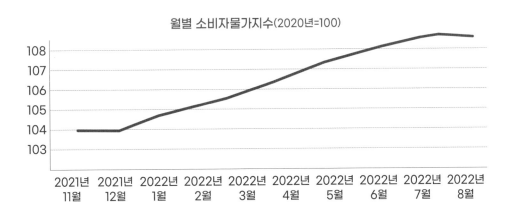

월별 소비자물가지수(2020년=100)

자연스럽게 인식하지만 2022년 상반기의 경우처럼 예년과 다른 상승 비율을 보일 경우, 금융당국은 이를 인플레이션으로 인지하고 금리 상승 등 정책적인 변화를 주게 된다. 결국 금리 상승에 대한 부담이 부동산, 주식 등에 영향을 주게 되면서 악재로 인식하는 경향이 많다. 참고로 2022년 7월 6.3% 상승은 23년 만에 최고치였다.

소비자물가지수는 아파트의 가격이 현재 적정한 수준인지 판단하는 데 도움을 준다. 경제성장률과 소비자물가지수 상승률의 합을 아파트 가격 상승률과 비교해보는 것이다. 과거 2001~2011년과 최근 2011~2021년의 '경제성장률+소비자물가지수 상승률'의 합을 비교해보자. 2001~2011년 10년간은 8% 수준이었고, 2011~2021년 10년간은 4% 수준이었다. 각각의 10년을 연복리로 계산하면 10억 원 아파트의 경우 전자는 22억 원까지 오르고, 후자는 15억 원 정도까지 올라간다. 물론 일자리와 학군 등 지역에 따른 상승 편차가 존재할 수밖에 없다. 실제로 서울, 수도권 핵심 권역은 평균 이상의 상승률을 보였고, 그렇지 않은 지역은 가격 상승이 제한적이었다.

참고로 이는 단순하게 통화량과 물가상승률에 따라 가격 인상이 불가피하다는 측면을 이야기한 것이다. 도시개발 사업을 지정해 신도시 개발 등이 이뤄지는 지역은 아파트 준공 후 평균값이 올라가기 마련이다.

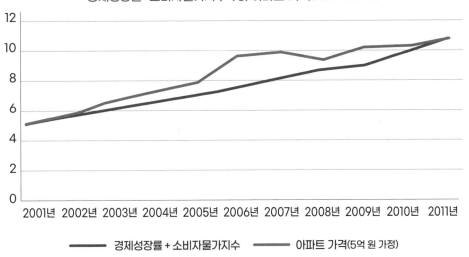

경제성장률+소비자물가지수 vs. 아파트 가격(2001~2011년)

경제성장률 + 소비자물가지수 ――― 아파트 가격(5억 원 가정)

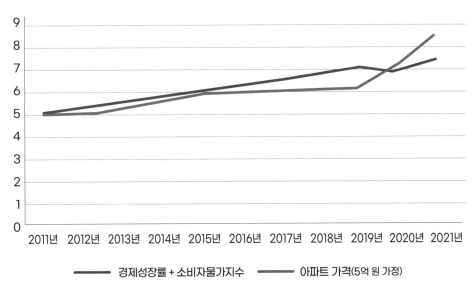

경제성장률+소비자물가지수 vs. 아파트 가격(2011~2021년)

경제성장률 + 소비자물가지수 ――― 아파트 가격(5억 원 가정)

부동산 정책과 세금:
정책은 방향키다

아파트가 본격화되기 시작했던 1980년대를 기점으로 부동산 정책을 살펴보자. 아파트 통계 데이터가 구체적으로 집계된 시기는 2003년 하반기 이후다. 이때부터 본격적으로 월별로 지역에 따라 가격 변동 추이를 집계했다. 통계청, 한국부동산원 등에서 용도별, 상황별로 구체적인 데이터를 제공하고 있다. 이를 근간으로 역대 정부의 부동산 정책과 가격 변동을 살펴보자.

노태우 정부부터 알아보자. 1988년 서울올림픽을 계기로 대한민국의 국제적 위상이 높아지면서 양질의 주택에 대한 일반 시민들의 관심도 점차 높아졌다. 올림픽 특수 등을 비롯한 수출 호재로 부동산 가격이 급등했고, 서울 중심으로 주택수요가 기하급수적으로 늘어나자 정부는 개발제한구역에 200만 가구를 짓는 1기 신도시(분당, 일산, 평촌, 산본, 중동)를 발표했다. 개발 중 땅값이 폭등하자 토지투기도 성행했다. 가격이 급등하자 토지공개념(택지 소유 상한제, 토지초과이득세, 개발이익 환수제)을 도입했지만 개발이익 환수제만 개정되면서 유지되고 있고, 나머

역대 정권 부동산 지표

구분	노태우 정부	김영삼 정부	김대중 정부	노무현 정부	이명박 정부	박근혜 정부	문재인 정부
시기	1988~ 1993년	1993~ 1998년	1998~ 2003년	2003~ 2008년	2008~ 2013년	2013~ 2017년	2017~ 2022년
주요 이슈	올림픽	삼풍백화점 붕괴	IMF 외환위기	버블세븐	글로벌 금융위기	탄핵 사태	LH 사태
정책 발표	7회	8회	21회	26회	14회	16회	26회
신도시	1기 신도시	-	-	2기 신도시	-	-	3기 신도시
주요 정책	주택 200만 호, 토지공개념	금융실명제, 부동산 실명제	양도세 감면, 전매 제한 폐지	종합 부동산세, 재초환 도입	세제 완화, 규제 완화	가계부채 관리, 재초환 폐지	양도세 중과, 종부세 중과
주택 공급	272만 호	313만 호	235만 호	254만 호	228만 호	245만 호	250만 호
평균 임금	-	-	1,800만 원	2,400만 원	3,000만 원	3,600만 원	4,000만 원
서울 집값	42%	-3%	33%	43%	2%	8%	43%
전국 집값	43%	-2%	19%	24%	13%	9%	15%
서울 평당가 (아파트)	800만 원	800만 원	1,120만 원	1,600만 원	1,900만 원	2,600만 원	4,800만 원
전국 평당가 (아파트)	560만 원	550만 원	660만 원	820만 원	920만 원	1,480만 원	1,500만 원

*집권 마지막 연월 기준. 통계청, 한국부동산원 및 각종 기사 참조. 집값은 아파트를 포함한 단독주택, 다세대주택 등 전체 가격지수 비교. 아파트 가격은 한국부동산원 통계자료 활용(과거 정권은 일부 추정). 평균임금은 통계청 최근 평균임금을 기준으로 과거 사례는 연도별 건설 임금단가 비율을 보정해 재정리함.

지는 폐지되었다.

김영삼 정부는 금융실명제, 부동산실명제를 실시했다. 과거에는 타인의 명의로도 거래가 가능해 지하에서 큰돈을 움직이는 사람이 많았는데, 투기와의 전쟁을 선포하며 1천 명에 가까운 인원이 적발되었다. 1기 신도시를 비롯해 아파트 공급이 지속적으로 진행되면서 1994년 미분양 아파트가 10만 가구를 넘기도 했다. 1995년 삼풍백화점 붕괴 사건으로 건설 안전과 관련된 법이 강화되었다. 집권 후기 분양가 자율화 지역 확대, 채권 입찰제 도입 등 여러 정책을 펼쳤다. 그러나 기업들의 문어발식 확장과 부채 관리 부족, 건설업체 재무 상황 악화 등으로 회사들이 도산하기 시작했고 결국 집권 말기 IMF에 구제금융을 요청하게 된다.

김대중 정부 때는 IMF 외환위기로 대출금리가 급등했고, 부동산은 강하락장이었다. 이전 정부까지는 주택수요에 비해 공급이 부족했기에 사면 오른다는 인식이 강했지만, 아파트 공급이 본격화되면서 지역에 따른 편차가 강하게 생겼다. IMF 외환위기 극복을 위해 경기 활성화 정책을 주로 펼쳤다. 신축 공급 확대, 금융지원과 조세 규제 등이 이어지면서 집권 중반 이후 부동산 가격은 다시 강상승장으로 돌아섰다. 「택지개발촉진법」이 개정되었고, 재개발 사업이 논의되기 시작했다.

노무현 정부는 2004년을 제외하곤 집권 내내 전국적인 불장이었다. 사회적 불평등과 갈등이 부동산에서 기인된다는 인식 아래 개발이익이나 불로소득을 국가가 환수해야 한다는 정책 이념을 제시하기도 했다. 정부는 투기와의 전쟁을 선포하며 종부세를 신설하고, 투기과열지구 지정, LTV, DTI 등 대출 규제를 시작했다. 그러나 역설적이게도 2005년 강남3구를 비롯해 1기 신도시를 중심으로 가격이 폭등하자 시장에서는 '버블세븐'이라는 신조어가 생긴다. 2006년 강남 재건축 아파트를 중심으로 상승장이 이어졌고, 재건축 초과이익 환수제가 도입된다.

이명박 정부는 2008년 글로벌 금융위기를 맞이했던 시기로, 민간에게 부동산 공급을 맡기며 경기 부양과 규제 완화 정책을 주로 펼쳤다. 부동산 세금 완화를 비롯해 재건축 규제와 전매 제한 완화, 미분양 주택 지원 등을 발표했다. 집권 초기 약상승장을 보였으나, IMF 외환위기 이후 지속적인 상승에 따른 부담감과 글로벌 금융위기에 따른 글로벌 유동성 등에 의해 2008년 11월 이후 6개월 동안 전국적인 강하락장을 보였다. 이후 전국 단위는 완만한 상승세를 보였지만 수도권은 집권 내내 하락장이 연출되었다. 특히 지방은 2011년 강상승장을 보여 수도권과의 가격차를 줄이기도 했다.

박근혜 정부는 집권 초기 부동산 규제를 완화했다. 주택 취득세 인하, 생애최초 주택구입 취득세 면제, 다주택자 세금 완화, 분양가 상한제 탄력 운용, 재건축 초과이익 환수제 폐지, 대출 규제 완화 등 집권 초기 3년은 사실상 상당수 규제를 풀었다. 이후 2016년 가계부채가 사회적 이슈로 대두되자 부채 관리 방안, 안정화 관리 방안, 대출 규제, DSR 도입 등 일부 규제가 생기기 시작했다.

문재인 정부는 역대급 부동산 규제를 단행했다. 투기과열지구, 조정대상지역 선정을 비롯해 다주택자 세금 강화, 법인 세금 강화, 재건축 초과이익 환수제, 분양가 상한제, 임대차3법 등 모든 정부를 통틀어 가장 강력한 규제책을 일관되게 내놓았다. 그럼에도 서울과 수도권은 단기간에 역대급 상승장을 보였고, 국토교통부장관은 늘 해명하기 급급했다. 특히 2021년 초 LH 직원들의 집단적인 부동산 투기가 폭로되면서 정부는 곤혹스러운 입장에 놓였고, 각종 투기 방지 대책을 논의하기도 했다.

이렇듯 정부는 부동산 가격이 급등하거나 시장의 형평성, 투기 세력 문제가 사회적 이슈로 부각되면 어김없이 부동산 정책을 꺼내들곤 한다. 정책은 선거 표심에 영향을 미치는 직접적인 요인이기에 선거철이 되거나, 정권이 바뀌거나, 부동산 시황이 바뀌면 언제 그랬냐는 듯이 정책 도입 전으로 회귀하기도 한다. 통화량,

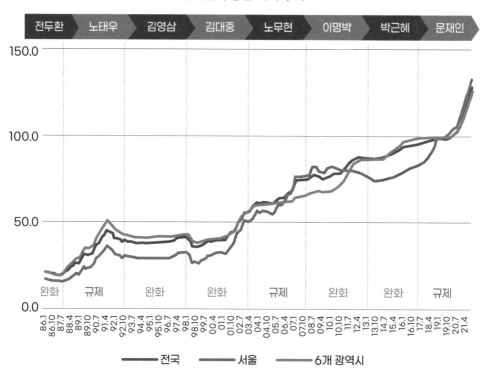

정권별 부동산 가격 추이

전두환 | 노태우 | 김영삼 | 김대중 | 노무현 | 이명박 | 박근혜 | 문재인

150.0

100.0

50.0

0.0

완화 | 규제 | 완화 | 완화 | 규제 | 완화 | 완화 | 규제

전국 ──── 서울 ──── 6개 광역시

기준금리는 글로벌 금융 시장과 자연스러운 인플레이션 현상에 의해 정부가 좌지우지하기 힘든 부분이다. 하지만 부동산 공급과 정책, 세금 완화 등은 언제든지 꺼낼 수 있는 카드다. 공급의 경우 부지 확보, 인허가 과정, 공사, 분양 등 여러 과정을 거쳐야 하기에 상징적 의미는 있지만 실제 반영과는 시기적인 괴리감이 생긴다. 그에 반해 위에서 언급한 규제나 세금 등은 즉각적으로 풀거나 완화할 수 있기에 비교적 손쉽게 바꿀 수 있다.

정부나 지자체가 정책적으로, 인위적으로 추진할 수 있는 것은 공급(공공, 민간) 확대, 규제 지역 지정, 분양권 전매 제한, 주택자금조달계획 제출, 토지거래허가구

정부의 부동산 규제

주택 공급	세금 강화	대출 규제	제한 및 환수
•신도시 개발	•취득세 강화	•LTV, DSR 강화	•임대사업 강화
•정비사업 허가	•종부세 강화	•다주택자 대출 제한	•분양권 전매 제한
•민간 개발 확대	•양도세 강화	•고가 주택 대출 불가	•청약 자격 요건 강화
•소규모 정비사업	•단기 양도세 강화	•법인 주거 대출 금지	•분양가 상한제
•역세권 개발	•다주택자 세금 강화	•전세보증금 대출 제한	•재건축 초과이익 환수제
	•법인세 강화		•재건축 안전진단 강화

역 지정, 재건축 초과이익 환수제, 세금 강화, 대출 규제 등이다. 규제 지역 지정은 세금과 대출이 주된 내용이므로 결국 정부는 주택 공급, 세금 강화, 대출 규제, 제한 및 환수 네 가지로 시장을 규제한다고 볼 수 있다. 지자체는 토지 거래, 초과이익 환수제 등 세부적인 부분을 잡는 정도다.

부동산 세금의 기본 골격은 '취득' '보유' '양도' 세 가지다. 여기서 상속, 증여만 알면 큰 틀은 다 이해한 것이다. 아파트를 중심으로 살펴보자.

취득세는 아파트의 경우 주택의 수와 규제 지역 여부, 매수금액, 전용면적, 매수 주체 등에 따라 1~13.4%까지 달라진다. 취득세에 따른 농어촌특별세와 교육세 가 더해진 전체 요율을 통칭해서 취득세라 부른다. 취득세 중과 판단은 추가로 취득하는 시점의 주택 수와 지역이 기준인데, 2020년 7월 10일 이전에 매매 계약이 체결되고 계약금을 지급했다면 종전 규정을 적용받는다. 또한 1세대 1주택자가 본인 소유 주택을 배우자나 직계존비속에게 증여한 경우 중과되지 않는다. 1세대 판단 기준은 만 30세 이상이거나 혼인 또는 일정한 소득이 있는 경우 인정된다. 30세 미만의 미혼인 자녀는 세대를 분리해도 1세대의 세대원으로 간주하기 때문에 주의해야 한다. 자녀 소득이 중위소득 40% 이상인 상태에서 분가할 경우에만

취득세 과세표준 및 세율

종류	가격	구분	취득세(%)	농특세(%)	교육세(%)	합계(%)
1주택 (일시적 2주택)	6억 원 이하	85m² 이하	1	-	0.1	1.1
		85m² 초과	1	0.2	0.1	1.3
	6억 원 초과~ 9억 원 이하	85m² 이하	Y=2/3×-3 (Y: 세율(%), X: 거래금액(억 원))			1.1~3.3
		85m² 초과				1.3~3.5
	9억 원 초과	85m² 이하	3	-	0.3	3.3
		85m² 초과	3	0.2	0.3	3.5
2주택 (비조정 3주택)	-	85m² 이하	8	-	0.4	8.4
		85m² 초과	8	0.6	0.4	9
3주택 (비조정 4주택)	-	85m² 이하	12	-	0.4	12.4
		85m² 초과	12	1.0	0.4	13.4
법인	-	85m² 이하	12	-	0.4	12.4
		85m² 초과	12	1.0	0.4	13.4
주택 외	-	-	4	0.2	0.4	4.6

별도 세대로 인정된다. 중위소득(2020년 기준 월 175만 원)의 40%란 월 70만 원 이상을 말한다. 미성년자는 소득 요건을 충족해도 세대원에 포함된다.

취득세 중과세에서 주택 수에 제외되는 경우는 다음과 같다. 2020년 8월 12일 개정 이전 취득한 경우, 공시가격 1억 원 이하 주택인 경우, 멸실 목적으로 취득하는 주택인 경우, 농어촌 주택, 가정어린이집, 상속 주택, 사원용 주택 등인 경우다. 조합원 입주권은 취득세 중과 대상이 아닌 원시 취득에 해당되어 취득세율 2.8%를 적용받는다. 오피스텔은 다주택자에 따른 중과 대상은 아니어서 취득 시 건축물 취득세율 4.6%를 적용받는다. 조합원 입주권, 오피스텔 자체는 중과세 대상은 아니지만 취득 시 주택 수에 포함되기에 별도로만 봐서는 안 된다. 오피스텔도 1억 원 이하는 주택 수에서 제외되지만 입주권, 분양권은 가액과 무관하게 주택 수로 본다.

분양권은 취득 시점에 따라 주택 수 판단 및 세율이 다르다. 분양권을 2020년 7월 10일 이전 계약한 경우 취득세율은 1~3%를 적용받는다. 이후 동년 8월 11일에 계약한 경우 잔금 시점의 주택 수로 계산한다. 이후 현재까지는 계약 시점의 주택 수를 기준으로 세율을 적용받는다.

보유세는 재산세와 종부세로 나뉜다. 재산세는 토지, 건축물, 주택 등의 소유자가 납부하는 세금으로 지자체의 주요 세원이다. 과세기준일이 6월 1일이므로 잔금 및 소유권이전등기에 따라 부과 대상이 달라진다. 통상 2회로 구분해 납부하게 되는데 7월 15~31일에는 주택 1/2이나 건축물이 부과되고, 9월 16~30일에는 주택 1/2이나 토지분이 부과된다. 금액에 따라 분납도 가능하다.

표준 세율은 다음과 같다. 과세표준에 따라 6천만 원 이하일 경우 '1/1,000', 6천만 원 초과~1억 5천만 원 이하는 '6만 원+(6천만 원 초과분)×1.5/1,000', 1억 5천만 원 초과~3억 원 이하는 '19만 5천 원+(1억 5천만 원 초과분)×2.5/1,000', 3억 원 초과는 '57만 원+(3억 원 초과분)×4/1,000'를 부과한다.

재산세도 도시지역분과 지방교육세를 포함해 통칭 재산세로 부과한다. 과세표준은 '공시가격×60%'다. 예를 들어 공시가격이 6억 원이면 과세표준은 60%인 3억 6천만 원이고, 기본 재산세는 '57만 원+(3억 원 초과분)×4/1,000', 즉 81만 원이다. 여기에 도시지역분(과세표준×0.14%) 50만 4천 원, 지방교육세(기본 재산세×20%) 16만 2천 원이 함께 부과되어 합계액은 147만 6천 원이다. 정책에 따라 과세표준 요율을 낮추거나 세부담 상한선에 따라 이보다 적게 나올 수도 있다.

재산세 과세표준 및 세율

구분	과세 대상	과세표준	세율
재산세	주택	6천만 원 이하	0.1%
		6천만 원 초과~1억 5천만 원 이하	6만 원+(초과분)×0.15%
		1억 5천만 원 초과~3억 원 이하	19만 5천 원+(초과분)×0.25%
		3억 원 초과	57만 원+(초과분)×0.4%
	건축물	골프장, 고급오락장	4%
		주거지역 및 지정지역 내 공장용 건축물	0.5%
		기타 건축물	0.25%
	나대지 등 (종합합산과세)	5천만 원 이하	0.2%
		5천만 원 초과~1억 원 이하	10만 원+(초과분)×0.3%
		1억 원 초과	25만 원+(초과분)×0.5%
	사업용 토지 (별도합산과세)	2억 원 이하	0.2%
		2억 원 초과~10억 원 이하	40만 원+(초과분)×0.3%
		10억 원 초과	280만 원+(초과분)×0.4%
	기타 토지 (분리과세)	전, 답, 과수원, 목장용지 및 임야	0.07%
		골프장 및 고급오락장용 토지	4%
		나머지 토지	0.2%
지역자원시설세	건축물	600만 원 이하	0.04%
		600만 원 초과~1,300만 원 이하	2,400원+(초과분)×0.05%
		1,300만 원 초과~2,600만 원 이하	5,900원+(초과분)×0.06%
		2,600만 원 초과~3,900만 원 이하	1만 3,700원+(초과분)×0.06%
		3,900만 원 초과~6,400만 원 이하	2만 4,100원+(초과분)×0.10%
		6,400만 원 초과	4만 9,100원+(초과분)×0.12%

종합부동산세 과세표준 및 세율

과세표준	일반(1주택자 등)		3주택 이상 또는 조정대상지역 2주택 이상	
	세율(%)	누진공제	세율(%)	누진공제
3억 원 이하	0.6	-	1.2	-
3억 원 초과~6억 원 이하	0.8	60만 원	1.6	120만 원
6억 원 초과~12억 원 이하	1.2	300만 원	2.2	480만 원
12억 원 초과~50억 원 이하	1.6	780만 원	3.6	2,160만 원
50억 원 초과~94억 원 이하	2.2	3,780만 원	5.0	9,160만 원
94억 원 초과	3.0	1억 1,300만 원	6.0	1억 8,560만 원

종부세는 주택, 토지 등 보유 부동산의 공시가격 합계액이 일정 기준금액을 초과하는 경우 초과분에 대해 과세되는 국세다. 종부세의 경우 인별, 유형별로 구분되는데 재산세와 마찬가지로 6월 1일을 기준으로 한다. 주택의 경우 종부세의 과세표준은 납세의무자가 보유한 모든 주택의 공시가격 합산액에서 6억 원(과세기준일 현재 1세대 1주택자라면 11억 원)을 공제한 후 공정시장가액비율을 곱해 산정된다. 공정시장가액비율은 2019년에는 85%, 2020년에는 90%, 2021년에는 95%를 적용하다가 2022년 이후부터 60%를 적용한다. 2022년 당초 100%로 지정될 예정이었으나 정권이 바뀌면서 줄어들었다. 공동소유 지분이나 주택 부수토지만 소유한 경우에도 1개 주택으로 간주한다. 상속주택의 경우 주택 수에서는 제외되지만 과세표준에는 포함된다.

종부세는 공시가격 합산액에서 해당되는 공제금액을 감하고, 고령이나 장기보유 여부에 따른 추가 공제액을 뺀 다음 세율을 곱해 계산한다. 예를 들어 본인이 3주택 이상 또는 조정대상지역 2주택 이상이고, 자산별 공시가격의 합산액이 13억 원이라고 가정해보자. 자산별 공시가격의 합산액 13억 원에서 기본공제 6억 원을 차감한 금액 7억 원에 공정시장가액비율 60%를 곱한 4억 2천만 원이 과세 표준이 된다. 여기에 누진공제를 적용해 '120만 원+(3억 원 초과분)×8/1,000'인 216만 원이 기본 종부세다. 여기에 농어촌특별세(종부세×20%)를 더하고 재산세 중 복분을 제외하면 총 납부액이 결정된다. 이는 연령 공제, 보유기간 공제를 제외한 일반적인 경우를 가정한 것으로 만 70세 이상이고, 10년 이상 보유했다고 가정하면 총 납부액은 10만 원대까지 줄어들게 된다.

양도세의 경우 다른 세금에 비하면 다소 복잡한데, 기본적으로는 취득일자, 양도일자에 따라 비과세 요건 여부와 특별공제, 필요경비 산출이 달라지기 때문이다. 단순 계산은 양도가액에 취득가액, 필요경비, 양도세 기본공제 250만 원을 빼는 것이다. 이후 과세표준으로 분류해 세율(누진공제)을 적용받는다. 다주택자의 경우 중과세율이 적용되고, 양도세에 따른 지방소득세도 부과되기 때문에 여간 부담스러운 일이 아닐 수 없다. 양도차익이 큰 경우에도 마찬가지다. 과세표준에 따라 1,200만 원 이하의 경우 6%지만, 10억 원 초과의 경우 최고 45%의 세율을 적용받는다. 여기에 주택 수와 규제 지역 여부에 따라 최대 30%의 중과세율이 더해지면 무려 75%다. 더불어 지방소득세 7.5%까지 더해지면 최악의 경우 82.5%의 세금을 내야 한다.

1세대 1주택 비과세 요건은 거주자인 1세대가 양도일 기준 현재 국내에 1주택만 보유하고 있고, 2년 이상 보유했을 경우 실지거래가액 기준 12억 원까지는 과세하지 않는 요건이다. 2017년 8월 3일 이후 취득한 조정대상지역 부동산은 2년 이상 실거주해야 하는 요건이 생겼다. 거주 요건 유무는 취득 시점을 기준으로 조정대상지역 여부에 따라 판단된다. 1세대 1주택의 경우 장기보유특별공제를 적용

양도소득세 과세표준 및 세율

과세표준	세율	누진공제
1,200만 원 이하	6%	-
1,200만 원 초과~4,600만 원 이하	15%	108만 원
4,600만 원 초과~8,800만 원 이하	24%	522만 원
8,800만 원 초과~1억 5천만 원 이하	35%	1,490만 원
1억 5천만 원 초과~3억 원 이하	38%	1,940만 원
3억 원 초과~5억 원 이하	40%	2,540만 원
5억 원 초과~10억 원 이하	42%	3,540만 원
10억 원 초과	45%	6,540만 원

받는데, 2022년 10월 기준으로 2년 이상 거주 시 최대 연 8%(보유 4%+거주 4%)를 적용해 최대 80%까지 공제받을 수 있다.

양도세 계산은 세액 계산 흐름도를 참고하기 바란다. 기본 양도세를 산정하고 지방소득세(10%)를 더해주면 양도세액이 나온다. 거주기간, 보유기간에 따라 공제액이 다를 수 있기 때문에 부동산 가격이 상승하는 시기에는 최대한 공제받을 수 있도록 출구 전략을 잘 짜야 한다.

취득세, 보유세, 양도세에 더해 직계가족으로부터 상속이나 증여를 받을 수 있는 재산이 있다면 부동산 시황을 고려해 합법적으로 절세할 수 있는 시점을 고려해야 한다. 되도록 유리한 시점에 사전 증여를 해둘 필요가 있다. 상속될 재산이 많지 않다면 기본공제를 포함한 상속이 유리할 수 있고, 재산이 많다면 부동산 가격이 우상향한다는 전제하에 주기적인 증여가 유리하다고 본다. 예를 들어 부담부 증여나 저가 양도를 통해 명의는 이전했으나 증여 부분은 최소화함으로써 세금을

양도소득세 세액 계산 흐름도

줄일 수 있다. 이 경우 향후 자녀의 양도세 부담이 증가될 수 있지만 합산 세금은
줄어들 확률이 높다.

이처럼 세금은 합법적인 테두리 안에서 사전에 미리 예측하고 준비해야만 어떤
상황이 발생해도 최수한으로 해결할 수 있기에 주기직인 학습을 봉해 이해하고
있어야 한다. 개인, 임대사업자, 법인이 어느 지역에 몇 개의 주택을 언제, 어떻게
사고파느냐에 따라 동일한 매매가격에도 불구하고 각기 다른 세금을 납부해야 할
수도 있다. 큰 틀은 머릿속에 넣어두기 바란다.

기준금리와 대출:
금리와 대출은 흐름이다

의미가 큰
기준금리

미국의 금리 인상, 소비자물가 상승 등에 따라 한국은행 기준금리가 빅스텝(기준금리를 한 번에 0.5%p 인상하는 것)을 밟았다. 최근 전 세계 통화량 증가, 우크라이나 사태에 따른 원자재 및 곡물가 상승 등으로 미국의 소비자물가는 역대급 상승률을 보이고 있다. 이에 연방은 연이어 자이언트스텝(기준금리를 한 번에 0.75%p 인상하는 것)을 밟았고, 우리나라도 물가 상승 압력과 외환 유출 등을 감안해 빅스텝을 감행했다.

지금은 금리 인상 시기다. 부동산 투자적 관점에서 금리가 얼마나 중요한지는 다들 느끼고 있을 듯하다. 한국은행의 기준금리 인상은 당장의 대출금리 인상을 뜻하고, 더 나아가 기대수익이 크지 않다고 생각된다면 부동산에 투자된 비용 일

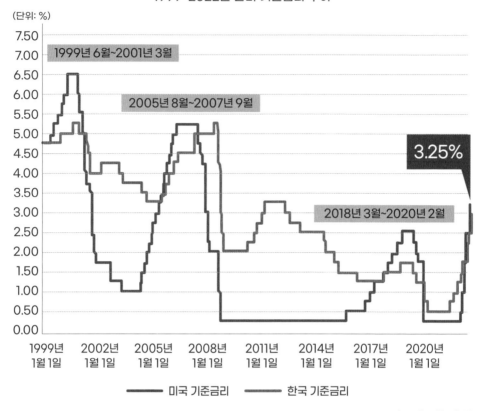

1999~2022년 한미 기준금리 추이

(단위: %)

1999년 6월~2001년 3월

2005년 8월~2007년 9월

3.25%

2018년 3월~2020년 2월

1999년 1월 1일　2002년 1월 1일　2005년 1월 1일　2008년 1월 1일　2011년 1월 1일　2014년 1월 1일　2017년 1월 1일　2020년 1월 1일

—— 미국 기준금리　—— 한국 기준금리

자료: 연준, 한국은행

부는 예금과 채권 등으로 옮겨 탈 수 있다. 즉 투자심리가 위축될 수 있다.

코로나19 시대 이후 2년 9개월 만에 한국은행은 금리 인상을 단행했다. 팬데믹 시대에 선진국 최초로 금리 인상을 시작한 것이다(2021년 8월 26일 한국은행은 기준금리를 0.5%에서 0.75%로 인상함). 한국은행은 당시 코로나19 상황과 재정 불균형 등을 고려해 점진적으로 조정하겠다고 밝혔다. 이미 선제적으로 금리 인상을 조금씩 단행한 만큼 현재 다른 G7 국가처럼 큰 폭의 기준금리 인상은 자제하는 모습이다. 향후 금리 상승에 따른 가계 빚과 자영업자, 기업의 금융 부담은 늘어날 수밖에 없다.

초저금리 시대는 막을 내렸다. 2022년 미국을 비롯한 전 세계 금융 시장이 요동치는 만큼, 향후 기준금리가 어느 선까지 오를 것인지 주목할 필요가 있다. 한국만의 독자적인 금리 변화보다는 미국 금융 시장 상황을 지켜보며 선제적으로, 또는 유사하게 맞춰갈 것으로 보인다. 실제로 한국은행은 2022년 10월 12일 뛰는 물가와 환율을 잡기 위해 7월 이후 석 달 만에 다시 빅스텝을 밟았다. 기준금리를 3%로 0.50%p 인상한 것이다. 이후 내년 상반기까지 추가적인 인상도 가능해 보이지만 하반기에는 적정선을 유지하지 않을까 생각해본다.

금리가 인상되면 부동산은 폭락할까? 폭락까지는 아니어도 대놓고 금리가 상승하는 시기에는 소나기가 왔다고 생각하고 피하는 게 상책이다. 금리 상승(하락), 부동산 하락(상승)이라는 이분법적 해석보다는 여러 영향들(최근의 가격 상승장, 통화량 증가, 대출 이자 상승, 물가 상승 등)을 감안해보기 바란다. 자본의 속성을 염두에 두고 보면 결국 금리 상승은 부동산 가격에 부정적인 영향을 미칠 수밖에 없다. 0.25%p 정도의 소폭 금리 인상은 대출 이자 부담이 적어 부동산의 기대수익률과는 비교도 되지 않을 만큼 차이가 미미하다. 이처럼 통상적인 변화는 큰 연관성이 없지만, 대놓고 금리가 반복적으로 오르는 시기에는 일단 기다림의 미학을 느껴야 한다.

그럼 부동산 투자에 대한 기대심리가 꺾였을까? 전 세계 금융 시장이 흔들리는 대형 악재만 없었다면 부동산 시장은 수도권 주택 공급이 본격화되는 2025년까지는 우상향이 가능해 보였다. 부동산의 가격은 금리 인상 외에도 통화량, 수요와 공급, 구매심리, 원자재 상승 등 여러 영역의 영향을 받는다. 공급보다는 수요 우위 시장이다 보니 몇 년 전처럼 급격한 상승은 아니더라도 소폭 상승 또는 현상 유지는 할 것이라고 생각했다. 그런데 금리가 올라도 너무 급하게 올랐다. 대놓고 세상의 뉴스가 금리 인상에 촉각을 두고 있는 모습이다. 이는 곧 세금 완화 정책에도 불구하고 매수자의 구매의지를 상당 부분 꺾어놓았다.

'금리 인상으로 부동산 가격이 떨어질 수 있다. 일단 기다리자.' 하는 생각이 시장에 자리 잡는 듯하다. 2021년 말을 돌아보면 2022년과 같은 가파른 금리 인상을 예측한 부동산 전문가는 없었다. 올라갈 수 있다고는 생각해도 이렇게 빠르게 오를 것이라고는 생각하지 못했을 것이다. 하지만 2022년 하반기에 접어들자 상황이 많이 달라졌다. 기대심리도 누그러지고 있다. 현 상황은 다음과 같다.

한국 기준금리(2022년 10월 기준): 3%(연말 3.5% 예상)

미국 기준금리(2022년 10월 기준): 3.25%(연말 4.5% 예상)

소비자물가지수 추이(2022년 6월 기준): 직전년도 동월 대비 6.0%p 상승

2020년 3월 금융통화위원회는 코로나19 충격으로 경기 침체가 예상되자 기준금리를 0.5%p 낮추는 이른바 빅컷에 나섰고, 같은 해 5월 추가 인하를 통해 금리를 빠르게 내렸다. 이후 9번의 동결을 거쳐 2021년 8월 0.25%p 올리면서 통화 정책을 정상화했다. 기준금리는 이후 계속 높아졌다. 2022년 다섯 차례(4·5·7·8·10월) 연속 전례 없는 기준금리 인상을 단행했다. 7월과 10월에는 통상적인 인상폭의 2배인 0.5%p가 올랐다. 그 이유는 인플레이션 압력이 심각한 수준이기 때문이다. 2022년 6월 소비자물가지수는 직전년도 동월 대비 6.0%p 뛰었다. 이는 1998년 IMF 외환위기 이후 24년 만에 가장 높은 상승률이다. 미국의 자이언트스텝도 영향을 미쳤다. 2022년 6월 미국의 소비자물가지수 상승폭이 9.1%p에 달하면서 기록적인 물가 상승세가 이어졌다. 이는 1981년 이후 최대 상승폭이었던 8.6%p를 뛰어넘은 수치라고 한다.

이쯤에서 금리와 부동산의 관계를 다시금 생각해볼 필요가 있다. 앙드레 코스톨라니는 투자의 심리를 꿰뚫는 우상으로 소개되곤 한다. 부동산 투자도 주식 투자 못지않게 심리에 영향을 많이 받는다. 코스톨라니는 그의 저서 『돈, 뜨겁게 사랑하고 차갑게 다루어라』에서 주식 투자와 관련된 10개 권고사항과 10개 금기사항을 제시했다. 이를 부동산에 적용해볼 필요가 있다. 그가 제시한 권고사항을 몇 가지 살펴보면 다음과 같다.

- 매입 시기라고 생각되면 어느 업종의 주식을 매입할 것인지를 결정하라.
- 압박감에 시달리지 않도록 충분한 돈을 가지고 행동하라.
- 모든 일이 생각과 다르게 진행될 수 있다는 것을 명심하라. 그리고 반드시 인내하라.
- 확신이 있으면, 강하고 고집스럽게 밀어붙여라.
- 유연하게 행동하고, 자신의 생각이 잘못될 수 있음을 인정하라.

금기사항을 몇 가지 살펴보면 다음과 같다.

- 지난 시세에 연연하지 마라.
- 주식을 사놓은 뒤 언젠가 주가가 오를 것이라는 희망 속에 그 주식을 잊고 지내지 마라.
- 시세 변화에 민감하게 반응하지 마라.
- 어디서 수익 혹은 손실이 있었는지 계속해서 계산하지 마라.
- 단기 수익을 얻기 위해서 팔지 마라.

또한 코스톨라니는 투자자가 갖춰야 할 덕목 4G를 제안했다. 4G는 독일어로 각각 'Geld(돈)' 'Gedanken(생각)' 'Geduld(인내)' 'Gluck(행운)'을 뜻한다. 그는 행

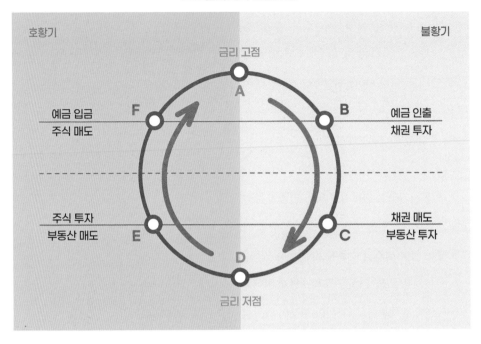

코스톨라니의 달걀모형

호황기

불황기

금리 고점

A

F   예금 입금   B   예금 인출
    주식 매도   채권 투자

E   주식 투자   채권 매도
    부동산 매도   C   부동산 투자

D

금리 저점

운이라는 변수를 최대한 낮추려면 기대수익률을 낮추고 적절한 분산투자가 필요하다고 강조한다. 주식과 관련된 이야기지만 부동산에도 적용되는 대목이다.

전 세계적인 금리 인상 기조로 인해 부동산 시장은 악화일로로 치닫고 있다. 금리가 급변하자 코스톨라니의 달걀모형이 다시 주목받고 있다. 코스톨라니의 달걀모형은 주식 투자자라면 익숙한 내용일 텐데, 쉽게 말해 금리에 따라 돈이 이동한다는 순환적인 이야기다. 불황기에 접어들어 금리가 하락할 시 예금과 채권에서 부동산으로 돈이 몰리고, 이후 금리가 바닥에서 오를 기미를 보이면 주식으로 돈이 이동한다. 금리가 오르면 부동산과 주식에서 예금으로 돈이 몰리고, 금리 상승기가 저물면 장기 확정수익이 높은 채권으로 돈이 이동한다.

이러한 순환이론이 의미가 있다면 고금리 시절에는 예금, 채권만 보면 되고 저금리 시절에는 부동산, 주식만 보면 될 것이다. 부동산 가격은 금리만으로 움직이지 않기에 크게 의식할 필요는 없지만, 원론적인 이야기일지라도 소나기는 되도록 피하는 것이 낫다고 본다. 기준금리 몇 %에 큰 의미를 두기보다는 전체적인 시황을 지켜보되 금리를 아예 간과해서는 안 된다는 뜻이다. 부동산 가격이 꼭 금리가 높은 수준이라고 해서 반드시 내려가고, 금리가 저점이라고 해서 반드시 올라가고 하지 않기 때문에 흐름에 대한 인식만 분명히 해둘 필요가 있다.

많은 사람이 일하지 않고 돈 벌기를 추앙한다. 직장은 취미로 다니고 내가 가진 자산이 일해서 번 소득으로 즐기며 사는 삶을 살고자 한다. 일반적으로 자산은 부동산, 주식, 펀드, 채권 등 그 형태가 다양한데, 항상 일정한 기대수익을 보장하지는 않기에 금융 시스템 전반에 대한 이해와 상황에 맞는 투자가 필요한 것이다. 그래야 즐기는 삶에 다가갈 수 있다.

2022년 7월 한국은행 금융통화위원회는 기준금리를 2.5%로 0.25%p 올렸다. 2.5% 기준금리는 2014년 이후 처음이다. 대출금리 기준으로 사용되는 금융채금리와 코픽스(자금조달비용지수)도 상향되었다. 금융채금리는 2022년 8월 25일 기준 4.119%로 두 달 만에 가장 높이 올랐으며, 코픽스도 2022년 7월 신규 취급액 기준 2.9%로 0.52%p 상승했다. 대출금리의 산정은 다음과 같다.

대출금리(시중은행)=코픽스금리(기준금리+α)+가산금리(1.5~2.0%)-우대금리

코픽스금리는 9개 은행이 시중에서 조달하는 정기예금, 상호부금, 금융채 등의 평균 조달 비용을 가중평균해서 산출한 기준금리다(통상 기준금리+0.3~0.4%). 그 추이를 보면 신규 취급액 기준 2022년 5월 1.98%, 6월 2.38%, 7월 2.9%로 가파르

코픽스 추이(단위: %, %p)

구분	2022년 5월 기준	2022년 6월 기준	2022년 7월 기준	전월 대비 변동
신규 취급액 기준	1.98	2.38	2.90	+0.52
잔액 기준	1.68	1.83	2.05	+0.22
신 잔액 기준	1.31	1.42	1.62	+0.20

자료: 은행연합회

게 상승했다. 특히 7월에는 전월 대비 0.52%p 상승했는데 이는 지난 2013년 3월 (2.85%) 이후 가장 높은 수치다. 상승폭도 6월 0.4%p 상승에 이어 다시 한번 최고 치를 경신했다.

미국 금리의 영향을 많이 받다 보니 전문가들은 2022년 말이 되면 우리나라 기준금리가 3~4%까지 오르고, 코픽스도 4~5%로 오를 수 있다는 전망을 내놓았다. 이는 주택담보대출 역시 7~9% 수준까지 오를 수 있다는 뜻이다. 거기에다가 우크라이나 전쟁까지 장기전으로 이어지면서 곡물과 원자재의 가격이 상승하는 등 다양한 악재가 더해지고 있다.

이미 2022년 7월 한국의 소비자물가지수는 6.3%까지 올라 작년 3분기 대비 대략 3배 가까이 치솟은 상황이다. 이렇게 가파르게 물가가 오르면 같은 돈을 가지고 마트에 가더라도 작년 대비 살 수 있는 물건이 현저히 적어진다. 고물가가 확산 되면 소비가 위축될 수 있다. 이는 소비자심리지수를 통해 한눈에 확인할 수 있다. 한국은행의 조사 결과 소비자심리지수는 2022년 1~5월 100 이상을 유지하다가 6월에는 96.4, 7월에는 86으로 떨어졌다.

최근에는 달러의 환율이 미친 듯이 오르고 있다. 2022년 9월 기준 환율은 2008년 글로벌 금융위기 이후 13년 6개월여 만에 최고치를 기록해 1,400원을 넘었다. 환율에 따라 국내 수출입 기업의 영업이익이 달라지는 만큼 그 영향이 온전히 소비자에게 미칠 수 있다.

1년 전 과거, 1년 후 미래를 생각해보면 이자 부담은 최소 2배 이상 늘어날 수밖에 없다. 원금까지 갚는다고 생각하면 급여의 반 이상을 대출금으로 지출해야 될지 모른다. 부동산 가격이 상승한다는 전제하에 그 부담은 충분히 감내할 수 있지만, 향후 시장의 동향이 안갯속이라면 답답함의 연속일 것이다.

한국은행 경제통계시스템 100대 지표를 보면 가장 처음 보이는 지표가 기준금리다. 그만큼 의미가 크다는 뜻이며 모든 금융의 기준이 된다는 의미다. 과거 국내 기준금리 수준은 2008년 글로벌 금융위기 전까지 5%대를 유지하다가 글로벌 금융 시스템이 마비되면서 2%까지 낮아졌다. 당시 미국도 2년 동안 5%까지 지속적으로 올렸다가 사실상 제로금리까지 금리를 인하한 채 7년 동안 유지했다. 그 시절 다른 나라도 경기 부양을 이유로 지속적으로 금리를 하락시킨 바 있다. 유럽 선진국 및 일본도 제로금리에 가깝게 내렸다. 우리나라와 미국의 금리를 비교해보면 2009~2016년 사이에는 우리나라의 기준금리가 더 높았는데, 이는 비슷하게 맞춰간다는 개념보다는 흐름을 같이 한다고 생각하면 이해가 쉽다.

도약을 위한 지렛대, 대출

부동산 투자에 있어 대출은 도약을 위한 지렛대다. 이를 적절히 활용한다면 흡사 개구리와 메뚜기처럼 높이 뛰어오를 수 있다. 부모에게 물려받은 유산이 없는 사회초년생의 경우 더더욱 대출을 적극 활용해야 한다. 사업 수단이 정말 뛰어나거나 공부머리가 좋아서 전문직에 있지 않는 한 평범한 직장인이 대출 없이 서울, 수도권, 광역시 등에 아파트를 구입하기란 쉬운 일이 아니다. 대출은 개인의 경우 담보대출과 신용대출로 구분되고, 사업자의 경우 개인사업자와 법인사업자로 구분되어 진행된다. 부동산의 경우 담보대출에 속하기 때문에 여기서는 이 부분만 다뤄보자.

대출 신청 방법은 은행에 직접 방문하거나 은행이 제공하는 온라인 서비스를 이용하는 방법, 그리고 별도의 대출상담사를 통해 진행하는 방법이 있다. 부동산 용도와 상황에 따라 금리 수준이나 기타 약정이 다를 수 있기에 어떤 게 좋다고 단정 지어 말할 수는 없다. 각각의 장점을 잘 이해하고 있으면 된다. 방법은 달라도 평가 방식은 정해진 규칙이 비슷하기 때문에 가급적 개인신용도를 잘 관리하고, 다수의 소액 채무는 피하는 게 유리하다.

KB부동산 시세는 아파트 담보대출 한도를 결정하는 데 중요한 기준이 된다. 시세보다 비싸게 매수했거나 급매, 경매로 싸게 샀더라도 대출의 평가 기준은 KB부동산 시세나 한국부동산원에서 정한 기준가액으로 결정된다. 대출의 경우 KB부동산 시세를 기준으로 LTV, DTI, DSR 등을 적용받는데 2022년 7월부터 DSR 규제가 강화되면서 DSR에 따라 대출금액이 좌지우지되고 있다.

LTV(Loan to Value ratio, 주택담보인정비율): 집값 대비 얼마나 빌릴 수 있나?

DTI(Debt to Income, 총부채상환비율): 소득 대비 얼마나 빌릴 수 있나?

DSR(Debt Service Ratio, 총부채원리금상환비율): DTI 강화, 대출원금과 소득을 고려

DSR이 중요해진 만큼 인터넷에 'DSR, 신DTI 계산' '부동산 계산' 등을 검색하면 자동으로 계산해주는 서비스를 쉽게 찾아볼 수 있다. DSR, 신DTI 등을 계산해

보면서 본인의 대출 가능 여부를 점검해볼 수 있다. DSR은 연간 원리금 상환액을 연소득으로 나눈 비율이다. 2022년 9월 기준 가계대출 총액이 1억 원을 넘는 경우 DSR 40%까지만 은행 대출이 나온다(제2금융 50%). 결국 DSR을 적용받는다는 것은 집값보다는 개인 소득을 기준으로 삼겠다는 것으로, 이로 인해 고액의 자산 가치에도 불구하고 대출 한도에 많은 제한을 받게 된다. 전세대출, 디딤돌대출, 보금자리론, 이주비, 중도금대출, 긴급생계자금, 보험계약대출 등은 DSR을 적용받지 않는다.

DSR은 주택담보대출(원금+이자) 상환액과 기타 대출(원금+이자, DTI는 이자만) 상환액을 연소득으로 나눈 값이기 때문에, 전체 비율을 낮추려면 기타 원금액을 줄일 필요가 있다. 신용대출, 차량 할부 등을 줄이고, 원리금 상환기간을 늘려야 전체적인 비율을 줄일 수 있다.

아파트 외에 다가구주택, 토지, 상가, 꼬마빌딩 등의 경우 시세를 특정하기 어렵기 때문에 감정평가를 많이 해주는 은행에서 대출받는 게 유리하다. 밸류맵, 디스코, 부동산플래닛 등의 플랫폼을 통해 최근 3년간의 실거래가를 조사해본 뒤, 매수가격을 시세에 맞게 적절하게 정해야 한다. 은행은 탁상감정이라는 평가를 한다. 감정평가는 원가접근법, 소득접근법, 원가접근법, 비교접근법 등을 통해 결정된다. 은행, 지점장, 담당자 등에 따라 다소 다른 평가액이 나올 수 있는 만큼 지인의 도움을 받거나 여러 지점을 방문해 비교해보는 것도 좋은 방법이다. 일반 주거시설이 아니라면 개인, 법인으로 공사비, 세금 등을 포함해 70%까지는 대출이 가능하다.

부동산 심리지수:
부동산도 결국 심리다

    부동산 흐름에 대한 정보를 보고 싶다면 KB부동산, 한국부동산원, 국토연구원 등에서 확인할 수 있다. 관련 데이터를 보고 해석할 줄 알아야 하며, 여러 자료를 교차 분석해 향후 시장을 예측할 수 있는 능력을 키워야 한다.

    KB부동산에서 먼저 확인할 자료는 매매가격지수, 전세가격지수다. 이는 일정 시점의 주택 매매가격 또는 전세가격 수준을 100으로 환산해 기준을 정하고 시점별로 상대적인 변동률을 비교한 수치다. 그 밖에 주택 거래 동향 및 관련 심리지수, 평균 주택 매매가격, 평균 주택 전세가격, 주택 중위가격, 주택 가격 및 소득 분위별 PIR, 주택구매력지수, KB선도아파트 50지수, 계절조정지수, KB주택구입잠재력지수, KB 오피스텔 통계, KB아파트 월세지수, 전월세 전환율 등이 있다.

    특히 KB경영연구소에서 주기적으로 제공하는 〈KB부동산시장 리뷰〉를 통해 전체적인 가격의 흐름을 이해할 수 있다. 주택 및 토지 시장, 상업용 시장에 대한 다양한 그래프와 관련 자료가 일목요연하게 정리되어 있기 때문에 한 달에 2번씩

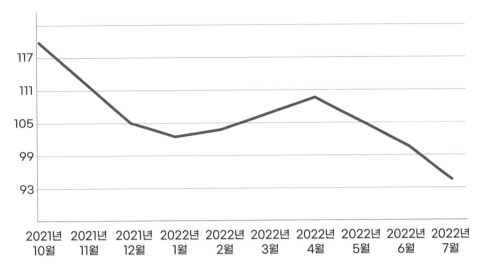

부동산 소비심리지수

만 들어가서 살펴봐도 등락 흐름과 현 상황, 그에 따른 이유 등을 이해할 수 있다.

2022년 7월 기준 서울 아파트의 매매량은 639건으로 전월 1,079건에 비해 거의 절반 가까이로 준 상황이다. 월 1천 건 미만은 흔치 않은 수치다. 이는 대출에 대한 높은 규제와 금리 인상, 지금이 고점이라는 수요자들의 심리 때문으로 보인다. 서울의 매매 대기 물량도 작년에 비해 50% 이상 급증했다.

PIR은 주택 가격을 가구의 연평균 소득으로 나눈 배수다(주택 가격/연평균 소득). 즉 PIR이 10배라면 10년 치 소득을 모두 모아야 주택 한 채를 살 수 있다는 뜻이다. 그렇다면 PIR이 낮아야 집을 빠르게 구입할 수 있을 것이다. PIR이 현재와 같은 수준이라면 연소득을 쓰지 않고 빠듯하게 모으더라도 10년 안에 집 한 채 사기란 힘들어 보인다. 2022년 2분기 기준으로 서울 14.8배, 경기 10.8배, 인천 10.8배를 기록 중이다. 추이를 보면 서울과 인천은 최근에 늘어났고, 경기는 소폭 하락했다.

서울, 경기, 인천 PIR 비교

(단위: 만 원, 배)

연도	서울			경기			인천		
	가구소득	주택가격	PIR	가구소득	주택가격	PIR	가구소득	주택가격	PIR
2022년 2분기	5,910	87,500	14.8	4,344	47,000	10.8	3,873	42,000	10.8
2022년 1분기	5,588	81,000	14.4	4,436	49,750	11.2	4,054	41,750	10.2
2021년 4분기	6,002	80,625	13.4	4,680	53,450	11.4	4,207	43,000	10.2
2021년 3분기	5,652	77,000	13.6	4,656	49,800	10.6	3,971	37,500	9.4
2021년 2분기	5,519	73,750	13.3	4,441	46,000	10.3	3,876	34,250	8.8
2021년 1분기	5,142	65,500	12.7	4,140	40,500	9.7	3,772	32,500	8.6

자료: KB부동산

만약 소득이 줄어든다면 그만큼 PIR은 늘어날 것이다. 서울의 집값 상승으로 서울에 집을 마련하지 못한 사람들이 경기도와 인천으로 주택 구입의 방향을 틀었고, 이로 인해 수요가 많아지면서 경기와 인천의 PIR도 함께 상승했다.

부동산 소비심리지수는 2021년 9월에 127로 가장 높았으며 2022년 7월 기준 93.6에 머물고 있다. 시도별로는 제주가 105.2로 가장 높았으며, 세종이 79.2로 가장 낮게 나타났다. 전국적으로 분양물량은 줄고 미분양물량이 증가세다. 당분간 부동산 소비심리지수는 오르기 어려울 것으로 보인다. 건설 원자재의 가격이 오르고, 분양경기가 악화되고, 경기가 침체되고, 이율이 오르는 등 주택 시장에 악재가

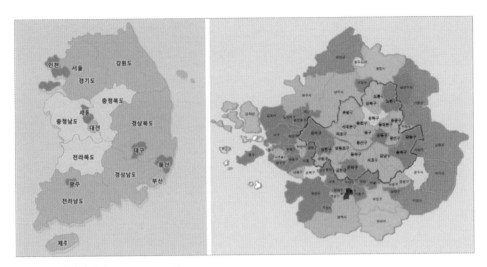

부동산 소비심리지수(2022년 9월 기준)

이어지면서 부동산 소비심리지수도 하락세다.

국토연구원은 매월 지역별로 부동산 시장 소비심리지수를 발표한다. 0~200 사이의 값으로 표현되며, 지수가 100 이상이면 가격 상승이나 거래 증가 응답이 높았다는 뜻이다. 전국 152개 기초자치단체 지역거주가구 6,680인과 공인중개업소 2,338개 소를 대상으로 전화조사로 진행된다. 소비심리지수가 95 미만이면 하강 국면(회색)을, 115 이상이면 상승 국면(빨강)을, 95~115면 보합 국면(파랑)으로 표현한다. 지도에서 색을 통해 한눈에 분위기를 느낄 수 있다.

CHAPTER 2

어디를 사야 할지는
입지를 알아야 한다

신도시 개발은
새로운 입지를 만든다

신도시는 자연 발생적으로 세워진 것이 아니라 정책적, 계획적, 인위적으로 만들어진 도시를 말한다. 영화 〈강남 1970〉의 배경이 된 강남이나 모래밭 위에 지어진 여의도 등이 대표적이다.

노태우 정부는 주택 부족 문제를 해결하기 위해 '주택 200만 호 건설'이라는 대규모 프로젝트를 추진했다. 1기 신도시는 그 일환으로 지어진 신도시다. 노태우 정부는 수도권 5개 지역 30만 호 건설을 비롯해 인천, 부산, 대전, 대구, 광주 등 광역시 중심으로 택지개발 사업을 본격화했다. 수도권 부천 중동, 안양 평촌, 군포 산본을 시작으로 고양 일산, 성남 분당 등이 추가 지정되었다. 정부가 정책적으로 강하게 밀어붙이면서 3년 안에 급속하게 준공되기도 했다. 일산, 분당은 기존 도심과 거리가 있는 벌판에 지어졌음에도 불구하고 현재 대표적인 주거 지역으로 자리매김하고 있다. 5대 신도시 건설은 서울지하철이 수도권으로 확장되는 결정적인 계기가 되었다. 3호선, 4호선, 7호선, 분당선, 경의선, 경인선 등은 신도시 수

1기 신도시 현황

구분	분당	일산	중동	평촌	산본
세대수(호)	97,500	69,000	42,500	42,500	42,500
아파트 평당가 (만 원)	4,200	1,800	2,300	2,800	2,200

*아실 참조(34평형 기준). 세대수는 신도시 전체 호수, 평당가는 조사방법에 따라 다소 달라질 수 있음. 단순 참고용.

요를 감안해 연장된 것이다.

윤석열 정부의 대표적인 선거 공약 중 하나가 1기 신도시 재건축이다. 준공된 지 30여 년이 경과된 만큼 향후 특별법을 재정해 용적률 등 인센티브를 제공하겠다는 것이다. 1기 신도시는 일산을 제외하고는 용적률 200% 초반으로 재건축 수익성이 상당히 낮은 것으로 평가되고 있다. 최근 몇 년 사이 재건축과 리모델링에 대한 고민이 많았지만, 윤석열 정부가 들어서며 다시 한번 부동산 시장의 큰 이슈로 떠올랐다. 그러나 같은 시기에 지어진 다른 지역의 역차별 논란 등 또 다른 사회적 갈등이 벌어질 수 있어 국토교통부의 고민도 많은 것으로 전해진다.

노무현 정부 시절 자가용, 지하철 등 교통의 발달로 수도권으로 주거시설이 더욱 확장되기 시작했다. 이에 더해 대출 규제 완화 등으로 부동산 가격이 들썩이자 정부는 주택수요를 충족하고 가격 상승을 억제하고자 2기 신도시를 발표했다. 그러나 2기 신도시는 1기 신도시에 비해 10km 이상 외곽에 도시가 건설되면서 현재까지도 교통에 대한 문제가 이어지고 있다. 도시계획 과정에서 일자리 확대, 자족 기능 제고를 위한 상업부지 확대 등 다각도로 노력했음에도 불구하고 베드타운 성격이 강했다. 분양 당시 2008년 글로벌 금융위기로 인해 미분양이 속출하면서 이후 '줍줍'의 시대가 이어졌다.

2기 신도시 현황

구분	위례	판교	광교	동탄1, 2	김포	검단	운정	양주	고덕
세대수 (호)	43,000	30,000	31,000	150,000	60,000	92,000	78,000	59,000	54,000
아파트 평당가 (만 원)	4,500	5,200	3,500	2,400	2,200	2,000	1,900	1,500	2,200

*아실 참조(34평형 기준). 세대수는 신도시 전체 호수, 평당가는 조사방법에 따라 다소 달라질 수 있음. 단순 참고용.

　주요 신도시를 살펴보면 위례신도시의 경우 서울 송파, 성남 수정, 하남 일대에 걸쳐 조성된 2기 신도시다. 2014년 본격적인 입주가 시작되었고, 트램선을 비롯해 트랜짓몰의 상업·문화시설을 중심으로 단지계획을 진행했다. 분당신도시 인근에 위치한 대한민국 IT의 중심지 판교신도시는 가장 성공적인 신도시로 뽑힌다. 일자리가 풍부하고, 신분당선, 경강선 등 철도망이 연결되고, 고가 주택과 고급 타운하우스 등이 밀집해 부촌으로 성장했다. 광교신도시는 수원 구도심의 기능을 재배치하고, 난개발 우려를 방지하고자 광교산 인근 대규모 부지에 조성되었다. 신대저수지, 원천저수지를 공원화해 광교호수공원을 만들었다. 신분당선 광교 연장과 법원, 검찰청, 도청 이전 등 광교신도시를 중심으로 주요 행정기관이 재배치되면서 수원의 거점으로 성장하고 있다.

　3기 신도시는 문재인 정부의 주택 공급 정책에 따라 지정되었다. 수도권 부동산 가격이 폭등하자 문재인 정부는 보다 적극적으로 주택 공급을 추진했고, 동시에 서울 접근성을 위한 교통망 개선책도 발표했다. 입지적 위치만 보면 전반적으로 일부 지역을 제외하고 1·2기 신도시보다 좋다 보니 다른 지역민의 반발도 만만치 않았다. 또한 시흥지구 발표에 앞서 LH 직원들의 부동산 투기가 사회적 이

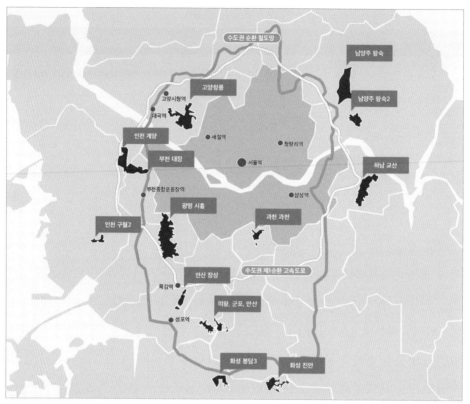

3기 신도시 위치

슈로 부각되면서 사과 성명을 발표하기도 했다. 특히 GTX 사업과 연관이 깊으며 3호선, 9호선 연장 등 굵직한 연장 사업이 추가로 발표되면서 관련 지역은 부동산 가격이 하루가 다르게 오르기도 했다. 그러나 금리 인상에 따른 부동산 조정기에 접어들자 과도한 상승분을 반납하기도 했다. 3기 신도시와 관련된 대장홍대선, 고양선 등을 눈여겨볼 필요가 있다.

왕숙지구의 경우 왕숙천이 흐르고, 남측으로 경춘선과 접하고 있다. 북측으로는 진접지구와 경계를 두고 있어 유사 생활권에 들어간다. 전체적인 개념은 역세

구분	왕숙1	왕숙2	교산	창릉	계양	대장	시흥	장상	과천
세대수 (호)	54,000	14,000	33,000	38,000	17,000	20,000	70,000	15,000	7,000
사업 시행	경기도	경기도 남양주	경기도 하남	경기도 고양	인천시	경기도 부천	미정	경기도 안산	경기도 과천
사전분양 평당가 (만 원)	1,600	1,700	2,000	2,000	1,400	1,400	1,400	1,400	2,200

*LH 참조(사전청약, 34평형 기준).

권 중심으로 상업지역을 조성하고, 주요 교통축을 바탕으로 주거시설과 공공시설이 배치된다. 이는 대부분의 도시계획에서 보이는 일반적인 형태다. 여기에 녹지축과 경관 등을 고려하고, 업무지원시설이나 자족시설 등을 배치해 '상업+업무+주거' 기능을 복합적으로 제공한다. 주변 개발 현황을 보면 북측에 진접지구, 좌측에 별내지구, 우측에 평내호평지구, 남측에 다산지구 등이 포진되어 있다. 철도망으로는 북측으로 4호선 연장선인 진접선 풍양역, 남측으로 경춘선 사능역을 이용할 수 있고, 향후 GTX-B 왕숙역도 예정되어 있다. 계획지구 위로 금곡산업단지가 있고, 아래로 진관산업단지가 있다. 신도시는 쾌적함과 경관, 미관이 중요하다. 쾌적한 삶을 위해 도시계획에 있어 중요한 요소로 도시공원과 하천, 녹지축의 가치를 높이 봐야 한다.

국토교통부 주도의 신도시 사업 외에 별도의 택지개발 사업이 진행되기도 한다. 보금자리주택 택지지구 도시개발 사업으로 진행된 경기도 주도의 다산신도시가 그 예다. 남양주 다산진건지구와 다산지금지구로 구분되며 총 3만 4천 세대 규모로 건설되었다. 다산신도시는 2010년 착공해 10년간의 공사 끝에 다산진건지구는 1만 8천 세대, 다산지금지구는 1만 4천 세대 규모로 완성되었고, 현재 추가적인 사업들이 진행되고 있다. 북측에는 다산진건지구와 부영애시앙 단지가 있고 의정부지방법원이 새로 건설 중이다. 남측에는 남양주시청 제2청사, 교육기관, 체육시설이 모여 있다. 의정부 법조타운, 경의중앙선 복개 공사, 지하철 9호선 연장 등의 호재가 이어진다.

주택 공급에 따라 남양주시 인구가 꾸준히 늘어나고 있는데, 앞으로 10년 동안 매년 7천~1만 가구 이상씩 물량이 쏟아질 예정이다. 과연 어디서 들어올지는 좀 더 지켜봐야겠지만, 남양주시 인구만으로는 조금 벅차 보이기도 한다. 교통 호재가 관건일 듯하다.

남양주의 핵심은 다산신도시다. 왕숙지구가 생기더라도 다산신도시가 상대적으로 우위에 있다고 본다. 왕숙1지구는 남양주의 주요 도시 사이에 있다. 별내지구, 다산신도시, 진접지구, 평내호평지구 가운데 왕숙1·2지구가 자리 잡고 있다. 과연 향후 10년 후에는 어떤 모습일까? 인구수를 보면 아파트 공급과 더불어 세대수 증가와 함께 50만 명에서 70만 명을 향해 가고 있다. 왕숙지구의 경우 2026~2027년 1만 4천 세대가 초기 분양될 예정이다. 왕숙지구 내 교통이 불편한 구역은 초기 분양에 애를 먹을 수도 있다. 부동산 시세를 보면 2022년 8월 기준 법원 좌측 법조타운 상가주택 80평 내외의 시세는 25억~30억 원이다. 인근 1층 상가는 보증금 5천만 원에 월세 300만~400만 원 수준이며, 2층 2호실과 3층 2호실은 전세 2억~3억 원, 4층은 4억~5억 원 사이를 형성하고 있다. 1층을 제외하고 전부 전세로 놓을 시 12억~15억 원은 필요하다. 경의중앙선이 덮히는 남측에 대한 선호도가 계속 높아질 듯하다.

도심 재개발은
입지를 탄탄하게 만든다

재개발이란 기존의 낙후된 지역을 허물고 그 위에 주로 기반시설과 공동주택을 지어 주거환경을 바꾸는 사업을 말한다. 건물만 새로 짓는 재건축 사업과 달리 도로, 상하수도 등 전체적인 시설을 바꾸는 사업으로 「도시 및 주거환경정비법」에 절차가 규정되어 있다.

전체적인 기본계획 아래 지자체장(시장, 군수, 구청장)은 정비계획을 수립하고 시·도지사의 허가를 받는다. 이후 추진위원회 구성 및 승인, 안전진단, 조합설립인가, 사업시행인가, 분양 신청, 관리처분 수립 및 인가, 착공, 준공 및 입주, 이전고시, 청산 등의 절차를 밟는다. 통상 조합이 설립되면 창립 총회를 진행하고 조합설립인가를 받으면 시공자가 선정된다. 관리처분인가를 받으면 이주 및 철거가 시작되고 착공이 시작되면 일반분양을 모집한다. 지자체 및 사업 목적에 따라 절차가 생략되거나 간소화되기도 한다.

재개발·재건축 절차 10단계

1. 기본계획 수립
   (재건축) 안전진단
2. 정비구역 지정
   추진위원회 구성
3. 추진위원회 승인
   정비사업자 선정
4. 조합설립인가
   시공사 선정, 건축 심의
5. 사업시행인가
   조합원 분양 신청
6. 관리처분인가
   조합원 이주
7. 철거 신고
   철거 및 착공 준비
8. 착공 신고
   조합원 동·호수 추첨, 일반분양
9. 공사 진행
   준공 인가
10. 이전고시 및 청산

　　재개발 투자의 장점은 별도의 청약 없이도 새 아파트에 입주할 수 있다는 것이다. 아직 부동산 가격 상승이 본격화되기 전인 사업 초기에 투자할 경우 일반분양보다 상대적으로 저렴한 가격에 좋은 동, 좋은 호수를 분양받을 수 있기에 결과적으로 유리하다. 중도금과 추가 분담금, 이주지원금 등도 무이자나 저리로 지원 가능하다. 부동산 규제가 심할 때는 이를 규제하기도 한다. 단점은 사업 시행 과정에서 여러 마찰과 분쟁, 인허가의 어려움 등으로 사업이 지연되기 다반사라는 점이다. 비례율에 다라 추가부담금이 증액되기도 한다.

재건축 사업은 노후 불량 주택을 철거하고 새로운 주택을 건설하기 위해 기존 주택의 소유자가 조합을 설립해 자율적으로 주택을 건설하는 사업이다. 재개발 사업과 재건축 사업의 차이점은 재개발 사업은 토지, 건축물 지상권자가 모두 해당되지만, 재건축 사업은 해당 부지의 건축물 및 부속 토지를 모두 소유한 사람만 해당된다는 것이다. 전체적인 주된 기반시설의 변화의 정도도 큰 차이를 보인다.

신속통합기획과 모아타운

오세훈 시장의 행보에 귀추가 주목되고 있다. 과거 서울시의 정책이 보존과 상생이었다면, 오세훈 시장은 변화와 경쟁력에 더 큰 의미를 두고 있는 듯하다. 한강 르네상스 프로젝트를 비롯해 도심 수변공원, DDP 등 서울의 글로벌 경쟁력과 세련된 이미지를 높이고자 했던 초선과 재선 시절을 떠올려보자. 지난 시절의 향수에 얽매이기보다는 서울의 위상에 걸맞는 초고층 빌딩과 첨단 상업시설 유치 등을 고려하고 있지 않나 싶다. 최근에는 시민들의 주택과 관련된 가려운 등을 좀 긁어주고자 해줄 수 있는 건 빨리 해주고, 풀어줄 수 있는 건 빨리 풀어준다는 느낌이다. 이런 맥락에서 등장한 것이 신속통합기획과 모아타운이다.

도시개발, 택지개발, 재개발 사업 등으로 서울시민 상당수가 수도권 외곽으로 빠져나가는 상황 속에서 신속통합기획과 모아타운을 줄기차게 잘 처리한다면, 제한적이겠지만 시민들이 다시 서울로 회귀하는 현상이 나타날 수도 있지 않을까

민간 재개발 후보지 선정구역(21곳)

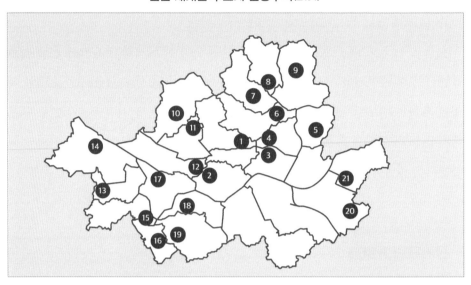

번호	자치구	주소	면적(㎡)	번호	자치구	주소	면적(㎡)
1	종로구	창신동 23, 숭인동 56	84,354	12	마포	공덕동A	82,320
2	용산	청파 2구역	83,788	13	양천	신월7동 1구역	115,699
3	성동	마장동 382 일대	18,749	14	강서	방화 2구역	34,906
4	동대문	청량리동 19 일대	27,981	15	구로	가리봉 2구역	37,672
5	중랑	면목동 69-14 일대	58,540	16	금천	시흥동 810 일대	38,859
6	성북	하월곡동 70-1 일대	79,756	17	영등포	당산동6가	31,299
7	강북	수유동 170 일대	12,124	18	동작	상도 14구역	50,142
8	도봉	쌍문동 724 일대	10,619	19	관악	신림 7구역	75,600
9	노원	상계5동 일대	192,670	20	송파	마천 5구역	105,101
10	은평	불광동 600 일대	13,004	21	강동	천호 A1-2구역	30,154
11	서대문	홍은동 8-400 일대	71,860				

생각해본다. 상황상 서울과 인천, 경기가 보이지 않는 경쟁을 벌일 수도 있다. 신속통합기획과 모아타운으로 5만 가구 이상이 공급되고, 기존에 진행되고 있던 재개발·재건축 사업이 잘 마무리되고, 여의도, 용산, 성수 등 굵직한 사업들을 비롯해 모아타운 2~4차 추가 지정에 가로주택정비사업까지 활성화된다면 서울도 다른 지방 못지않게 큰 변화의 흐름이 예상된다. 모아타운 선정구역을 보면 그래도 서울에서 비교적 노후도가 심하고 가격이 상대적으로 저렴한 지역이 많은 만큼 밀어줄 때 하는 게 좋다고 생각한다. 가능하다면 신속통합기획과 모아타운에 올라타야 한다.

신속통합기획이란 기존의 민간 재개발·재건축 사업을 공공이 붙어서 속도감 있게 처리하겠다는 뜻이다. 민간 재개발 사업에 공공이 숟가락을 얹혀 서로 윈윈하는 전략이다. 모아타운과 결과적으로 보면 사뭇 비슷하다. 모아타운은 정비사업이 보다 신속하게 진행될 수 있도록 절차를 줄이는 것으로 규모는 신속통합기획과 큰 차이가 없다. 다만 노후화가 다소 떨어지더라도 소유자가 원할 시 주택 공급 차원에서 다양하게 지원하는 제도다.

신속통합기획은 서울시가 부족한 주택 공급을 위해 5년 이상 시간이 소요되는 구역 지정을 2년 이내로 축소하고, 제2종 일반주거지역(7층 이하)을 25층까지 지을 수 있게 인센티브를 제공하는 새로운 민간 재개발 사업이다. 신속통합기획 선정구역은 21곳이다.

1. 창신동 23, 숭인동 56(토지 소유자 711명)

창신역(6호선)에 인접한 지역으로 남쪽으로는 창신동 23이 있고, 동쪽으로는 숭인동 56이 위치한다. 영등포, 여의도, 노량진 등 업무지구까지 1시간 안으로 이동 가능하며 강남, 서초구까지는 40분 정도 걸린다. 특히 숭인동 56 아래 숭인동 61

일대(216가구 예정)에 동부건설이 시공을 맡아 가로주택정비사업을 진행 중이어서 더 사업성이 좋다. 근처에 보문파크뷰자이(17.1/1,186)가 있으며 2022년 7월 기준 매매호가는 13억 원대다. 현재 매물은 단독주택과 다가구주택만 남았으며 11억~13억 원에 가격이 형성되어 있다.

2. 청파 2구역(토지 소유자 1,505명)

청파 2구역은 서울역(1·4호선, GTX-A·B노선 예정)과 숙대역, 남영역, 효창공원역을 이용 가능하다. 청파 1구역도 정비구역 지정안이 수정 가결되면서, 향후 청파 1·2구역이 완성되면 3천 세대의 용산 핵심 주거지가 될 것으로 보인다. 더불어 서울역 북부역세권 사업에도 큰 영향을 받을 것이다. 서울역센트럴자이(17.8/1,341)는 17억 9천만 원(22.3)에 실거래되었으며, 빌라는 9억~11억 원을 형성하고 있다.

3. 마장동 382 일대(토지 소유자 136명)

마장동 꽃담벽화마을로 유명한 이곳은 종교시설인 홍익교회가 있지만 반대 여론은 특별히 없다. 근처 세림, 홍일연립이 통합 재건축을 추진해 더 발전 가능성이 있다. 한전 부지 이전 확정 및 개발, 마장축산물시장 도시재생사업 등 호재가 다양하다. 근처 마장동 청계천박물관 남측도 국토교통부 1차 모아타운 후보지다. 마장역은 광화문까지 15분 이동 가능하며, 가까운 왕십리역에서 2호선, 경의중앙선, 수인분당선을 이용 가능하다. 선릉역은 10분, 용산역은 15분 거리에 있어 교통 여건이 굉장히 우수하다. 서울숲더샾(14.9/495)은 16억 5천만 원(21.6)에 실거래되었다. 2022년 7월 기준 이 지역 투자 매물은 6억~12억 원대를 형성하고 있으며, 모든 매물이 단독주택 위주라는 특징이 있다.

4. 청량리동 19 일대(토지 소유자 339명)

청량리 9구역이라고 불렸던 이곳은 근처에 신축은 없고 전농뉴타운, 휘문뉴타운이 2023년에 입주 예정이다. 현재 청량리 6·7·8구역이 재개발 진행 중이기에 모든 개발이 완료된다면 일대가 천지개벽할 것으로 보인다. 회기역과 청량리역 사이에 위치하며, 청량리역 근처 롯데캐슬SKY-L65(23.7/1,425)가 13억 5천만 원 (22.3)에 실거래되었다. 현재 일대에 매물은 거의 없으며, 다가구주택이 14억 7천만 원에 나와 있는데 투자금이 다소 높다.

5. 면목동 69-14 일대(토지 소유자 657명)

면목역 7호선을 이용하면 강남과 광화문까지 30분 이내로 이동할 수 있다. 면목선(2030년 예정)은 신내역과 청량리역을 잇는 노선으로 면목동, 망우동, 장안동 일대 교통 인프라를 개선할 것으로 기대된다. 면목 1~6구역 등 가로주택정비사업이 활발하게 진행되는 곳에 위치해 있다. 서울시가 이곳을 합쳐 모아타운을 진행해 더 빠르게 통합적으로 개발할 예정이다. 2026년까지 1,142가구가 공급된다. 근처 사가정센트럴아이파크(20.7/1,505)는 12억 3천만 원(21.5)에 실거래되었으며, 2022년 7월 기준 빌라는 5억 9천만 원, 단독주택은 7억 7천만 원에 거래되고 있다.

6. 하월곡동 70-1 일대(토지 소유자 616명)

2026년 개통 예정인 동북선(창문여고역)과 미아사거리역에 인접해 있다. 왕십리역 환승으로 강남까지 30분 이내로 이동 가능하다. 인근에는 미아뉴타운, 길음뉴타운이 있으며, 하월곡동에서 이용 가능한 6호선 길음역, 월곡역 라인에 강북횡단선 역이 추가될 예정이다. 롯데캐슬클라시아(22.1/2,029)는 16억 2천만 원(21.8)에 실거래되었으며, 래미안길음센터피스(19.11/2,352)는 14억 8천만 원(22.3)에 실거래되었다. 다가구주택은 7억 5천만~8억 원 수준이며, 단독주택은 12억 원이다.

7. 수유동 170 일대(토지 소유자 616명)

우이천에 인접해 있고 수유역, 쌍문역, 가오리역이 있다. 상가주택과 다가구주택 소유주가 많아 반발이 예상되었지만 지분 쪼개기가 거의 없어 이번 신속통합기획에 합격했다. 근처 한일병원 근로자의 전월세 수요가 많은 편이다. 강북중학교 근처에 상권이 형성되어 있다. 수유래미안(01.11/690)은 8억 4,500만 원(22.1)에 실거래되었으며 근처에 신축은 없다. 다가구주택의 매매호가는 6억~8억 원이다.

8. 쌍문동 724 일대(토지 소유자 135명)

백조아파트와 같이 신속통합기획에 선정되었고, 21곳 중 면적이 가장 작다. 거의 백조아파트 주민이 대부분이라고 생각하면 된다. 우이천에 인접해 지천 르네상스의 기대효과가 크지만 지하철역이 멀다는 단점이 있다. 창동역에 GTX-C노선이 신설되면 삼성동까지 10분대로 주파 가능하며, 창동역 복합환승센터와 우이신설 연장선 등도 개발 예정이나. 쌍문역시티프라디움(21.10/112)은 최근 거래가 없고, 북한산코오롱하늘채(14.4/293)는 8억 5,800만 원(21.12)에 실거래되었다. 백조아파트(81.12/104)의 매매호가는 2021년 4월 기준 4억 3,500만 원이었다. 근처에 신축은 없다.

9. 상계5동 일대(토지 소유자 1,972명)

상계역 4호선과 동북선 개통 시 더블역세권이 된다. 상계뉴타운 개발 시 신축 대단지 형성이 가능하다. 기존 가로주택정비사업 구역이 독자적으로 추진 의사를 내며 구역 내 주민들과 마찰을 빚었다. 노원센트럴푸르지오(20.2/810)는 12억 5천만 원(21.11)에 거래되었다. 다세대주택은 4억 5천만~5억 5천만 원, 다가구주택은 8억 원 중반에 거래되고 있다.

10. 불광동 600 일대(토지 소유자 188명)

불광 5구역, 대조 1구역, 녹번공공재개발, 서울시립대 교양학부 부속 건물 예정 등 다양한 개발 사업이 진행 중이다. 독바위역에 분당선 서북부 연장이 예정되어 있고, 연신내역은 GTX-A노선을 통해 도심 이동이 수월해진다. 불광역은 교대와 양재까지 한 번에 갈 수 있고, 불광역 6호선은 디지털미디어시티역까지 연결되어 있어 직주근접이 좋다. 녹번역e편한세상캐슬(20.5/2,569)은 13억 7천만 원(22.4)에 실거래되었으며, 단독주택은 8억 원대에 거래되고 있다.

11. 홍은동 8-400 일대(토지 소유자 557명)

지천 르네상스의 수혜지 중 하나인 홍제천이 있으며, 역세권은 아니지만 서울시의 수변감성도시 시범사업지로 도림천, 정릉천, 홍제천이 선정되기도 했다. 홍제천이 개발되고 주변이 변한다면 명소가 될 것이다. 인근 홍제역해링턴플레이스(21.12/1,116)는 14억 5,500만 원(21.11)에 매매되었고, 다가구주택은 8억 원대에 거래되고 있다.

12. 공덕동A(토지 소유자 814명)

마포구 중심지에 있는 공덕역에 위치하며 5·6호선, 경의중앙선, 공항철도 등 다양한 노선을 이용 가능하다. 또한 서울역과 애오개역도 이용 가능하다. 광화문, 여의도, 홍대, 마곡 등 이동이 편하며 직주근접이 좋다. 향후 역세권 개발과 아현

뉴타운이 완료되면 더 발전할 가능성이 있으며, 근처에 청파 2구역이 있어서 시너지를 낼 수 있다. 만리재역에 신안산선이 검토 중이지만 구릉지여서 공사가 어렵고 비용이 많이 들어 현재는 부정적이라는 단점이 있다. 인근 서울역센트럴자이(17.8/1,341)는 17억 9천만 원(22.3)에 실거래되었으며, 다가구주택은 15억 원에 거래되고 있다.

13. 신월7동 1구역(토지 소유자 2,112명)

노후 단지가 많지만 김포공항과 인접해 고도 제한 문제로 개발이 늦어졌다. 이번에 신속통합기획에 포함되면서 새로운 국면을 맞았다. 근처에 지하철역은 없으나 목동선이 개발되면 접근성이 더 좋아질 것이며, 목동 학군의 영향도 받는다. 신월7동 2구역이 공공재개발로 선정되었고, 근처 신안파크, 길훈, 신월시영이 재건축의 움직임을 보이고 있다. 목동센트럴아이파크위브(20.5/3,045)는 12억 8천만 원(22.5)에 실거래되었다. 다세대주택의 매매호가는 4억 원대를 형성하고 있다.

14. 방화 2구역(토지 소유자 344명)

개화산역과 공항시장역을 이용 가능하다. 재건축 사업에서 신속통합기획으로 변경한 곳이다. 현재 방화 3·5·6구역도 개발 사업이 잘 진행 중이다. 주변에 MICE 단지 개발, 가양동 CJ 부지 개발, 서울 최대 규모 복합단지 롯데캐슬르웨스트 등의 호재가 있다.

15. 가리봉 2구역(토지 소유자 359명)

남구로역 초역세권에 위치하고 있으며 구역 내 큰 종교시설과 관공서가 없어 사업 추진 속도가 빠를 것으로 예상된다. 남구로역(7호선)은 고속터미널역 등 강남권까지 환승 없이 이동 가능하며, G밸리(서울디지털산업단지) 1단지(가산디지털산업단지)와의 직주근접성도 좋다. 근처에 신축은 없고 e편한세상영등포아델포레(20.7/859)는 13억 9천만 원(21.5)에 실거래되었다.

16. 시흥동 810 일대(토지 소유자 330명)

현재 지하철역은 멀지만 향후 신안산선 교통 호재로 시흥사거리역이 생길 예정이다. 또한 금천종합병원 건립도 긍정적인 요인이다. 인근에 가로주택정비사업, 공공재개발, 소규모 재건축 사업이 진행 중이다. 다만 1종 일반주거지역에 연령대가 높은 단독주택 소유주가 많다는 점은 부정적이다. 인근 금천롯데캐슬골드파크 3차(18.10/1,236)는 12억 8천만 원(22.4)에 실거래되었고, 다세대주택은 3억 원 후반에 거래되고 있다.

17. 당산동67K(토지 소유자 280명)

2·9호선을 이용할 수 있는 당산역 인근에 위치해 있다. 신림선 개통으로 가까운 샛강역을 이용할 수 있으며, 3대 업무지구를 30분 내로 이동 가능하다. 한강변 고층 제한이 걸림돌이었지만 서울시에서 한강의 스카이라인을 풀려는 움직임을 보이고 있어 상당히 긍정적이다. 한강공원 바로 옆이며 단독주택의 비율이 굉장히 높은 곳이다. 인근 당산센트럴아이파크(20.4/802)는 18억 9,500만 원(21.10)에 실거래되었다.

18. 상도 14구역(토지 소유자 780명)

7호선 신대방사거리역과 장승배기역 근처에 위치했다. 강남역과 가산디지털단지역으로의 이동이 수월하다. 장승배기역에 서부선도 예정되어 있어 교통 여건은 더 좋아질 예정이다. e편한세상상도노빌리티(18.12/893)는 17억 6천만 원(21.12)에 실거래되었으며, 다세대주택은 7억 5천만~9억 원에 거래되고 있다.

19. 신림 7구역(토지 소유자 756명)

신림 7구역은 교통이 좋지 않은 편이다. 지하철역이 멀어서 여의도까지 이동시간이 상당하다. 다만 난곡선이 예정되어 있어 추후 교통 여건이 개선될 것으로 보인다. 신림선을 이용해 여의도 샛강역까지 연결되기에 추후 난곡선과 신림선의 영향으로 여의도와 강남 접근성이 높아질 예정이다. 신림 1~3구역까지 개발 진행 중이고 신림 7구역까지 완성되면 대단지가 형성될 예정이다. 금천롯데캐슬골드파크3차(18.10/1,236)는 12억 8천만 원(22.4)에 실거래되었다.

20. 마천 5구역(토지 소유자 1,106명)

마천 1구역 다음으로 가장 큰 뉴타운 구역으로 강남3구 중 유일한 재개발 구역이다. 남으로 위례신도시가, 북으로 하남 감일지구가 위치해 있으며 경전철 위례 트램선이 들어설 예정이다. 성내천과 천마산도 인접해 자연환경도 우수하다. 마천 1·3·4구역은 재개발 사업이 진행 중이며, 마천 2구역은 신속통합기획에서 탈락되었지만 2차 신속통합기획을 준비 중에 있다. 거여 2-1·2-2구역은 이미 신축 아파트가 입주해 있으며, 거여새마을 구역도 2차 공공재개발 후보지에 선정되어 있다. 인근 e편한세상송파파크센트럴(20.6/1,199)은 15억 2,500만 원(22.2)에 실거래되었다. 다세대주택은 9억~10억 원, 연립주택은 13억 원에 거래되고 있다.

21. 천호 A1-2구역(토지 소유자 247명)

천호역 5호선과 8호선 더블역세권이며 한강 조망권이다. 서울시의 35층 층수

제한 규제가 폐지될 것으로 보이기에 기대감이 크다. 천호대로, 올림픽대로, 외곽순환도로, 중부고속도로, 경부고속도로 등 차량 접근성이 우수하다. 현대백화점, 이마트, 로데오거리 쇼핑 인프라, 강동성심병원, 아산병원 등 생활 인프라도 좋다. 천호역 주변에도 재개발 사업이 진행 중이며 사업지 바로 옆은 공공재개발(천호 A1-1구역)이 진행 중이다. 래미안강동팰리스(17.7/999)는 15억 4,600만 원(22.4)에 실거래되었으며, 단독주택의 매매호가는 10억 5천만~13억 원에 달한다.

모아타운 선정구역(21곳)

번호	자치구	주소	면적(m²)	번호	자치구	주소	면적(m²)
1	종로구	구기동 100-48 일원	64,231	12	서대문구	천연동 89-16 일원	24,466
2	성동구	마장동 457 일원	75,382	13	마포구	성산동 160-4 일원	83,265
3	성동구	사근동 190-2 일원	66,284	14	마포구	망원동 456-6 일원	82,442
4	중랑구	면목3·8동 44-6 일원	76,525	15	양천구	신월동 173 일원	61,500
5	중랑구	면목본동 297-28 일원	55,385	16	양천구	신월동 102-33 일원	75,000
6	중랑구	중화1동 4-30 일원	75,015	17	강서구	방화동 592 일원	72,000
7	중랑구	망우3동 427-5 일원	98,171	18	구로구	고척동 241 일원	25,000
8	강북구	번동 454-61 일원	53,351	19	구로구	구로동 728 일원	64,000
9	도봉구	쌍문동 524-87 일원	82,630	20	송파구	풍납동 483-10 일원	43,339
10	도봉구	쌍문동 494-22 일원	31,303	21	송파구	거여동 555 일원	12,813
11	노원구	상계2동 177-66 일원	96,000				

※ 도봉구 창동 501-13 일원은 유보

모아타운은 신축과 구축이 혼재되어 있어 대규모 재개발이 어려운 10만m² 이내 노후 저층 주거지를 묶어 대단지 아파트처럼 양질의 주택을 공급하고, 편의시설을 확충하는 정비사업이다. 주차난 등 저층 주거지의 문제를 해소하고, 무분별한 개별 사업으로 인한 나홀로 아파트를 방지할 수 있다는 장점이 있다. 모아타운으로 지정되면 지역 내 이웃한 다가구·다세대주택 필지 소유자들이 개별 필지를 모아서 블록 단위(1,500m² 이상)로 아파트를 공동 개발하는 모아주택을 추진할 수 있다. 모아타운 절차를 보면 해당 자치구에서 관리계획을 수립한 뒤 서울시에서 주민공람, 통합심의 등 절차를 거쳐 법적 효력을 가지는 소규모 주택정비 관리지역으로 지정된다.

주목해서 봐야 하는 곳은 일정 규모(1만 5천 평) 이상이면서, 사업의 진척 속도를 봤을 때 비교적 동의율이 높을 수 있는 곳이다. 부지 내 조건들이 비교적 유사하거나, 오래 전부터 관련 사업을 추진해온 곳이라면 동의율이 높을 수 있다. 여기에 신설 역 등 다른 개발 상황도 감안해서 본다면 옥석을 가릴 수 있다.

1. 구기동 100-48 일원(2만 평)

녹번역, 불광역, 홍제역이 있지만 역과의 거리는 다소 멀다. 아래쪽으로는 신영1구역이 있는데 현재 22년 만에 관리처분인가가 나서 이주 중이다. 신분당선의 호재와 광화문의 접근성이 좋다. 왼쪽으로는 홍은 13구역이 있다. 2024년 12월 준공 예정으로 공사가 진행 중이다. 바로 아래쪽으로 신속통합기획에 합격한 홍은동 8-400 일대가 있다. 이 일대는 홍제천이 있기에 지천 르네상스의 수혜지다. 홍은 13구역과 가깝게 붙어 있어서 개발이 완성되면 천지개벽할 것으로 보이며, 포방터시장도 활성화될 것으로 보인다. 구역 근처에 신축은 없고 녹번역 근처에 신축이 있다. 2019년에 지은 래미안베라힐즈(19.8/1,305)는 11억 6천만 원(22.9)에 실거래되었다.

2. 마장동 457 일원(2만 3천 평)

용두역, 마장역, 왕십리역, 상왕십리역을 이용할 수 있으며 용두역이 가장 가깝다. 근처에는 왕십리뉴타운이 있고 청계천도 가깝다. 무엇보다 4개 노선이 지나가는 왕십리역을 이용할 수 있다. 이미 용두역과 청량리역은 재개발 사업과 공공재개발이 활발히 진행 중이다. 왕십리역에는 2025년에 동북선이 완공될 예정이다. 구역과 가장 가까운 e편한세상청계센트럴포레(21.11/823)는 15억 9천만 원(21.7)에 실거래되었다.

3. 사근동 190-2 일원(2만 평)

위쪽으로 5호선 마장역이 있고, 왼쪽에는 왕십리역이 있으며, 아래에는 한양대역이 있다. 강남 접근성이 굉장히 뛰어나다. 바로 아래에는 한양대학교 서울캠퍼스가 위치해 있으며, 위쪽으로는 신속통합기획에 합격한 마장동 382 일대가 있다. 한전 부지 이전이 확정되었고, 마장축산물시장 도시재생사업도 잡혀 있다. 왕십리역에는 2·3·5호선과 분당선이 있고, 현재 동북선이 공사 중이다. 도심 어디든지 교통 연결이 좋은 편이다. 서울숲리버뷰자이(18.6/1,034)는 19억 9천만 원(23.1)에 실거래되었으며, 바로 위로 행당 7구역이 개발되어 라체르보푸르지오써밋이 들어설 예정이다.

4. 면목 3·8동 44-6 일원(2만 3천 평)

7호선 면목역을 이용할 수 있으며 이미 이전에도 소규모 주택정비 관리지역 선도사업 1차 후보지로 뽑힌 바 있다. 신속통합기획 면목동 69-14 일대가 바로 옆에 있으며, 면목부림연립 가로주택정비사업은 현재 사업시행인가를 받고 추진 중이다. 위쪽으로 면목 1~5구역에서 가로주택정비사업이 진행 중이다. 상봉터미널은 지하 8층, 지상 49층의 주상복합으로 재탄생할 예정이다. 착공은 2024년 예정이다. 사가정센트럴아이파크(20.7/1,505)는 12억 3천만 원(21.5)에 실거래되었다.

5. 면목본동 297-28 일원(1만 7천 평)

면목역 초역세권 부지다. 면목역 일대에 전체적인 변화가 예상된다. 이번 모아주택에서 가장 핵심 지역이기도 하다. 모아타운 3곳, 신속통합기획 1곳, 가로주택정비사업 다수가 진행되는 지역으로 현장에 꼭 가봐야 하는 곳이다.

6. 중화1동 4-30 일원(2만 3천 평)

7호선 중화역과 상봉역 사이에 위치한 구역이다. 좌측에는 공공재개발 2차 구역인 중화122가 있다. 이 구역은 기존 구역에서 확장을 통해 800여 세대에서 1,600세대로 일반분양이 늘어나 사업성이 좋아졌다. 현재 82%의 주민동의율을 확보했다. 중화1재정비촉진구역은 SK건설과 롯데건설의 컨소시엄으로 진행되며 1,055세대가 입주할 예정이다. 현재 공사 중이며 나와 있는 매물의 가격은 8억 원대. 모아타운 위쪽으로는 대명·삼보연립 가로주택정비사업이 진행 중이며 179세대가 공급될 예정이다. 근처 e편한세상화랑대(17.12/719)는 10억 2천만 원(22.9)에 실거래되었다. GTX-B노선이 예정되어 있는 만큼 눈여겨보는 곳 중 하나다.

7. 망우3동 427-5 일원(3만 평)

면목 2곳과 망우 1곳 등 면목역 인근 3곳이 모아타운에 지정되면서 지역에서 분위기를 타고 있다.

8. 번동 454-61 일원(1만 6천 평)

4호선 수유역 근처에 위치해 있으며 바로 옆에 우이천이 지나간다. 우이천 건너편에는 도심 공공주택 복합사업 1차에 선정된 창2동 주민센터 인근 구역이 있다. 아래로는 번동 1~5구역이 가로주택정비사업을 진행 중이다. 전체 구역을 코오롱글로벌 시공사가 맡아 코오롱하늘채가 한 번에 들어서기 때문에 진행은 빠를 것이다. 근처 월계센트럴아이파크(20.1/859)는 11억 원(22.5)에 실거래되었다.

9. 쌍문동 524-87 일원(2만 5천 평)

우이신설 노선인 솔밭공원역이 있고, 바로 옆에는 이번에 같이 모아타운에 합격한 쌍문동 494-22 일원이 있다. 바로 아래에는 도심 공공주택 복합사업 1차 구역인 쌍문1동 덕성여대 인근이 있다. 이 3개 구역이 붙어 있어서 완성되면 꽤 괜찮은 주거타운이 형성된다. 근처에는 덕성여자대학교가 있다. 주변에 신축아파트는 없고 위쪽으로 20년 이상 된 아파트가 모여 있다. 2022년 7월 기준 보통 5억원 후반에서 6억 원대에 매매호가가 형성되고 있다. 아직 시기상조지만 추후 재건축 사업도 생각해볼 수 있으며 숲이 잘 형성되어 있다.

10. 쌍문동 494-22 일원(1만 평)

덕성여자대학교과 솔밭공원, 우이경전철 등이 있다.

11. 상계2동 177-66 일원(2만 9천 평)

4호선 노원역과 상계역을 이용할 수 있으며 7호선 노원역을 통해 환승 없이 한번에 강남으로 이동할 수 있다. 구역 위로는 개발 사업이 한창인데, 상계역 근처에 신속통합기획 선정지인 상계5동 일대가 있다. 상계5동 개발이 완성되면 4천 세대 대단지가 형성될 것이다. 상계역에 동북선이 들어오면 추후 지역의 이동성이 더 좋아질 예정이다. 상계 6구역은 노원롯데캐슬시그니처(23.6/1,163)가 입주 예정이다. 2022년 9월 기준 14억 원에 매물이 나와 있다. 상계 5구역은 조합설립인가 단계이며, 매매가는 2022년 7월 기준 대지지분에 따라 5억 원 중반에서 12억 원까지 다양하게 형성되어 있다. 상계 2구역은 사업시행인가 단계이며 얼마 전에 조합원 분양가가 형성되었다. 상계 2구역의 비례율은 98.03%로 조합원 평균 분양가는 전용면적 59m² 기준 약 5억 5천만 원(3.3m²당 약 2,200만 원), 전용면적 84m² 기준 약 7억 6천만 원(3.3m² 당 약 2,375만 원)이다. 매매가는 2022년 7월 기준 대지지분에 따라 4억 원에서 11억 원 사이로 형성되어 있다.

건너편에는 공공재개발 2차 구역인 상계 3구역이 있다. 끝에는 상계 1구역이 있는데 현재 사업시행인가 단계이며 현대산업개발이 시행사로 정해졌다. 2022년 7월 기준 매매가는 4억 원에서 8억 원대 사이다. 노원센트럴푸르지오(20.2/810)는 12억 5천만 원(21.11)에 실거래되었다.

12. 천연동 89-16 일원(8천 평)

이 구역은 3호선 독립문역과 서대문역 사이에 위치해 있다. 영천주택재개발 지역이 있는데 서대문영천반도유보라라는 주상복합 아파트로 지어질 예정이다. 세대수는 315세대다. 2022년 7월 기준 9억 원에서 19억 원 사이로 매매호가가 형성되어 있는데, 보통은 아파트와 오피스텔을 한 번에 가져가야 한다거나 아파트와 오피스텔을 2개 가져가는 조건이다. 근처 경희궁자이2단지(17.2/1,148)는 34평형 기준 22억 2,500만 원(22.5)에 실거래되었다.

13. 성산동 160-4 일원(2만 5천 평)

이 구역은 6호선 마포구청역과 경의중앙선 가좌역 사이에 있다. 가좌역 바로 위쪽 가재울 8구역은 총 283세대 주상복합으로 지어질 예정이며, 평수에 따라 다르지만 2022년 7월 기준 매매가는 6억~8억 원대다. DMC금호리첸시아(22.7/450)는 2022년 7월 기준 분양권이 15억 원대에 나와 있다. 인근에 대장홍대선이 예정되어 있다.

14. 망원동 456-6 일원(2만 5천 평)

이 구역은 6호선 망원역과 한강 조망권을 누리는 위치에 있다. 거기에 망리단길이라는 문화적인 지역 상권을 이용할 수 있다는 장점이 있다. 구역 바로 옆에 있는 마포한강아이파크(19.8/385)는 17억 5천만 원(21.8)에 실거래되었다.

15. 신월동 173 일원(1만 9천 평)

이 구역 근처에는 가까운 역이 없다. 그나마 가장 가까운 곳이 까치산역과 화곡역이다. 아래쪽 신월IC 건너에는 신속통합기획으로 발표된 신월7동 1구역이 있고, 바로 옆에는 공공재개발 2차로 선정된 신월7동 2구역이 있다. 4억 원 중반에 매물이 있는데 권리산정일이 2022년 6월 23일이기에 신중하게 판단해야 한다.

16. 신월동 102-33 일원(2만 2천 평)

이 구역도 역과의 거리가 멀다. 모아타운 신월동 173 일원 바로 옆에 있어 같은 입지라고 판단된다. 아래쪽에 덕화연립 가로주택정비사업이 진행 중이며 70세대가 들어온다. 2억 원 중반에 매물이 있는데 이곳도 권리산정일을 확인하고 판단해야 한다.

17. 방화동 592 일원(2만 3천 평)

　이 구역은 5호선 개화산역과 9호선 공항시장역 사이에 위치해 있다. 역시나 이 구역도 신속통합기획에 선정된 방화 2구역과 바로 붙어 있다. 모아타운을 보면 근처에 신속통합기획에 선정된 곳이 많다. 방화 3구역도 재정비촉진지구였지만 이제야 심의를 통과하며 본격적으로 사업을 추진하려 한다. 16층 이하, 223% 이하 용적률을 적용받아 1,445세대가 지어질 예정이다.

　방화 5구역은 현재 사업시행인가를 통과하고 시공사 선정에 돌입 중이다. 방화 뉴타운 중 가장 큰 규모이기에 많은 입찰이 예상되고 있으며, 예상 조합원 분양가는 84타입 기준 7억 원 초반이다. 방화 6구역은 현재 사업 속도가 가장 빠른 지역이다. 관리처분인가를 받고 현재 철거 작업 중이다. 2024년 입주를 목표로 하고 있고, 557세대가 지어질 예정이다. 현재 방화 6구역은 매물이 없는 상태다. 가장 최근에 지어진 마곡엠밸리9단지(21.2/1,529)는 최근 실거래가 없고 매물도 없는 상태다. 마곡엠밸리6단지(14.6/1,466)는 16억 5천만 원(22.4)에 실거래되었다. 이곳은 마곡의 인프라를 그대로 흡수할 것으로 예상되며, 방화 구역의 개발로 더욱 발전될 예정이다.

18. 고척동 241 일원(8천 평)

　가까운 지하철역은 없다. 그나마 가까운 곳이 양천구청역인데 거리가 멀어 보인다. 위쪽으로는 목동선이 지나갈 예정이다. 아래쪽에 위치한 개봉 3구역은 현재 조합설립인가 단계이며, 대부분 단독주택으로 형성되어 있다. 개봉 3구역은 2022년 7월 기준 6억 원대에 물건이 있다. 하지만 워낙 구축이다 보니 전세보증금이 1억 원 초반이다. 즉 5억 원의 투자금이 필요하다는 뜻이다. 바로 옆에 위치한 고척 4구역은 현재 이주 중이다. 총 세대수는 983세대로 얼마 후면 입주할 고척아이파크의 생활 인프라를 이용할 수 있다. 개봉푸르지오(14.5/978)가 근처에 있는데 직거래를 제외하고 9억 9,800만 원(22.3)에 실거래되었다. 역이 다소 멀어 교통 접근성은 좋아 보이지 않는다.

19. 구로동 728 일원(2만 평)

이 구역은 7호선 남구로역 위쪽에 위치한 구역이다. 고려대학교 구로병원이 바로 옆에 있다. 남구로역 일대 신속통합기획에 선정된 가리봉 2구역이 있다. 남구로역세권 도시정비사업도 진행 중이며 남구로역 주변으로 개발 소식이 이어지고 있다. 2022년 7월 기준 이곳의 물건은 4억 원 초반대로 형성되어 있는데 대부분이 주택이다. 아직 발표 이전 매물 위주여서 현장에 직접 가볼 필요가 있다. 근처에 신축 아파트는 없고 그나마 가장 가까운 e편한세상영등포아델포레(20.7/859)는 13억 9천만 원(21.5)에 실거래되었다.

20. 풍납동 483-10 일원(1.3만 평)

천호역 초역세권 부지로 평수도 적지 않다. 모든 열차가 정차하는 5호선과 잠실로 이어지는 8호선 등 교통편도 매우 좋은 편이다. 인근은 아파트보다는 단독주택, 다세대주택, 근생이 밀집해 있다.

21. 거여동 555 일원(4천 평)

다른 지역에 비하면 비교적 작은 규모에 속한다. 인근에 5호선이 있지만 교통은 다소 불편한 편이다. 거여새마을 공공재개발 주변으로 여러 단지들이 형성되어 있다. 인근 현대1차(92.3/497) 33평형은 12억 7천만 원(22.5)에 실거래된 바 있다.

수도권은 출퇴근이 용이한 지하철이 관건이다

2기 신도시의 경우 아직까지 입주 시기와 광역교통시설 확충 시기를 맞추지 못해 출퇴근에 어려움을 느끼는 민원이 많은 편이다. 광역교통분담금만 30조 원에 달하지만 아직까지 10조 원가량을 쓰지 못하고, 2022년 7월 기준 집행률은 70%에도 미치지 못한 상황이다. 검단, 동탄2, 호매실, 고덕강일지구 등 알 만한 대규모 사업에서조차 집행률이 50%도 안 된다고 한다. 이런 상황에서 3기 신도시가 발표되자 최대의 화두는 교통 대책이었다. 신도시 개발과 동시에 신설 도로 개설, 기존 도로 확장을 비롯해 지하철 대책도 이어지고 있다. 그만큼 정책적으로 강한 의지를 내비치고 있지만 현실은 녹록지 않다.

LH 사업 중에 철도 예산이 어느 정도 반영되었는지 궁금해 이런저런 자료들을 검색하고 찾아봤다. 정확한 금액을 언급한 정보를 찾지 못해 고민하던 차에 2202년 7월 궁금증을 풀고자 직접 LH 사이트에서 정보공개를 청구하기도 했다. 이 금액이 궁금했던 이유는 제4차 국가철도망 구축계획 등을 포함한 지하철 관련 사업들이 모두 계획대로 진행되는 것은 아니기 때문이다. 아무래도 철도 관련 예산이 기반시설 비용에 포함되어 있다면 그 가능성을 높이 볼 수 있기에, 이를 확인하고 감안한다면 향후 진행될 철도계획에 대한 실현 가능성과 속도감을 예측할 수 있다.

윤석열 정부의 국토교통부 업무 보고에 의하면 LH 사업비와 국가 재정으로 분산된 교통시설 투자 재원을 통합해 신도시 개발 사업과 교통 사업을 동시에 추진하겠다는 이야기가 언급되기도 했다. 이러한 점을 감안하면 LH 사업 중 철도 예산에 좀 더 주목할 필요가 있다.

3기 신도시를 비롯한 제4차 국가철도망 구축계획은 서로 간의 영향력이 상당하다. 현실적으로 수도권 주변 상당수 철도계획은 사업성이 제한적이기 때문에 3기 신도시를 제외하고는 추진이 쉽지 않은 경우가 많다. 따라서 제대로 옥석을 가리는 작업을 하지 않고 예정 철도를 감안해 부동산을 매입하거나 매입할 의사가 있다면 추후에 후회할 일이 생길지 모른다.

LH의 예산을 바탕으로 관련 노선에 대한 정보를 연계해서 살펴보자. 우선 LH 사이트(www.lh.or.kr)에 가면 신도시 조성의 의미와 조성원가 공개 사업을 확인해볼 수 있다. 택지 조성원가에는 용지비, 조성비, 기반시설비, 이주비, 관리비 등이 포함된다. 최종 사업비 산정 후 전체 부지 중에 공원 등 무상공급부지, 종교시설 등의 존치 부지, 학교시설, 녹지 부지 등을 제외한 유상공급부지를 계산해 면적당 조성원가 비용을 산정하게 된다. 이 비용을 기준으로 토지 공급 대가나 아파트 공급 대가 등을 산출한다. 철도와 관련된 기반시설 설치비는 총괄 금액만 산정해놓고 구체적인 금액은 대외비로 관리하고 있기 때문에 일반인은 자세한 금액을 알기 어렵다. 한 예로 검단신도시의 경우 기반시설 비용으로 1조 7,868억 원을 산정했고, 이 중 인천 1호선 연장을 위해 5천억 원가량을 투입하기로 했다. 결국 검단

신도시를 위해 인천 1호선이 연장된 것이다.

이렇듯 신도시와 교통망, 특히 철도 예산은 실제 사업 속도에 큰 영향을 주고 있다. 제4차 국가철도망 구축계획에도 여러 노선이 있지만, 실현 가능성이나 속도 감은 제각각이기에 사업 구역마다 이러한 예산 반영이 있었는지 잘 살펴봐야 한다. 3기 신도시와 진행 중인 다른 사업의 예산이 얼마나 포함되었는지 살펴보자.

3기 신도시 관련 예산(전체/공공주택지구 사업시행자 부담)

1. 하남 교산(송파-하남선): 1조 5,401억 원/1조 5,401억 원

2. 고양 창릉(고양-은평선): 1조 4,100억 원/1조 4,100억 원

3. 남양주 왕숙1(강동-하남-남양주선): 2조 1,032억 원/1조 1,211억 원

4. 남양주 왕숙2(강동-하남-남양주선): 2조 1,032억 원/3,821억 원

5. 과천 과천(위례-과천선): 1조 6,500억 원/4천억 원

6. 부천 대장: 없음

7. 인천 계양: 없음

8. 안산 장상: 없음

9. 광명 시흥: 미정

고양 창릉지구 대중교통 확충 부분 중 핵심 사업은 고양~서울 은평 간 도시철도(고양선, 경전철) 건설 사업이다. GTX-A 창릉역을 신설하고 신교통 수단(대곡~고양시청, 식사지구~고양시청) 사업을 추진한다. 대곡~고양시청 신교통수단 사업은 기존 교외선을 활용할 예정이다

버스 대중교통을 이용해 고양시 인근 도심지를 쉽고 빠르게 접근하기 위해 사업지 남북에 위치한 중앙로 및 통일로 BRT를 연계하기 위한 사업지구 내 버스전

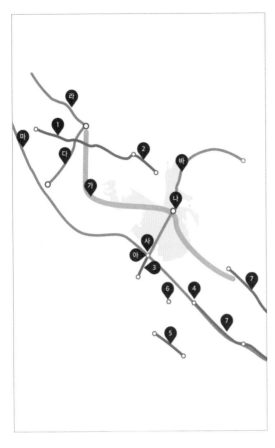

가 　고양~서울 은평 간 도시철도(고양시청~새절역)

나 　GTX-A 창릉역

다 　대곡~고양시청 신교통수단

라 　고양시청~식사지구 신교통수단

마 　경의중안선 증차

바 　중앙로~통일로 BRT 연계

사 　화전역 환승시설

아 　화전역-BRT 정류장 연계

자 　광역버스 교통체계 개선

1 　일산~서오릉로 연결도로

2 　서오릉로 부분 확장(4차로→6차로)

3 　중앙로~제2자유로 연결도로

4 　수색교 확장(7차로→9차로)

5 　강변북로 확장(10차로→12차로)

6 　덕은2교 교차로 개선

7 　서울 간선도로 TSM

　입주 초기 대중교통 운영 지원

용차로를 설치한다. 간선버스~지선버스 및 버스~철도~PM(개인형 이동수단) 등 다양한 이동수단 간 환승이 가능하도록 화전역에 환승시설을 설치한다. 중앙로 BRT(대화~신촌) 정류장과도 연계해 편리한 환승 서비스 제공할 예정이다. 고양 창릉지구 광역교통개선대책의 도로 교통 개선을 실현하기 위해 일산~서오릉로 연결도로 신설 및 서오릉로를 확장하고, 중앙로~제2자유로 연결로를 신설하며, 수색교(7차로→9차로)와 강변북로(10차로→12차로)를 확장하고, 덕은2교 교차로를 개선

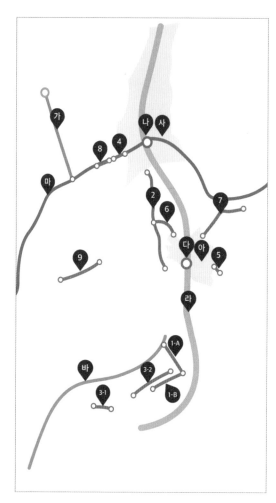

가 별내선 연장(별내역~진접선)

나 경춘선 역사 신설(GTX-B 정차)

다 경의중앙선 역사 신설

라 서울 강동~하남~남양주 간 도시철도 건설

마 상복~마석 간 셔틀열차

바 강변북로 대중교통 개선

사 경춘선 신설 역사 환승시설

아 경의중앙선 신설 역사 환승시설

1-A 한강 교량 신설(4차로)

1-B 올림픽대로 확장(강일IC~선동IC)

2 지방도383호선 확장(왕숙~도농4)

3-1 올림픽대로 확장(암사IC~강동IC)

3-2 강일IC 우회도로 신설

4 진관교 확장

5 연결도로 신설(왕숙2~양정역세권)

6 연계도로 신설(왕숙2~다산)

7 구국도46호선 확장(진안4~금곡4)

8 경춘북로 확장(퇴계원4~진관교)

9 북부간선도로 확장(인창IC~구리IC)

하는 작업 등을 진행할 예정이다.

남양주 왕숙지구 광역교통개선대책의 핵심 사업은 서울 강동~하남~남양주 간 도시철도(지하철 9호선)다. 2028년까지 개통을 목표로 사업을 추진하고 있다. 입주민의 철도 이용 편의를 위해 경춘선 역사(GTX-B 정차) 및 경의중앙선 역사를 신설하고, 별내선과 진접선을 잇는 별내선 연장 사업의 비용을 분담한다. 또한 상봉~마석 간 셔틀열차를 운행할 계획이다. 남양주 왕숙지구 광역교통개선대책의 도로 교통 개선을 실현하기 위해 한강변 도로망의 교통수요를 분산하기 위한 한강교량 신설을 추진한다. 북부간선도로(중랑IC~구리IC)와 경춘북로(퇴계원 시가지) 및 구국도46호선(왕숙2~금곡동)을 확장하고, 지방도383호선 및 진관교(왕숙~퇴계원)를 확장할 예정이다. 이 밖에 왕숙2~양정역세권과 왕숙2~다산지구 간 도로도 설치할 예정이다.

땅의 가치는 도로에 있다

도로는 보행자 및 차량이 이동하는 통로로 국가가 진행하는 선도적인 사회 간접 자본시설이다. 이는 「도로법」 제2조 1항, 「도로교통법」 제2조 1항, 「건축법」 제2조 11호 등에서 정의하고 있다. 고속도로, 일반국도, 지방도 등으로 구분하기도 한다. 「건축법」에 의한 도로는 보행 및 통행이 가능한 너비 4m 이상의 도로를 말하며, 「도로법」 「시도법」 그 밖의 관게 법령에 따라 신설 또는 변경 고시된 도로, 건축 허가 또는 신고 시 지자체장이 지정한 도로 등을 말한다.

「도시계획 시설 기준에 관한 규칙」에서는 규모에 따라 광로, 대로, 중로, 소로로 구분하고, 기능에 따라 주간선, 보조간선, 집산, 국지 등으로 표현하기도 한다. 「건축법」상의 도로는 건축선, 대지안의 공지, 건폐율 영향, 일조권 등과 연관이 있다. 「건축법」상 건축물의 신축은 폭 4m 이상에 2m 이상 접하도록 되어 있지만, 막다른 골목의 경우 예외 규정을 두기도 한다. 이런 도로에 접해 있는 토지와 그렇지 않은 토지의 가치는 다르며, 도로에 접해 있지 않은 맹지의 가치는 상당히 떨어질

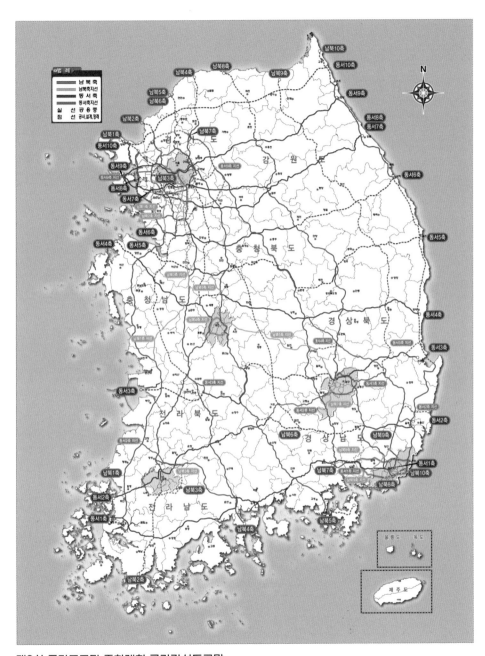

제2차 국가도로망 종합계획 국가간선도로망

수밖에 없다.

도로는 입지적 관점에서 바라볼 때와 투자적 관점에서 바라볼 때 의미가 다르다. 입지적 관점에서는 도로 개설로 인한 토지 가치 상승을 말하며, 투자적 관점에서는 도로 자체의 가치 상승에 대한 기대감을 말한다.

먼저 입지적 관점에서 보자. 2021년 말 국토교통부는 제2차 국가도로망 종합계획을 마련했다. 국가간선도로망 구축계획을 포함한 도로 정책의 중장기 비전과 목표를 담은 계획으로,「도로법」에 따라 10년 단위로 발표되고 있다. 사람, 사회, 경제, 다연결 도로를 비전으로 설정하고 주요 정책 과제를 총 4개로 나눴다. 내용을 보면 적재적소에 투자해 경제 재도약을 지원하고, 사람 중심의 포용적 교통 서비스를 제공하고, 안전한 도로 환경을 조성하고, 혁신성장을 선도하는 미래 도로 구축 등을 추구한다. 1992년 이후 남북 방향 7개축, 동서 방향 9개축으로 구성된 격자망을 남북 방향 10개축, 동서 방향 10개축으로 재편할 계획이다. 또한 대도시권역의 순환형 도로망에 방사축을 도입해 주변 도시와 중심부로 직결하는 6개의 방사형 순환망을 계획했다.

국가가 계획한 도로망 외에도 고속도로를 비롯한 국도, 지방도의 신설 및 개량에 따라 토지의 접근성이 달라지기 때문에 눈여겨봐야 한다. 토지의 경우 인구 밀도가 높은 수도권 지역을 비롯해 경부축 라인을 중심으로 공장, 물류창고 등의 수요가 높은 편이다. 대규모 개발 외에도 접근성이 좋기만 하면 늘 수요는 있기 마련이다. 최근 몇 년을 보면 제2영동고속도로를 비롯해 현재 건설 중인 제2경부(세종) 고속도로, 제2서해안고속도로, 제2수도권순환고속도로 IC 인근 토지의 경우 2배 이상 가격이 올라가기도 했다. 고속도로의 경우 출입문에 해당되는 IC가 철도의 역 기능과 비슷한데, 통상적으로 IC 인근 3km 내 토지를 선호한다. 동일한 조건이라면 가까울수록 가격이 높긴 하겠지만, 목적에 따라 좀 더 저렴한 토지를 찾는 경

신설 도로 리스트

구분		간선축	사업명	연장(km)	총 사업비(억 원)	분류
중점	전국권	남북 8축	김해-밀양	18.8	10,241	물류
		남북 6축	영동-진천	75.2	38,231	균형
		동서 6축	영월-삼척	91.0	49,096	균형
		동서 3축	성주-대구	18.3	7,916	균형
		남북 2축	완도-강진	37.5	17,313	균형
	수도권 (지하도로)	순환 1축	퇴계원-판교	31.5	40,486	혼잡
		남북 3축	화성-서울(경부선 포함)	32.3	32,051	혼잡
		동서 9축	인천-서울(경인선 포함)	19.3	20,041	혼잡
중점 사업 소계(8건)				323.9	215,375	
일반	전국권	남북 5축	서울-연천	50.7	28,051	미래
		남북 5축	거제-통영	30.5	18,811	물류
		남북 4축	포천-철원	40.4	19,433	미래
		동서 5축	오창-괴산	51.8	26,540	물류
		남북 10축	속초-고성	43.5	20,711	미래
		동서 4축	구미-군위	24.9	15,468	물류
		동서 3축	무주-성주	68.4	34,144	균형
		남북 8축	춘천-철원	63.2	32,608	미래
		동서 3축	기계-신항만	22.8	12,379	물류
		순환 6축	금천-화순	18.6	10,521	혼잡
	수도권 (지하도로)	남북 3축	신갈-과천	31.7	31,823	혼잡
일반 사업 소계(11건)				446.5	250,489	
총계(19건)				770.4	465,864	

우도 적지 않다. 다만 화물차가 진입할 수 있는 도로 조건과 중간에 회차 가능한 구간이 있는 곳을 선호한다.

국도의 경우 고속화되는 경향이 강하기 때문에 접해 있는 토지라고 해도 무조건 개발이 가능한 것은 아니다. 접해 있는 토지의 경우 지방도가 더 쉽게 허가를 받을 수 있다는 점을 고려해보면 무조건 상위 도로가 좋은 것만은 아니다. 쾌적한 도시 환경 조성 및 각종 사고 예방을 위해 지정되는 완충 녹지나 장래 도로 확장을 위한 접도 구역에 접해 있다면 개발하기 어려울 수 있다. 자동차전용로이거나 속도 제한이 높은 경우 사고 예방을 위해 가감속 차로를 신설해야 한다거나, 터널의 진출입로일 경우 사고 예방을 위해 일정 구간 건축물 신축을 제한하는 규정도 있다는 점도 알아야 한다.

투자적 관점에서 보자. 간혹 도로를 경매로 싸게 낙찰받아 일부 사유지 통행을 방해하는 경우가 있다. 도로를 펜스로 막거나, 말뚝으로 세워 못 지나게 하는 경우를 TV나 기사를 통해 종종 본다. 대부분 경·공매를 통해 저가에 도로를 매수해 소위 '알박기' 형태로 지자체 등에 보상을 요구해 여론의 몰매를 맞게 된다. 어디까지를 사유재산으로 봐야 할지, 소유자는 공익을 위해 세금만 내고 그냥 몇십 년간 희생만 해야 하는지 의견이 다를 수 있다. 기존 도로 가운데 알박기용 토지를 뒤늦게 취득한 토지주가 권리 행사 명분으로 통행 저지 시설물을 설치해도 행정기관이 속수무책 방관하고 있어 말썽이다.

알박기 소유권을 주장하는 외지 거주 토지주는 경고문과 저지시설을 추가해 이삿짐 차량이나 소방차량 등 대형 차량 진입을 막는 횡포를 벌이곤 한다. 하지만 행정기관은 "개인 소유지라 어쩔 수 없다."라는 말만 되풀이하는 경우가 많다. 관련 문제로 주민들의 민원이 점증하고 있는 이유다. 펜스 설치는 함부로 해서는 안 된다. 수십 년 동안 문제없이 주민이 왕래한 길에 땅주인이 펜스를 설치해 막으면 비록 통행인이 극소수라고 하더라도 일반교통방해죄로 처벌할 수 있다는 판결이 나왔다. 실제로 수원지법 형사9단독은 일반교통방해죄 등의 혐의로 기소된 A씨에게 벌금 200만원을 선고한 바 있다(2019고정1947). 「형법」 제185조(일반교통방해죄)에는 육로, 수로 또는 교량을 손괴 또는 불통하게 하거나 기타 방법으로 교통을 방해한 자는 10년 이하의 징역 또는 1,500만 원 이하의 벌금에 처한다고 명시하고 있다.

사유지더라도 도로 포장을 누가 했느냐에 따라 관리 주체로 볼 수도 있다. 통행할 수 있는 공간을 열어 뒀는지, 차량 1대가 지나갈 수 있는 폭을 마련했는지 등에 따라 교통을 방해했는지 여부를 따지는 쟁점이 될 수 있다. 도시공원 사유지의 경우 땅주인이 펜스를 치고 길을 막아도 속수무책인 경우도 있다. 더욱이 도시계획 시설이더라도 사유지 주인은 자신의 땅에 접근하는 다른 사람을 통제할 수 있다. 한 예로 인천 계양산 둘레길 일부 구간에서 땅주인이 사유재산권을 주장하며 철조망으로 길을 막기도 했다. 2013년 계양구는 철조망을 철거하라는 행정조치를 내렸다가 땅주인과의 소송 끝에 패소했다.

도로 보상평가는 네 가지로 구분할 수 있다. 「도로법」상의 도로, 「사도법」상의 사도, 사실상의 사도, 그 밖의 도로 등으로 구분해서 봐야 한다. 공도란 「도로법」상의 도로, 「국토의 계획 및 이용에 관한 법률」상 설치된 도로, 「농어촌도로 정비법」상 설치된 농어촌 도로를 말한다. 「사도법」상의 사도란 「도로법」에 따른 도로, 「도로법」에 준용받는 도로, 「농어촌도로 정비법」에 따른 도로 등을 말하는 것으로, 인근 토지에 대한 평가금액의 1/5 이내로 평가하고 있다. 사실상의 사도는 자신의 편익을 위해 개설한 도로로 이로 인해 주변 토지가 이익을 누렸음으로 1/3 이내로 평가하는 반면, 공도의 경우 소유권만 갖고 있을 뿐 사권을 행사할 수 없기 때문에 표준적인 이용 상황의 표준지 공시지가를 기준으로 정상 평가하고 있다. 사실상의 사도란 「사도법」상의 사도 외의 도로로 사도와 유사한 용도적 기능을 갖는 경우로, 「공익사업을 위한 토지 등의 취득 및 보상에 관한 법률」(이하 「토지보상법」) 시행규칙 제26조에 의해 도로 개설 당시의 토지 소유자가 자기 토지의 편익을 위해 스스로 설치한 도로와 토지 소유자가 그 의사에 의해 타인의 통행을 제한할 수 없는 도로를 말한다. 인근 토지에 대한 평가액의 1/3 이내로 평가하고 있다.

그 밖의 도로의 경우 택지개발, 농지 개량, 농어촌정비 사업 등으로 인해 설치된 도로로, 「토지보상평가지침」 제37조에 의하면 공도 등의 부지의 평가를 준용하되, 도로로 이용되고 있지 않은 경우 표준지 공시지가를 기준으로 평가하고 있다. 다만 개발 사업에서 도로의 가치로 인해 토지의 평가가 상향되었다면 인근 토지 평가액의 1/3 이내로 평가하도록 되어 있다.

미지급용지(미불용지)는 대부분 도로 개설 과정에서 발생하는 것으로 현재 시점에서 도로 부지로 평가되는 경우 보상액이 적을 수 있다. 다행히 「토지보상법」 시행규칙 제25조에 의거 미불용지에 대한 가격 평가는 현재의 이용 상황에 따른 평가가 아닌, 종전 공익 사업에 편입될 당시 이용 상황을 기준으로 평가 가능하다. 이에 관련 보상도 투자의 대안이 될 수 있다. 보상금 지급에 있어서 가격 시점은 현재 계약 체결 당시를 기준으로 하되, 이용 상황만 편입될 당시 상황을 고려하면 된다. 용도 지역 또한 현새 시점이나 개발제한구역 내에서 택지개발 사업으로 인해 용도 지역이 상향되었다면, 이는 이전 평가로 보는 것이 적당하다.

미불용지가 되는 경우는 공공기관이 공익 사업을 시행하기 위해 민간 토지를 강제로 수용하고 도로를 건설하는 과정에서 토지 소유자가 이를 알지 못해 정상적으로 보상금이 지급되지 못한 경우다. 또한 1960~1970년대 산업화 과정에서 국가나 지자체가 도로를 포장해 다수의 통행을 위해 제공하거나, 마을 소로를 새마을사업이라는 명분하에 관습적으로 사용하던 길을 포장한 경우, 수해로 인한 파손 도로를 다시 재건하는 과정에서 생기는 경우, 정부가 하천을 국유화하면서 별도의 보상 규정을 두지 않은 상태에서 민간 토지가 미불용지가 되는 경우 등이 있다. 한때 「하천법」에 관련 보상 규정이 있었던 시절이 있었는데, 현재는 개정되어 매수청구권이 인정되고 있다.

법적 절차에 따라 지자체에 미불용지에 대한 보상을 요청하고 이에 대한 증명을 해야 한다. 기존의 이용 상황을 확인할 수 있는 내용을 파악해 정보공개 요청을 통해 공식적으로 자료를 받아, 이에 대한 내용을 정리하고 입증자료를 첨부해 보상을 청구하면 된다. 개인이 주택 신축 인허가를 받기 위한 사실상의 사도일 경우 일반적으로 보상이 어려우며, 중앙선이 존재하는 2차선 이상의 도로이거나 소로 2류(폭 8m) 이상일 경우 보상이 될 수 있다. 미불용지라면 도로관리청을 대상으로 소송을 통해 최근 5년간의 부당이득반환청구도 가능하며, 필지 중 도로 외에 애매하게 자투리 토지가 남게 되면 잔여지매수청구도 가능하다.

통상 민원으로 미불용지에 대한 보상 가능 여부를 요청하면 확장 계획이 잡히지 않는 이상 보상이 어려우며, 장래계획도 알 수 없다고 답하곤 한다. 그렇기에 통상 미불용지 보상과 관련해서는 소송을 진행해야 어느 정도 가능성을 알 수 있다. 개인이 무작정 투자하기에는 무리가 있는 것이다. 현금 보상 기준은 표준지 공시지가 상황을 고려해 통상 1/3~1/5 정도의 평가가 예상되는데, 사실상의 사도로 보는 1/3의 평가가 많다. 여기서 경매 감정가도 1/3을 감안해 평가한다. 그런데 일반적인 도로는 1/2~1/3 수준에서 낙찰이 되고 있기에 보상만 빨리 이뤄진다면 투자 매력은 충분히 있어 보인다. 다만 경매 감정가가 보상 감정가보다 높다는 점은 감안해야 한다.

재개발 사업 등의 분양권을 목적으로 토지에 투자하는 경우도 있다. 재개발 입주권에 관심이 있다면 재개발 구역 안에 최소 $90m^2$ 이상(지자체별 다소 상이)의 면적을 확보해야 한다. 재건축 사업하고는 다르다. 재건축은 토지+건축물 모두를 갖고 있어야 하고, 여러 채를 소유하고 있다면 과밀억제권역 기준 최대 3채까지 소유가 인정된다. 재개발은 토지, 토지+건축물, 건축물 중 하나만 소유해도 입주권이 가능하지만, 여러 채를 보유하고 있다고 해도 기본적으로 1채만 인정된다. 토지 소유자의 경우 입주권이 가능한 토지인지 사전에 확인 작업이 필요하다. 조합에 문의해 특약 조건에 명시되어 있는지도 확인해야 한다. 재개발 등의 정비사업이 아닌 경우 오랫동안 묵힐 수밖에 없다. 정비사업이 예정된 지역이거나 지구단위계획 예정지로 건축 허가가 나오지 않는 지역 등이라면 분양권이든 보상이든 노려볼 만하다. 현장 답사 시 이미 신축 건물이 보인다면 권하고 싶지 않다.

도로를 소유하고 있다면 교통에 방해되지 않는 선에서 적절하게 대응할 필요가 있다. 쉽지는 않겠지만 지자체에 매수 청구를 하거나, 토지주에게 적당히 매도하면 된다. 재개발을 염두에 두었다면 최소한의 부지를 확보해 입주권을 노리자. 재건축을 염두에 두었다면 진행 상황을 고려해 보상 시기와 금액을 예상해 노리자.

도로를 바라보는 시각

입지적 관점
- 고속도로 IC 3km 이내
- 국도의 위력
- 지방도의 매력
- 도시계획 도로 이해
- 접도, 완충 녹지 이해
- 화물차 회차 가능 폭(규제적 관점)

건축적 관점
- 일조권(북측 도로)
- 4m 이상 도로, 2m 접함
- 도로와 주차장
- 사거리와 막힌 도로
- 현황 도로 및 사도 개설
- 차량 일시 정차 가능 폭

투자적 관점

토지 보상
- 「도로법」(1/1)
- 사실상 사도(1/3)
- 그 밖의 도로(1/3)
- 「사도법」(1/5)

재개발 입주권
- 90m² (60m²) 이상
- 소수 필지 합산
- 권리산정기준일
- 입주 자격 조합 확인

높은 교육열에
부동산도 춤춘다

    좋은 학군은 부동산 상승기에는 아주 좋은 상승 요소 중 하나다. 오를 때는 많이 오르지만 내려갈 때는 더 내려간다는 단점도 존재한다. 최근 금리 인상의 여파로 대출 이자 부담이 증가하고 부동산 시장이 위축되는 가운데, 학군으로 가장 유명한 대치동 일대도 전세로 들어가기 벅찬 상태가 되고 있다. 대표적으로 학군수요가 풍부한 강남 은마아파트 역시 전세와 매매수요가 줄고 있다. 2022년 8월 기준으로 전세가가 6억 원까지 떨어진 매물도 있는데, 작년 같은 시기에는 10억 원에 육박하기도 했다. 그만큼 가격이 많이 조정되었고 전세 거래도 줄었다. 매매가격 또한 2021년 28억 원 최고가를 기록한 매물이 2022년 8월에는 25억 원까지 소정되기도 했다. 주변에 있는 도곡렉슬 등도 전반적으로 주춤하고 있다.

    상생임대인 제도로 기존 전세 계약을 갱신하는 사례가 늘고 있고, 재건축 이슈 등으로 매물 자체가 많지 않은 상황이다. 전세는 주로 아이들 방학 기간에 수요가 많은 편인데, 전체적인 인구수 감소와 금리 인상, 최근 몇 년간의 가격 상승에 대한 피로감이 반영된 것으로 보인다. 현재는 강남 불패가 흔들리고 있는 실정이지만 그래도 강남은 강남이다. 저출산 시대인 지금, 명문 학군의 쏠림현상은 더욱 증가할 것이다. 참고로 학군 정보를 얻고 싶다면 학교알리미, 학군정보시스템, 학구도안내서비스 등을 추천한다.

서울의 대표적인 학군은 강남 대치동과 서초 반포동, 그리고 목동과 중계동 등을 말한다. 경기권에는 분당과 용인 수지, 안양 평촌 등이 대표적이다. 부모들은 자녀가 서울의 명문대로 진학하기를 바라기 때문에 좋은 학군으로 가기 위해 부동산을 구입하거나 전세로 간다. 명문 학군 여부는 흔히 서울대 합격지수로 이야기하는데, 대치동 학군이 가장 유명한 이유는 가장 많은 합격자를 배출하기 때문이다. 그래서 자녀를 둔 많은 이들이 좋은 학군을 좇아 거주 공간을 옮기고 있다.

대치동의 대표 학교로는 단대부고, 숙명여고, 경기고, 영동고, 중산고, 진선여고, 중대부고, 개포고 등이 있다. 전국 100위권 내 특목고, 자사고 등에 해당하는 일반고등학교가 10개나 있다. 중학교의 경우 대치동권 학교에 갈 수 있는 강남 2학군 소속 지역은 역삼2동, 대치1·2·4동, 일원본동, 도곡1·2동, 일원1·2동, 개포1~4동, 세곡동, 성남시 신촌동 등이다. 주소지 기준 추첨 방식이다. 고등학교의 경우 '선 복수지원 후 추첨' 배정 지역을 전 지역으로 확대했기 때문에 멀리 살아도 지원은 가능하나, 수월한 통학을 위해서는 근처로 이사해야 한다. 대치동 아파트는 개포우성1차, 대치아이파크, 도곡렉슬, 래미안대치팰리스, 대치삼성, 은마아파트, 한보미도맨션1차, 대치현대 등이 있다. 도곡렉슬(06.1/3,002)의 경우 최근 28억 원(22.8)에 매매되었으며 전세는 17억 원(22.9)에 거래되었다.

반포동에는 서울고, 서문여고, 반포고, 상문고가 있고, 목동에는 강서고, 명덕고, 양천고, 목동고, 신목고가 있으며, 중계동에는 서라벌고, 대진고, 대진여고, 재현고가 있다. 강북의 학군 요지로는 중계동을 뽑을 수 있다. 학군과 실거주로 강남과 비교하면 최고의 가성비를 보이는 곳이다. 청구3차, 건영3차, 롯데우성, 중계주공10단지, 중계주공5단지 등은 학원가가 가장 가까운 은행사거리 근처에 있다. 중계주공10단지(95.4/330) 23평형은 8억 4천만 원(22.5)에 거래되었고, 청구3차(96.7/780)는 12억 5천만 원(22.6)에 거래되었다.

경기도권에는 분당에는 낙생고, 서현고, 분당중앙고가 있으며, 수지에는 수지고, 풍덕고가 있고, 평촌에는 신성고가 있다.

본인이 살고 있는 지역에서 어느 학교로 배정되는지 알고 싶다면 학구도안내서비스(schoolzone.emac.kr)를 통해 조회가 가능하다. 아실(asil.kr)에서도 아파트 인근 학교와 해당 학교의 학업성취도, 특목고 진학률 등을 확인할 수 있다. 학원가가 주로 모여 있는 지역을 지도에서 한눈에 볼 수 있어서 참고해볼 만하다. 좋은 학군에 배정받을 수 있거나, 학원가 인근에 위치한 단지는 다른 지역 단지보다 비교적 높은 가격대를 유지한다.

기피시설 이전도
전략이다

현재 부동산에 영향을 주는 혐오시설로는 교도소, 화장장, 정신병원 등 주민들에게 공포감을 심어주는 시설과 쓰레기소각장, 차량사업소, 원자력발전소 등 주변지역의 쾌적성을 방해하는 시설 등이 있다. 기피시설이 자신의 부동산 인근 지역에 있으면 부동산 가격에 악영향을 미칠 수 있다. 따라서 이러한 시설을 새롭게 짓기 위해 해당 지역에 여러 가지 이점과 혜택을 제시하기도 한다.

3기 신도시로 지어질 고양 창릉 역시 폐기물처리시설과 열병합발전소가 생기면서 주민들의 불만이 많아지고 있다. 혐오시설로 인해 환경 오염이 증가하고, 교통이 복잡해지고, 신도시의 재산 가치가 떨어진다는 이유에서다. 이 2곳의 기피시설은 용두동에 지어질 예정인데 인근 항동지구 주민들이 반대를 하고 있다. 이에 LH는 기존 이격거리를 600m에서 1.4km로 늘렸다. 결과적으로 용두동, 항동 주민들은 기피시설 설치를 원치 않고 있다.

이는 창릉뿐만 아니라 부천 대장, 남양주 왕숙 등 여러 공공택지 지역에서 벌어지고 있는 일이다. LH는 주민과의 갈등을 줄이고 원만히 협의할 시스템을 구축해야 한다.

최근에는 고양시가 한국토지주택공사의 계획을 토대로 덕양구 도내동 소재 중소기업 300여 곳을 현천공공주택지구로 이전하는 안을 공고한 바 있다. 문제는 이중 레미콘공장 3곳이 포함되었다는 사실이 알려지며 벌어졌다. 레미콘공장 이전계획을 마포구청 측에서 반대한 것이다. 이것은 현천동과 마포구가 인접해 있기 때문이다. 마포구와 인근 주민들이 환경 오염 등의 피해를 볼 것이라면서 문제를 제기한 것이다. 실제로 마포구와 기업 이전 부지까지의 거리는 불과 1.8km다.

고양 난지물재생센터는 2028년을 목표로 공원화 및 하수처리시설 지하화에 착수했다. 기피시설을 지하로 옮기고, 지상은 공원으로 만들어 지역 주민에게 제공한다. 2019년 고양시와 서울시가 공동 협의체를 구성해 이러한 공원화 사업을 추진했지만 사업은 계속 미뤄졌다. 이곳은 1987년 서울 서북권 지역과 고양시 일부 지역의 하수를 정화하는 시설로, 그동안 인근 주민들의 민원이 끊이지 않았다. 난지물재생센터의 공원화·지하화는 바로 옆의 고양 덕은지구 주민들에게 좋은 소식이 되었다.

〈2030 서울도시기본계획〉에 따르면 상암 수색역 주변 개발과 관련된 내용이 있다. 이를 위해 수색차량기지를 인근 물류기지로 허가된 덕은동 지역으로 이전하는 방안을 검토하고 있다. 한편 고양시는 기피혐오시설에 대한 서울시의 협의 없는 이전 추진에 강력히 반대하고 있다. 서울시와 한국철도공사는 일방적으로 타당성 용역 및 예비타당성 조사를 받았다.

구로차량기지 역시 소음과 지속적인 민원으로 광명시 노온사동으로 이전하는 방안이 추진 중이다. 현재 타당성 재조사에 들어갔지만 광명시의 반대가 심하다. 소음과 진동, 분진 등 다양한 문제로 현재 표류 중에 있다. 조만간 타당성 재조사

기피시설(혐오시설)의 종류

주거환경	환경시설	교통 및 운송	전력 공급

•교도소 및 유치장
•축사
  (우사, 돈사, 양계장)
•군부대 및 보호시설
•공동묘지 및 화장시설
•장례식장
•노숙자시설
	•쓰레기매립장
	•쓰레기소각장
	•자연환경시설
	•원자력발전소, 열병합
	  발전소
	•재활용 집하시설
	•유류저장소
		•공항
		  (고도 제한, 소음, 진동)
		•철도 차량기지
		  (소음, 진동)
			•변전소 등 전력시설
			•송전탑 및 송전선
			  (선하지)

발표가 나올 예정이다. 구로차량기지 이전 문제는 제2경인선과 깊은 연관이 있다. 구로차량기지를 광명시로 이전하는 조건으로 사업이 진행 중이기 때문이다. 앞으로 타당성 재조사를 지켜봐야 할 것으로 보인다.

서울 도봉운전면허시험장도 의정부 장암역 인근으로 이전을 추진하고 있다. 의정부 주민들은 지역 발전에 도움이 안 되는 기피시설을 받는 데 대해 반대의 목소리를 높였다. 현재 의정부시장은 이전 백지화를 선언했다. 과거 이전 협약을 맺고 이전 예정 부지를 개발제한구역으로 지정했지만, 앞으로 노원구와 서울시와 의정부시의 협상이 계속될 전망이다. 그만큼 혐오시설은 반대가 많다. 그렇기에 그에 상응한 대가를 주기 마련이다.

서울 자원회수시설을 보면 현재도 계속해서 혐오시설이라는 이유로 반대가 이어져오고 있다. 이미 2005년부터 750톤 규모의 광역자원회수시설을 운영하고 있는데, 서울시가 신규 쓰레기소각장 후보지로 마포구 상암동을 선정하면서 구청장과 구민들은 반대 의견을 피력하고 있다. 이처럼 혐오시설을 반대하는 이유는 시설의 영향으로 인해 지역 주민들이 피해를 보게 되고, 부동산 가격 상승을 더디게 하거나 하락을 일으키는 요인으로 작용하기 때문이다.

CHAPTER 3
무엇을 사야 할지는
상품을 알아야 한다

대세 상승장에서는
아파트가 답이다

부동산 대전망! 매년 연말이면 각종 칼럼과 책, 기사 등을 통해 시장을 전망하는 콘텐츠가 쏟아진다. 전문가들은 '강보합' '약보합' '강남권' '학군 좋은 곳' '공급 물량 적은 곳' 등 여러 의견을 내세우며 나름의 논리로 내년의 부동산 시장을 전망하곤 한다. 유튜브만 봐도 '오른다'고 주장하는 필승기류와 국제 정세와 시장 상황을 고려해 '떨어진다'고 주장하는 공포기류가 혼재되어 있는 상황이다. 본인의 상황에 따라, 환경 변수에 따라 입장이 조금씩 다르다. 아무래도 정부기관이나 연구기관에서는 소극적인 반면, 투자를 유치하거나 대출이나 부동산 관련 교육을 전문으로 하는 다수는 적극적인 포지션을 취하는 편이다.

대한민국에 살면서, 홀로 저 한적한 시골에서 유유자적한 삶을 살고 있지 않는 한 부동산은 떼려야 뗄 수 없는 삶의 일부와 다름없다. 그러나 대학까지 나와도 그 어디에서도 부동산에 대해 자세히 알려주지 않는다. 사회생활을 하거나 결혼을 준비하면서 돈이 궁할 때면 '나는 지금까지 뭘 하고 살았나?' 하는 자괴감과 함께

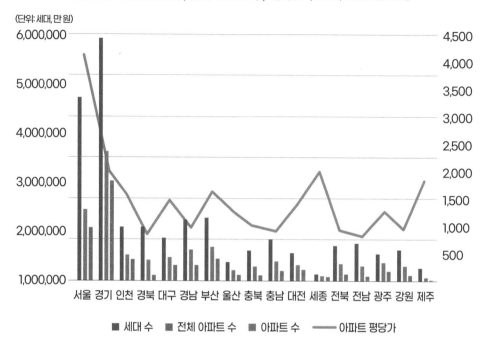

17개 광역시도 세대수, 전체 아파트 수, 아파트 수(임대, 소규모 등 제외)

(단위: 세대, 만 원)

■ 세대 수   ■ 전체 아파트 수   ■ 아파트 수   —— 아파트 평당가

'미리 부동산 공부 좀 해둘걸.' 하는 생각이 들기 마련이다.

　내 집 하나 없다면 지금이라도 세상 돌아가는 이치를, 특히 부동산 시장이 돌아가는 이치를 파악하고 공부해야 한다. 빠르면 빠를수록 그만큼 기회도 많아질 것이다. 현재는 어디서나 부동산과 관련한 양질의 정보가 넘쳐난다. 유튜브도 좋고, 네이버 카페, 블로그, 단톡방도 좋다. 어디서든 마음만 먹으면 돈 많이 안 들이고도 배울 수 있다.

　부동산을 배울 때 가장 보편적으로 접근하는 용도는 단연 아파트다. 주거용이므로 실거주든 임대든 가능하고, 부동산 가격 상승기에는 가격이 상당히 많이 오르기도 한다. 그래서 신축, 준신축, 구축 아파트나 또는 장래 아파트로 변모할 재

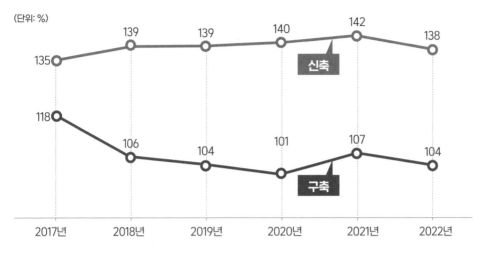

서울 일반 아파트 대비 신축·구축 가격 비교

(단위: %)

신축

구축

| 135 | 139 | 139 | 140 | 142 | 138 |
| 118 | 106 | 104 | 101 | 107 | 104 |

2017년   2018년   2019년   2020년   2021년   2022년

*일반(입주 5~29년), 구축(입주 30년 이상), 신축(입주 5년 미만)

자료: 직방

개발 지역의 일명 썩빌(오래된 구축 빌라)에 투자하기도 한다. 부동산 시장은 아파트를 중심으로 수량과 가격으로 표현되기도 하고 대출, 세금과도 관계가 깊으며 매매와 임대 시장으로 나누기도 한다. 구축의 경우 향후 재건축 사업이나 리모델링 사업으로 새롭게 변모하기도 하는데, 시간 흐름에 따라 신축, 준신축, 구축 간 가격 차이가 생기기도 한다.

직방이 국토교통부 실거래가 공개시스템을 분석한 자료를 보자. 이는 2011년 1월 1일부터 2022년 4월 4일까지 신고된 아파트 매매 및 전세 거래 1,035만 3,156건을 분석한 자료다. 일반 아파트(입주 5~29년)를 기준으로 구축(입주 30년 이상), 신축(입주 5년 미만) 매매가격 비율을 비교했다. 문재인 정부 들어 재건축 규제가 강화되면서 구축 아파트의 경쟁력이 약화되고, 신축 아파트에 대한 선호도가 뚜렷해진 것으로 보인다. 2021년 입주 30년 이상 아파트의 매매가격은 일반 아파트에 비해 7%밖에 높지 않았다. 2017년 구축 아파트가 일반 아파트에 비해 18% 높았던 점과 비교하면 격차가 크게 줄었다. 다만 새 정부가 재건축 규제를 완화하겠다는 의사를 공약으로 내세운 만큼 구축 아파트에 대한 수요는 더 높아질 것으로 보인다.

아파트 건설사 및 브랜드

건설사	브랜드	건설사	브랜드
현대건설	힐스테이트, 디에이치	DL이앤씨	e편한세상, 아크로
대우건설	푸르지오, 푸르지오 써밋	롯데건설	롯데캐슬, 르엘
삼성물산	래미안	포스코건설	더샵
GS건설	자이	DL건설	e편한세상
한화건설	한화포레나	호반건설	베르디움
SK에코플랜트	SK VIEW	HDC현대산업개발	아이파크
대방건설	디에트르	금호건설	어울림
태영건설	데시앙	코오롱글로벌	하늘채
계룡건설산업	리슈빌	서희건설	스타힐스
동부건설	센트레빌	한신공영	한신더휴
제일건설	제일풍경채	두산건설	두산위브
우미건설	우미린	KCC건설	스위첸
한라	비발디	쌍용건설	더플래티넘
반도건설	반도유보라	금강주택	펜테리움
효성중공업	해링턴플레이스	아이에스동서	에일린의 뜰
SGC이테크건설	더리브	HJ중공업	해모로
화성산업	화성파크드림	한양	한양수자인

동원개발	동원로얄듀크	서한	서한이다음
양우건설	양우내안애	대원	칸타빌
라인건설	이지더원	경남기업	경남아너스빌
중흥건설	중흥S클래스	혜림건설	모아엘가
부영	사랑으로	동문건설	굿모닝힐
금성백조	예미지	원건설	힐데스하임
에이스건설	하이엔드타워	대우조선해양건설	엘크루
시티건설	시티프라디움	소노인터내셔널	대명레저
동양건설산업	파라곤	남광토건	하우스토리
신세계건설	쉐덴	자이에스앤디	자이르네
대보건설	하우스디	대우산업개발	이안
신동아건설	파밀리에	계성건설	이지움
진흥기업	더루벤스	SM상선건설	아이유쉘
동원건설산업	베네스트	이수건설	브라운스톤
일성건설	일성트루엘	라온건설	라온프라이빗
극동건설	스타클래스	경동건설	경동리인
삼부토건	르네상스	삼정기업	삼정그린코아
요진건설산업	와이시티	남양건설	남양휴튼
대상건설	웰라움	동일토건	동일하이빌

아파트가 오르면
주거시설도 오른다

단독주택은 1가구만 사는 독립된 주택으로 토지와 건물 주인은 1명이고, 「건축법」상 면적 제한이 없다. 다가구주택은 층수는 3개 층 이하이며, 1층의 경우 전부 또는 일부를 필로티구조로 주차장으로 사용하고 나머지 부분을 주택 외 용도로 사용해 층수에서 제외된다. 구분등기는 안 되며 연면적은 $660m^2$ 이하여야 한다. 주거는 독립가구이며 19세대 이하로 거주해야 하고 개별취사시설이 가능하다. 보통 3층 건물을 건축한다면 1~2층은 상가로 쓰고, 3층을 주택으로 사용하는 경우가 많다. 이러한 상가주택, 점포겸용주택은 「건축법」상 다가구주택에 해당된다. 집주인은 상가와 다가구주택을 같이 가지고 있기에 독립가구라고 할 수 있다.

보통 상가주택은 신도시 상가주택과 구도심 상가주택으로 나뉜다. 특히 신도시 상가주택은 지구단위계획수립지침을 따르기에 규제 사항을 확인해야 한다. 신도시의 경우 지역에 따라 가구수와 용적률, 건폐율이 다르다. 일반적으로 신도시는 4층 규모로 전체 면적의 40% 이하로 1층에 상가를 놓고, 2~4층은 임대를 하거나 주인이 직접 거주한다. 구도심은 신도시에 비해 다른 「건축법」이 적용되기에 제한이 적은 편이다. 현재 양도세는 2022년 1월 1일 양도분부터 주택 면적이 상가 면적보다 크고 1세대 1주택일 경우 12억 원 이하라면 비과세가 가능하다. 주택 면적이 상가 면적보다 작거나 같으면 상가 부분은 양도세를 적용한다. 12억 원 초과분의 경우 주택 면적이 상가 면적보다 크더라도 주택 부분만 1세대 1주택 비과세를 적용받고, 상가 부분은 1세대 1주택 비과세를 적용받을 수 없다.

다중주택의 층수는 3개 층 이하이며, 연면적 660m² 이하여야 한다. 지하층, 1층 필로티, 근생은 층수에서 제외된다. 주거 형태는 비독립가구로 공용취사시설만 허용되며 개별취사시설은 불가하다. 다중주택과 다가구주택 여부는 주차 공간을 보면 구분이 가능한데, 다중주택의 경우 1개 동에 2~3대 주차 공간을 가지고 있다. 쉽게 생각하면 과거 하숙집을 떠올리면 된다. 방은 분리되고 식사는 공동부엌에서 해결하는 구조다. 다중주택과 고시원이 헷갈릴 수 있는데 고시원은 건축물대장상 제2종 근린생활시설로 표기하며 소방시설을 갖춰야 한다. 다중주택은 소방시설을 갖춰야 할 의무가 없으며, 주차장 규제가 약해 다른 주택보다 작은 땅의 면적을 활용하기 좋다.

다세대주택의 경우 보통 공동주택이다. 다가구주택은 구분등기가 안 되는 반면 다세대주택은 구분등기가 가능하다. 층수는 4층 이하이며, 연면적은 660m² 이하여야 한다. 주차장은 건물에 포함되지 않는다. 요즘은 필로티주차장을 짓기에 주차장을 제외되고 위의 4개 층은 다세대주택에 해당된다고 볼 수 있다.

도시생활형주택은 300세대 미만의 주택단지로 도시에 거주하는 1~2인을 위한 소규모 주거 형태다. 도시생활형주택은 비도시 지역에는 건축이 불가능하고, 도시 지역에서 소규모로 지어진다. 공동주택임에도 분양가 상한제의 적용을 받지 않는다. 단지형 연립주택, 단지형 다세대주택, 원룸형 세 가지 형태로 구분한다. 단지

도시형생활주택 vs. 오피스텔

구분	도시형생활주택	오피스텔
관련법	「주택법」	「건축법」
용도 지역	제3종 일반주거지역, 준주거지역	준주거지역, 일반상업지역
면적, 세대수	전용면적 85m² 이하, 최대 300세대	무관
유형	공동주택	주거용, 업무용
발코니	설치 가능(확장, 서비스 면적)	설치 불가(확장 불가)
전용률	70~80%	40~60%
주차대수	30m² 이하 0.5대, 60m² 이상 1대, 원룸 0.6대	1대 이상
취득세	1~3%, 2주택 8%(주택 수, 조정 여부)	4.6%
주택 수	포함(전용면적 20m², 공시가 1억 원 이하 미포함)	업무용은 포함 안 됨
관리비	다소 저렴	다소 비쌈
부대시설	비교적 적음	단지 내, 인근에 다수

형 연립주택은 4층 이하로 건축되어야 하며, 연면적은 85m² 이하로 제한된다. 원룸형은 5층 이상 지을 수 있으며, 전용면적은 60m² 이하로 제한된다.

도시생활형주택의 장점은 청약통장 없이도 분양이 가능하다는 점이다. 주택을 가지고 있거나 거주지가 달라도 청약이 가능하다. 공시가격 1억 원 이하, 전용면적 20m² 이하 도시생활형주택을 취득할 경우 다주택자로 보지 않고 무주택자로 본다. 그렇기에 아파트 청약도 가능하다. 주차 공간과 부대시설의 과부하를 방지하기 위해 침실이 2개 이상인 가구수는 전체 가구수의 1/3로 제한한다.

주거용 오피스텔은 주택 외 매매로 분류되며 토지와 상가의 세율을 적용한다. 그렇기에 취득세는 4.6% 고정 세율이다. 원래 오피스텔 분양권 자체는 주택 수에 포함되지 않지만, 등기 후에 주거용으로 실제 사용한다면 주택 수에 포함된다. 주택임대사업자의 경우 전용면적 60m² 이하에 해당하는 신규 분양이라면 취득세가 200만 원 이하일 경우 면제, 200만 원 이상일 경우 85% 감면 대상이다. 현 정부가 대통령 인수위 시절, 소형 빌라·다세대주택·오피스텔 등의 주택 수 합산을 제외하는 방안을 검토한 바 있는데 추이를 지켜볼 필요가 있다.

주택임대사업의 경우 종합소득세를 비롯해 취득세, 재산세, 종부세, 양도세 등의 감면 혜택이 있다. 2020년 8월 18일 이후에는 아파트를 제외한 모든 주택만 가능하고, 1호 이상만 임대해도 무관하다. 전용면적에 제한은 없지만 60m² 이상일 시 취득세, 재산세 혜택이 없거나 적다. 10년 이상 장기 임대주택만 가능하고, 임대료 증액은 5% 이내로 제한해야 된다. 오피스텔도 주거용 전용면적 85m² 이하인 경우 가능하며 주택임대사업자 주소지 관할 시군구에 등록하면 된다.

아파트를 못 사면
비주거용이 뜬다

정부가 부동산 정책으로 세금 규제를 강화하면 아파트 등 주거용 부동산에 투자하기 힘들어지고, 이는 다른 용도인 생활형 숙박시설과 지식산업센터 등의 가격에도 영향을 미친다. 생활형 숙박시설은 호텔과 주거용 오피스텔의 장점을 모은 새로운 주택의 형태다. 취사와 세탁이 가능한 숙박시설이다. 「건축법 시행령」 개정으로 숙박업 신고가 필요한 시설로 규정되었다. 숙박 영업을 하기 위해서는 영업신고를 해야 한다. 주택으로는 사용할 수 없으며 「공중위생관리법」으로 관리한다. 원칙적으로 전입신고가 불가능하기에 전세대출을 받을 수 없다. 요즘은 1인 가구가 많기에 생활형 숙박시설도 많이 늘고 있다. 청약이 필요 없고, 거주를 하지 않아도 「건축법」이 적용되기에 전매가 가능하며, 분양가 상한제도 적용이 안 된다. 만약 전입신고를 하게 되면 주택 수에 포함되기에 세금을 내야 하는 단점이 있으며, 오피스텔과 같이 4.6%의 취득세가 적용된다. 생활형 숙박시설은 일반임대사업자 등록이 가능하며, 계약 후 20일 이내에 세무서에 신청하면 된다.

지식산업센터는 건축물 내에 제조업과 정보통신산업 등 지식산업 및 정보통신산업을 영위하는 다양한 업체들이 입주하는 3층 이상의 집합건축물을 말한다. 이전에는 '아파트형공장'이라 불렸으나 2009년부터 지식산업센터로 변경되었다. 지식산업센터의 장점은 대출 규제에서 자유롭다는 점이다. 그렇기에 투자자 입장에서는 수월하게 레버리지 투자가 가능하며, 대출이 70~80%까지 가능하기에 적은 자본으로도 진입할 수 있다.

지식산업센터의 경우 분양권에 대한 전매 제한이 없어서 매매가 자유롭다. 종부세는 공시가 80억 원이 넘지 않는다면 부과되지 않는다. 세금의 경우 중과가 되지 않아서 일반과세 처리되고, 만약 임대를 주지 않을 시 취득세는 50%, 재산세는 37.5% 감면해준다. 5년 이내로 임대로 전환한다면 본인이 혜택을 받았던 금액을 환급해야 한다.

최근에는 지식산업센터 분양이 눈에 띄게 늘었다. 지식산업센터를 많이 분양하는 지역은 서울 성동구 성수동, 송파구 문정동을 비롯해 구로, 영등포, 인덕원, 동탄, 광명, 하남 등이다. 다양한 지원과 저렴한 금리도 한몫하고 있다. 대출과 관련해서는 분양가의 최대 75%까지 3년 거치, 5년 균등분할상환이 기본 조건이며 금리는 3~3.5% 내외로 책정되고 있다. 또한 취등록세, 법인세, 부가가치세 등도 감면 또는 면제되므로 선별해서 투자하는 것도 하나의 방법이다. 지식산업센터 공장시설의 입주 업종은 제조업의 경우 음식료, 섬유의복, 목재, 출판, 기계, 전기, 전자, 운송장비 등(한국표준산업분류 10~33번)이 가능하다. 지식산업의 경우 연구개발업, 건축기술 및 엔지니어링 서비스업, 광고물 작성업, 영화 및 비디오 제작업, 출판업, 전문디자인업, 경영컨설팅업, 기업부설연구소 등이 가능하며, 정보통신산업의 경우 컴퓨터 시스템 설계 및 자문업, 소프트웨어 자문·개발 및 공급업, 자료처리업, 온라인 정보 제공업, 전기통신업 등이 가능하다.

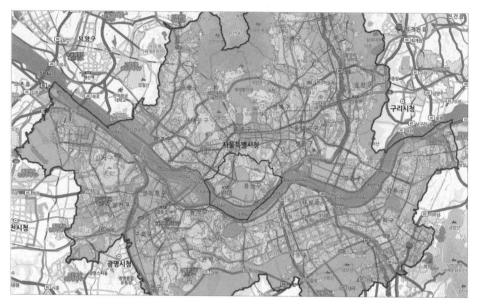

서울 준공업지역(보라색) 현황

　최근 신도시나 개발사업지마다 자족시설 부지 등에 지식산업센터가 생기고 있다. 2022년 8월 기준, 1,300여 개의 지식산업센터가 있으며 80% 이상이 수도권에 밀집되어 있다. 「건축법」상 공장으로 분류되어 있지만, 최근 건설된 건물의 용도와 이용 상황을 보면 일반 업무시설과 큰 차이가 없다. 굳이 준공업지역이 아니더라도 서울 도심 일반상업지역에 지식산업센터가 건설되는 경우도 적지 않다. IT계열 업종 규제가 사라지고, 높은 층고와 상대적으로 저렴한 분양가 등이 장점으로 떠오르면서 시행사는 개별 분양을 통해 수익을 얻으려 하고 있다.

　지식산업센터의 성지는 성동구 성수동이다. 최근 신축된 지식산업센터의 경우 계약면적 기준 평당가 3천만 원 중반대까지 가격이 형성되어 있다. 이어 송파구 문정동 일대 역시 추가 공급이 어려운 만큼 공간을 찾는 수요가 높은 편이다. 그 밖에 영등포구청 북측과 가양역 부근도 선호도가 높다.

차례대로 성수동 지식산업센터, 성수동 아크로서울포레스트(SM엔터테인먼트 본사)

　최근 지식산업센터가 많이 건설됨에 따라 지하철역이 없거나 공급 과잉인 지역은 분양받는 것을 삼가야 한다. 지식산업센터도 일종의 대체 투자 자산이기 때문에 부동산 시장이 좋지 않을 때는 투자를 많이 꺼릴 수 있다. 각별한 주의가 필요해 보인다.

땅의 가치는
영혼을 불어넣어야 오른다

    토지는 투자 목적을 명확히 정하고, 장래 계획이 있거나 주변에 변화가 많은 땅을 구입해야 한다. 환금성이 떨어져 돈이 묶일 수 있기 때문에 가급적 여윳돈으로 투자하는 게 좋다. 또한 목적에 따라 건물 신축을 감안해야 한다. 신축 이유가 임대수익용인지, 매각차익용인지 분명히 정하고 접근해야 하며, 건축 허가와 업종 허가 등이 추가로 필요하기에 사진에 확인해야 한다.

    국책 사업은 썩어도 준치라는 말이 있다. 시간은 다소 걸릴 수 있으나 결과적으로 언젠가 어떤 식으로든 투자가 되기 때문이다. 사업 주체가 국가, 지자체, 기업 등 누구인지에 따라 개발 가능성의 무게가 다르기에 목적과 사업 주체를 파악하고 인근 토지를 매입하는 것도 한 방법이다. 지방 토지의 경우 매매 사례가 많지 않아서 옆집에 누가 얼마에 팔았다는 소문이 나면 그 이하로는 팔지 않는 경향이 있다. 발품을 많이 팔면 팔수록 그만큼의 가치는 한다고 생각한다.

    공부상의 내용과 사용 현황이 일치하는지도 확인해야 한다. 공부에는 논으로 표시되어 있는데 실제로는 대지 용도로 사용하는 경우도 있고, 그 반대인 경우도 있을 수 있다. 이를 확인하기 위해서는 토지이용계획확인원 등을 열람해야 한다. 지목보다는 용도 지역을 우선적으로 검토해야 한다.

토지에 건물을 신축하려면 도로 조건, 상하수도 등 인입시설 조건 등을 따져봐야 한다. 도시 외의 지역에서는 인허가 과정이 번거롭고 오래 걸릴 수 있기에 예상치 못한 상황을 고려해야 한다. 즉 군청 주변에 있는 측량설계사무소를 이용해 관련 문제를 어느 정도 해결할 필요가 있다. 전, 답, 과수원 등 농지의 경우 농지전용허가, 개발행위 허가, 건축 허가를 받아야 한다. 임야의 경우 산지전용 허가, 개발행위 허가, 건축 허가를 받아야 한다. 이를 위해 토지이용계획에 있는 규제 정도는 기본적으로 이해해둬야 한다. 어떤 업종의 건축물을 지을 것인지 사전에 결정해야 하며, 토지 면적의 건폐율, 용적률, 일조권, 인접대지경계선, 건축선을 따질 수 있어야 한다.

도로의 폭과 조건에 따라 대지 면적에서 제외되기도 하고, 건축 후퇴선을 적용받기도 한다. 인접대지경계선은 용도와 바닥 면적에 따라 다르게 적용되지만 통상도로에서 1m, 인접대지에서 0.5m를 이격해야 한다. 면적이 넓거나 공동주택의 경우 1.5~3.0m 이상 이격해야 한다. 법정 주차대수는 지자체 조례에서 지정하고 있으며 의무적으로 확보해야 한다. 통상 다가구주택, 공동주택, 오피스텔 등의 경우 전용면적 30m^2 미만은 0.5대, 전용면적 30~60m^{2}는 0.8대, 전용면적 60m^2 초과는 1대를 둬야 한다. 제1·2종 근린생활시설, 숙박시설의 경우 전용면적 134m^{2}당 1대, 업무시설의 경우 전용면적 100m^{2}당 1대를 적용하는 등 시설물의 용도에 따라 면적을 달리하고 있다.

일조권의 경우 「건축법」 제61조에 따라 전용주거지역과 일반주거지역 안에서의 건축물 높이는 일조 등의 확보를 위해 정북 방향의 인접대지경계선으로부터 거리에 따라 제한된다. 높이 9m 이하는 인접대지경계선에서 1.5m, 높이 9m 초과 부분은 높이의 1/2 이상 거리를 이격해야 한다.

건물을 신축하려면 기존 건물을 철거하고, 건축 허가를 받고, 착공 신고를 하고, 토공사를 시작으로 골조, 전기, 기계설비, 창호, 단열, 방수, 조적, 미장, 타일, 도장, 엘리베이터, 조경, 부대 등의 공사를 마친 후 사용 승인 신청을 받으면 된다. 소규모 건축물을 신축하려면 도로 4m 등의 조건을 미리 확인한 후 건축이 가능한지부터 살펴야 한다. 현금이 부족하다면 사업비 조달방법도 미리 준비해야 한다. 대출 시 제1·2금융권을 이용할 것인지, 준공 후 보증금을 통해 사업비의 일부를 후불로 지급할 것인지 결정해야 한다.

토지이용계획확인원 등을 통해 규제사항이 없는지도 확인해야 한다. 가급적 북측에 도로가 있는 정방형에 70평 이상의 부지를 확보해야 사업성이 좋다. 경사지를 활용하거나 연접한 땅을 통합하거나 콘셉트에 맞는 토지를 사전에 매입하는 것도 한 방법이다. 건축물 용도에 따라 주차대수와 배치도 중요하다. 시공사 선정 시 기존 건설 사례를 살펴보는 것도 결정에 도움이 된다. 무작정 건물을 짓기보다는 투자 목적에 따른 전략이 필요한데 임대, 주거, 매각 등 방향성이 있어야 한다. 완공 후 수지 분석과 건물 관리를 직접 할 것인지, 전문 업체에 맡길 것인지도 선택해야 한다. 임대가 잘 안 될 시 LH, SH 임대 사업에 맡기는 것도 방법이다.

땅을 매수한 후, 그대로 방치하면 손해다. 장기든 단기든 어떤 식으로든 활용해야 한다.

상가, 상업시설은
콘텐츠가 분명해야 한다

상가와 관련해서는 꼬마빌딩이라고 불리는 근린상가와 구분상가가 모여 있는 상업시설을 구분해서 살펴보고, 이들이 모여 있는 지역 주변 상황과 매출과의 영향 등을 종합적으로 분석할 필요가 있다. 통칭 상가의 경우 소매점, 휴게음식점(술 판매 불가), 일반의원 등의 필수 업종인 제1종 근린생활시설과 일반음식점(술 판매 가능), 노래연습장, 공연장 등 상대 업종인 제2종 근린생활시설로 구분된다.

근린상가의 경우 신축이나 리모델링, 용도 변경, 건물 관리, 임차인 관리 등이 중요하다. 「상가건물 임대차보호법」이나 「건축법」 등을 잘 숙지해 임대료 인상, 주차장 관리 등을 해야 한다. 개별 건물인 근린상가는 도로와 접한 상황이나 매출에 영향을 주는 주변 상황이 중요하다. 접근성, 일조권, 조망권, 배후세력 등도 중요하게 보고 있다. 저금리 시장이거나 아파트 규제가 심할 때는 명의와 대출, 임대료 수익 등 여러 측면에서 상가 건물의 투자 메리트가 부각된다. 2019~2021년 사이에는 서울 다수 지역의 꼬마빌딩이 큰 폭의 가격 상승을 보였다.

서울이나 수도권 구분상가의 경우 1층은 분양 평수 기준으로 평당가 4천만 원이 넘는다. 전용면적 10평이라면 분양면적 20평에 해당되어 분양가가 8억 원에 달한다는 이야기다. 장사를 할 수 있는 최소한의 면적을 전용면적 6평 이상으로 보긴 하지만, 전용면적 10평은 되어야 테이블 몇 개라도 놓을 수 있다. 2층으로 올라가면 20평, 3층으로 올라가면 30평은 되어야 수요를 유인할 수 있는 쾌적함이 생기기에 층수나 면적을 한정해 이야기할 수는 없으며, 사업 목적에 따라 층수와 면적을 달리 살피는 것이 중요하다. 1층 대비 2~3층의 경우 40~50% 선에서 매입이 가능하다.

신도시 개발 시 통상 상가가 유효수요 대비 2배 이상 공급되기 때문에 특별한 지역을 제외하곤 미분양 및 장기 공실을 심심치 않게 볼 수 있다. 가격은 비싼데 임대가는 저렴하고, 개발사업지이다 보니 유동인구가 제한적이기 때문이다. 그나마 역이 있거나 장래에 역이 생긴다면 기대가치라도 있겠지만 그렇지 않다면 전망이 어두울 수 있다.

소상공인시장진흥공단이 제공하는 상권정보(sg.sbiz.or.kr)를 이용하면 대략적으로 상권에 대해 이해할 수 있다. 매출지수, 지역 현황, 임대료 현황, 창업기상도 등 지역 내 상권을 간략히 평가할 때 손쉽게 쓸 수 있는 자료를 제공한다. 지도상에서 위치만 지정해 '상세분석' 또는 '간단분석'에 들어가면 매출액, 요일별·시간별 고객 현황, 점포 수 등 지역 상권에 대한 기본적인 자료를 얻을 수 있다(데이터베이스는 KB국민카드 매출, 나이스지니데이타 자료 등을 활용).

예로 교대역과 서초역 인근 서초동 일부 지역을 검색해보자. 검색 반경 안에는 법무법인 등 법률서비스 회사와 대형 학원이 일부 몰려 있다. 그에 따른 상권이 형성되어 있으나, 변호사 사무실은 주말에는 아예 문을 닫기 때문에 교대역 인근 먹자골목 외에는 매장 손바뀜이 많은 곳이다. 이를 참고로 데이터를 살펴보자. 맥주

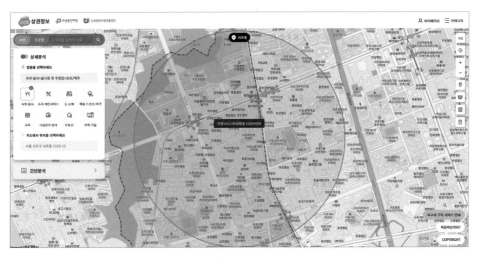

상권정보 사이트에서 분석할 지역을 지정하는 화면

상권 분석 보고서 화면

집 오픈을 가정해 '호프/맥주' 카테고리로 검색했다. 2022년 9월 27일 기준 관련 업소 수는 전월 대비 정체되어 있다고 나온다. 전월 대비 매출액은 2.5%, 매출건수는 2.2% 상승했다. 요일별로는 아무래도 주말보다는 주중 위주로 매출이 일어나며, 매출 발생은 점심보다는 저녁 비중이 높게 나온다.

상가의 가격이나 상권의 의미는 현장에서 찾아야 한다. 우선 핸드폰으로 밸류맵이나 디스코 애플리케이션을 깔고 지도를 켠다. 현재 위치를 확인한 후 조회하면 최근 3년 안에 거래된 건물을 여러 건 볼 수 있다. 본인이 현재 지나가며 보고 있는 건물이 언제, 얼마에 거래되었는지 누구나 간단히 확인할 수 있다. '이 건물이 왜 ○○억 원에 거래되었을까?' 하는 의문 속에 평일 점심, 저녁과 주말 이동수

밸류맵 거래 매물 조회

요와 실제 소비까지 연결되는 유효수요를 살펴볼 필요가 있다. 향후 역이 신설되거나 아파트 단지 등이 들어올 예정이라면 미래 가치를 감안해서 상가를 평가해야 한다.

네이버 부동산에는 현재 매도하고자 하는 매물이 나와 있다. 공인중개사무소에 연락해서 임대료 수준, 공실, 다른 부동산 상황 등을 살펴봐야 한다. 단기적으로 가격이 급상승했다면 부동산 시황을 고려해 무리하게 매수하는 것은 금물이다. 시장이 좋지 않을 때는 경매로 진행되는 우량 물건이 다수 포착되기 때문에 투자할 여력이 있다면 이런 시기를 노려보는 것도 좋다. 상가의 경우 공실이 발생하는 경우가 다분히 있기에 이런 상황에서 어떻게 대처할지 준비해둘 필요가 있다. 주거시설이 많은지, 업무시설이 많은지에 따라 분명히 연관된 업종이 필요할 것이다. 투자금이 적게 드는 범위 안에서 공간을 활용하는 지혜가 필요해 보인다.

코로나19 시대, 물류가 확대된다

　공장, 창고 투자는 입지적으로 수도권이나 광역 도시에 근접한 곳이 좋으며, 고속도로 IC와의 접근성이 좋아야 한다. 개별적으로 도로와의 접근성이 좋고 대형 차량 진입이 용이해야 한다. 주거용 시설이 적어야 민원 발생이 적으며, 향후 개발 가능성도 염두에 둘 필요가 있다. 매각 차익이 목적일 수도 있지만 보통 공장, 창고 투자지는 안정적인 임대수익을 선호한다. 통상 3~5% 임대수익이 나오는데, 금리가 계속 올라가는 상황에서는 더 높은 수익을 고려해야 한다. 사업용 토지에 대한 장기보유특별공제나 양도세 등에서 유리할 수 있기에 공장과 토지는 고수들의 틈새 투자처로 통한다.

　공장, 창고 건축물이 모여 있는 곳은 이미 건축 인허가를 해준 곳으로, 토지에 건물을 신축한다면 용도 차이는 있겠지만 상대적으로 개발 행위 인허가를 받기는 수월한 편이다. 기존 건물을 매입할 때는 인허가 및 대출 승계 조건을 확인하고, 불법 건축물은 없는지, 도로나 주차 등이 용이한지 잘 살펴봐야 한다. 무엇보다 '왜 매도를 할까?' 하는 의구심을 가져야 한다.

공장을 경매로 낙찰받으면 시간과 비용 면에서 상당한 이익이 된다. 공장을 설립해서 짓고 인허가를 받으려면 최소 2년 이상 걸리는데 반해, 경매를 통해 적절한 비용으로 인도함과 동시에 공장허가권을 인계받으면 좋다. 현실적으로 공장 입지를 선정하고 토지를 구입한 후 신축하는 과정이 쉽지 않고, 그 과정에서 들어가는 여러 비용과 수고를 생각한다면 경매 쪽이 여러모로 이점이 있다.

어떤 업종이냐에 따라 입지 요소가 달라질 수 있겠지만 보통 경부고속도로, 서해안고속도로, 영동고속도로 등 고속도로 주변에 있는 지역이 선호된다. 또한 수도권에 근접하고, IC에서 반경 3km 범위 내에 있고, 가급적 4차선 이상(최소 8m 이상) 도로와 접해 있는 지역이라면 가치가 높다. 최근에는 NPL을 통해 경매에 많이 입찰했으나 「대부업 등의 등록 및 금융이용자 보호에 관한 법률」 개정으로 인해 공장 경매도 한풀 꺾인 모습이다. 주택이나 상가에 비해 공장은 초보자가 접근하기에 어려울 수 있다. 장비와 기계가 있는 경우 추가 비용이 발생할 수 있고 공사와 관련된 유치권 등으로 분쟁이 생길 수 있기 때문이다. 시세 파악이 어렵고 경매 감정가와 실제 시세에 괴리가 있기에 전문가와 상담을 통해 진행하는 것이 좋다.

공장, 창고의 경우 입지 분석이 중요한데 서울, 수도권을 타깃으로 보면 용인, 평택 경부선 방향이나 광주, 이천 영동선 방향, 고양 등을 선호하는 편이다. 상수원보호구역 등은 허가가 제한적이고 규제도 심하기 때문에 특정 지역에서만 가능하다. 입지 분석 시 도로망 분석은 필수다. 자재의 이동이 원활해야 하기 때문에 지금 도로가 좋거나 좋아질 것이라고 판단되는 곳에 수요가 몰릴 수밖에 없고, 이에 따라 가격도 오르기 마련이다.

하남시는 수도권에서 제조와 물류의 요충지다. 하남에는 하남IC, 서하남IC, 초이IC와 인근 상일IC의 고속도로가 접근성이 좋아 물류 교통이 편하다. 거기에 감일지구, 미사지구, 위례지구가 생겨서 공급이 줄고 수요는 증가하기에 더 인기가 있다. 앞으로 3기 신도시와 교산지구 개발로 철거가 활발히 진행되면 공장은 더욱 귀하게 여겨질 것이다. 하남시에서 주목할 필요가 있는 지역은 망월동, 풍산동, 학암동 순이다. 망월동은 강동구, 송파구로의 이동이 편하고, 강동대교를 타고 구리시로 가거나 미사대교를 타고 남양주로 가는 교통도 편리하다. 미사IC 접근성이 뛰어나며, 올림픽대로, 외곽순환대로, 서울양양고속도로 등 진입이 아주 좋다. 미사역까지 차량으로 10분이 걸리며 잠실역까지는 차량으로 20분 이내로 이동 가능하다. 풍산동은 상일IC와 인접해 교통이 우수한데 올림픽대로와 중부고속도로 접근이 용이하다. 근처에 상일동역과 강일역이 있으며, 강남 수서까지 20분대로 진입이 가능하고, 잠실은 10분대로 이동이 가능하다. 바로 위에는 고덕강일지구가 위치해 있다. 학암동은 성남시, 송파구로의 이동이 자유롭다.

이천은 설성면에 공장, 창고가 많다. 중부고속도로 남이천IC에서 가깝고, 영동고속도로 이천IC와도 10분 거리다.

용인의 공장, 창고는 풍덕천동, 상현동, 죽전동 등에 모여 있다. 풍덕천동과 상현동은 매물이 없다. 죽전동은 판교IC와 동수원IC, 수원신갈IC까지 차량으로 10분 정도 걸리며 분당수서간도시고속화도로, 용구대로, 경부고속도로, 영동고속도로를 이용할 수 있는 교통의 요지다. 용인시 처인구는 세종포천고속도로, 제2외곽순환고속도로, 영동고속도로를 이용할 수 있는 장점이 있다.

온라인 쇼핑 및 신선 물류, 플랫폼 물류 등의 신산업 선장에 따라 이제 주문이 시작되면 몇 시간 안에 즉시 배송을 해야 한다. 특히 간단한 식사를 대체하는 먹거리의 경우 새벽 시간에 배송해야 하기 때문에 무엇보다 접근성이 중요해졌다. 임대료가 비싼 도심 상가나 상업시설이 레드오션이라면, 접근성 좋고 임대료가 저렴한 도심 인근 물류 부지는 블루오션에 가깝다. 물류시설은 통상 「물류시설의 개발 및 운영에 관한 법률」에 따라 바닥면적이 최소 1천m²(300평) 이상이어야 한다. 물류창고는 최종 소비자와의 접근성도 중요하고, 원재료나 다른 상품이 빈번이 오가야 하기 때문에 산업시설이나 교통이 용이한 곳에 위치해야 한다.

이와는 별개로 최근 도심에 미니창고들이 속속 들어서고 있다. 무인점포로 운영되며, 사용자가 원하는 크기의 보관 공간을 선택해 필요한 시간만큼 개인 물품을 보관하는 식이다. 회원가입 후 핸드폰을 통해 결제하고, 문이 열리면 일정 기간 동안 보관한다. 도심의 빈 상업시설이나 임대료가 저렴한 곳에 자동 시스템으로 공간을 활용하는 것이다. 일명 '셀프스토리지' 사업으로 이를 전문적으로 하는 업체가 계속 늘어나고 있다. 초기 시설 투자비가 다소 비싸고, 실내 공간의 환기 등이 중요하다. 무엇보다도 주변 수요자에게 이러한 시설이 있다는 점을 알려야 한다. 마케팅 전략이 필요하기 때문에 점차 매장 수를 늘려가며 여러 지점으로 확대해가야 사업성을 확보할 수 있을 것으로 보인다.

CHAPTER 4

어떻게 사야 할지는
방법을 알아야 한다

천 리 길도 한 걸음부터, 청약부터 시작하라

청약은 통상 아파트 청약과 그 외 청약으로 나눠서 이해하자. 먼저 아파트의 경우 민영주택과 국민주택(공공주택)으로 청약이 가능하고 특별한 상황을 고려한 특별공급도 여러 형태로 진행된다. 대다수가 아파트 청약을 노리는 만큼 사회초년생이나 무주택자에게는 부동산 시황에 따라 '로또'라고 불리기도 한다. 시황이 좋을 때는 신도시이거나 재개발·재건축 등의 이슈가 있는 지역에서는 인근 지역의 가격과 조합원 분양가, 일반 분양가를 비교해 신축 후 상대적 우위를 노릴 수 있는 아파트로 청약이 몰리게 된다. 이 경우 경쟁률은 치열할 수밖에 없다. 일정 기간 거주 요건을 갖춰야 함에도 실제 거래가 이뤄지는 시점을 감안해보면 몇억 원씩 상승하는 게 다반사다. 그래서 로또라고 불릴 수밖에 없다. 그러나 시황이 좋지 않을 때는 미분양이 생기는 등 '줍줍'의 시대가 온다. 향후 가격이 오를 것이라는 걸 알면서도 당장 시황이 나쁘면 쉽게 접근하지 못하는 게 실정이다. 민영주택과 국민주택에서는 어떻게 순위를 정하는지 살펴보자.

민영주택 순위별 조건

순위	청약통장 (입주자저축)	순위별 조건	
		청약통장 가입 기간	납입금
1순위	주택청약 종합저축	• 투기과열지구 및 청약과열지역: 가입 후 2년이 경과한 분 • 위축지역: 가입 후 1개월이 경과한 분 • 수도권 지역(투기과열지구 및 청약과열지역, 위축지역 외): 가입 후 1년이 경과한 분(다만 필요한 경우 시도지사가 24개월까지 연장 가능) • 수도권 외 지역(투기과열지구 및 청약과열지역, 위축지역 외): 가입 후 6개월이 경과한 분(다만 필요한 경우 시도지사가 12개월까지 연장 가능)	<table><tr><td>구분</td><td>서울·부산</td><td>기타 광역시</td><td>기타 시군</td></tr><tr><td>85m² 이하</td><td>300</td><td>250</td><td>200</td></tr><tr><td>102m² 이하</td><td>600</td><td>400</td><td>300</td></tr><tr><td>135m² 이하</td><td>1,000</td><td>700</td><td>400</td></tr><tr><td>모든 면적</td><td>1,500</td><td>1,000</td><td>500</td></tr></table>*단위: 만 원
	청약예금		납입인정금액이 지역별 예치금액 이상인 분
	청약부금 (85m² 이하)		매월 약정납입일에 납입한 납입인정금액이 지역별 예치금액 이상인 분
2순위		1순위에 해당하지 않는 분(청약통장 가입자만 청약 가능)	

국민주택 순위별 조건

청약 순위	청약통장 (입주자저축)	순위별 조건	
		청약통장 가입 기간	납입금
1순위	주택청약 종합저축	• 투기과열지구 및 청약과열지역: 가입 후 2년이 경과한 분 • 위축지역: 가입 후 1개월이 경과한 분 • 수도권 지역(투기과열지구 및 청약과열지역, 위축지역 외): 가입 후 1년이 경과한 분(다만 필요한 경우 시도지사가 24개월까지 연장 가능) • 수도권 외 지역(투기과열지구 및 청약과열지역, 위축지역 외): 가입 후 6개월이 경과한 분(다만 필요한 경우 시도지사가 12개월까지 연장 가능)	• 매월 약정납입일에 월 납입금을 연체 없이 다음의 지역별 납입 횟수 이상 납입한 분: 투기과열지구 및 청약과열지역 24회, 위축지역 1회, 수도권 지역(투기과열지구 및 청약과열지역, 위축지역 외) 12회, 수도권 외 지역(투기과열지구 및 청약과열지역, 위축지역 외) 6회(다만 필요한 경우 시도지사가 수도권은 24회, 수도권 외 지역은 12회까지 연장 가능)
	청약저축		
2순위		1순위에 해당하지 않는 분(청약통장 가입자만 청약 가능)	

민영주택의 주택청약 1순위 조건은 무주택자 또는 1주택자다. 1주택자는 기존 주택을 처분하는 조건이다(2018년 12월 11일 이후 취득한 분양권과 입주권 주택 수에 포함). 그다음 5년 이내 청약 당첨 이력이 없고, 청약 가입 기간이 2년 이상(투기과열지구, 청약과열지역)이어야 하며, 지역별 예치금에 따라 타입 면적이 달라진다($84m^2$ 이하 기준 서울·부산 지역은 300만 원 이상, 기타 광역시 250만 원 이상, 기타 시군은 200만 원 이상). 타입 면적이 넓을수록 더 많은 예치금이 필요하다.

민영주택의 공급 비율은 전용면적에 따라 다르고, 규제 지역 여부에 따라 다르며, 가점제와 추첨제의 비율이 다르다. 예를 들어 전용면적 $85m^2$ 이하 주택의 경우 투기과열지구에서는 가점제 100%이고, 청약과열지역에서는 가점제 75%, 추첨제 25%다. 예를 들어 1천 세대를 모집하면 투기과열지구에서는 가점제로 1천 세대를 뽑는 반면, 청약과열지역에서는 가점제로 750세대, 추첨제로 250세대를 뽑는 식이다.

가점제 점수는 무주택 기간(32점), 부양가족 수(35점), 청약통장 가입 기간(17점) 세 가지 항목으로 나뉘며 총점은 84점이다. 총점에 따라 가장 높은 점수를 가진 사람이 청약에 배정된다. 무주택 기간은 1년에 2점씩, 부양가족 수는 1명당 5점씩, 청약통장 가입 기간은 17세 이후부터 1년에 1점씩 가점이 매겨진다.

만일 점수가 낮다면 특별공급을 공략하는 것도 좋다. 특별공급에는 신혼부부, 다자녀가구, 노부모부양, 생애최초주택구입, 기관추천이 있다.

신혼부부 특별공급은 9억 원 미만, 전용면적 $85m^2$ 이하 주택만 해당되며, 혼인 기간은 7년 이내여야 하고, 기회는 한 번 주어진다. 입주자모집공고일 기준으로 무주택 기간 2년이 경과된 상태여야 하며, 세대주와 세대원 전원 무주택자여야 한다. 민영주택의 소득 자산 기준은 부동산 합계액 3억 3,100만 원 이하다. 전년도 가구당 월평균 소득의 140%(신혼부부 160%) 이하일 경우 우선공급(70%)을 받을 수 있으며, 그 외에는 추첨제로 일반공급(30%)을 받는다.

다자녀가구 특별공급의 경우 미성년인 자녀 3명 이상을 둬야 한다. 청약 자격은 무주택 구성원이어야 하며, 주민등록표등본에 함께 있는 직계존속과 비속 모두 분양권 등이 없어야 한다. 소득 기준은 전년도 가구당 월평균 소득의 120% 이하여야 하고, 부동산은 2억 1,550만 원 이하, 자동차는 3,557만 원 이하여야 한다. 청약통장의 경우 가입과 납입 기간이 6개월 이상이어야 하고, 지역에 따라 예치금액 기준이 다르다. 다자녀가구의 가점은 자녀의 수와 세대 구성, 무주택 기간, 거주 기간, 가입 기간 등에 따라 다르니 확인해보기 바란다.

노부모부양 특별공급은 65세 이상 직계존속(배우자 직계존속 포함)을 3년 이상 계속 부양하는 무주택 세대주를 대상으로 한다. 청약통장 1순위 가입자여야 하며, 만약 투기과열지구나 청약과열지역에 5년 이내 청약 당첨된 세대원이 있다면 청약은 불가능하다. 자산 기준은 부동산은 2억 1,550만 원 이하, 자동차는 3,557만 원 이하여야 한다. 가점은 무주택 기간, 부양가족 수, 청약통장 가입 기간에 따라 다르니 확인하기 바란다.

생애최초주택구입 특별공급은 전용면적 85m² 이하의 분양주택을 대상으로 한다. 다만 투기과열지구의 경우 9억 원 초과 주택은 제외한다. 단독 세대, 즉 1인 가구일 경우 전용면적 60m² 이하 주택형에 한해 청약이 가능하다. 전년도 월평균 소득의 160% 이하일 경우 우선공급(70%)으로 신청 가능하며, 소득 기준을 초과했더라도 부동산 합계액이 3억 3,100만 원 이하라면 추첨제(30%)를 신청할 수 있다.

기관추천 특별공급 대상이 되는 주택은 전용면적 85m² 이하다. 투기과열지구 내 분양가 9억 원 초과 주택은 제외된다. 기관추천 대상 중 한부모가족, 국군포로, 위안부피해자, 철거주택세입자 등의 경우에는 공공임대주택에 해당한다. 세대원

전원이 주택 또는 분양권 등을 소유하지 않아야 하며, 동일 주택에 대해 특별공급과 일반공급 중복 신청이 가능하다. 만일 특별공급에 당첨될 경우 일반공급은 제외된다.

국민주택 1순위는 무주택 세대주이면서 동시에 과거 5년 이내 청약 당첨이 없어야 하며, 해당 지역에 1년 이상 거주한 자여야 한다. 투기과열지구, 청약과열지역일 경우 가입 기간에 따른 납부 횟수가 중요한데 2년간 24회 이상 납부해야 한다. 전용면적 40m² 이상은 납입총액이 더 중요하고, 전용면적 40m² 이하는 납입 횟수가 더 중요하다.

청약 당첨 후 청약을 포기한다면 민간주택의 경우 제약을 받을 수 있다. 하지만 특별한 사유가 있다면 지위를 포기하더라도 불이익을 받지 않는다. 예를 들어 세대주 및 세대원의 취학, 질병, 근무상의 사정 등으로 인해 다른 지역으로 가야 하는 상황이라면 불이익을 피할 수 있다. 그런 경우가 아니라면 다시 처음부터 청약통장 납부 기간과 예치금을 채워야 하고, 재당첨 제한을 받게 된다. 재당첨 제한 기간은 투기과열지구는 10년, 조정대상지역은 7년, 기타 지역은 1~5년으로 상이하다.

청약부적격 사례 중 가장 많은 비중을 차지하는 것이 바로 무주택 기간 산정이다. 만 30세가 되는 날부터 무주택 기간을 산정하며, 만약 만 30세 이전에 혼인을 했다면 혼인신고일부터 무주택 기간을 계산한다. 부양가족 수 산정 오류도 조심해야 한다. 배우자의 형제자매는 세대원이 아니고 본인도 부양가족 수에 포함하지 않는다. 청약부적격 처리 후에는 수도권, 투기과열지구, 청약과열지역 내에서 재청약이 불가능하다.

매수의 기본은 매매, 공인중개사와 친해져라

　매매 계약 시에는 가급적 당사자와 직접 계약해야 한다. 계약 내용은 다시 한번 꼼꼼히 살펴봐야 하는데 특히 토지 면적, 등기 여부, 건축물대장 등의 정확한 숫자를 체크해야 한다. 계약금, 중도금, 잔금도 언제 지급할 것인지 정확하게 적고 이행해야 한다. 대금 지급 시기를 놓치면 상대방이 계약 해제를 요구할 수 있기 때문에 기일 안에 하는 게 좋다.

　임대차 계약을 맺을 때는 시간이 걸리더라도 원칙적으로 해두는 것이 훗날 탈이 없다. 우선 임대인의 신분증을 제대로 확인해야 한다. 사진의 얼굴과 등본, 계약서 등의 일치 여부를 체크해야 한다. 대리인이 올 경우에는 대리인의 신분증, 위임장, 인감증명서 등을 반드시 확인하고 소유주와 통화(녹취)해 대리 사실을 분명히 확인할 필요가 있다. 계약 사실에 대해 정확한 인지 여부를 확인해야 한다. 공동명의라고 하면 부부라고 하더라도 2명 모두의 인적사항을 확인하고, 1명 부재 시 마찬가지로 관련 서류를 확인하고 통화해야 한다.

통상 부동산을 사고팔 때 공인중개사의 입회하에 수수료를 지불하고 계약서를 작성하게 된다. 간혹 중개수수료를 아깝다고 생각해 직접 계약서를 작성하는 경우도 있는데, 거래액이 적거나 거래 상대방과 오랜 지인 관계가 아니라면 추후 불상사에 대비해 공인중개사와 함께할 필요가 있다. 물론 사전에 타 지역 공인중개사와 친해지기란 현실적으로 어려운 부분이 있다. 때때로 모르는 지역도 찾아가야 하기 때문에 처음 보는 공인중개사와 친해지기란 쉬운 일이 아니다. '굳이 공인중개사와 친해질 필요가 있을까?' 하는 의구심이 들지 모른다. 이 부분은 다년간 여러 현장에서 다수의 공인중개사와 관계를 가져본 경험을 바탕으로 이야기해보고자 한다.

공인중개사와 친해지면 일단 좋은 물건이 있으면 먼저 알려준다. 이때는 본인의 상황과 투자금액, 특별히 요하는 물건이 있다면 명확히 인지시켜주는 게 중요하다. 아무리 물건이 좋아도 공인중개사 본인이나 가족 명의로 소화할 수 있는 양은 한정되어 있다. 모든 물건을 소화할 수 없기에 각별히 친한 지인에게 권유하기도 하고, 평소 좋은 관계를 유지하던 손님에게 의사를 묻기도 한다.

또한 공인중개사와 친해지면 특약이나 매수금액 협상 등을 통해 또 다른 이익을 볼 수도 있다. 매도자와 특별한 친분이 있다면 몰라도 그런 사이가 아니라면, 매수자 입장에서는 대개 가격을 조정하거나 특별한 조건을 추가하는 등 거래를 자신에게 유리하게 이끌어가고 싶은 경향이 있다. 이때 협상 과정에서 공인중개사의 도움을 받으면 중개수수료를 깎는 것보다 얼마라도 더 이익을 볼 수 있어 유리한 경우가 많다.

함께 편하게 어울리며 자연스럽게 차나 식사를 하면서 주변 분위기를 있는 그대로 전달받기에도 좋다. 추후 출구 전략을 감안해서 보면, 아무래도 지역에 계신 분들이 지역 돌아가는 사정을 제일 잘 알기 마련이다. 본인이 입지적으로 우수한

지역을 찾았고 투자 가능한 금액을 준비한 상태라면, 무의미하게 여러 공인중개 사무소를 돌아다니기보다는 한 곳이라도 어느 정도 진득하게 친해지는 게 좋다는 점을 잊지 말자.

임대차 계약서 특약 예시

1. 본 계약은 계약 당사자들이 계약내용에 합의하고, 부동문자로 된 내용까지 정독하고 계약한 것이다.
2. 위 아파트는 계약 시의 현 시설 상태로 임차인에게 인도하기로 한다.
3. 월차임 ○○만 원은 매월 말일 임대인 계좌(○○은행 ***-***-******)에 후불로 입금한다.
4. 장기수선충당금은 임대차 기간 중에 임차인이 부담하고 계약 종료 후 임차인이 퇴거 시에는 임대인이 임차인에게 반환하기로 한다.
5. 임차인은 「주택임대차보호법」 제6조의3 제1항에 따라 계약 갱신 요구권 1회를 행사할 수 있고, 임대인 역시 「주택임대차보호법」 제6조의3 제1항 단서 제8호에 따른 정당한 사유가 있는 경우에는 계약 갱신을 거절할 수 있다. 임대인은 2년 임대 후에 실거주를 목적으로 입주할 예정으로, 계약하기 전에 미리 고지하므로 임차인은 계약 기간 2년 만료 후 계약 갱신 요구권을 행사하지 않고 이사 가기로 한다.
6. 계약 당사자 간 합의한 내용 등을 특약사항란에 기재해야 하나 특약사항란이 부족해서 별지1 아파트 임대차 약정서를 별도 작성해서 본 계약서에 첨부하기로 한다.

가격이 안 올라도
경·공매는 수익이 난다

최근 부동산 시장이 좋지 않다. 부동산 시장은 결과적으로 우상향하지만, 나름의 어떤 주기가 있는 건 분명하다. 시장이 좋지 않으면 역설적이게도 경매 시장은 호황이다. 개인적으로 필자가 처음 부동산에 입문했을 때는 너도나도 경매를 하던 시절이었다. 만일 2022년 하반기 부동산 시장과 같은 분위기가 지속적으로 연출된다면 2023년 이후 경매 물건이 폭발적으로 늘 수 있다. 평균적으로 한 해 진행되는 경매 건수보다 20% 이상 증가될 수 있다는 뜻이다. 이러한 시장 상황이 1~2년간 지속된다면 다시 한번 경매 시장에 불이 붙을 수 있다. 시장이 좋지 않을 때면 정부는 여지없이 부동산 규제를 푼다. 규제를 풀면 단기 유동성이 늘 수는 있으나 시장은 일정 기간 관망세를 지속하게 된다. 결국 대출에 의존했던 사람들은 더이상 부동산을 지킬 수 없는 상황이 오기 마련이다.

부동산에서 좋은 시장만 경험해본 사람은 모른다. 다음 대세 상승장을 생각한다면 시드머니를 위해서라도 뭔가를 해야 한다. 이를 위해 경매를 배워두는 것도

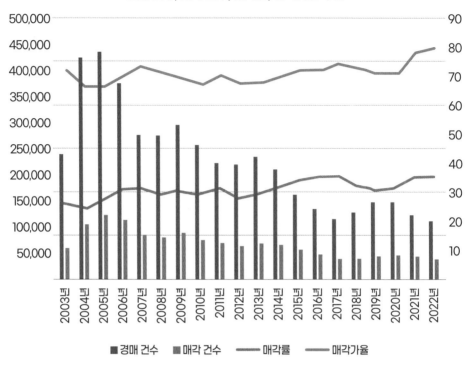

경매 건수, 매각 건수, 매각률, 매각가율 추이

하나의 방법이다. 그렇다고 경매로 떼돈을 벌었다고, 달콤한 말로 당신을 혹하게 하는 이가 있다면 조심해야 한다. 경매 시장도 그리 녹록지 않기 때문이다. 그냥 시장이 어려운 상황이니 다른 방식으로 시드머니를 준비한다고 생각하면 마음도 편하고 많이 배울 수 있다.

지난 20년간의 경매 건수, 매각 건수, 매각률, 매각가율을 비교해보면 그 차이를 확연히 느낄 수 있다. 10년 전 은마아파트 33평형이 7억 원대에 낙찰되었던 점을 상기해보면서, 다음 상승장을 준비해보자.

물론 부동산 경매로 뜬구름 잡는 이야기를 하는 것은 옳지 않다. 여러 매매방법

중 하나라고 봐야 한다. 특수물건에 목매지 말아야 한다. 그만큼 리스크를 감당해야 하기 때문이다. 지금이 부동산 경매 투자 적기는 아니지만 부동산 시장은 돌고 돌기에 머지않은 때에 경매 붐이 일어날 수도 있다고 본다. 그때 배우려면 늦을 수도 있기에 미리 준비하는 것이 좋다. 미리 감을 잡아둔다고 절대 손해 볼 일은 없기 때문이다.

부동산 경매의 장점은 주택자금조달계획서 제출, 토지 거래 허가 등 규제의 영향이 비교적 적다는 데 있다. 제대로 배웠다면 얼마라도 싸게 살 수 있다. 단점은 주거용 부동산의 경우 물건을 실물로 직접 보기 힘들 수도 있다는 것이다. 권리 리스크가 있는데 제대로 이해하고 있으면 대부분 사전에 준비할 수 있는 부분이다. 공시지가 1억 원 미만 취득세 중과 대상 제외에 따른 틈새 투자처로 보고 있다. 다른 세금은 동일하게 적용됨을 유의할 필요가 있다. 다시 한번 강조하지만 경매는 부동산 투자를 계속한다면 언젠가 써먹을 일이 있기 때문에 배워두는 게 유리하다.

대한민국법원 법원경매정보(www.courtauction.go.kr)에서 경매 물건 지도 검색이 가능하다. 역세권 경매 물건을 검색한다고 가정해보자. 사전에 역세권의 범위는 카카오맵 등을 통해 대략 산정해두면 좋다. 참고로 예정 역의 경우 진행단계를 이해해야 한다. 예정 역에 대한 정보는 지도에서 별도로 제공하고 있지 않기 때문이다. 무엇보다도 정확한 위치를 알아내는 것이 중요하다. 또한 타당성 조사, 기본계획, 기본설계, 실시설계, 착공 등 현재 진행되고 있는 상황도 알아야 한다. 기존 역이든, 신설 역이든 역세권은 부동산 경기 침체기에도 수요적인 측면에서 인기가 많은 편이다. 가급적 예정 역에서 500m 안에서 물건을 골라야 한다.

주택의 경우 노선이 서울로 가는지, 얼마나 자주 운행하는지, 주택 가격의 변화는 어떤지도 고려해야 한다. 상가의 경우 구분상가는 피하는 게 좋다. 특별히 좋은

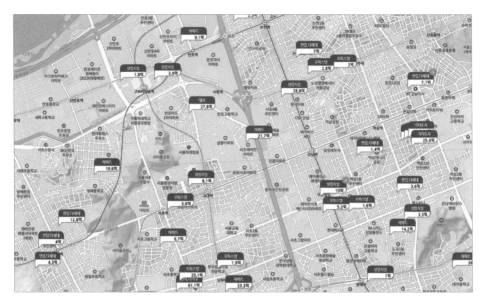

대한민국법원 법원경매정보에서 역세권 경매 물건을 검색한 화면

입지이거나 우량 임차인이 있는 경우가 아니라면 감정가의 50~60% 정도로 받아 두는 게 유리하다. 임대수익보다는 향후 기대수익으로 접근하는 게 좋다. 토지의 경우 일단 싸게 받아야 유리하다. 서울에서 멀어도 무관한지, 주변 도시로의 접근 성 등을 고려해 상대적 가격 차이를 감안해야 한다. 토지에 대한 작업도 사전에 고 려할 필요가 있다. 역세권 경매는 철도 노선의 내용 및 진행단계를 정확히 이해하 면 된다. 부동산 경매에 대한 기초 지식을 배우면서 부동산 용도별로 전략을 다르 게 취해야 한다.

경매는 「민사집행법」을 근거로 일반 사적인 채무관계를 해결하고자 하는 것이 고, 공매는 「국세징수법」을 근거로 공적인 채무관계를 해결하고자 하는 것이다. 결과적으로 둘 다 부동산이나 동산의 매각을 통해 서로의 관계를 풀고자 하는 것이다. 경매와 공매는 진행하는 방법과 각 진행별 절차, 인도의 과정이 다르다. 공매는 한국자산관리공사를 통해서 진행되는데, 경매와 달리 인터넷 입찰로 진행하고 있다. 별도의 공매포털시스템 온비드를 운영하고 있다. 국유재산, 압류재산, 수탁재산이나 국가, 지자체, 공공기관 등의 공공자산 등을 공개경쟁 입찰 방식으로 진행한다. 인터넷으로 진행하다 보니 입찰을 위해 먼 지역으로 이동할 필요가 없어 직장인도 손쉽게 참여가 가능하다. 그럼에도 불구하고 경매에 있는 인도명령 제도가 없기 때문에 별도의 인도소송을 진행해야 한다는 점, 경매가 현황조사보고서와 매각물건명세서를 통해 권리 정보나 임차인 정보를 제공하는 것과 달리 정보가 적다는 점, 경매에 비해 물건이 적다는 점은 단점이다.

공매에 참가하기 위해서는 온비드에서 제공하는 공매 입찰 참가 절차에 나와 있는 대로 회원가입 및 공인인증서 등록을 마쳐야 한다. 이후 통합 검색, 지도 검색, 상세조건 검색 등을 통해 물건을 확인해 입찰 대상을 정하고, 입찰 물건을 상세히 검토해 입찰기일 안에 입찰하면 된다. 인터넷에서 입찰서를 작성하고 제출한 후, 온비드에서 지정한 보증금납부계좌에 입찰보증금을 입금하면 된다. 이후 공지된 날에 매수인 발표를 확인하면 된다. 낙찰을 받으면 온비드에서 안내하는 압류재산 소유권이전 준비서류 및 절차에 따라 매각결정통지서, 잔대금납부영수증, 등기청구서, 건축물대장, 취득세 영수증, 주민등록등본, 국민주택채권 영수증, 등기신청수수료 등을 구비해 한국자산관리공사에 제출하면 된다. 그 밖에 입찰 및 배분 요구, 소유권 이전 등과 관련해 대리입찰 신청서, 공동입찰 참가신청서, 채권신고 및 배분요구서 등의 서류를 필요에 따라 작성하면 된다.

경매와 공매는 상호 불간섭이 원칙이다. 경매와 공매가 동시에 진행되더라도 근거 법률과 집행 절차가 다르기 때문에 서로의 관계를 떠나 각자가 진행하는 것을 기본으로 하고 있다. 「민사집행법」상의 경매와 「국세징수법」상의 공매에 대해 이해한 상태라면, 입찰 날짜가 비슷할 경우 각 제도의 특징을 최대한 활용해 유리한 고지를 선점하는 특별한 투자가 가능하다. 현재 경매는 기일입찰로 진행하고, 공매는 온비드 사이트를 통해 월요일~수요일 기간입찰로 진행하고 있다. 입찰 발표는 경매는 입찰 당일에 하고, 공매는 그다음 날 11시경에 한다. 매각 결정은 경매는 일주일 후에 하고, 공매는 그다음 주 월요일 10시에 한다. 경매와 공매가 동시에 진행된다면 잔금을 먼저 납부한 입찰자가 소유권을 취득하게 된다. 경매의 경우 잔금 납부는 일주일의 매각허가 결정 기간과 1주일의 항고 기간이 지나야만 가능하지만, 공매의 경우 매각 결정 후 그다음 날 납부가 가능하다. 경매에서 먼저 낙찰되더라도, 공매에서 일주일 이내에 낙찰된다면 공매 매수인이 유리할 수 있다.

경매와 공매는 근거 법률, 물건명세서, 최저 매각가, 납부 기한 등 차이가 많다. 특히 공매에서는 차순위 매수신고, 상계 신청, 납부 기한 경과 후 납부, 인도명령 신청 등이 불가능하기 때문에 감안해야 한다. 경·공매가 동시에 진행되는 사건의 경우 경매와 공매의 입찰일이 일주일 내에 있는 물건이 좋다. 경매의 경우 통상 5주를 기준으로 유찰되어 20~30%씩 감액되고, 공매의 경우 일주일마다 유찰되어 10%(50% 이하 시 5%)씩 감액되기 때문에 금액대와 입찰 기간이 비슷한 물건을 투자 대상으로 삼는 것이 좋다.

경매와 공매의 집행 비교

구분	경매(법원)	공매(한국자산관리공사)
근거 법률	「민사집행법」	「국세징수법」
법률적 성격	채권·채무관계 조정	공법상의 행정처분
기입등기	경매개시결정 기입등기	압류 및 납세담보에 대한 공매공고의 부기등기
현황 조사	집행관	세무공무원
물건명세서	매각물건명세서, 현황조사보고서, 평가서	공매재산명세서 (현황조사 및 감정평가서 포함)
최저 매각가	전차가격의 20~30% 감액	전차가격의 10% 감액 (50% 이하 시 5% 감액)
차순위 매수신고	매각기일의 종결고지 전	없음
공유자 우선 매수신고	매각기일의 종결고지 전	매각결정기일 전
매각 결정	매수 신청 불가	매수 신청 가능
기록 열람	기록 열람 가능	배분 관련 서류의 열람·복사
매각 결정	매각기일로부터 일주일 이내	개찰일로부터 3일 이내
농지 취득 자격 증명	매각결정기일 전까지 제출 (미제출 시 매각 불허)	매각결정 전 제출 불필요 (미제출 시 소유권 이전 불가)
상계 여부	가능	불가능
납부 기한	매각허가결정일로부터 1개월 이내	매각결정일로부터 7일 이내 (30일 한도)
납부 기한 경과 시 납부 가능 여부	가능(재매각기일 3일 이전)	불가능
매수대금 지연 이자	있음	없음
배당이의 절차	배당이의의 소	행정처분에 대한 불복
배당금액	매각대금, 지연 이자, 항고 보증금, 전 매수인의 보증금, 보증금 등 이자	매각대금 및 예치 이자
잔금 미납 시 입찰보증금	배당할 금액에 포함	체납액 충당, 잔여금액, 체납자 지급
인도명령	있음	없음

제4차 국가철도망
39개 사업 대해부

제4차 국가철도망, 현장에서 답을 찾다

    이번 파트는 실제 현장에서 경험한 이야기를 바탕으로 쓰였다. 매년 여름이 되면 '역세권 탐사대'라는 프로그램을 3주간(5~6회 출정) 진행한다. 제4차 국가철도망이 예정된 수도권 및 지방 광역시를 중심으로 현장을 누빈다. 역세권 전문가로서 미래 철도망에 대한 인사이트를 대중과 공유하자는 특별한 각오로 그러한 탐방을 시작했고, 벌써 3년이라는 시간을 흘렀다. 개인적으로 많이 보고, 느끼고, 배웠다. 좋은 분들과 좋은 추억도 많이 남기고, 맛집도 빠지지 않고 챙겼다. 인생 선배들이 늘 하는 말이 "나중에 남는 건 어디 간 거랑, 어디서 뭐 먹은 기억밖에 없다. 그러니 요령껏 즐기면서 사는 게 좋다."였다. 그래서 나는 평상시에도 매달 적어도 3~4회는 현장을 누빈다. 내년에는 이 글을 보고 계신 분들과도 함께할 수 있는 기회가 있기를 바란다.

한번은 부산에 갔다. 해운대에 가면 눈에 띄는 것 중에 하나가 엘시티 '부산엑스더스카이(BUSAN X the SKY)'다. 99층 전망대에 위치한 전 세계에서 가장 높은 스타벅스 매장으로 유명한 곳이다. 아파트의 조망은 이루 말할 수 없이 아름답다. 엘시티의 가격도 그만큼 상품성에 따라 좌지우지된다. 대한민국에서 'SKY'는 누구나 알아주는 중요한 요인이기 때문이다. 이제는 먹고살 만하기에 조망권을 중요시하는 비중이 높아졌다. 높은 층에 위치한 그들만의 커뮤니티 공간에서 '난 남들과 뭔가 다르다.' 하는 무의식이 영향을 미친 듯하다. 좋은 아파트, 새 아파트일수록 이런 추세는 계속 이어질 수밖에 없다. 비싼 게 더 비싸진다. 싸면 언젠가 오르겠지 생각하면 오산이다.

서울과 수도권, 지방 광역시 단위급 도시와 소도시는 서로 다르다. 도시 규모, 인구구조, 일자리 등은 누구나 하는 이야기일 수 있지만 결국 그걸 보고 느끼는 건 개인의 몫인 듯하다. 지방 현장을 돌아볼 때면 구도심과 신도심의 분위기 차이를 느끼게 된다. 지역 유지나 고위 공직자, 전문직, 교수 집안 등은 소위 있는 사람끼리 모여 있는 곳을 선호하는 경향이 강하다. 그렇다. 투자로 성과를 내기 위해서는 그런 곳을 찾아내야 한다. '있어 보이는 곳'을 찾아내야 한다. 보기에도 맛있는 음식이 진짜 더 맛있기 때문이다.

철도만 답은 아니다. 그렇지만 보통 역 주변은 다른 개발도 잘된다. 그래서 입지를 따질 때는 부동산 가격 측면에서 철도도 꼭 봐야 한다. 예정 철도를 볼 때는 두 가지 관점에서 봐야 한다. 첫째, 노선의 의미와 진행 과정을 분명히 알아야 한다. 둘째, 초기 이슈를 선점해야 한다. 서울, 수도권, 광역도시의 지하철은 서로 다른 특색을 보인다. 광역도시의 지하철은 수송분담률이 그리 높지 않다. 지하철이 그다지 아쉽지 않기 때문이다. 그래도 생기면 좋다. 역이 생기면 여러 긍정적인 변화들이 생길 수 있기 때문이다.

제4차 국가철도망
구축계획 주요 내용

　제4차 국가철도망 구축계획은 5년마다 한 번씩 발표되는 내용으로, 향후 10년 간의 철도계획이 담겨 있다(2006년에 처음 시작해 2011년, 2016년, 2021년에 발표되었다). 그 내용을 보면 제2차 국가철도망 구축계획에는 고속철도, 일반철도(신규 19개, 기시행 39개), 광역철도(신규 3개, 기시행 15개), 추가검토대상(20개)을 기본 개요로 노선에 대한 연장과 사업별 예산을 발표했다. 제3차 국가철도망 구축계획에는 사업별 구분이 아닌 목적에 따라 운영 효율성, 지역 거점, 대도시권 교통난 해소, 철도물류, 통합철도망 등으로 구분해 총괄 신규 36개, 기시행 49개, 추가검토사업 20개 등에 대한 내용을 발표했다.

　이번 제4차 국가철도망 구축계획 역시 과거와 유사하게 신규, 기시행, 추가검토 대상 등으로 사업을 구분했다. 국가철도망 구축계획의 사업 진행은 국토교통부의 발주 아래 제1~2차는 KDI(한국개발연구원)에서, 제3~4차는 KOTI(한국교통연구원)에서 주관해 내용을 검토했다.

　2021년 7월 5일, 국토교통부는 제4차 국가철도망 구축계획(2021~2030년)을 고시했다. 이는 철도 투자를 효율적·체계적으로 수행하기 위해 중장기(10년) 단위로 계획을 수립한 것이다. 「철도의 건설 및 철도시설 유지관리에 관한 법률」 제4조에 따른 법정계획으로 10년 계획이지만, 실질적으로 5년마다 변경이 가능해 계속 실시하고 있다. 이번 계획에는 철도의 중장기 건설계획을 비롯해 소요재원의 조달 방안, 환경 친화적인 철도 건설 방안 등이 담겨 있다.

1. 개요

주요 내용은 철도의 중장기 건설계획, 소요재원의 조달 방안, 환경 친화적인 철도 건설 방안 등이다. 추진 경위를 보면 2019년 7월 제4차 국가철도망 구축계획 수립 연구용역 착수, 2021년 4월 22일 제4차 국가철도망 구축계획 연구 결과 공청회, 2021년 5~6월 국토계획 평가, 관계기관 협의, 2021년 6월 29일 철도산업위원회 심의·의결 등으로 진행되었다.

2. 비전 및 주요 추진 과제

추진 방향은 철도 운영 효율성 제고를 위한 용량 부족 해소 및 기존 노선 급행화, 단절구간 연결 및 전철화, 주요 거점 간 고속 연결을 위한 일반철도 고속화, 고속철도 운행지역 확대, 초고속열차 기반 마련, 비수도권 광역철도 확대를 위한 기존선을 활용한 광역철도망, 지방 대도시권 등 신규 광역철도 건설, 수도권 교통 혼잡 해소를 위한 광역급행철도망 구축, 신규 광역철도망 확대 등이다. 그밖에 산업발전 기반 조성, 안전하고 편리한 이용 환경 조성, 통일시대에 대비한 남북철도 연결 등이다.

총 44개 노선에 총 연장 약 1,450km, 약 60조 원이 들어가는 어마어마한 계획이다. 실제로 열차를 이용하기에는 상당한 시간이 필요해 보인다. 현재 공사 중인 철도 사업과 예정 중인 노선들이 즐비하기에 정부가 본 노선에 예산을 적극 투입하기에는 녹록지 않은 상황이다.

3. 과제별 세부 추진 계획

첫 번째 과제는 철도 운영 효율성 제고다. 용량 부족 해소 및 기존 노선 급행화를 위해 철도 운행 집중구간인 경부고속선 등의 용량 부족을 해소해 철도망 전체의 이용률을 제고한다. 기존 노선에 속도가 더 빠른 열차를 투입해 선로 등 시설 활용을 제고한다. 예를 들어 공항철도 급행화를 위해 기존 공항철도 노선에 150km/h급 고속차량을 운행한다. 또한 열차 운행 단절구간(Missing Link)을 연결해 수도권과 지역 거점 또는 지역 거점 간의 연계성을 제고하고, 비전철 구간 전철화 등 추진한다.

철도 운행 집중구간인 경부고속선 광명~평택 2복선화 사업 등을 통해 용량 부족 문제를 해소하고, 기존 철도 노선(공항철도)에 속도가 더 빠른 열차를 투입하는 급행화 사업을 추진한다. 경부고속선 광명~평택 2복선화를 통해 경부·호남고속선 운행을 확대하고, 인천발 KTX 등 신규 고속철도 운행지역을 확대하는 등 고속철도 중심의 철도 운행 확대 기반을 조성한다. 공항철도 급행화를 통해 기존 노선에 150km/h급 고속차량을 운행한다. 열차 운행 단절구간을 연결해 수도권과 지역 거점 또는 지역 거점 간 연계성을 제고하고, 비전철 구간 전철화 사업을 추진한다. 중부내륙선(문경~김천), 남부내륙철도(김천~거제) 등과 연계해 내륙 간선축을 완성한다.

바야흐로 전국 KTX 시대가 도래된다는 의미다. 이를 위해 수색~광명 구간의 KTX 전용선(제4차 국가철도망)이 필요하고, 광명~평택선을 복복선화(제4차 국가철도망)하고, 평택~오송 구간을 복복선화(공사 중)하는 등 여러 선결과제가 동시에 진행되어야 한다. 결국 KTX역은 전국적으로 확대되고, 일반화될 수밖에 없다. 향후 KTX역은 2배 이상 늘어날 전망이다.

두 번째 과제는 주요 거점 간 고속 연결이다. 일반철도 고속화를 위해 급구배·급곡선 등의 선로를 개량해 주요 노선을 고속주행 가능하도록 개선하고, 거점 간 이동시간을 획기적으로 단축한다. 예로 전라선(익산~여수), 호남선(가수원~논산), 동해선(삼척~강릉) 고속화 개량을 추진한다. 250km/h급 고속화 서비스를 확대해 주요 거점 간 이동속도를 단축하고, 노선 간 연계성 강화를 위한 연결선 사업도 추진한다.

또한 고속철도 운행지역 확대를 위해 호남고속철도 2단계(광주~목포), 인천발·수원발 KTX 등 계속사업은 계획대로 진행하고, 고속철도 소외 지역에 신규 고속 서비스를 제공한다. 이를 위해 서해선~경부고속선 연결선을 두어 서해안 지역에 고속철도 서비스를 신규 제공한다. 급구배·급곡선 등으로 열차 운행 여건이 좋지 않았던 기존의 선로(전라선·호남선·동해선)를 고속화·개량하고, 광주~대구 등 신규 노선을 건설해 거점 간 고속 이동이 가능하도록 추진한다. 또한 인천발·수원발 KTX가 출발한다(하루 부산행 12회, 광주행 6회 예정). 충남 지역 민심을 반영해 서울역에서 새롭게 출발하는 KTX가 우선적으로 홍성역까지 운행될 예정이다(운행 수는 많지 않을 것으로 보인다). KTX 홍성역, KTX 안중역 등이 등장하게 된다.

세 번째 과제는 비수도권 광역철도 확대다. 기존 노선을 활용한 광역철도망 구축을 위해 경부선, 호남선 등의 여유 용량을 활용해 상대적으로 적은 비용으로 광역철도를 건설·운영한다. 이를 통해 선로 활용률을 제고한다. 지방 광역경제권 내 거점을 연결하는 신규 광역철도를 건설해 지방 도시의 경쟁력을 높이고, 지역 주민의 이동 편의도 제고한다.

수도권은 도시철도 외에도 다수의 광역철도 노선이 건설·운영되어 수도권 확산·발전에 큰 영향을 미쳐온 반면, 비수도권은 지방 대도시권 내 이동을 지원하는 광역철도가 부족해 지방 광역경제권 발전을 더디게 하는 요인이 되었다. 경부선 등 기존 선로를 활용한 광역철도 사업뿐만 아니라, 지방 광역경제권 내 거점을 연결하는 신규 광역철도를 건설한다. 아울러 광역철도 지정 기준을 생활권 확대 등 현실 여건을 고려해 합리적으로 조정, 비수도권 광역철도 사업이 활성화되도록 다양한 개선 방안을 마련한다.

제4차 국가철도망에서 가장 획기적인 계획 중 하나는 광역시 단위급 기존 철도망(특히 경부선)을 활용해 전철을 운행하는 것이다. 기존 무궁화 등의 통근열차에서 수도권 전철(1호선 등)과 유사한 지역 단위의 전동차가 운행될 예정이다. 2~4량 중량전철 차량이 하루 한쪽 방향으로 30~60대 정도 운행될 것으로 보인다. 다른 대중교통과도 환승 가능하며, 기존 노선에 지역 개발 사업 등 추가 역이 생길 수 있다. 나름 광역 단위급에서는 의미가 있어 보이기에, 특히 대전과 대구 구간에 주목할 필요가 있다.

네 번째 과제는 수도권 교통 혼잡 해소다. 광역급행철도망 구축을 위해 수도권 광역급행철도 3개 노선을 차질 없이 추진하고, 서부권역에 광역급행철도 노선을 신설해 급행철도 서비스 수혜 지역을 확대한다. 신규 광역철도망 확대를 위해 2·3기 신도시 등 수도권 외곽의 주요 개발 지역과 서울 간 이동 편의성 제고를 위해 도시철도 연장형 광역철도 등 신규 노선을 건설한다. 장기역~부천종합운동장역 구간을 신설하고, GTX-B노선(송도~마석) 사업자와의 협의를 거쳐 부천종합운동장역에서 GTX-B노선을 공용해 용산역 등 서울 도심까지 열차 직결 운행을 추진한다. 2·3기 신도시 등 수도권 외곽의 주요 개발 지역과 서울 간 이동 편의성 제고를 위해 도시철도 연장형 광역철도 등 신규 광역철도 사업을 추진해 출퇴근 이동시간을 대폭 단축한다.

공청회 이후 GTX-B노선에 대한 활용 방안이 이미 논의되고 있어서, 다들 어느 정도 예상한 발표이긴 하다. 그러나 GTX-D노선은 이제 시작에 불과해 향후 선거 과정을 통해 얼마든지 변경이 가능해 보인다. 우여곡절 끝에 제5차 국가철도망 구축계획 전후로 다시 서울 남부 급행, 하남(광주) 방면에 대한 이야기가 나올 것으로 기대해본다. GTX-B노선은 GTX-D노선과 별개로 당초 계획대로 진행될 것을 예상했다. 향후 GTX-D노선에 대한 고려는 하겠지만, 그렇다고 사업 과정에 그 내용이 포함되지는 않을 듯하다. GTX-B노선은 GTX-C노선 안산 방면에 대한 이야기가 나오는 것처럼 경의중앙선과 Y자 분기 형태로 갈 가능성도 있다. 망우 이후 구간까지 신설 지하로 가지만, 수요나 열차 운행 등을 감안하면 충분히 나올 수 있는 이야기다.

4. 투자계획

총 투자 규모는 계획기간(2021~2030년) 동안 92.1조 원, 계획기간 외 27.7조 원을 투자해 총 119.8조 원을 투자할 계획이다. 부문별 투자 규모는 고속철도 15.3조 원, 일반철도 47.0조 원, 광역철도 건설에 57.4조 원이 소요될 전망이다. 계획기간 동안에는 고속철도 11.7조 원, 일반철도 38.0조 원, 광역철도 42.3조 원이 소요될 전망이다. 소요재원 조달계획은 국고 72.4조 원, 지방비 10.4조 원, 민자 유치 22.7조 원, 공단 채권 등 기타 14.4조 원 등이다. 계획기간(2021~2030년) 동안에는 국고 56.9조 원, 지방비 8.1조 원, 민자유치 16.4조 원, 공단 채권 등 기타 10.7조 원으로 소요재원을 조달한다.

제4차 국가철도망 투자계획(단위: 억 원)

구분	총 사업비	2021~2025년	2026~2030년	계획기간 내	계획기간 후
국고	723,761	292,543	276,514	569,057	154,705
지방비	103,735	35,328	45,397	80,725	23,010
민자	226,520	57,720	105,978	163,699	62,822
채권, 부담금 등	143,671	49,127	57,990	107,117	36,554
소계	1,197,688	434,718	485,879	920,597	277,091

※ 국가 재정 운영계획, 단년도 편성 예산 등 재정 여건에 따라 변동 가능

5. 기대 효과

철도 영업 거리는 4,274.2km에서 5,340.6km로 125%, 전철화 연장은 3,116.2km 에서 4,182.6km로 134% 대폭 늘어난다. 철도 수송분담률은 2019년 11.5%에서 2030년 17% 수준으로 증가할 것으로 예상된다. 철도 운영 효율화를 위해 고속· 고속화철도 운행 용량을 확보하고, 단절구간을 연결한다. 이를 통해 수도권과 지역 간, 지역 주요 거점 간 원활한 교류가 가능해진다.

서울~수색 구간의 운행량은 2021년 기준 일일 255회에서 2030년 기준 일일 476회로, 경부고속선 광명~평택 구간의 운행량은 2021년 기준 일일 190회에서 2030년 기준 일일 380회로 증가될 예정이다.

6. 공청회 이후 추가 검토사항

공청회 이후 추가로 반영된 사업으로는 광주대구선 사업이 있다. 광주대구선 사업은 관계기관 협의 등을 거쳐 신규 사업으로 추가 반영되었다. 광주송정~서대 구 간 199km 단선전철로 사업비만 4.5조 원에 달한다. 광주대구선 사업은 6개 광역 시·도를 경유함으로써 지역 균형 발전 및 지역 거점 간 연결성 강화 효과가 크다. 또 상대적으로 부족했던 횡축 철도망을 확대하는 등 정책 필요성을 고려했다.

광주대구선은 달빛내륙철도라고도 불리는데, 이는 문재인 정부의 공약사항이 반영된 결과다. 결국 철도의 시작은 정치적 결정이 가장 중요하다. 경제성, 균등 발전, 지역 낙후 등은 나중에 그럴 듯하게 포장해서 하는 말에 불과하다. 단선이고 일반철도이긴 하지만 지역성을 고민하면 나름 의미는 있다. 문제는 오랜 시간이 걸릴 수밖에 없는 사업인 만큼 장기적인 관점에서 봐야 한다는 점이다. 운행까지 최대 20년도 걸릴 수 있는 사업이다.

전주~김천 사업은 추가검토사업으로 반영되었다. 추가검토로 반영된다는 의미는 지금 고려하고 있지 않다는 이야기다. 제5차 국가철도망 때 다시 생각해보자는 말로 들린다. 추가로 수도권 서부권의 교통 여건을 고려해 서울 5호선 김포·검단 연장 사업이 추가검토사업으로 반영되었다.

철도 건설에 대한 정부 예산은 넉넉하지 않다. 중앙선과 서해선 등이 마무리되고 있는 만큼 다른 사업을 진행할 수는 있겠으나 경강선, 동탄인덕원선 등 예산이 큰 사업들이 대기 중이다. 결과적으로 제4차 국가철도망에 나오는 사업들은 기존선 활용이나 연결선 등을 제외하고는 실제 운행이 가능한 시기가 적어도 15년이라는 뜻이다. 3기 신도시와 같은 정책적으로 의지가 있는 노선들은 10년 안에도 가능하겠지만 '15년' '20년' '25년' '진행 안 됨' 이렇게 구분하면 좋을 듯하다.

7. 비수도권 광역철도 추진 배경

지속적인 균형 발전 정책에도 불구하고 수도권 쏠림현상이 계속되고 있다. 따라서 보다 효과적인 균형 발전을 위해 광역권 내 다양한 거점을 연결하는 등 메가시티 구축을 지원하기 위한 교통망 구축이 필요하다. 2019년 기준 수도권 인구 집중도를 비교해보면 한국은 50%, 영국은 36%, 일본은 35%, 프랑스는 18%인 상황이다.

'광역철도'는 권역별 메가시티 내 주요 거점 간의 이동시간과 거리를 효율적으로 단축할 수 있는 핵심 인프라 수단이지만, 수도권(13개 광역철도 운영·추진 중)에 비해 비수도권은 광역철도망이 미비해 메가시티 구축을 통한 단일 경제·생활권 형성에 제약이 되고 있었다. 수도권과 비수도권의 광역철도 사업을 비교하면 다음과 같다.

수도권: 신분당선, 분당선, 중앙선, GTX, 신안산선 등 13개 사업(약 40조 원)

비수도권: 대구권 1단계, 충청권 1단계 등 기존선 개량형 위주 4개 사업(약 1조 원)

국토교통부는 제4차 국가철도망 계획에 비수도권 광역철도 활성화를 위한 11개 노선을 신규 반영했다. 오랜 시간이 소요되는 철도 건설 절차와 한정된 인력·예산 등을 고려해 신규 비수도권 광역철도에 대한 국민들의 사업 추진 체감도를 높이고자 '선택과 집중' 차원에서 선도사업을 선정했다.

선도사업 선정을 위해 신규 사업들의 지역 균형 발전 효과와 더불어 경제·사회적 파급효과, 기존 사업(교통망, 국책 사업 등)과의 연계 등을 종합 고려했다. 사업 추진 과정에서 지자체의 적극적인 협조(인허가, 사업비 매칭)가 필요한 만큼 지자체의 제안 사업들을 우선적으로 검토했다. 제4차 국가교통망 지자체 간담회 등을 통해 지역에서 고려하는 우선 제안 사업을 접수받았고, 지역 균형 발전의 취지를 살리기 위해 선도사업도 권역별로 균형 있게 선정되도록 했다. 이에 권역별 1개씩 총 5개 노선(총 연장 222km, 사업비 7.6조 원 규모)을 선정했다. 이번에 선도사업으로 선정된 5개 사업은 사전타당성 조사 즉시 착수한다(착수일로부터 12개월 소요 예정). 조사 결과 등을 고려해 2022년 하반기에 예비타당성 조사 등 후속 절차를 진행한다. 선도사업으로 선정되지 못한 사업들도 사업 여건 등을 고려해 2023년부터 사전타당성 조사를 추진할 계획이다.

일반 지하철(전동차)을 제외한 열차의 경우 최고속도를 기준으로 이해하기 쉽게 단순 비교해보면 고속철도(KTX, 300km/h), 고속화철도(KTX이음, 250km/h), 준고속철도(GTX·ITX청춘, 200km/h), 급행철도(기존 새마을호, 150km/h), 완행철도(기존 무궁화호, 100km/h) 정도로 구분할 수 있다. KTX이음을 비롯한 최근 개발된 한국형 고속화철도의 경우 EMU-250, EMU-230, EMU-200, EMU-180 열차라는 표현을 썼지만,

실제 이용 시에는 중앙선, 중부내륙선처럼 'KTX이음'으로 운행되고 있다. 앞으로 수도권 주변으로 연결되는 서해선, 경강선 등도 'KTX이음'이 운행될 예정이다.

수도권에서 도입되는 GTX의 핵심은 속도도 있지만 GTX와 GTX 간의 환승 할인, GTX와 전동차 간의 환승 할인 등 수도권 통합요금 체계의 변화도 관건이다. 열차를 도입하는 것과 여기에 대중교통 요금 체계를 적용하는 것은 다른 문제다. KTX라는 명칭이 들어가면 기본요금만 8,400원이고, 대중교통과 환승도 되질 않는다. 일반열차로 취급하는 것과 그렇지 않는 것은 여러 차이가 생길 수 있다. 이용자 입장에서 환승 할인이 가능해지면 큰 혜택일 수밖에 없다.

제2차 국가기간 교통망계획

제1차 국가기간 교통망계획의 성과는 다음과 같다. 교통망 확충으로 국토 이동 시간과 거리를 단축하고, 균형 발전에 기여하고, 국가 관문인 공항과 항만의 개항으로 동북아 교통 거점으로 도약하는 데 기여하고, 교통복지국가의 초석을 마련하고, 세계 최고 수준 교통이용시스템을 구축 및 활용하고, 첨단 자율주행자동차의 기반을 조성했다. 한계로는 교통 인프라 축적이 아직 부족하고, 교통 안전 및 시설물 유지·보수 강화가 필요하고, 친환경, 첨단 자동차, 교통 운영 분야 투자가 부족하고, 교통 기본권 보장을 위한 종합계획 수립이 미진한 점 등이 언급되었다.

제2차 국가기간 교통망계획을 분야별로 살펴보자. 사회·문화적 여건에서 교통 여건 및 전망을 보면 인구구조(고령화, 인구 감소, 1인 가구 증가)와 도시구조(대도시 집중, 중소도시와 농어촌 쇠퇴)를 중요하게 살필 필요가 있다. 인구구조와 도시구조의 변화는 많은 고민과 연구가 필요하다. 이는 부동산 가격에 직접적인 영향을 주는 요소이기 때문이다. 사람들은 신도시를 선호한다. 쾌적한 주거환경과 학교, 학원가를 비롯한 일자리와 교통의 편리함은 매우 중요한 요소다. 국가나 지자체가 나선다고 대도시의 집중화 현상이나 중소도시의 쇠퇴 현상을 막을 수는 없다. 다만 최소화하기 위한 노력일 뿐이다. 그 흐름의 변화를 느낄 수 있어야 한다. 그 밖의 가치관 변화(삶의 질 중시), 교통 지형의 변화(수요자 중심으로 전환), 새로운 교통수단(자율주행차, 드론, 도심항공), 디지털 교통(인공지능, 사물인터넷, 빅데이터 등을 활용한 교통 운영 관리) 등을 살펴야 한다. 인구 정체현상과 고령화, 다양한 교통수단의 탄생은 여객 수요에 제동을 걸 것이고, 수많은 교통계획에도 불구하고 이용률은 저조할 수밖에 없다. 이에 따른 투자도 계획은 계획일 뿐 여러 면에서 한계가 있어 보인다.

교통 여건 및 전망을 경제적 측면에서 보면 시설 노후화(유지·관리비 급증), 재원 부족(친환경차 증가, 교통세 감소), 공유경제(소유경제를 대체) 등의 변화를 들 수 있다. 환경적 측면에서는 기후변화(탄소, 미세먼지 규제 강화), 포스트 코로나 시대의 도래를 들 수 있으며, 정치적 측면에서는 남북 협력(접경지역 교통 연결 강화, 글로벌화(동아시아 교통 허브))을 들 수 있다.

제4차 국가철도망 구축계획

(2021~2030)

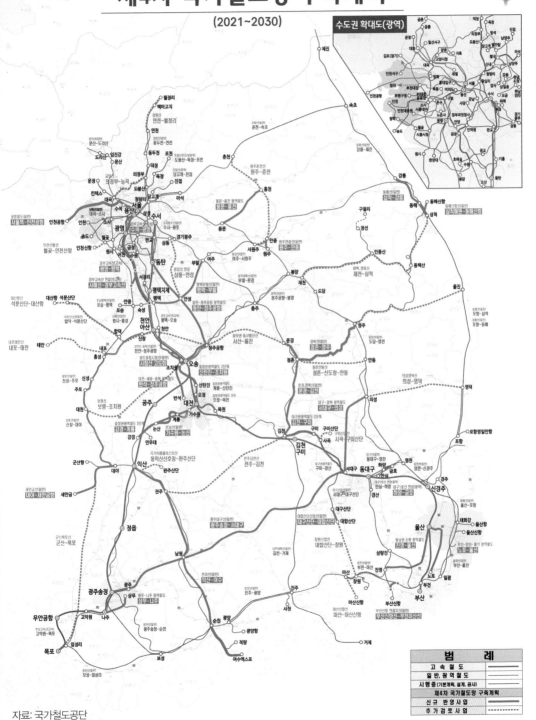

수도권 확대도(광역)

자료: 국가철도공단

범 례	
고 속 철 도	
일 반 · 광 역 철 도	
시 행 중 (기본계획, 설계, 공사)	
제4차 국가철도망 구축계획	
신 규 반 영 사 업	
추 가 검 토 사 업	

제4차 국가철도망 구축계획

구분	노선명	사업 구간	사업 내용	연장 (km)	총 사업비 (억 원)
① 운영 효율성 제고 사업					
고속	경부고속선	수색~서울~광명	복선전철	26.6	22,285
		광명~평택	2복선전철화	66.3	56,942
일반	문경점촌선	문경~점촌~김천	단선전철	70.7	11,437
	경북선	점촌~영주	단선전철화	55.2	2,709
	공항철도	서울역~인천국제공항	급행화	63.9	4,912
광역	분당선	왕십리~청량리	단선전철	1.0	820
소계(6개 사업)				283.7	99,105
② 주요 거점 간 고속 연결 사업					
고속	서해선~경부고속선 연결선	화성 향남~경부고속선	복선전철 (직결선)	7.1	5,491
일반	광주~대구	광주송정~서대구	단선전철	198.8	45,158
	평택부발선	평택~부발	단선전철	62.2	22,383
	원주연결선	원주~만종	복선전철 (직결선)	6.6	6,371
	동해선	삼척~강릉	단선전철 (고속화)	43.0	12,744
	전라선	익산~여수	복선전철 (고속화)	89.2	30,357
	호남선	가수원~논산	복선전철 (고속화)	17.8	7,415
소계(7개 사업)				424.7	129,919
③ 비수도권 광역철도 확대 사업					

광역	충청권 광역철도(2단계)	신탄진~조치원	복선전철 (기존선)	22.6	364
	충청권 광역철도(3단계)	강경~계룡	복선전철 (기존선)	40.7	511
	동탄~청주공항 광역철도	동탄~청주공항	단선전철	78.8	22,466
	대전~세종~충북 광역철도	반석~조치원~청주공항	복선전철	49.4	21,022
	대구권 광역철도(2단계)	김천~구미	복선전철 (기존선)	22.9	458
	대구 1호선 영천 연장	경산 하양역~금호	복선전철	5.0	2,052
	대구~경북 광역철도	서대구~의성	복선전철	61.3	20,444
광역	부산~양산~울산 광역철도	부산 노포~울산역	복선전철	50.0	10,631
	동남권순환 광역철도	진영~울산역	복선전철	51.4	19,354
	광주~나주 광역철도	상무역~나주역	복선전철	28.1	15,235
	용문~홍천 광역철도	용문~홍천	단선전철	34.1	8,537
소계(11개 사업)				444.3	121,074
④ 수도권 교통 혼잡 해소 사업					
광역	서부권 광역급행철도	장기역~ 부천종합운동장역	복선전철	21.1	22,475
	별내선 연장	별내역~별내별가람역	복선전철	3.2	2,384
	송파하남선	오금~하남시청	복선전철	12.0	15,401
	강동하남남양주선	강동~하남~남양주	복선전철	18.1	21,032
	위례과천선	복정~정부과천청사	복선전철	22.9	16,990
	고양은평선	새절~고양시청	복선전철	13.9	14,100
	인천 2호선 고양 연장	인천 서구~ 고양 일산 서구	복선전철	18.5	17,502
	위례삼동선	위례~삼동	복선전철	10.4	8,168

	일산선 연장	대화~금릉	복선전철	10.9	12,127
	분당선 연장	기흥~오산	복선전철	16.9	16,015
	신분당선	호매실~봉담	단선전철	7.0	4,374
광역	신분당선 서북부 연장	용산~삼송	복선전철	20.2	18,002
	대장홍대선	부천 대장~홍대입구	복선전철	20.0	21,526
	제2경인선	청학~노온사	복선전철	21.9	16,879
	신구로선	시흥 대야~목동	복선전철	12.4	9,430
소계(15개 사업)				229.4	216,405
⑤ 산업 발전 기반 조성 사업					
	새만금선	대야~새만금항	단선전철	47.2	13,569
	대합산단산업선	대구 산업단지~ 대합 산업단지	단선전철	5.4	2,653
일반	동해신항선	삼척해변~동해신항	단선철도	3.6	1,650
	부산신항 연결지선	부산신항선~부전마산선	단선전철 (연결선)	6.5	2,151
	철도종합시험선	오송 철도종합시험선로	단선전철	3.6	1,071
소계(5개 사업)				66.3	21,094
총 계(44개 사업)				1,448.4	587,597

추가검토사업(24개 사업)

노선명	사업 구간	사업 내용	연장(km)
인천 2호선 안양 연장	인천대공원~안양	복선전철	21.8
서울 6호선 구리남양주 연장	신내~남양주	복선전철	-
서울 2호선 청라 연장	홍대입구(까치산)~청라[1]	복선전철	-
서울 5호선 김포검단 연장	방화역~검단~김포[2]	복선전철	-

경강선 연장	삼동~안성	단선전철	59.4
별내선 의정부 연장	별내별가람~탑석	복선전철	8.7
조리금촌선(통일로선)	삼송~금촌	복선전철	17.8
교외선	의정부~능곡	단선전철	28.9
인천신항선	월곶~인천신항	단선철도	12.5
경원선	연천~월정리	단선전철	29.3
전주김천선	전주~김천[3]	단선전철	101.1
점촌안동선	점촌~신도청~안동	단선전철	47.9
보령선	보령~조치원	단선전철	82.1
내포태안선	내포~태안	단선전철	57.6
국가식품클러스터산업선	동익산 신호장~완주 산업단지	단선철도	11.4
중부권 동서횡단선	서산~울진	단선전철	322.4
창원산업선	창녕 대합 산업단지~창원	단선전철	46.3
구미산단선	사곡~구미 산업단지	단선철도	8.3
대산항선	석문 산업단지~대산항	단선철도	18.6
의성영덕선	의성~영덕	단선전철	71.9
원주춘천선	원주~춘천	단선전철	50.7
마산신항선	마산~마산신항	단선전철	13.3
태백영동선	제천~삼척	복선전철	125.4
군산목포선	군산~목포	복선전철	121.0
계			**1,256.4**

1) 대장홍대선 사업이 확정된 후 관계 지자체 및 민간 사업자 등 협의를 거쳐 최적 대안으로 추진

2) 노선계획 및 차량기지 등 관련 시설에 대한 지자체 간 합의 시 타당성 분석을 거쳐 추진

3) 타당성 조사 등을 통해 타당성이 확보되는 대안 노선이 있는지를 추가 검토하고, 타당성이 인정되는 노선이 있는 경우 사업 추진

CHAPTER 1

고속철도(3개 사업)
전격 분석

경부고속선
수색~서울~광명 복선전철

총점: ★★★☆

노선 가치: ★ | 열차 운행: ★ | 예산 투입: △ | 진행 속도: △ | 주변 개발: ★

연장: 26.6km | 총 사업비: 2조 2,285억 원

    사업에 대한 의미를 한눈에 보기 좋게 전체적인 총점을 매겼다. 개인적인 견해를 전제로 노선 가치, 열차 운행, 예산 투입, 진행 속도, 주변 개발로 나눠 점수를 매겼다. 각 요소별로 ★은 1점, ☆은 0.5점, △는 0.25점이라고 이해하기 바란다.

    노선 가치는 서울, 수도권, 강남권역, 광역권 등을 거치는 정도에 따라, 그리고 전체 노선의 연장과 본 노선 이후 환승까지 감안한 수요 등을 예상해 점수를 부여했다. 열차 운행은 편성된 차량은 크기에 따른 수송인원과 열차 운행 횟수, 연계 수단 환승 등을 고려해 점수를 부여했다. 예산 투입은 총 소요되는 예산을 감안해 정부(국토교통부) 및 지자체의 정책적 의지, 개발 사업에 따른 광역교통분담금 정도 등을 감안해 점수를 부여했다. 진행 속도는 정부(국토교통부) 및 지자체의 정책적 의지와 국가 기간망 사업상 노선적 가치에 따른 우선순위 등을 감안해 점수를 부여했다. 마지막으로 주변 개발은 노선 및 역 주변의 개발계획 정도에 따른 시너지 효과 등을 감안해 점수를 부여했다. 의미 있는 사업에는 특별한 가점(☆)을 추가로 더했다.

경부고속철도 수색~광명 구간은 1991년 고속철도 설계 당시부터 검토했던 내용이었으나 공사비 증가로 인해 기존선을 활용하기로 했다. 이후 호남고속철도까지 연결되면서 지상 구간에 대한 선로용량 포화로 인해 지하 구간에 대한 재검토가 진행되었다. 그러나 현재까지 진행되지 못하고 있다. 선형계획은 기존 경부선 라인을 그대로 활용하되 대심도로 연결될 예정이다. 열차 운영계획은 최종 결과를 지켜봐야겠지만 예전에 검토했던 계획을 보면 행신역, 수색역, 서울역, 용산역, 광명역 등을 거칠 예정이다. 행신역, 수색역이 상대적으로 더 혜택이 커질 것으로 예상된다. 오래 전부터 검토되어 조금씩 진행되고 있는 터라 더 지켜볼 필요가 있다.

부동산 시장을 보면 수색 6구역은 DMC파인시티자이(23.7/1,223)가 수색초등학교 바로 옆에 있다. 분양권의 매매호가는 2022년 7월 기준 13억~14억 원에 형성되어 있다. 수색 7구역은 총 672세대(일반분양 307세대)로 DMC아트포레자이(23.2/672)가 입주 예정이다. 2022년 7월 기준 84타입의 조합원 분양가는 5억 원대이며, 일반분양가는 7억 원대다. 분양권의 매매호가는 13억~15억 원으로 형

차례대로 수색역 MBC, 용산역. 수색~서울~광명 복선전철 선형계획은 기존 경부선 라인을 그대로 활용하되 대심도로 연결될 예정이다.

성되어 있다. 수색 8구역은 사업시행인가 후 관리처분단계이며 SK건설이 들어온다. 세대수는 578세대다. 그동안 변전소 문제로 저평가되었지만 변전소가 지중화될 예정이며 인근에 주택, 업무시설, 상업시설 등이 들어올 예정이다. 수색 13구역은 DMCSK뷰아이파크포레(23.7/1,464)가 입주할 예정이다. 2022년 7월 기준 12억 ~13억 원까지 호가가 형성되어 있다.

수색역 개발은 DMC역을 1단계로 먼저 개발하고, 2단계로 수색역 차량기지 부지에 업무·상업·문화 복합단지가 조성될 예정이다. 수색 4구역이었던 DMC롯데캐슬더퍼스트(20.6/1,192) 33평형은 11억 9천만 원(22.7)에 거래되었다. DMC센트럴자이(22.3/1,388) 33평형은 16억 3천만 원(22.6)에 거래되었다.

광명~평택
2복선전철화

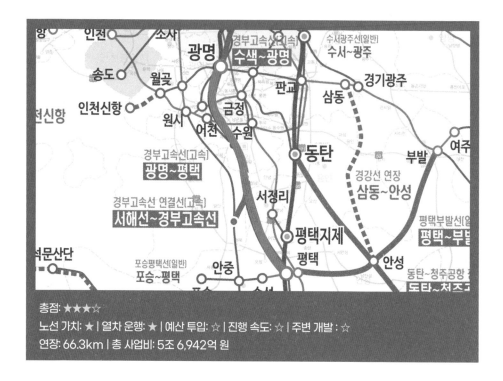

총점: ★★★☆

노선 가치: ★ | 열차 운행: ★ | 예산 투입: ☆ | 진행 속도: ☆ | 주변 개발 : ☆

연장: 66.3km | 총 사업비: 5조 6,942억 원

복복선화가 갖는 의미는 KTX가 전국적으로 확대된다는 의미다. 선로에는 하루 이용할 수 있는 한계(안전을 고려한 열차 운행이 가능한 정도)라는 것이 있다. 서로 다른 열차임에도 불구하고 대다수 열차는 동일한 선로를 이용할 수 있는데, 이 특징으로 인해 하나의 선로에 여러 개 열차가 운영되고 있는 실정이다.

예전에는 안전 등의 이유로 가급적 하나의 선로에는 하나의 구간만 운행하는 것이 보통이었다. 그러나 이제는 신호·통신 등의 발달로 선로의 효과를 극대화하기 위해 하나의 선로에 다양한 구간의 열차가 다니고 있는 상황이다. 그렇기에 더욱 안전에 대한 고려가 중요해졌다. 열차마다 속도의 차이가 있기에 이를 감안한다면 약속된 시간에만 특정 선로 구간을 통과할 수밖에 없다. 결국 하루 이용할 수 있는 시간에 한계가 있기 때문에 이러한 제약을 선로의 한계, 즉 선로용량이라고 이해하면 된다. 열차의 속도를 감안하면 편도 기준 하나의 선로당 하루 200대 정도가 무난해 보인다.

KTX는 수도권 중심의 수요가 많기 때문에 많은 열차가 운행될 수밖에 없다. 수도권 외곽으로 빠지면 노선은 여러 형태로 갈라지게 되고, 운행 횟수는 줄어들게 된다. 어찌 되었건 수도권 중심의 KTX 수요는 계속 늘어나고 있기에 선로용량도 한계에 이른 상태다. 이에 전 국토의 고속열차 시대 제2막을 열고자 별도의 선을 하나 더 추가하는 상황에 이르렀다.

전국 각지의 KTX 신설 역과 수도권 인근 KTX 열차 운행 증대에 따른 기대 가치는 굉장히 높다. 출퇴근까지는 무리여도 특정 지역 간의 주기적인 왕래가 필요한 사람은 KTX 인근에 거주하기를 선호한다. KTX가 들어서면 상업 및 업무 기능이 확대되어 역 주변 가치는 커질 수밖에 없다.

광명~평택 2복선전철화를 살펴보기에 앞서 현재 공사 중인 평택~오송 복복선화에 대한 내용부터 살펴보자. 2027년 완공을 목표로 총 연장 46.4km다. 현재 평택~오송 구간은 1일 편도 기준 약 180회 정도 운행되고 있는데, 이미 선로용량에 근접한 상태다. 향후 여객 수송을 늘리고 인천발, 수원발 KTX 등을 운행하려면 2복선화가 필수적으로 동반되어야 한다.

사업의 목적을 보면 경부고속철도 평택 분기점~오송역 고속철도 복선 추가, 제

3차 국가철도망 구축계획 실행, 평택~오송 구간 용량 제약으로 추가적인 고속철도 서비스 확대 불가, 경부와 수도권 고속철도 합류부 병목현상 해소 등이다.

본 노선의 직접적인 수혜 지역을 보면 천안아산역과 오송역의 가치가 계속 높아질 수 있다. 주변 상황을 보면 천안아산역의 가치 상승이 기대된다. 경부고속철도(KTX) 광명역 이후와 수도권고속철도(SRT) 평택지제역 이후 노선이 서로 합류된다. 서로 쌍방 크로스가 가능하다. 2개 고속철도는 천안아산역을 정차하는 열차는 지상으로 연결되고, 천안아산역을 통과하는 열차는 지하 터널로 지나간다. 현재 평일 기준 서울역 출발 54대, 수서역 출발 36대 등 약 90여 대가 정차하는데, 향후 인천발, 수원발 등을 포함해 최소 130여 대 이상이 정차할 예정이다.

천안아산역의 위치는 정확하게 따지면 아산시 배방읍 장재리다. 바로 인근에 천안시 서북구 불당동이 있지만 본거지는 아산이다. 2021년 천안, 아산 부동산 상승장을 이끈 곳 중 하나이기도 하다. 천안아산역 주변도 그 기능이 확대되고 있는 만큼 향후 계속 지켜봐야 할 곳 중 하나임은 분명해 보인다.

오송역의 열차 운행도 천안아산역과 유사하다. 오송역은 물리적 거리가 서울에서 다소 멀지만 천안과 같은 충청권이다. 좌측에는 세종이, 우측에는 청주가 배후세력이다. BRT(간선급행버스체계) 등 교통망이 연결되어 있으며 향후 다양한 교통계획, 특히 철도망 충청권 광역교통, 대전도시철도 연장 등의 중심지이기도 하다. 제5차 국토종합계획 중 KTX X축의 중심지도 오송이다. 오송의 가치가 높아진 이유다. 주변의 가격대 역시 추가 상승 여력이 충분하다.

현장에 가면 아직 느낌이 살짝 약한 부분도 있어 보이나, 소용돌이처럼 주변에 많은 부분을 흡수할 수 있다. 도시개발은 20년을 내다봐야 한다. 주거 배후지만으로는 한계가 있기 때문에 다양한 용도가 들어와야 거대한 도시로 성장할 수 있다.

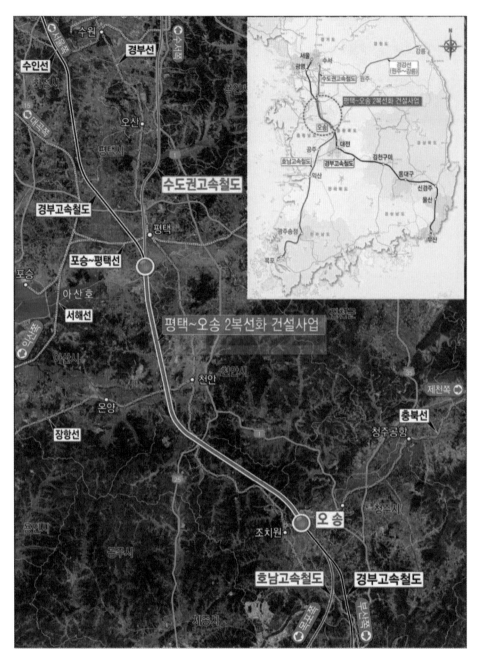

평택~오송 2복선화

서해선 ~ 경부고속선
연결선(서해선 직결)

총점: ★★★
노선 가치: ★ | 열차 운행: ☆ | 예산 투입: △ | 진행 속도: △ | 주변 개발: ★
연장: 7.1km | 총 사업비: 5,491억 원

    서해선~경부고속선 연결선 사업이 진행되었던 배경부터 이해할 필요가 있다. 원래 서해선은 신안산선을 통해 영등포, 여의도, 서울역으로 직통할 예정이었다. 그러나 신안산선 사업이 재정사업에서 민자사업으로 전환되면서, 더불어 시흥 시청~광명 구간을 경강선 사업과 중복되게 노선을 활용하면서 상대적으로 노선의 여유가 부족해지자 국토교통부는 돌연 서해선이 여의도로 갈 수 없음을 발표했다. 이에 충남 지역에서는 지역 발전에 역행하는 일이라며 국토교통부가 책임질 것을 요청했다. 이런 상황에서 그 대안으로 경부고속철도 노선에 일부 분기시설을 두고, 연결선을 통해 서해선에 KTX 고속열차가 진입할 수 있도록 계획하기에 이르렀다. 서해선과 경부고속선이 근접해 있기에 가능한 이야기였다. 이 연결의 의미를 알려면 서해선의 열차 운행을 살펴봐야 한다.

서해선(홍성~송산) 복선전철 사업은 총 연장 90.0km, 총 사업비 4조 1,388억 원에 해당되는 대표적인 철도 국책 사업이다. 2007년 예비타당성 조사(B/C 0.95) 통과 후, 2015년 전 구간 착공에 들어갔다. 2021년 기획재정부는 삽교역 신설비용 271억 원을 반영한 서해선 총 사업비 변경을 최종 승인했고, 우선 개통 후 추가 공사에 들어갈 예정이다. 남쪽으로는 장항선과 연결되어 익산에서 전라선, 호남선과 직결되고, 북쪽으로는 경기도 화성시 송산과 연결되는 원시~소사~대곡 신설 노선을 통해 경의선과 직결됨으로써 서해안축 남북종단 간선철도망을 구축한다.

열차 운행은 전동차는 현재 원시~소사 구간은 운행 중에 있고, 향후 대곡~일산(경의중앙선)까지 운행될 예정이다(4량 운행, 승강장 6량). 일반열차는 KTX이음이나 ITX급 열차(EMU150~260)가 운행될 예정이다.

상황을 종합해보면 경부고속철도 KTX 전용선을 이용한 열차는 기존 KTX 열차 운행을 감안해야 하고, 이로 인해 별도의 저상홈 승강장이 추가적으로 필요할 수 있다. 고속철도임을 감안하면 안중역과 홍성역 정도만 정차할 가능성이 높다. 서울역이나 호남선 출발지인 용산역 등은 운행 횟수가 제한적일 듯하다. 상징성을 감안해서 봐야 할 것으로 보인다. 요금은 KTX나 KTX이음이나 차이가 없기에 광명역에서 신안산선으로 연결해 갈 수도 있을 듯하다.

연결선에 따른 정차 가능한 역은 안중역과 홍성역이다. 안중역세권 개발은 안중역 건설과 더불어 주변 역세권을 활성화하고 개발하는 데 목적이 있다. 71만 평이 예정되었으나 이번 시장이 150만 평으로 상향 조정하는 공약을 내었다. 현재 해당 구역은 개발제한구역으로 지정되었으며 추진위원회와 중흥건설이 환지 방식으로 추진하는 업무협약을 체결했다.

평택화양도시개발구역은 경기도 평택시 현덕면 화양리 452-2번지 일원에 개발되는 사업이다. 2만 세대가 들어오는 서평택 도시개발 사업으로 규모가 크다. 화양지구는 교통의 위치도 좋다. 경부고속도로, 서해안고속도로, 평택~제천 고속도로, 평택~화성 고속도로 등 교통망이 잘 형성되어 있다. 2025년에 서구청이 들어오고, 초중고도 들어오며, 대형 응급의료센터도 들어올 예정이다.

힐스테이트송담(16.10/952)은 6억 1천만 원(22.5)에 실거래되었다. 송담지엔하임 1차(18.5/707)의 2022년 상반기 매매호가는 5억 원 초반에서 7억 원대로 형성되어 있다. 최근 거래된 단독주택의 토지 평당가는 286만 원대였다. 2022년 5월에 거래된 토지(답)는 250만 원대에 실거래되었다.

홍성역을 보면 역 주변으로 홍성역세권 도시개발 사업을 진행 중에 있다. 15.5만㎡ 규모의 주거·상업 등 복합 기능을 담당하는 대규모 도시개발 사업이다. 얼마 전 체비지를 매각하는 공고가 났다. 홍성자이(23.12/483) 분양권은 3억 5천만 원(22.8)에 실거래되었다. 홍성역 근처 근생의 경우 최근 거래 시세는 토지 평당가 330만 원대였다. 토지(대지)는 2022년 6월 평당가 220만 원에 실거래되었다.

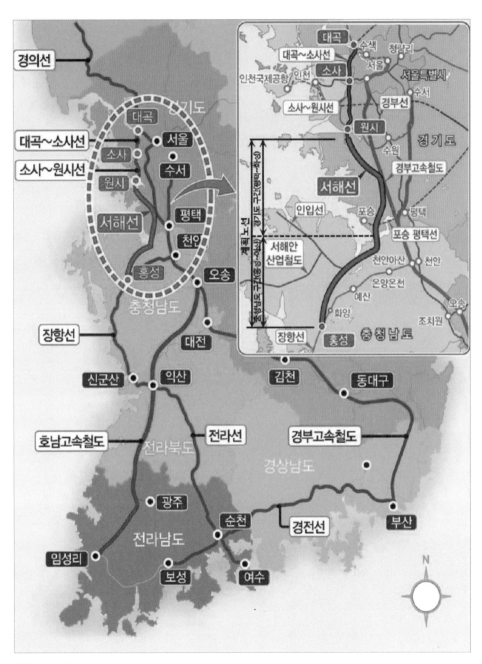

서해선 노선도

CHAPTER 2

일반철도(9개 사업)
전격 분석

문경점촌선 문경~점촌 ~김천 단선전철

총점: ★★★

노선 가치: ★ | 열차 운행: ☆ | 예산 투입: ☆ | 진행 속도: ☆ | 주변 개발: ☆
연장: 70.7km | 총 사업비: 1조 1,437억 원

    2020년 김천시는 문경~김천 구간에 대해 중부내륙선 편입과 선로 개량을 촉구하는 동시에 부발에서 충주, 문경 이후 김천까지 연결되어야 한다고 정부에 강하게 요구했다. 김천 이후 진주, 거제로 이어지는 남부내륙선을 감안하면 본 구간만 기존선에 해당되어 전체적인 선형계획상 기간망 철도 사업으로 의미가 충분하다

현장 스케치

차례대로 김천역 광장, 김천역 전면부 모습. 향후 중부내륙선과 남부내륙선이 만나는 역으로 경북선 2단계 사업에도 포함되어 있다.

고 보았기에 본 계획에 담기게 되었다.

문경역은 역세권 도시개발 사업으로 현재 개발계획에 대해 타당성 용역 추진 중에 있으며, 도시개발 방안에 대한 점검 등이 진행 중이다. 문경역 예정지 주변에는 대부분 100세대 미만의 아파트 위주이며 대단지는 없다. 최근 준공된 문경역지엘리베라움더퍼스트(22.2/116)는 2억 4,980만 원(22.6)에 실거래되었다. 최근 거래된 토지(대지)는 2022년 7월 기준 199만 원대로 시세가 형성되있다. 단독주택은 2022년 5월에 토지 평당가 740만 원대, 건물 면적 평당가 430만 원대에 실거래되었다.

김천역은 부곡주공1단지(80.8/360)가 재건축 정비구역으로 지정 고시되었으며, 16평형이 1억 원(22.6)에 실거래되었다. 부곡주공1단지는 건폐율 30% 이하, 용적률 250% 이하를 적용한 432가구와 부대복리시설을 신축할 계획이다. 김천푸르지오더퍼스트(24.6/703) 분양권은 3억 9,907만 원(22.7)에 실거래되었다. 김천센트럴자이(19.3/930)는 3억 3,500만 원(22.3)에 실거래되었다.

경북선 점촌~영주
단선전철화

총점: ★★

노선 가치: ☆ | 열차 운행: ☆ | 예산 투입: △ | 진행 속도: ☆ | 주변 개발: △

연장: 55.2km | 총 사업비: 2,709억 원

중앙선과 중부내륙선 간의 연계를 위해 본 구간을 전철화하는 내용이다. 큰 흐름을 보면 서산에서 당진, 아산, 천안, 청주, 문경, 영주, 울진까지 이어지는 중부권 동서횡단철도 구축이 그 목적이다. 중부권 동서횡단철도는 서산을 시작으로 당진, 예산, 아산, 천안, 청주, 괴산, 문경, 영주, 봉화, 울진 등을 잇는 총 연장 330km 사

현장 스케치

차례대로 영주역 신설역사, 영주역 승강장 공사 현장. KTX이음 열차 정차 확대를 위한 공사가 진행 중이다.

업이다. 구간별로 개량 및 신설 사업이 예정되어 있지만, 이 구간을 이용하는 수요적 한계로 인해 사업 진행 과정이 불투명한 상황이다. 장기적 관점에서 봐야 한다.

점촌역은 문경시의 주요 관문으로 우측으로 영강이 흐르고 근거리에 문경시청이 위치해 있다. 점촌역이 위치한 문경시 인구는 7.1만 명에 불과하다. 대한민국 중심 한복판에 위치하고 있지만, 도시는 크게 발달하지 못했다. 자연환경을 보존하고 있는 문화관광 산업에 중점을 두고 있다. 문경시청 인근 매봉마을주공2단지(98.5/928) 24평형은 1억 4천만 원(22.8)에 거래되었고, 점촌역 초입에 있는 상업지 토지는 2022년 8월 기준 평당가 430만 원에 거래되었다.

영주시도 문경시처럼 문화관광 도시다. 인구는 10.1만 명이다. 최근 중앙선 KTX 열차가 운행되면서 역사 주변이 더욱 활기찬 모습이다. 영주시민운동장 인근 세영리첼(11.3/706) 24평형은 2억 1천만 원(22.7)에 거래되었고, 영주역 인근 상업지 모텔 건물은 2021년 1월 기준 평당가 420만 원에 거래되었다.

공항철도 서울역
~ 인천국제공항 급행화

총점: ★★★
노선 가치: ★ | 열차 운행: ★ | 예산 투입: △ | 진행 속도: △ | 주변 개발: ☆
연장: 63.9km | 총 사업비: 4,912억 원

    공항철도 급행화 사업은 열차의 최고 운행 시속을 110km/h에서 향후 150km/h까지 올리는 사업이다. 열차 증편과 시스템 개선이 주목적이다. 공항철도 직통 열차의 경우 현재 공항1터미널까지 43분, 공항2터미널까지 51분 걸리지만 10분 정도 단축이 예상된다. 현재 공항철도는 직통 열차와 전동차가 운행되고 있는데,

차례대로 향후 거점역으로 성장할 계양역, 아파트 단지가 계속 들어오고 있는 검암역세권

전동차의 경우 청라국제도시역에서 터미널까지는 별도의 독립 운임 체계를 적용 받는다.

향후 공항철도와 지하철 9호선과의 직결 운행 여부에 따라 가치가 달라질 수 있다. 공항철도는 좌측 운행, 9호선은 우측 운행이지만 김포공항역에 꽈배기굴 구조가 있어 신호 체계, 전력 변경(공항철도 교류 25,000V, 9호선 직류 1,500V) 등의 시스템 환경 변화로 운행이 가능해 보인다. 하지만 사업 주체, 예산 배분 문제 등이 발목을 잡고 있다. 차량 추가 구입비와 운행 구간, 9호선 연장 사업 등의 변수도 남아 있다. 하지만 정치적 타협만 이뤄지면 운행이 가능할 것으로 보인다.

계양역 주변에는 경인 아라뱃길, 귤현차량사업소, 고속도로, 군부대시설 등이 있다. 주차장, 농지, 일부 가옥만 보인다. 인천 1호선과 환승되는 계양역은 GTX 정차 예정 역으로 향후 거점역으로 성장할 가능성이 높기에 역세권 개발이 진행될 수 있다.

검암역 역세권 사업(검암플라시아)은 2026년 완공을 목표로 2023년 하반기에 본

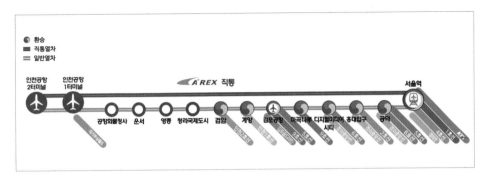

공항철도 노선도

격적으로 착공이 시작된다. 25만 평에 7,269세대를 수용하는 검암역 역세권 개발은 무주택자, 신혼부부, 청년 위주로 주택을 공급한다. 공공임대와 신혼희망타운이 4,593세대로 많이 포함되어 있다. 검암역 위쪽으로는 한들 구역이 있는데, 2023년 6월에 검암역로열파크씨티푸르지오가 들어올 예정이다. 실제로는 독정역과 가깝다. 6억 1,175만 원(22.6)에 실거래되었다.

광주송정 ~ 서대구
단선전철

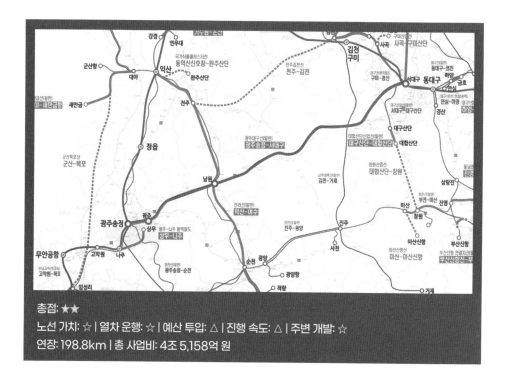

총점: ★★

노선 가치: ☆ | 열차 운행: ☆ | 예산 투입: △ | 진행 속도: △ | 주변 개발: ☆
연장: 198.8km | 총 사업비: 4조 5,158억 원

　달빛내륙철도라 불리는 광주대구선은 문재인 정부 때 공약한 사업이다. 광주와 대구를 1시간대로 연결하는 사업으로 전라도의 담양, 순창, 남원과 경상도의 거창, 고령, 함양 등이 수혜를 받을 수 있다. 제3차 국가철도망 구축계획 당시 후보 노선으로 선정되어 사전 예비타당성 조사가 진행되었지만 B/C(비용편익비)가

차례대로 광주송정역 시장, 송정역. 광주대구선은 국가 균형 발전을 목적으로 예비타당성 면제 사업으로 추진 중에 있다.

0.5에 불과해 경제성이 없다고 봤다. 이번 제4차 국가철도망 구축계획에 포함되면서 국가 균형 발전을 목적으로 예비타당성 면제 사업으로 추진 중에 있다.

실제 광주에서 대구까지 열차로 가려면 오송역이나 대전을 통해 크게 돌아가야 한다. 광주와 대구를 비롯해 전라남·북도, 경상남·북도 6개 권역에 해당되지만 본 노선 중간 지역에는 군 단위 지역이 대부분이기에 사업성을 타진하기에는 곤란하다. 균형 발전의 의미로써 동서 내륙을 연결하는 상징성이 있다고 봐야 한다.

달빛내륙철도는 단순히 수요로만 따질 수는 없는 사업이다. 정치적 성향과 교통 불편 등의 이유로 오랜 시간 다른 지역에 비해 지역 단절이 심했고, 이로 인해 두 지역 간의 여러 도시들이 성장하지 못한 측면도 있다. 동서 화합과 균형 발전 측면에서 접근한다면 당장의 수요보다는 미래 가치적 의미가 있다. 광주송정역과 서대구역만 이용하는 것이 아니라 호남선, 경부선, 대구선 등 다양한 루트 활용도 가능하다.

평택부발선
평택~부발 단선전철

총점: ★★

노선 가치: ☆ | 열차 운행: △ | 예산 투입: △ | 진행 속도: △ | 주변 개발: ☆

연장: 62.2km | 총 사업비: 2조 2,383억 원

평택부발선은 일반철도로 단선 사업으로 계획했다. 노선 연장이 62.2km로 총 사업비만 2조 원이 넘는다. 시종점역인 평택역, 부발역을 제외하고 2~3개 역이 신설될 예정이다. 평택부발선을 보기 전에 이미 계획 중인 평택선(포승~평택)도 살펴봐야 한다. 일반철도인 만큼 정거장의 수는 제한적인 상황으로, 안성역과 백암(원

삼)역 등이 거론되고 있다. 원삼역에는 SK하이닉스 부지가 있다.

서울 도심과는 물리적 거리가 있어 수도권 가격 상승장 때 올라가지 못했다가, 2021년에 가격 급등세가 이어졌다. 특히 안성 지역은 SK하이닉스, 철도 등의 이슈로 토지가격 외에 일반 아파트도 상승세를 보였다. 인구는 평택시가 55만 명, 안성시가 20만 명이다. 서울 근교나 광역 단위 근교는 유사 생활권으로 인구에 대한 영향이 비교적 덜하지만 거리가 다소 먼 10만~20만 명 규모의 도시는 크게 상승하지 못한 곳이 많다.

신도시나 신축 브랜드가 받쳐주는 지역은 그래도 선방했지만 그렇지 못한 경우 "왜 우리 동네만 이러나?" 하는 푸념까지 나왔다. 평택, 안성, 용인(백암, 원삼), 이천(부발)에 해당되는 본 노선은 자체적으로 갖고 있는 힘이 적기 때문에 호재도 제한적인 편이다. 공사에 대한 속도감이나 제한적인 여객 운행을 감안하면 굳이 무리할 이유는 없어 보인다.

평택역의 경우 상대적으로 오랜 역사를 가지고 있음에도 주변 지제역과 서정리역에 밀려 구도심 수요와 한계가 동시에 작용한다. 본 노선이 생긴다고 큰 역할을 기대하기 어렵다. 전체적인 재정비가 필요해 보인다. 최근 집장촌 일대 재개발로 인해 기대감이 상당했지만 시행자 선정에 어려움을 겪고 있다.

안성역의 경우 X자 축 호재는 갖고 있지만 2개 노선에 대한 확실성이 다소 부족하다. 평택부발선의 의미는 제한적이고 오히려 동탄~청주공항선에 대한 기대감이 있을 수 있다. 물론 이 또한 사업성이 크게 나올 것으로 보기 어렵기에 장기적인 관점에서 지켜보는 게 좋다. 용인(백암, 원삼)의 경우 SK하이닉스의 파급력에 따라 의미를 달리할 수 있다. 조용한 동네에 상당한 변화가 있기 때문에 토지에 대한 수요는 계속 늘어날 듯하다.

수용부지 주변 토지는 대체부지의 의미와 인구 유입에 따른 부지 활용이 기대되

차례대로 평택역, 평택역 번화가. 상대적으로 오랜 역사를 가지고 있음에도 주변 지제역과 서정리 역에 밀려 구도심 수요와 한계가 동시에 작용한다.

는 곳이다. 시간이 걸리겠지만 누군가는 찾는 사람이 있다는 뜻으로 어떻게 활용해야 할지 고민해야 한다.

이천(부발)의 경우 평택부발선을 떠나 경강선과 중부내륙선(부발~충주, 문경, 거제 등)의 교차점으로 향후 기능이 확대될 수 있다. 그에 비하면 현재 가치 평가는 저하된 편이다. 부발역에서 판교역까지 전동차의 경우 8개 역임에도 불구하고 35~40분가량이 소요된다. 그만큼 물리적으로 거리가 제법 된다는 뜻이다. 현재 중부내륙선은 KTX이음이 운행되고 있고, 서울(수서)까지 연결되기 때문에 역세권의 가치는 충분해 보인다.

본 노선과 연결되는 평택선도 살펴보자. 평택선은 포승~평택 간 30.3km 단선철도 건설 사업으로 총 사업비는 7,161억 원(국고 6,646억 원, 수탁 515억 원)이다. 2004년 계획을 검토해 2025년 준공을 앞두고 있다. 서해선 안중역을 지나가며 평택역이 종착역이다. 기존 정거장 2개 소가 있고, 신호장 4개 소로 여객수요와는 거리가 멀다. 사업 목적은 평택항과 배후 공단의 급증하는 물동량 처리, 경부선, 서

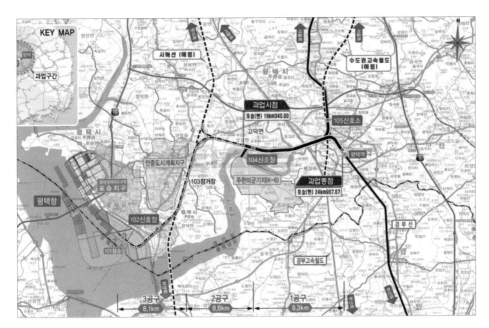

평택선(포승~평택) 노선도

해선, 평택~원주 연계 수송망 구축, 미군부대 이전에 따른 군부대 인입철도 건설 등이다. 추진 과정을 보면 2004년 예비타당성 조사(B/C 1.18), 2007년 타당성 및 기본계획 착수, 2018년 1단계 숙성~평택 구간 준공, 2단계 안중~숙성 구간 착공을 거쳐 2022년에는 3단계 구간 설계 중이다.

본 노선은 아산만권 광역 개발 사업 추진에 따른 평택항과 배후 공단의 급증하는 물동량의 효율적인 처리를 위한 산업철도다. 그럼에도 불구하고 공사 진행은 미군기지 이전 문제와 관계가 깊다. 용산미군기지 이전 사업과 연계한 전략물자를 수송하기 위해 속도감 있게 진행되었다가, 이 노선과 관련된 일부만 개통하고 다른 구간은 더디게 진행되고 있는 실정이다. 나중에 전 구간 공사가 완료된다고 하더라도 여객 운송이 제한적일 수밖에 없다.

원주연결선 원주 ~ 만종 복선전철(직결선)

총점: ★★☆
노선 가치: ☆ | 열차 운행: ☆ | 예산 투입: ☆ | 진행 속도: ☆ | 주변 개발: ☆
연장: 6.6km | 총 사업비: 6,371억 원

말 그대로 연결선이다. 현재 원주역(남원주역)을 기준으로 서원주역에서 분기하거나 회차하지 않고 바로 경강선과 연결하는 사업이다. 목포, 익산, 오송, 충주, 원주, 강릉까지 이어지는 제5차 국토종합계획에서 강호선이라고 언급한 노선과 연결될 수 있는 사업이다. 오송역을 중심으로 X선이 연결된다는 의미다. 2019년 국

현장 스케치

차례대로 원주역 승강장, 원주역세권 개발 부지, 원주역. 원주역(남원주역)을 기준으로 서원주역에서
분기하거나 회차하지 않고 바로 경강선과 연결하는 사업이다.

가 균형 발전 프로젝트로 원주연결선을 포함한 충북선 고속화 사업 선정 당시 예
비타당성 조사를 면제받기도 했다. 만종역은 강릉행 KTX이음이 정차하고 있으며
인근에 원주기업도시가 자리 잡고 있다. 원주역은 중앙선 KTX이음이 정차하고 있
으며 인근에 원주혁신도시가 자리 잡고 있다.

원주역 주변은 남원주역세권 투자선도지구로 현재 토지 보상을 진행하고 있다.
A1지구는 호반써밋원주역이 들어설 예정이다. 바로 남쪽으로는 원주무실 공공지
원민간임대주택 공급촉진지구가 사업 진행 중이다. 이 지구에는 공동주택 5개 단
지 2,743호와 단독주택 27호 건설이 계획 중에 있다. 이 중 3개 단지는 공공임대
와 신혼희망타운으로 임대한다.

호반써밋원주역(24.7/465) 33평형 분양권은 4억 1천만 원(22.7)에 거래되었고, 내
안애카운티에듀파크(20.6/348)는 3억 5천만 원(22.7)에 거래되었다. 원주역 인근 근
생 1층은 2022년 5월 토지 평당가 540만 원대에 거래되었다. 단독주택(지상 1층, 지
하 1층)은 2022년 4월 토지 평당가 690만 원대에 거래되었다.

동해선 삼척 ~ 강릉
단선전철(고속화)

총점: ★★

노선 가치: ☆ | 열차 운행: ☆ | 예산 투입: △ | 진행 속도: △ | 주변 개발: ☆

연장: 43.0km | 총 사업비: 1조 2,744억 원

　본 노선은 동해선 전체를 살펴봐야 이해가 된다. 동해선 남부선을 시작으로 동해선 중부선이라고 불리는 포항~삼척 구간은 설계속도 200km/h급이다. 강릉 이후 제진까지 연결되는 동해선 북부선은 250km/h급이다. 계획상 시간 차가 있기에 전체적인 속도에 대한 체계가 일정하지는 않지만, 현재 구간인 삼척~강

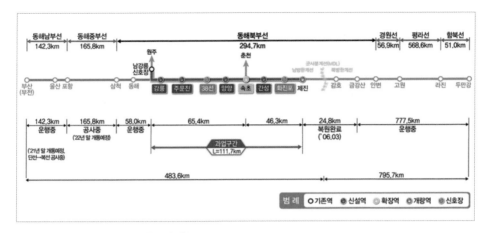

강릉~제진 사업, 동해선 전 구간 노선 개요

자료: 국가철도공단

릉 구간의 기존선 동해선과 영동선은 70~110km/h급에 불과하다. 동해안을 끼고 있는 전체적인 노선계획상 본 구간만 속도를 저하시킬 수 없기에 자연스레 향후 전 구간 고속화를 목표에 두고 본 사업을 진행하고 있는 것이다. 단선철도라는 아쉬움과 일부 기존 역을 다른 역으로 우회할 수 있다는 점에서 여러 민원도 예상된다. 삼척역 삼척센트럴두산위브(24.2/736) 분양권은 2억 9천만 원(22.7)에 실거래되었다. e편한세상삼척교동(18.3/723)은 2억 9천만 원(22.5)에 실거래되었다. 2022년 2월 단독주택은 평당가 250만 원에 실거래되었다.

강릉역은 선로를 지하화해 유휴부지에 재개발 사업과 역세권 개발 사업이 예정되었으나, 동해선 북부선의 현장사무소로 인해 역세권 사업은 2028년 이후로 연기되었다. 강릉역 북쪽으로는 2025년 8월 지역주택조합의 강릉역경남아너스빌더센트로 456세대가 들어오고, 코오롱하늘채 688세대가 들어올 예정이다. 강릉교동하늘채스카이파크(24.10/688) 분양권과 강릉롯데캐슬시그니처(24.11/1,305) 분양권은 각각 4억 2천만 원(22.7)에 실거래되었다.

전라선 익산~여수
복선전철(고속화)

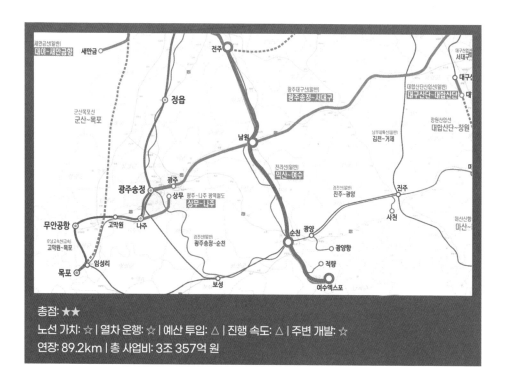

총점: ★★
노선 가치: ☆ | 열차 운행: ☆ | 예산 투입: △ | 진행 속도: △ | 주변 개발: ☆
연장: 89.2km | 총 사업비: 3조 357억 원

대한민국 국토의 철도가 고속화로 연결되면서 전라선도 선형 개량 요구가 많아졌다. 이에 기존 선로를 최대한 활용하면서 일부 우회하는 선형은 직선화로 속도를 높이고자 한다. 익산, 전주, 남원, 순천, 여수 등의 역에 정차하며 일부 역은 폐지된다. 개량화에 따라 여수엑스포역까지 최대 25분까지 시간 단축을 예상하고

차례대로 순천역 송보파인빌, 여수엑스포역 광장, 여수엑스포역 종점. 대한민국 국토의 철도가 고속로로 연결되면서 전라선도 선형 개량 요구가 많아졌다.

있다. 현재 용산역에서 여수엑스포역까지는 편도 14회 운행 중이며, 소요 시간은 평균 3시간이다. KTX열차는 오송역에서 경부축과 호남축으로, 대전조차장에서 대전역과 서대전역 정차에 따라 경부축과 호남축으로 나뉘어 운행된다. 호남축 열차는 익산역에서 광주, 목포행과 여수행으로 나뉘어 운행되고 있다.

익산역은 철도 부지를 한화건설 등과의 협약을 통해 역세권 개발 사업으로 활용하고자 한다. 인근 창인주공은 1979년 준공된 40년 이상 된 아파트다. 재건축 우선협상자로 KB부동산신탁이 선정되어서 재건축이 진행 중이다. 1억 9천만 원(22.7)에 실거래되었다. 익산e편한세상(12/1,581)은 3억 3천만 원(22.6)에 실거래되었다. 유블레스47모현(24.10/343) 분양권은 4억 3천만 원(22.7)에 실거래되었다.

여수역 엑스포힐스테이트1단지(12.11/1,080)는 3억 5천만 원(22.7)에 실거래되었고, 엑스포힐스테이트2단지(12/362)는 3억 원(22.7)에 실거래되었다. 여수역 근처 1층 상가는 2022년 4월 평당가 1,800만 원대에 실거래되었다. 단독주택은 2022년 5월 토지 평당가 130만 원에 실거래되었다.

호남선 가수원~논산
복선전철(고속화)

총점: ★★☆

노선 가치: ☆ | 열차 운행: ☆ | 예산 투입: △ | 진행 속도: ☆ | 주변 개발: ☆

연장: 17.8km | 총 사업비: 7,415억 원

    광주, 목포까지 연결되는 호남고속철도는 오송역에서 공주역 방향으로 이어지는 KTX 전용선과 대전 도심을 통과하는 서대전역 방향으로 이어지는 기존 호남선으로 나뉜다. 본 사업은 대전 도심을 통과하는 호남선을 개량해 최대 230km/h까지 올리려는 사업이다.

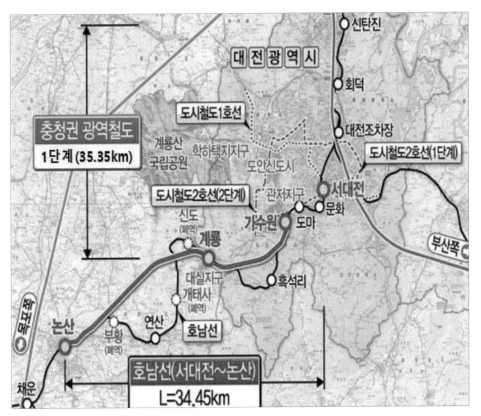

서대전~논산 구간

자료: 대전시

2022년 8월 호남선(가수원~논산) 고속화 사업이 기획재정부 예비타당성을 통과했다. 호남선 고속화 사업은 대전 가수원역에서 계룡역, 논산역까지 기존 호남선 선로를 총 29.2km로 개량하는 사업이다. 총 사업비는 7,192억 원이다. 제3차 국가철도망 구축계획에 이미 포함되었다. 이번 사업으로 서대전~논산 구간이 당초 33분에서 20분까지 13분 정도 단축될 것으로 보고 있다.

CHAPTER 3

수도권 광역철도(16개 사업) 전격 분석

분당선 왕십리~청량리
단선전철

총점: ★★★★

노선 가치: ★ | 열차 운행: ★ | 예산 투입: ☆ | 진행 속도: ☆ | 주변 개발: ☆(+☆)

연장: 1.0km | 총 사업비: 820억 원

수인분당선 연장 단선 1km의 의미는 단순하지 않다. 철도망에서 거대 핵과의 만남을 뜻한다.

수인분당선은 2020년 9월에 수인선과 분당선이 합쳐진 노선이다. 이때 일부 열차는 청량리역까지 운행하기로 했다. 현재 왕십리역에서 청량리역 구간은 수인분당선 선로가 아닌 경원선을 이용해서 쓰기 때문에 선로용량에 제약을 받고 있다. 그래서 평일 편도 기준 9회밖에 운행되지 않는다. 청량리역 주변 수요와 환승 수요를 감안하면 충분한 경제성이 확보되고 있음에도 불구하고 현재는 상당히 우회해서 들어가야 하는 상황이다. 이를 해결하기 위해 별도의 분당선 전용선을 단선으로 연결해 이용객의 편의를 증진하고자 사업에 반영했다. 왕십리역과 청량리역은 철도에 있어서 메가급 파급력을 가진 역으로, 두 역의 시너지는 상당할 것으로 보인다.

왕십리역은 2호선, 5호선, 경의중앙선, 수인분당선 등이 지나가는 교통의 요지로 2026년에는 동북선이 개통되고, 2030년에는 GTX-C까지 연결되는 교통의 핵이다. 왕십리역 남쪽 부근에는 재개발 행당 7구역이 있다. 라체르보푸르지오쎄밋이라는 이름으로 2022년 9월 일반분양 예정이며 일반분양가는 25평 기준 6억 3천만 원, 34평 기준 8억 5천만 원이다. 총 세대수는 958세대이며, 매매호가는 감정가와 피(P)와 타입에 따라 11억~18억 원의 시세를 형성하고 있다. 동쪽으로는 세림아파트가 재건축 정비구역으로 지정되었으며 마장벽화마을(382번지 일대)은 신속통합기획 1차로 선발되었다. 마장벽화마을 남측에 사근동 190-2 일원도 2차 보아타운지로 지정되었다. 왕십리역 주변 시세를 보면 서울숲리버뷰자이(18.6/1,036)는 19억 9천만 원(22.1)에 거래되었고, 서울숲더샵(14.9/495)은 16억 5천만 원(21.6)에 거래되었다.

청량리역은 중앙선, 경강선 KTX와 경춘선 ITX 등 고속열차와 일반열차가 출발하는 거점역이다. 또한 1호선, 경춘선, 수인분당선, 경의중앙선 등이 전동차로 운행된다. 향후 GTX-B·C노선이 연결되며 면목선, 강북횡단선 등 서울도시철도가 계획 중에 있다.

청량리역 인근은 재개발 사업이 활발하게 진행되는 곳으로 청량리 4구역은 주

차례대로 왕십리역 청량리행 전동열차 운행 안내도(평일 9회, 주말 5회) 왕십리역 수인분당선 배선

상복합 롯데캐슬SKY-L65(23.7/1,425)로 탈바꿈된다. 전농도시환경정비사업은 사업시행인가를 기다리고 있으며 조합원 수는 233명, 예정 세대수는 1,376세대다. 시공사는 대우건설과 동부건설의 컨소시엄으로 진행 예정이다. 전농 12구역은 조합원 수는 140명, 297세대 준공 예정이다. 사업시행인가를 기다리고 있다. 전농 9구역은 공공재개발 2차 구역으로 조합원 수 632명, 1,107세대를 지을 예정이며, 일반분양은 277세대가 예상된다. 추진위원회에서 구역지정신청서를 제출한 상태다. 전농 8구역은 2021년에 조합설립인가를 받고 1,515세대를 준공할 예정이다. 조합원 수는 663명이다. 일반분양은 590세대가 예상된다. 청량리 9구역은 청량리동 19번지 일대 신통기획 1차로 선정되었다. 조합원 수는 339명, 세대수는 666세대로 예상된다.

시세를 보면 동대문롯데캐슬노블레스(18.6/584)는 14억 9천만 원(22.6)에 거래되었다. 래미안미드카운티(18.5/1,009)는 13억 7천만 원(22.7)에 거래되었다. 2천 세대가 넘는 대단지로 형성된 래미안크레시티(13.4/2,397)는 15억 원(22.5)에 거래되었다.

서부권 광역급행철도
장기역~부천종합운동장역 복선전철

총점: ★★★★☆

노선 가치: ★ | 열차 운행: ★ | 예산 투입: △ | 진행 속도: ☆ | 주변 개발: ★(+☆)

연장: 21.1km | 총 사업비: 2조 2,475억 원

2019년 10월 대도시권광역교통위원회에서 공식적으로 처음 발표했다. GTX-D 노선으로 불리는 이 노선은 현재까지는 서부권 광역급행철도로 김포에서 부천까지만 연결하고 이후에는 GTX-B노선과 직결 운행하는 것까지만 공식적으로 정리되었다. 따져 보면 불과 2년밖에 되질 않았다. 여러 번 이야기하지 않았던가? 대규

모 철도 사업은 수조 원에 달하는 예산이 투입되는 만큼 쉽게 결정하기 어렵다. 특히 공식적인 채널에 잘못 발표했다가는 수습하기 너무 어려워 신중할 수밖에 없다. 발표 당시를 떠올려보면 기대를 저버리지 않았다. 철도 사업의 포문을 연 것이니 일단 발표했다는 게 중요하다. 당시 결정 과정을 보면 국토교통부 장관의 퇴임설이 돌고, 서울시장이 공석이었던 점 등을 감안해 무리하게 진행될 상황은 아니었다. 향후 정치적 사안을 고려해 선도적인 서부권만 결정하는 게 어쩌면 적절한 선택이 아니었나 싶다.

전체 노선을 결정하기에는 예산도 만만치 않은 사업이다. 수도권 중심으로 GTX 사업을 비롯한 굵직한 예산이 들어가는 신규 사업이 여러 건 진행 중이다. 대심도 지하철 사업의 경우 총 사업비가 1km당 1,200억 원 내외로 들어간다. 김포에서 하남 구간까지만 해도 최소 80km 이상이므로 적어도 9조 원 안팎의 예산이 소요되는 초대형 프로젝트임은 분명했다.

무턱대고 발표하기보다는 신중에 신중을 기한 상황으로 보인다. 그렇다면 앞으로 GTX-D는 물 건너간 사업인가, 아니면 GTX-B노선과 부천종합운동장역에서 Y자로 연결될 것인가? 결론은 둘 다 아닐 듯하다. GTX-D노선은 이제 포문을 연 상황이고, 윤석열 정부의 공약을 감안해보면 GTX-B노선과의 연계보다는 어떻게든 진행해야 하는 사업임이 분명해 보인다.

그렇다면 지금 시점에는 무엇을 봐야 하는가? GTX-D의 서막을 알리는 서부권 예상 역을 선점할 필요가 있다. 본 사업계획은 노선에 대한 연장과 예산을 언급할 뿐 구체적인 역까지 나올 가능성은 적다. 그렇기에 기존에 언급되었던 김포 장기역, 검단역, 계양역, 부천종합운동장역이 수혜 지역으로 보인다. GTX-D노선은 최소 2035년은 봐야 한다. 그 전에 여러 공감대(특히 서울시의 의지)가 형성되어 다른 대안이 나올 수도 있고, 제5차 국가철도망 구축계획에 전 구간에 대한 내용이 담길 수도 있다. 조급해 하지 말고 이제 포문을 열었다는 상징적 의미를 인지하고 하나씩 지켜보면 될 듯하다.

　김포골드선이 지나가는 장기역은 GTX-D노선과 서울지하철 5호선 연장이 예정된다. 장기역 주변 한강신도시는 개발의 영향을 받는다. 원래 용산까지 잇는 노선이었지만 현 정부는 강남 연결을 제시했다. 만약 강남 연결이 이뤄진다면 기존 2번의 환승으로 1시간 20분대에서 30분으로 이동시간이 줄어든다. 한강신도시초당마을중흥S-클래스리버티(12.6/1,470)는 5억 4천만 원(22.6)에 거래되었다. e편한세상캐널시티(17.8/639)는 6억 9천만 원(22.6)에 거래되었다.

　검단역은 인천 1호선 연장 사업 103역으로 예측된다. 검단신도시가 단계별로 건설되고 있으며 최대 규모 자족도시가 기대된다. 신도시가 완성되면 총 7만 5천 세대가 예정되어 있다. 신도시에는 인천지방법원 북부지원과 인천지방검찰청 북부지청이 2025년까지 들어올 예정이다. 검단역(103역)이 들어옴에 따라 계양역에서 환승해 공항철도를 이용 시 김포공항, 마곡나루, 홍대입구, 서울역으로의 이동이 가능하고, 5호선 이용 시 여의도와 영등포, 광화문 일대의 업무단지로 이동이 가능하며, 9호선 이용 시 마곡나루와 여의도, 신논현역까지 강남으로의 이동이 편리해진다. 검단역 예정지 위쪽으로 힐스테이트검단웰카운티 1,535세대가 2025년 1월에, 제일풍경채검단 1단지 1,425세대가 2024년 11월에 입주 예정이다. 검단대광로제비앙센트럴포레(22.2/556)는 3억 9천만 원(22.7)에 거래되었다.

　계양역은 현재 공항철도와 인천 1호선이 운행되고 있고, 동쪽으로 계양신도시가 들어온다. 계양신도시는 2022년 5월 3기 신도시 중 먼저 토지 보상을 완료했으며 333만m²에 1만 7천 호의 주택을 공급할 예정이다. 바로 아래쪽에는 부천 대장지구가 위치해 있어 서로의 인프라를 공유할 수 있다. 계양신도시는 3공구로 나눠 진행하는데 1~2공구는 남양건설, 대우산업개발, 고덕종합건설이 컨소시엄으로

차례대로 계양역 공항철도, 부천종합운동장역 준공업지역, 장기역, 장기역 e편한세상캐널시티. 철도 사업의 포문을 연 것이니 일단 발표했다는 게 중요하다.

시공하며, 3공구는 인천도시공사가 진행한다. 완공 목표는 2027년이다. 주변 시세는 계양센트레빌1단지(13.2/715)가 5억 8천만 원(22.5)에 거래되었다.

별내선 연장 별내역
~별내별가람역 복선전철

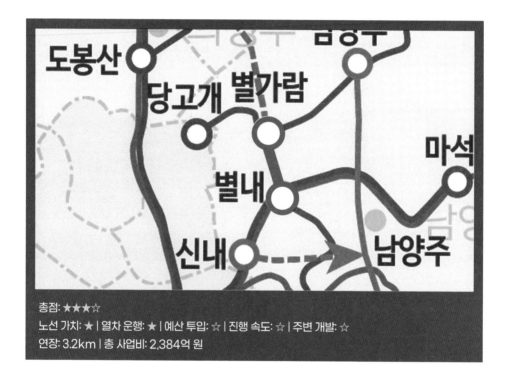

총점: ★★★☆

노선 가치: ★ | 열차 운행: ★ | 예산 투입: ☆ | 진행 속도: ☆ | 주변 개발: ☆

연장: 3.2km | 총 사업비: 2,384억 원

    별내신도시에 위치한 4호선 별내별가람역은 제4차 국가철도망 구축계획으로 향후 8호선(별내선)과 연장된다. 진접선의 개통으로 남양주 북부 지역의 서울 접근성이 나아지긴 했지만, 8호선의 가치와는 다르기에 지역에서는 빠른 개통을 기대하고 있을 듯하다. 별내별가람역 외에도 진접 방향의 다른 역들도 시간상

따져 보면 8호선 환승을 통한 강남 접근이 유리하기에 짧은 구간임에도 의미가 상당하다. 별내별가람역 4번 출구로 나가면 상가 형성이 잘되어 있다. 4호선 개통으로 당고개역으로 이동이 쉬워 노원구 학원가를 이용하기에 원활해졌다. 노원구는 전세입자의 유입이 뚜렷하다. 전세금이 비교적 저렴하고 4호선으로 이동이 편해졌기 때문이다.

별내선 연장의 핵심역인 별내별가람역을 보자. 별내아이파크2차(15.7/1,083) 34평형은 7억 8천만 원(22.7)에 거래되었다. 별내별가람역한라비발디(13.12/478) 33평형은 8억 5천만 원(21.12)에 거래되었다. 인근 별내푸르지오(15.12/1,100) 33평형은 8억 5천만 원(22.4)에 거래되었다. 토지 면적 73평, 건물 연면적 146평의 다가구주택은 2021년 8월 25억 원에 거래되었다. 토지가로 평당 3,400만 원대에 거래되었다.

한편 8호선 관련 이슈를 보면 별내선 개통, 8호선 판교 연장, 별내선 추가 연장 등을 말할 수 있다. 노선 연장은 통상 순차적으로 하는 경향이 있기에 앞으로 2년 후 별내선 개통 전후로 판교 연장에 대한 이야기가 본격적으로 진행될 수 있다. 현재 성남시는 기획재정부 주관 예비타당성 통과를 위해 사업성 부족에 따른 대책으로 모란차량기지 인근 가칭 '성남시청역'을 제외하고 추진 중에 있다. 가능성은 다분히 있다. 향후 기본계획 시 일부 증액 또는 성남시의 추가 비용을 통해 공사도 가능하기에 완전히 배제되었다고 볼 수는 없다. 앞으로 2년 동안 여러 과정을 통해 설계, 공사까지 이어질 듯하다. 이후 성남 판교 연장 구간이 본궤도에 올라 공사가 마무리 될 즈음, 별내 연장선의 논의도 계속 이어질 듯하다. 이렇게 순차적으로 생각하는 게 현실적인 답이다. 부동산 시장(가격)의 경우 별내선 관련 지역은 상당수 선반영되었다고 본다. 통상 계획, 설계, 착공 전에 많이 오르고 준공 이후에는 크게 변동이 없는 편이다. 다만 역 주변의 다른 개발 사업이 연속적으로 진행된

현장 스케치

차례대로 별내별가람역 사진 1, 2. 별내선 연장의 핵심역이다.

다면 추가적인 상승 여력은 있다.

별내선 복선전철 건설 사업은 전 구간 지하로 진행되며, 사업 연장은 12.8km에 해당된다. 사업 시행은 서울시(1~2공구), 경기도(3~6공구)가 분담하고 있으며 2024년 상반기 운행이 예상된다.

8호선 판교 연장은 당초 3개 역에서 2개 역으로 줄이고, 연장 구간도 줄여 사업성을 확보하고자 노력하고 있다. 성남시는 예비타당성 조사가 진행 중인 8호선 판교 연장 사업과 관련해 사업성을 높이는 방안으로 당초 계획한 역사 3개 중 모란차량기지역(성남시청역), 봇들사거리역(테크노파크역), 판교역 중 모란차량기지역(성남시청역)을 제외하고 2개 역만 신설하는 내용으로 사업계획 변경안을 제출했다. 올하반기 어느 정도 윤곽이 나온다면 노선 자체 연장이 비교적 길지 않음을 감안했을 때 계획 및 설계 3년, 공사 4년, 예비 1년 정도로 2030년 무렵은 되어야 탈 수 있을 듯하다. 101역(성남시청역)은 기본계획 과정에서 추가될 가능성이 다분히 있다고 본다.

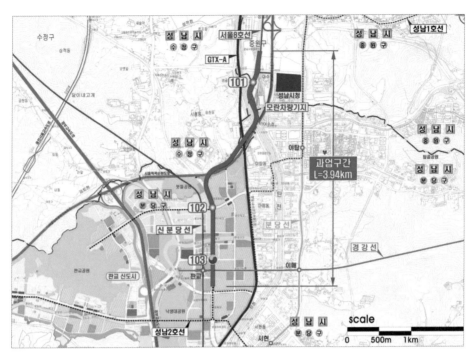

8호선 판교 연장 노선도

자료: 경기도청

지역에서는 판교 연장에 이어 서현, 분당, 오포로 이어지는 추가 연장선을 기대하고 있다. 당장은 실현 가능성이 높지 않지만, 지역 입장에서는 추진위원회를 구성해서 전략적으로 접근하는 것도 좋은 방법이라고 본다. 이미 8호선 판교 연장선은 경기도 도시철도 구축계획(2016년 11월 발표)에 처음 발표되었고, 오랜 시간 지지부진하다가 최근에 들어 주목받고 있는 사업이다. 당초 101역, 102역, 103역으로 추진되었다가 최근 101역을 제외하고 노선 연장을 줄여 사업성을 만들기 위해 안간힘을 쓰고 있는 듯하다.

송파하남선
오금~하남시청 복선전철

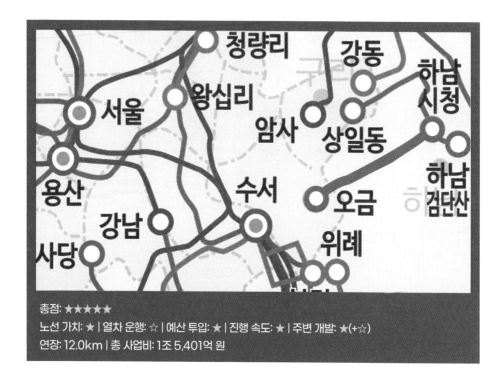

총점: ★★★★★
노선 가치: ★ | 열차 운행: ☆ | 예산 투입: ★ | 진행 속도: ★ | 주변 개발: ★(+☆)
연장: 12.0km | 총 사업비: 1조 5,401억 원

　　3호선 하남 연장선은 연장은 12km, 정거장 수는 5~6개 정도로 예상된다. 총
사업비는 1조 5천억 원(1km당 1,250억 원) 상당으로, 3기 신도시 교통연계사업의 대
명사로 뽑힌다. 3기 신도시 하남 교산지구 광역교통개선대책으로 추진하는 송파
하남선 광역철도 사업으로, 2022년 7월 기획재정부 공공기관 예비타당성 조사

를 통과함에 따라 연내 기본계획 수립 용역에 착수할 수 있다. 송파하남선은 서울 지하철 3호선을 연장하는 사업이다. 마지막 역인 오금역에서부터 하남 교산신도 시를 거쳐 서울지하철 5호선 하남시청역까지 연결되는 광역철도 사업으로, 일단 2028년 개통은 현실적으로 어렵다고 본다. 빨라야 30년이다. 다행히 감일지구, 교 산지구 등에서 철도 관련 사업비를 기반시설에 포함한 것으로 알기 때문에 진행 에는 큰 무리가 없을 듯하다. 부동산 시장이 다소 좋지 않기에 이런 이슈가 가격을 끌어올리기에는 한계가 있어 보인다. 어느 정도는 선반영되었기에 자칫 발표 내용 을 기대하고 들어가는 것은 조심할 필요가 있다.

이 사업은 사업 시행자인 서울시와 경기도에서 기본계획, 설계 및 사업계획을 수립하고 국토교통부가 승인하는 절차로 진행된다. 신설 역세권을 보려면 노선에 힘이 있는지 확인해야 하고, 이왕이면 늦지 않게 진행되어야 한다. 또한 역 주변의 다른 개발 조건이 많아야 한다. 3호선 하남 연장선은 3기 교산신도시 자금(광역교 통분담금)을 바탕으로 정부 신도시 교통 정책의 일환으로 우선 진행될 가능성이 높 다. 3호선이 살짝 우회하기는 하나, 10량을 갖추고 운행 횟수가 적지 않기에 노선 의 힘이 적지 않다. 제4차 국가철도망에서 가장 우선적으로 봐야 할 노선 중 하나 다. 교산지구 분양 신청과 더불어 오류, 감일, 하남시청도 챙겨 봐야 한다.

오금역 이후 서울에 해당되는 오류삼거리, 오류사거리 부근에 정차가 예상된 다. 올림픽선수기자촌아파트 뒤에 오랫동안 그린벨트로 묶인 방이동 지역의 경 우 서울시의 중재로 한국예술종합대학 통합캠퍼스를 유치하는 조건으로 그린벨 트 해제를 검토하고 있다. 바로 옆에는 감일지구로 아직 개발되지 않은 미개발 부 지는 정비가 필요하다. 인근에 송파레미니스1단지(17.11/575), 송파레미니스2단지 (18.6/818), 호반베르디움더퍼스트(20.2/696)가 있다. 호반베르디움더퍼스트 39평형 은 18억 5천만 원(22.8)에 거래되었다.

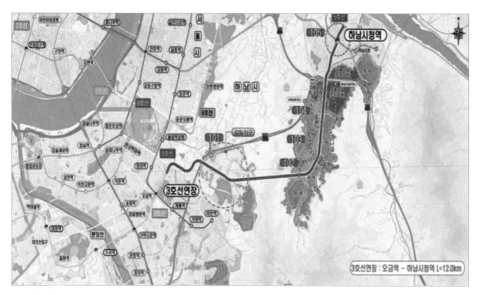

3호선 하남 연장 노선도

자료: 국토교통부

　감일역은 하남감일 공공택지지구 상업지에 위치할 예정이다. 전체 사업 면적은 168만 5,848m²(51만 평) 규모이며, 수용 세대는 1만 3,797세대(3만 3,737명)이고, 사업 시행은 한국토지주택공사가 진행했다. 일반적으로 역은 상업지에 생기고, 역이 생길 위치가 상업지가 된다. 공공주택지구로 개발된 감일지구가 있는 곳으로 이미 개발이 완료된 곳이다. 앞으로 서울양평고속도로도 계획이 있다.

　감일지구의 아파트는 거의 최근에 지어졌고 전매 제한 단지가 대부분이다. 따라서 실거래 매물이 거의 없으며 전세와 월세 매물이 대부분이다. 힐스테이트포웰시티(20.11/932)는 9억 원(21.5)에 거래되었는데, 2022년 7월 기준으로 호가는 12억~14억 원이다. 감일지구 아래쪽에는 마천 정비구역들이 개발 진행 중이며, 이번에 신속통합기획 재개발에 통과한 마천 5구역도 위치해 있다. 추후 마천 정비구역들까지 개발이 완료되면 말 그대로 천지개벽할 것이다. 마천 1구역은 얼마 전 조

현장 스케치

차례대로 오륜사거리, 감일지구, 교산신도시, 하남시청역 신장동 일대. 송파하남선은 3기 신도시 교통연계사업의 대명사로 뽑힌다.

합설립인가를 받았고, 마천 3구역도 조합설립인가 상태다. 마천 3구역의 매물은 가장 낮은 가격의 물건이 2022년 7월 기준 7억 원대를 형성하고 있다. 마천 4구역은 현재 사업시행인가 상태이며 조만간 관리처분인가가 날 예정이다. 가장 낮은 가격의 매물이 2022년 7월 기준 12억 원대에 형성되어 있다.

교산신도시에는 최대 3개 역이 예상된다. 하남교산 공공주택지구의 사업 면적은 631만 4,121㎡(190만 평)로 수용 세대는 주택 3만 4천 호(8만 1천 명)다. 사업 시행은 한국토지주택공사, 경기주택도시공사, 하남도시공사가 진행한다. 교산신도시는 천현동과 항동, 춘궁동과 덕풍동 등의 일원에 조성하며 사업 시행 기간은 2028년을 목표로 하고 있다. 미사지구, 고덕강일지구, 위례, 감일지구 등이 인접한 곳에 위치해 있다. 교산지구도 서울~양평 간 고속도로를 이용할 수 있다. 지금은 어찌 되었건 매수 우위 시장이다. 급매물 위주로 보는 게 맞다. 무리한 대출은 삼가야 한다. 지하철이 연장된다고 전부는 아니기에 그래도 서울이 낫고, 물리적 거리에 따라 인접한 도시 간 우위가 있기에 서로 가격을 비교해 잘 판단해야 한다.

하남시청역은 남측 도로는 도로 폭이 작고, 약간 구부러진 형태라 정거장 승강장을 감안하면 북측으로 연결될 가능성이 다소 높아 보인다. 신장1동 주변 지역은 지구단위계획구역으로 진행 중이다. 5호선 하남시청역은 하남시청에서 도보로 약 800m 거리에 있고, 바로 위쪽으로 980세대로 지어지는 하남C구역 주택재개발정비구역이 위치해 있다. 2024년 3월 더샵하남에디피스로 준공되는데 일반분양을 마무리 지었다. 분양권은 2022년 7월 기준 피(P) 4억 1천만 원에 분양가 7억 4천만 원을 더한 11억 5천만 원에 매물이 있다. 바로 옆에 붙어 있는 하남더샵센트럴뷰(16.8/672)는 9억 7천만 원(22.6)에 실거래되었다. 가장 최근 2021년 8월에 준공된 하남호반써밋에듀파크(21.8/999) 25평형은 8억 5천만 원(22.3)에 거래되어있다.

강동하남남양주선
강동~하남~남양주 복선전철

총점: ★★★★
노선 가치: ★ | 열차 운행: ☆ | 예산 투입: ★ | 진행 속도: △ | 주변 개발: ★
연장: 18.1km | 총 사업비: 2조 1,032억 원

　9호선 남양주 연장 사업의 기본 전제는 4단계 구간 공사가 하루라도 신속하게 마무리되어야 한다는 점이다. 공사하는 과정에서 기본계획 수립과 설계를 진행하면 되기 때문이다. 4단계 공사가 어느 정도 윤곽이 나오면 남양주 구간도 공사에 대한 이야기가 본격화될 수 있다.

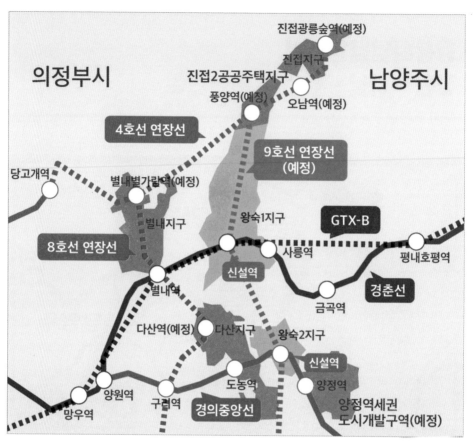

남양주 왕숙지구 광역철도 계획

사업 진행 과정에서 간혹 뒤통수를 맞는 경우가 있다. 일단 현재는 그런 분위기는 아니지만 왕숙지구의 대규모 수요에도 불구하고 9호선 자체를 서울시가 운영하고 있기에, 혹여나 일부 열차가 강동강일역까지 운행하는 상황을 배제할 수 없다. 쉽게 말해 일부 열차는 회차해서 간다는 뜻이다. 또 하나, 8호선 별내 구간 연장 시 별내별가람역을 제외하고 공사했던 것처럼 단계별 공사도 배제할 수 없다. 우선 왕숙1역(GTX)까지만 먼저 공사하고 이후는 장래로 미룰 수 있다는 것이다.

현재까지는 사업성 자체를 중요시하기에 다른 지역에서의 민원이 제한적이지만, 계획과 설계 과정에서 다발성 민원이 생길 수 있다. 기존 다산지금지구, 다산진건지구 등에서 역 설치 요청이 들어오면 표심에 약한 결정권자가 이를 수용하는 식으로 변수가 발생할 수 있다. 그만큼 아직 시간적 여유가 있기에 향후 벌어질 수 있는 여러 상황을 미리 예측해볼 필요가 있다.

큰 그림에서 보게 된다면 4단계 구간을 우선시해야 하고, 여러 변수에 상대적으로 양호한 역들 중심으로 생각해봐야 한다. 남양주와 미사, 강동 지역 관점에서 보면 5·8·9호선과 관련이 깊다. 목적지에 따라 다를 수 있지만 수요자 입장에서 예측해보면 8호선 이용객이 상대적으로 우위에 있다고 본다.

- 8호선: 환승 1회(잠실), 노선 연장 짧음, 운행 횟수 양호
- 5호선: 환승 2회(천호, 잠실), 노선 연장 중간, 운행 횟수 제한(Y자)
- 9호선: 직결(신논현, 도보), 노선 연장 다소 긺, 운행 횟수 변수(급행, 횟수 제한)

왕숙2역(경의중앙선)의 미래 가치가 좀 더 높아 보인다. 우선 물리적 접근성이 양호하다. 다산지구 생활권을 누릴 수 있고, 중앙선을 이용해 전국으로의 이동도 용이하다. 왕숙1지구 못지않게 양정역세권 사업과 더불어 다산지구를 위협하는 존재감을 보일 듯하다. 남양주왕숙2 공공주택지구(경기도 남양주시 일패동, 이패동 일원)에 위치할 예정이다. 현재 경의중앙선 전동차와 강릉행 KTX, 안동행 KTX이음이 운행 중에 있다. 경의중앙선 왕숙2역이 예정되어 있다. 사업 면적은 239만 1,830m²(72만 평)이며, 수용 세대는 주택 1만 5천 호(3만 5천 명), 사업 시행은 경기도, 한국토지주택공사, 남양주도시공사가 진행한다.

왕숙(왕숙1)역은 남양주왕숙 공공주택지구(경기도 남양주시 진접읍 연평리, 내곡리, 사

차례대로 미사역, 왕숙2역, 왕숙역, 풍양역. 시간이 걸리는 것은 분명하지만 노선이 완성된다면 남양주에 큰 힘이 될 것으로 보인다.

능리 일원)에 위치할 예정이다. 사업 면적은 866만 2,125m²(263만 평)이며, 수용 세대는 주택 5만 4천 호(12만 6천 명), 사업 시행은 경기도, 한국토지주택공사가 진행한다. 9호선 풍양역(4호선 진접선 풍양 예정 역)은 남양주진접2 공공주택지구(남양주시 진접읍 내각리, 연평리 일원)에 위치할 예정이다. 사업 면적은 129만 2,388m²(39만 평)이며, 수용 세대는 1만 253세대(2만 4,125명)다. 사업 시행은 한국토지주택공사가 진행한다.

　9호선의 급행 비율이 50%에 해당되는 만큼 그 영향은 대단하다. 이에 고덕역 중심으로 살펴보는 게 좋다. 또한 고덕강일지구 동명공원(942역)에서 고덕그라시움으로 이어지는 주요 통행로도 가치가 올라갈 듯하다.

이후 구간은 시차를 가지고 살펴봐야 한다. 왜냐하면 서울시 구간이 아닌 하남시와 남양주시 구간에 해당되는 만큼 광역철도 사업으로 구분되어야 하기 때문이다. 남양주시보다는 추가 역을 더 요청한다거나, 사업비를 조정하는 등 하남시가 더 애를 먹일 수 있다. 그럼에도 불구하고 재정적으로 볼 때 왕숙1지구, 왕숙2지구의 광역교통분담금은 큰 힘이 될 수 있다. 시간이 걸리는 것은 분명하지만 노선이 완성된다면 남양주에 큰 힘이 될 것으로 보인다.

시간이 지나 노선이 구체화될 때쯤에는 왕숙2역(경의중앙선)과 왕숙1역(경춘선) 사이 구간의 노선 연장이 상당히 길기에, 다산진건지구로 우회 노선에 대한 민원이 있을 수 있다. 남양주시 입장에서는 고민되지 않을 수 없다. 철도 노선은 직선으로 가기 힘든 게 현실이기 때문이다. 변수가 있다면 배양리 인근에 미니 신도시급이 조성될 가능성도 배제할 수 없다. 다산진건지구 우회 시 최소 1.3km 이상 돌아가야 하기 때문에 공사비 부담이 클 것으로 보인다.

풍양역까지는 더 많은 시간이 오갈 수 있다. 결국 이 모든 게 재정(돈)에 달려 있다. 발표만 믿고 서둘러 투자했다가는 허송세월을 보낼 수 있다. 시간이 좀 지나 좋은 때가 왔을 때, 그러니까 한 타임 지나서 투자해도 늦지 않을 듯하다. 서울 고덕강일지구 주변은 주택 인프라가 우수하다. 미사강변도시베라체(15.5/615)는 9억 7천만 원(22.6)에 실거래되었다. 미사강변푸르지오(16.4/1,188)는 13억 5천만 원(22.3)에 실거래되었다.

미사역은 서울과 근거리에 있다는 점과 한강과의 접근성으로 인해 실수요자에게 인기 있는 곳이다. 9호선 연장 호재로 투자수요가 더 올라갔다. 9호선 4단계 구간에 이어 하남을 지나 남양주 왕숙신도시까지 들어간다. 그러면 강남의 접근성이 좋아진다. 이미 하남미사강변도시가 완성되어서 주거 인프라가 잘 형성되어 있다. 미사강변푸르지오2차(16.9/1,066) 전용면적 93m²는 11억 5천만 원(22.5)에 실거래되었다. 미사강변한신휴플러스(15.2/763)는 9억 원(22.6)에 실거래되었다. 미사지구의 평당가는 3천만 원 초반 대에 형성되고 있다.

다산지금역은 다산지금 공공주택지구 안에 지어질 예정이다. 위쪽으로는 다산진건 공공주택지구와 다산신도시가 구축되었고 왕숙신도시가 앞으로 착공 예정이다. 다산지금역 예정지와 가장 근거리에 위치한 다산펜테리움리버테라스 I(19.1/944)은 9억 4천만 원(22.8)에 실거래되었다. 평당가는 3,100만 원이다. 예정지에서 가장 최근에 지어진 다산신안인스빌퍼스트포레(20.1/1,282)는 8억 5천만 원(22.6)에 실거래되었다. 예정지 주변 아파트의 평당가는 2천만 원 후반대에서 3천만 원 초반에 형성되어 있다.

풍양역(진접2)은 2021년 7월에 사전청약을 진행한 진접2지구 내에 들어온다. 풍양역은 진접선 4호선과 9호선이 교차하는 환승역으로 만들어질 예정이다. 진접2지구는 총 9,746가구가 들어오며 2024년부터 단계별로 입주를 시작한다. 4호선을 이용하면 서울역까지 1시간, 그리고 9호선 연장으로 강남까지 45분 만에 돌파가 가능하다. 진접2지구는 사실상 3기 신도시인 왕숙1지구와 거의 붙어 있어서 인프라와 교통 등을 함께 누릴 수 있다. 호재로는 GTX-B노선, 8호선, 별내선 연장 등이 있다. 남양주e편한세상1단지(09.2/832)는 5억 9,950만 원(22.4)에 실거래가 이뤄졌다. 오남아이파크(09.9/584)는 4억 8천만 원(22.8)에 실거래가 이뤄졌다.

위례과천선 복정
～정부과천청사 복선전철

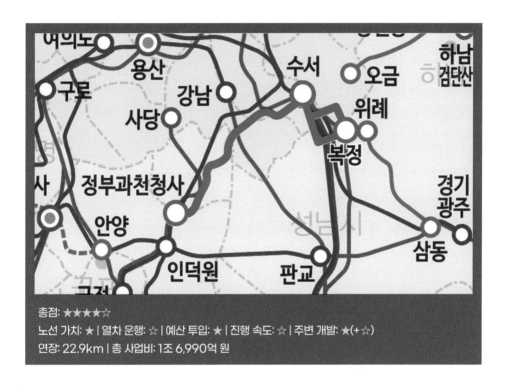

총점: ★★★★☆
노선 가치: ★ | 열차 운행: ☆ | 예산 투입: ★ | 진행 속도: ☆ | 주변 개발: ★(+☆)
연장: 22.9km | 총 사업비: 1조 6,990억 원

위례과천선은 강남으로 진입할 수 있을까? 그동안 이런저런 이야기들이 많았
지만, 그래도 이번에는 좀 더 구체적으로 진행되는 듯하다. 대우건설이 국토교통
부에 구체적으로 어떤 제안을 했는지는 모르겠지만, 결국은 민자 사업으로 결정될
듯싶다. 이후 과천지구 광역교통분담금 등을 활용한 3기 신도시 연계 사업이라는

점을 명분으로 삼을 듯하다. 국토교통부와 사업시행자가 서울시, 과천시, 서초구, 강남구, 송파구 등의 관계 기관과 협의해 비용이 분배될 수도 있다. 민자 사업 제안이라 해도 건설비의 50% 정도는 재정으로 지원될 수 있기에 서로 간의 의지가 무엇보다도 중요하다. 다음은 〈뉴스1〉의 2022년 5월 27일 기사다.

> 사업성 부족으로 지지부진했던 위례과천선 광역철도 사업에 속도가 붙을 전망이다. 대우건설이 정부과천청사를 넘어 서울 강남 도심으로 연결되는 새 노선으로 민자 제안을 내면서다. 27일 관련 업계에 따르면 대우건설은 지난해 말 국토교통부에 BTO(수익형 민간투자)·BTL(임대형 민간투자) 혼합 모델 방식의 위례과천선 민자 제안을 제출했다. 대우건설은 기존 복정~정부과천청사역에서 확장해 서울 도심인 강남까지 연결되는 노선을 제안했다. 이 제안서에는 서울 강남 안쪽까지 연결되는 지선이 포함된 것으로 알려졌다. 당초 위례과천선 광역철도 사업은 복정~정부과천청사까지 22.9km의 복선전철로 추진됐다. 사업비는 총 1조 6,990억 원이다. 대우건설이 노선을 확장하면서 구간 길이가 확장되고 사업비도 2조 이상으로 늘었다.

관련 기사 이후 세간에 떠도는 노선(안)을 보자. 해당 노선을 보면 기존에 언급되지 않았던 포이사거리역이 중심이 될 수 있다. 아무래도 과천, 강남 하단부, 수서, 복정 연결은 수요가 제한적일 수 있기에 업무단지로 연결되는 역삼지선 카드를 꺼낸 듯하다. 지선 셔틀로 갈지, Y자 형태로 갈지는 좀 더 지켜봐야겠지만 잘하면 주객이 전도될 수 있는 상황이 연출될 듯하다. 다만 서울시의 의지가 확인되지 않은 만큼 국토교통부 측에서 본 노선에 대한 예산 보조가 얼마나 가능할지는 의문이다.

여러 상황을 유추해보면 몇 가지 쟁점이 생긴다. 양재시민의숲 또는 포이사거

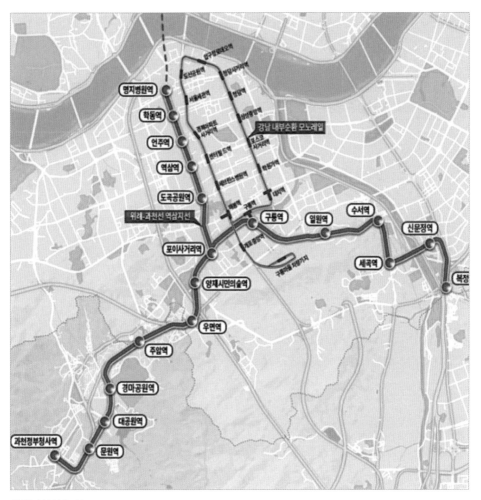

위례과천선 노선(안)

리에서 역삼지선에 대한 연결 및 역할 여부, 구룡역과 수서역 사이 노선 우회(삼성
병원 방면) 또는 일원역 환승, 추가 역 설치 여부다. 또한 수서역과 복정역 사이 세
곡, 내곡, 신문정 순환(제4차 국가철도망) 또는 일부 연결(자곡, 세곡 vs. 세곡, 신문정) 여
부도 관심 대상이다.

제4차 국가철도망 구축계획과 기존 발표 자료에 의하면 현재까지 위례과천선은 11개 역 정도가 예상된다. 202역 정부과천청사, 201역 문원역(문원체육공원), 101역 경마공원역(4호선), 102역 주암역, 103역 양재R&CD역(우면2지구), 104역 양재시민의숲역(신분당선), 105역 구룡역(분당선), 106역 수서역(분당선, 3호선), 107역 자곡역(자곡사거리), 108역(기존109역) 복정역(8호선), 109역(기존 108역) 서울동부지방법원역(위례신사선) 등이다.

광역철도 사업으로 진행되려면 국토교통부를 비롯해 과천시, 서울시와 협력이 필요하다. 과천시 구간은 7km 정도로 상당 구간 서울시 구간(16km)에 해당된다. 다시 말해 과천시의 의지만으로는 할 수 없다는 것이다. 서울시의 예산이 상당히 소요되는 만큼 더디게 진행될 수밖에 없다. 그럼에도 불구하고 국토교통부의 의지가 있다면 속도감 있게 진행될 수 있다. '과천-(수서)-(오송)-세종' 구간의 큰 그림이 나올 수도 있다는 뜻이다.

수서역 이후 우측으로 단선으로 순환한다. 이번 제4차 국가철도망 발표를 보면 노선은 6호선이 응암역 이후 역촌역, 불광역으로 우측 단선으로 연결되는 것처럼 106역(수서역) 이후 우측 단선으로 자곡역, 복정역, 서울동부지방법원역 등으로 순환해서 다시 돌아가는 형태로 검토 중에 있다. 아무래도 전체 노선 연장이 적기 때문에 시스템을 단순화하기 위한 측면으로 보인다.

추가 역 설치 가능성도 있다. '104역 양재시민의숲역~106역 수서역' 사이는 노선 길이가 충분히 길기 때문에 언제든지 추가 역에 대한 논의가 가능하다. 양재천 중간이나, 삼성병원 우회 노선 변경에 의한 구룡, 삼성병원 부근에도 추가 역 설치가 가능하다. 수서역 이후 단선 순환 노선에서 내곡동과 복정역 사이 세곡역의 가능성도 다분히 있다. 결국 서울시의 의지에 따라 변경될 소지가 얼마든지 있을 수 있다는 이야기다.

101역 경마공원역(4호선)은 과천지구로 인근에 서울대공원이 있다. 사업 개요는 다음과 같다.

과천 공공주택지구

소재: 경기도 과천시 과천동, 주암동, 막계동 일원

사업 면적: 168만 6,888m²(51만 평)

수용 세대: 주택 7천 호(인구 1만 8천 명)+α(임대 추가)

사업 시행: 한국토지주택공사, 경기주택도시공사, 과천도시공사

위례과천선을 정리해보면 당장 급한 노선은 아닐 수 있다. 그러나 3기 신도시 과천지구의 힘을 비롯해 주암지구, 지식정보타운, GTX-C노선 등 특수 상황을 고려해본다면 언제든지 다크호스처럼 노선에 힘이 실릴 수 있다. 과천의 인구는 6만 3천 명이지만 특수성이나 상징성을 고려한다면 서초의 후광을 그대로 누릴 수 있는 곳이다.

과천은 신축 아파트와 재건축 예정 아파트가 전체적으로 많이 분포되어 있기 때문에 평당가가 높아 보일 수 있다. 이러한 부분을 보정해서 본다면 서초구 중심부의 가격에는 미치기 어려워 보인다. 2022년 7월 기준 과천 신축(5년 내외), 준신축(10년 내외) 아파트의 경우 평당가 5천만 원에서 6,500만 원을 오가고 있다.

위례과천선이 아파트 가격에 어느 정도 영향은 줄 수는 있지만, 과천 지역 자체가 가지고 있는 지역에 대한 프리미엄이 분명 존재하기에 노선이 생긴다고 큰 영향을 주지는 못할 듯하다. 오히려 세곡동, 내곡동 등은 이를 통해 다른 노선으로 환승하기가 편해지기 때문에 영향을 많이 받을 수 있다.

위례과천선은 GTX-C노선과 더불어 다양한 지역을 오갈 수 있는 장점은 분

차례대로 정부과천청사역, 주암역. 특수 상황을 고려해본다면 언제든지 다크호스처럼 노선에 힘이 실릴 수 있다.

명 보이기에 부동산 가격을 떠나 교통 편의의 의미가 적지 않다.

과천지구에서 강남역까지 반경 5km에 해당된다. 접근성은 다른 신도시에 비하면 매우 우수하다. 바로 경계에 서초구가 있다. 과천은 이미 준서초구에 해당된다. 강남3구, 마용성, 판교, 과천으로 이어지는 누구나 꿈꾸는 동네다. 서초 우면, 서초지구와 과천 주암지구가 인근에 있는 유사 선상에 놓여 있다.

경마공원은 렛츠런파크로 불린다. 과천지구에 살면 도보권으로 경마장에 갈 수 있다. 도박성이 강하기에 유혹에 약하다면 조심하는 것이 좋다. 과천시는 렛츠런파크 인근 주민들이 소음과 악취(말똥 냄새 등)에 따른 민원에도 불구하고 지방세의 주 수입원인 마사회를 감쌀 수밖에 없는 실정이다. 마사회의 2019년 매출액은 약 7조 3,500억 원으로 이 중 레저세로 7,357억 원, 지방교육세로 2,943억 원, 농어촌특별세로 1,471억 원을 납부했다. 물론 최근 코로나19로 세수가 10% 이상 감소했지만 그래도 어마어마한 수준의 지방세를 납부하고 있다.

고양은평선 새절
~고양시청 복선전철

총점: ★★★★
노선 가치: ☆ | 열차 운행: ☆ | 예산 투입: ★ | 진행 속도: ★ | 주변 개발: ★
연장: 13.9km | 총 사업비: 1조 4,100억 원

    국토교통부는 고양 창릉지구, 남양주 왕숙지구 3기 신도시 광역교통개선대책의 일환으로 추진 중인 고양은평선 광역철도 사업에 대한 타당성 평가 및 기본계획 수립 용역에 착수했다. 고양은평선은 서울도시철도 6호선 새절역에서 출발해 창릉신도시를 지나 고양시청까지 13.9km(총 사업비 1조 4,100억 원)에 걸쳐 광역철

도를 건설하는 사업이다. 서울도시철도 3호선, 6호선, GTX-A 등과 연계해 고양시 권역과 서울시를 연결하는 광역교통망이다. 기본계획 수립 용역은 사업 시행자인 경기도가 주관해 시행하고, 이후 국토교통부(대도시권광역교통위원회)가 기본계획을 승인한 뒤, 2023년 하반기까지 확정할 계획이다. 서울도시철도 6호선 새절역에서 경기도 고양시청까지 이어지는 노선으로 사업 절차는 다음과 같다.

기본계획 수립(경기도) → 기본계획 승인(대도시권광역교통위원회) → 기본 및 실시설계(경기도) → 사업계획 수립(경기도) → 사업계획 승인(대도시권광역교통위원회) → 착공 및 개통

고양은평선은 새절역, 향동지구, 창릉지구, 화정지구, 고양시청 등으로 연결될 예정인데 창릉에만 3~4개 역이 정차할 가능성이 있다. 또한 새절역을 이용해 서부선의 이용도 가능하지만 서울시 입장에서 보면 직결은 현실적으로 어렵다.

문제는 이번에 기본계획을 하더라도 개통은 언제 될지, 공사는 할 수 있을지 여러 의문이 든다는 점이다. 그럼에도 인구 100만 명이 넘는 고양시에 도시철도 하나 정도는 들어가는 게 타당해 보인다. 다른 노선을 보면 현실적인 생각이 많이 드는데, 창릉지구 등에서 철도 건설에 필요한 기반시설 비용이 얼마나 소요될지도 관건이다. 본 사업은 김포 경전철 사업과 유사한 측면도 있기에 이를 감안해볼 필요가 있다. 즉 국가가 나서서 하기에는 다소 부담이 있고, 민간 사업자가 나서기에는 애매하다. 기본적인 건설 예산이 확보되어 있는 만큼 고양시의 의지에 따라서 앞당겨 시행할 수도 있고, 정치적 결정을 기다려야 할 수도 있는 상황이다. 전체적인 프로세스를 감안해보면 10년은 걸리는 사업이라고 본다.

김포 경전철 사례를 보자. 9호선에서 경전철로 다운그레이드되었음에도 사업비 부담 방식은 변경되지 않아서, 김포도시철도는 「도시철도법」 제정 이후 국

비 지원 및 지방채 발행 없이 건설한 최초의 도시철도 사업이라는 타이틀을 갖게 되었다. 원래 「도시철도법」의 도시철도 건설비 분담률은 국비 60%, 지방자치단체 40%로 규정되어 있으나(서울시는 서울시 60%, 국비 40%), 별도의 협약이 있는 예외적인 경우에 한해 비율을 달리할 수 있다. 그 예외가 바로 김포도시철도다. 총 사업비 1조 5,086억 원 중 한국토지주택공사가 80%인 1조 2천억 원, 김포시가 3,086억 원을 부담한다. 그러나 한국토지주택공사의 사업비는 한강신도시 입주민들이 낸 교통분담금 2조 원 내에서 해결하는 것(가구당 1,200만 원)이다. 사실상 한강신도시 주민들이 낸 돈을 수탁한 것으로, 그 결과 최초의 수익자 원천 부담 도시철도 노선이 되었다. 수익자 100% 원천 부담 노선이 되어 국비 지원을 포기하게 되면 기획재정부 및 KDI 예비타당성에서 B/C 1.0, AHP(정책성) 0.500에 미달해도 추진 가능하다.

제4차 국가철도망 변경안을 참조해 대략적인 노선을 산정해보면 3호선 화정역보다는 다소 남측에 위치할 가능성이 높다. 화정역 아래쪽에는 능곡재정비촉진구역이 한창 재개발을 하고 있다. 화정역, 대곡역과 가까운 곳에 위치해 있다. 능곡1재정비촉진구역은 2022년 9월에 입주하는데, 총 세대수는 643세대이고 현재 피(P)가 5억 원 이상으로 거래되고 있다. 능곡2재정비촉진구역은 3,125세대로 2022년 7월 기준 33평형이 6억 원 중반에서 7억 원의 매매가를 형성하고 있다. 능곡6재정비촉진구역은 6,646세대로 굉장히 대단지다. 화정역 인근의 아파트는 신축이 없고 거의 1990년대 중반에 지어진 경우가 대부분이다. 별빛7단지청구현대(1995.8/1,136)는 8억 원(22.5)에 거래되었고, 은빛6단지프라웰(1996.4/1,320) 40평형은 7억 8,500만 원(22.3)에 거래되었다.

고양은평선 정차역은 창릉지구 내 특별계획구역, 상업지역, 아파트 밀집 지역 등에 주로 위치할 예정이다. 새절역과 함께 고양은평선의 가장 핵심 환승역이 될 전망이다. 창릉지구의 사업 개요를 보자.

창릉지구

사업 면적: 789만 19m²(238만 7천 평)

수용 세대: 주택 3만 8천 호(8만 3천 명)

사업 시행: 경기도, 한국토지주택공사, 경기주택도시공사, 고양도시관리공사

고양은평선 향동역(향동지구)은 고양은평선, GTX-A 창릉역, 서부선, 경의중앙선을 이용할 수 있는 위치에 있다. 거기에 수색역세권 개발과 상암 DMC의 업무 관련 수요도 얻어갈 수 있는 지역이다. 고양향동호반베르디움B3블록(19.07/716)은 8억 7천만 원(22.7)에 실거래되었고, DMC리슈빌더포레스트(19.2/969)는 8억 6천만 원(22.7)에 실거래되었다.

고양은평선 새절역(6호선 환승)은 서울대입구까지 갈 수 있는 서부선으로 은평구와 관악구를 연결해 도심 접근성을 높여준다. 서부선은 서울도시철도 사업으로 고양은평선에 비해 우선적으로 시공될 가능성이 높아 보인다. 서울시 입장에서 굳이 고양은평선을 고려해 착공 시기를 조절한다거나 직결 여부에 대한 고민은 크게 고려 대상이 아니다. 민자사업 입장에서도 사업 발주 주체가 다르기에 환승 정도만 감안해서 우선적으로 공사를 진행할 가능성이 높아 보인다. 서부선은 2021년 두산건설이 우선협상자로 선정된 만큼 지방선거가 끝났기에 머지않아 실시협약을 체결할 것으로 보인다. 2024년 정도에 착공이 가능해 보이며 총 16개 역사가 들어설 예정이다. 근처에는 신사1 주택재건축지역이 위치하고 있다. 매매가는 2022년 7월 기준 8억~10억 원으로 형성되어 있다. 아래쪽으로는 증산5재정비촉진지구가 있으며 매매가는 2022년 7월 기준 7억 원 중반에 형성되어 있다. 백련

차례대로 향동역 1, 2. 향동역(향동지구)은 고양은평선, GTX-A 창릉역, 서부선, 경의중앙선을 이용
할 수 있는 위치에 있다.

산SK뷰아이파크(19.08/1305)는 11억 5천만 원(22.4)에 실거래되었으며, 힐스테이트
백련산4차(18.2/963)는 10억 2천만 원(22.10)에 실거래되었다.

참고로 대곡역은 예전 검토 시 논의되었으나, 지금 상황에서는 GTX-A 창릉
역을 염두에 두면서 살짝 빠지는 모양새다. 그럼에도 파급력이 상당하기에 추
가적으로 살펴볼 필요가 있다. 대곡역은 경의중앙선과 3호선 이용이 가능하며
2024년 서해선(대곡소사선)이 준공될 예정이다. 김포공항역을 거쳐서 소사역까지
가는 대곡소사선은 김포국제공항을 20분, 강남까지 1시간 안에 이동이 가능하
다. GTX-A노선이 완공되면 경의선의 승객이 강남구로 이동할 때 대곡역을 이
용하게 된다. 대곡역세권 개발 사업을 한다는 말이 많지만 현재 예비타당성 조
사를 통과하지 못했고, 공동사업 시행자 재구성을 추진하고 있다.

인천 2호선 고양 연장
인천 서구 ~ 일산 서구 복선전철

총점: ★★☆

노선 가치: ☆ | 열차 운행: ☆ | 예산 투입: △ | 진행 속도: △ | 주변 개발: ★

연장: 18.5km | 총 사업비: 1조 7,502억 원

인천 2호선 연장만 놓고 보면 참 이런저런 생각이 많다는 느낌이다. 검단신도 시에서 김포, 일산서구를 잇는 연장을 비롯해 과거에도 남동구 논현, 테크노파크 연장, 신독산역 연장, 광명, 위례 연장, 위례과천선 직결, 강화도 연장 등 여러 이야 기가 오가곤 했다. 그러나 현실의 벽은 높아 보인다. 이 중 제4차 국가철도망 구축

사업 추진이 활발할 것으로 보인다(원종동 욱일6~8차 등). 꼭 체크해두자! 원종역이 대장지구를 제외하고 대장홍대선에서 가장 혜택을 보는 역이다.

2022년 7월 기준 원종역사거리 주변 상업지 시세는 평당가 3천만~4천만 원, 주거지는 평당가 1,500만~2천만 원이다. 소규모 정비사업, 상가주택의 투자 가치가 무난해 보인다. 모텔 등은 계산기를 잘 두드려야 한다. 구분상가는 임대료가 5% 내외로 나온다면 노려볼 만하다. 업무, 상업 용도는 반경 250m, 주거는 반경 500m를 원칙으로 삼되 상권이 살아 있거나 이동인구가 연속된 가로라면 더 폭넓게 잡아도 무방하다. 경인고속도로 남측은 고가도로라고 해도 혈이 막혀 개발에 제한적이다. 예를 들어 강남역, 교대역 사이에 경부고속도로가 가로의 혈을 막고 있는데, 이로 인해 신논현, 뱅뱅사거리 가로가 연속됨을 볼 수 있다.

고강역, 고강사거리 주변에는 다세대·다가구주택이 밀집되어 있으나 신축도 있어 전체적인 재개발이 쉽지 않아 보인다. 소규모 형태로 진행될 가능성이 높다. 소규모 아파트와 연립주택, 다세대·다가구주택 등이 전체적으로 많이 포진되어 있다. 거주지 위로 비행기가 뜨는 건 좋은 요인이 아니기에 동선을 잘 확인해 사업성 있는 구역을 노리는 게 좋다.

신월역 일대는 아무래도 공항이 부담이다. 역이 신설되는 건 무조건 좋은 일이지만 호재에도 한계는 있다. 주거시설로 적합하지 않을 수 있다. 참으로 어려운 이야기지만, 비행기가 없었다면 더욱 좋았을 것이다.

화곡역 일대는 역 주변 빌딩이나 꼬마빌딩, 근생 건물 등은 유동수요가 있기에 어느 정도 가격을 유지하고 영향을 행사하고 있다. 그러나 김포공항 고도 제한과 다세대주택 밀집 지역이라는 오명은 어떤 식으로든 벗어날 필요가 있어 보인다. 최근 1년 동안 현재진행형을 포함해 170여 건에 달하는 경매 물건을 보며 '그 좋은 부동산 시절에 이게 무슨 일인가?' 하는 생각이 들었다.

강서구청역 일대는 강서구청을 비롯해 좌측에는 한국폴리텍대학교가 있고, 인근에는 강서신혼희망타운이 신축되고 있다. 아파트보다는 근생 건물과 다세대주택 밀집 지역이다. 가급적 가양역과 가까운 곳으로 대지지분이 넓은 주택이나 근생을 노려볼 만하다.

강서구청 주변은 서울 주변 지역에 비하면 상대적으로 저렴하다. 화곡동 아파트는 구축의 경우 비교적 평당가가 적게 나오지만 단독주택은 비슷비슷하다. 노후도를 감안하면 소규모 정비사업 가능성은 다분하다. 신설 노선의 경우 기존 역에서 더블역세권이 되는 것보다, 아무것도 없는 곳에서 생기는 게 더 가치가 상승할 수 있다. 참고로 토지는 최소 34평 이상, 건평 50평 이상은 나와야 1+1이 가능하다는 점도 기억해두면 좋다. 이에 주변에 저렴한 단독주택 매입을 고려해볼 만하다. 그러나 재개발 지역이고, 가로주택정비사업의 경우 해당사항이 없기에 가로주택정비사업에 초점을 두었다면 가성비는 썩빌이 좋을 수도 있다. 일단 역세권 개발은 하나의 블록이 승강장 끝단 350m 이내에 있는 게 좋다.

가양역 일대는 9호선 급행역, 가양역을 중심으로 상업시설과 지식산업센터, 한강변 재건축 예정 아파트가 눈에 띈다.

덕은역 일대는 덕은지구 공사가 한창이다. 아파트 분양은 단지별로 이미 상당수 진행되었고, 지식산업센터와 상업시설 분양도 계속 이어지고 있다. 현장에서 지식산업센터, 상가 1+1 분양 이야기도 들을 수 있었는데 주의가 필요해 보인다. 아무리 최근에 지식산업센터의 열기가 뜨거워서 분양 차익을 누린다고 한들 이렇게까지 무리할 필요는 없을 듯하다. 덕은역은 덕은지구 광역교통분담금 활용이 필요하다. 서울 경계에 인접했음에도 불구하고 교통 불편이 상당할 수 있기에 대장홍대선은 절대적으로 필요한 노선이다. 주택 규모가 크지 않기에 잘 모르는 사람도 많지만 향후 건설이 완료되고 지하철까지 연결되면 작은 고추가 맵다는 이야

대장홍대선 부천대장
~홍대입구 복선전철

총점: ★★★★★
노선 가치: ★ | 열차 운행: ★ | 예산 투입: ☆ | 진행 속도: ★ | 주변 개발: ★(+☆)
연장: 20.0km | 총 사업비: 2조 1,523억 원

대장홍대선 복선전철 민간투자 사업은 노선 연장 18.4km로 환승역 4~5개를 포함한 총 11개 역이 정차할 예정이다. 건설 기간 6년, 운영 기간 개시 후 40년, 민간제안자로는 현대건설이 우선협상자다. 예정 역은 '대장역-원종역(환)-고강역-화곡역(환)-강서구청역-가양역(환)-덕은역-상암역-디지털미디어시티역(환)-성산역-

홍대입구역(환)' 등이다.

대장역 일대는 3기 신도시 부지로, 향후 10년 동안 개발이 진행될 예정이다. 이에 맞춰 대장홍대선 공사도 같은 시기에 진행될 예정이다. 주변에는 봉오대로 좌우로 산업단지와 물류창고 등이 많다. 인근 봉오대로 축을 청라신도림선으로 검토하고 있기에 향후 가치가 더 커질 수도 있다.

사업 면적 341만 9,544㎡(103만 4천 평) 규모의 3기 신도시 부천대장 공공주택지구는 2029년 완공을 목표로 하고 있다. 사업 지역은 경기도 부천시 대장동, 오정동, 원종동, 삼정동 일원이며, 주택 계획은 2만 호(4만 3천 명)다. 사업 시행은 경기도, 한국토지주택공사, 부천도시공사 등이 나눠서 진행한다.

사업 규모는 인근 계양지구와 묶어서 볼 필요가 있다. 대장지구는 답과 전밖에 없지만, 신도시 개발이 완료되면 주택 2만 호가 들어선다. 인근 오정휴먼시아 시세와 비슷하게 분양가가 산정되었지만, 신도시인 점을 감안하면 향후 격차가 상당할 듯하다. 인근에 부천, 계양, 마곡산업단지, 오정물류산업단지, 오정일반산업단지, 서운일반산업단지가 있어 공장 밀집지와도 인접해 있다. 제3연륙교 개발 수혜가 기대되는 봉오대로와 인접해 있어 청라국제도시와 인천국제공항, 김포공항까지 잇는 도로와 새로운 항공물류 체인을 형성할 것으로 보인다.

GTX-D 대장역 변수도 챙겨야 한다. 당초 원종홍대선에서 대장역 신설을 결정하며 대장홍대선으로 확장되었는데, 대장홍대선에서 대장지구를 제외하고 지금 투자할 수 있는 곳 중에 혜택이 기대되는 곳은 원종역이다. 특히 원종사거리 주변을 주목할 필요가 있다. 원종사거리는 경기도 부천시 오정동 일대로 현재 서해선 공사가 마무리되어 2022년 원시~소사 구간에 이어 원종역까지 우선 개통된다. 인근 상권이 발달되어 있고, 원종역 동쪽은 빌라 및 유흥시설, 대로변은 근생 및 구분상가가 즐비하다. 이에 원종역 주변은 소규모 정비사업, 재건축, 가로주택정비

차례대로 삼송역, 삼송아이파크2차. 3호선이 지나가는 삼송역은 인근에 스타필드고양과 이마트 레이더스가 입점해 있다.

다. 그 이후 GTX-A노선과 선로를 공용하는 과정까지 검토되었으나 공사에 대한 진행 과정, 선로의 속도 문제 등이 대두되었고, 이번에 제4차 국가철도망 구축계획에 다시 들어와 있다.

신분당선 삼송 연장의 전제 조건은 용산까지 우선 연결되어야 한다는 것이다. 신사역~용산역 구간 사업은 용산미군기지 반환 문제로 현재까지 지반조사조차 진행되지 못하고 있다. 미군부지 토양 정화 사업, 청와대 이전에 따른 주변 계획 변경 등을 고려하면 2~3년의 조사, 계획, 설계 과정이 필요하다. 공사를 5년으로 잡아도 2030년에 운행이 가능하다. 그럼에도 정부와 서울시가 용산에 집중하는 만큼 동빙고역, 용산공원(국립중앙박물관)역, 용산역 등 주변 파급력은 상당할 수 있다. 한남뉴타운 사업이 진행되고 있기 때문에 경우에 따라서는 추가 역 신설도 가능하다. 용산 구간 착공이 늦어지는 바람에 노선 변경 요청을 해볼 수 있는 상황이다. 기존 노선보다는 수요를 감안해 살짝 북측으로 옮겨갈 수 있다. 가칭 보광역 신설을 검토 중에 있다.

3호선이 지나가는 삼송역은 인근에 스타필드고양과 이마트트레이더스가 입점해 있다. 스타필드고양 뒤로 동산동 자연마을이 있는데 현재 민간도시개발을 추진 중이다. 추진위원회가 결성되고 동의서 작업이 진행 중인 것으로 알려져 있다. 개발제한구역이 해제되어도 4층 이하 건물만 지을 수 있어서 사업성이 떨어진다. 만약 진행된다면 환지 방식으로 개발될 예정이다.

삼송역 바로 옆 상가 2층의 경우 2022년 4월 기준 평당가 1,480만 원에 실거래되었다. 오피스텔이 모여 있는 구분상가는 2021년 11월 기준 1층 매물이 평당가 3,400만 원대에 거래되었다. 삼송역에서 가장 가깝고 2020년 최근에 입주한 주상복합 삼송역현대헤리엇(20.10/364)은 2022년 9월 기준 7억 원에서 8억 원 중반으로 매매호가가 형성되어 있다. 삼송아이파크2차(15.8/1,066)는 8억 2천만 원(22.7)에 거래되었다.

가 손실금액의 60%를 부담하는 게 타당하다고 판시했다.

철도는 사업 초기에는 대부분 적자일 수밖에 없다. 당초 예측한 수요를 맞출 수 없기 때문이다. 사업 진행을 위해 경제성을 확보하려면 수요가 어느 정도 받쳐줘야 하기에 수요 예측 가능성을 최대한 높게 설정하지만, 현실은 다른 사업계획이 예상보다 빠르게 진행되지 않고 교통수요에 대한 대안이 다양하기에 괴리감이 클 수밖에 없다. 복잡한 이야기는 이제 뒤로 하고, 신사역은 2022년 하반기 개통 예정이다.

과거에는 강남까지 수인분당선 환승을 통해 1시간 30분이 소요되었지만 봉담역이 개통하면 30분대로 줄어들게 된다. 봉담역 예정지는 봉담1지구와 봉담2지구 사이에 있으며, 봉담1지구는 완성되었고 봉담2지구는 2023~2024년 입주를 위해 한창 공사 중에 있다.

주변에는 봉담2지구, 봉담동화지구, 봉담내리지구 등 택지지구가 조성 중에 있다. 봉담동화지구에는 봉담파라곤이 2023년 3월 입주 예정이며, 750세대 봉담자이라피네가 2023년 10월 7월 입주 예정이다. 주변에 초중고가 가깝게 위치하고 있다. 봉담내리지구에는 4천 세대 대단지 힐스테이트봉담프라이드시티가 2024년 8월에 입주한다. 효행지구는 지구 지정을 하고 진행 중에 있다.

가장 가깝게 위치한 수정마을동남메리트(02.7/864)는 3억 5천만 원(22.9)에 실거래되었고, 2022년 7월 기준 3억 원 중반에서 5억 원 초반에 시세가 형성되어 있다. 근처 가장 신축인 봉담2지구중흥S클래스더퍼스트(22.6/784)는 3억 9천만 원(22.9)에 실거래되었다.

신분당선 서북부 연장
용산~삼송 복선전철

총점: ★★★

노선 가치: ★ | 열차 운행: ☆ | 예산 투입: △ | 진행 속도: △ | 주변 개발: ★

연장: 20.2km | 총 사업비: 1조 8,002억 원

　　2013년 서울시는 광화문역과 은평뉴타운, 삼송지구까지 연결되는 노선을 처음 제안했다. 2016년 제3차 국가철도망 구축계획에서 신규 사업으로 반영하면서 민간 사업으로 추진하고자 했다. 2018년 예비타당성 신청 기준 B/C가 0.86이 나왔으나, 이는 GTX 미반영 결과로 이후 재분석 시 사업성은 더 떨어진 것으로 나왔

차례대로 서창지구, 노온사역. 구로차량기지 이전이 제2경인선에 있어 가장 큰 산일 수도 있다.

2억~3억 원대로 매매가가 형성되어 있다.

청학역(청학사거리)은 수인선으로 먼저 개통되고 국토교통부가 최대 3개의 추가 정거장을 신설하려는 움직임을 보이고 있다. 아직 확실하지는 않다. 구로차량기지 이전이 제2경인선에 있어 가장 큰 산일 수도 있다. 조만간 타당성 조사의 결과가 나오고, 그 결과에 따라 만일 무산 시 인천시는 GTX-B노선으로 선회하려는 대책을 갖고 있다.

청학역 예정지 주변에는 오래된 아파트 단지가 형성되어 있다. 이제 재건축 연한으로 가고 있는 1990년대 초반의 아파트들이다. 청학역에서 가장 가까운 위치에 있는 삼용(94.3/300)은 5억 5천만 원(22.4)의 실거래가를 기록했다. 효정(93.12/312)은 4억 4천만 원(22.6)에 거래되었다. 대지지분이 크고 현재 재건축 이야기가 나오고 있다. 성호(93.11/488)는 4억 2천만 원(22.6)에 실거래되었으며, 연수서해(93.6/294)는 4억 원(22.4)에 실거래되었다.

신구로선 시흥대야
~목동 복선전철

총점: ★★☆
노선 가치: ★ | 열차 운행: ☆ | 예산 투입: △ | 진행 속도: △ | 주변 개발: ☆
연장: 12.4km | 총 사업비: 9,430억 원

신구로선에 앞서 강북횡단선, 목동선 등과 결합해서 봐야 한다. 신구로선은 목동역을 중심으로 강북횡단선과 연결(환승)될 수 있다. 목동역, 오목교역, 양천구청역이 도보로 이동 가능한 생활권임을 감안하면 모든 노선이 진행되면 금상첨화겠지만, 현실적인 문제는 건설과 운영에 따른 예산이다. 어떻게 어떻게 지었다고 한

제2경인선 청학 ~노온사 복선전철

총점: ★★☆
노선 가치: ★ | 열차 운행: ☆ | 예산 투입: △ | 진행 속도: △ | 주변 개발: ☆
연장: 21.9km | 총 사업비: 1조 6,879억 원

2019년부터 추진 중인 제2경인선은 인천시에서 주도적으로 요청하고 있다. 구간별로 살펴보면 청학~노온사 21.9km(신설), 노온사~구로 9.4km(차량기지 이전 전제), 구로~노량진 7.3km(1호선, 기존선) 등을 운행하는 사업이다. 인천 서남권, 시흥시, 광명시가 혜택을 볼 수 있지만 구로차량기지 이전이라는 전제 조건이 달려 있

다. 그러나 광명시가 차량기지 지하화, 정거장 추가 설치 등을 요구하면서 반대 입장을 내고 있다. 현재 구로차량기지 이전 타당성 재조사가 진행 중에 있다.

예정 역은 청학, 신연수, 인천논현, 도림, 서창, 신천, 은계, 옥길, 노온사 등으로 현재 상황에서 역을 분석하는 건 무의미하다. 큰 줄기가 위태로운데 잎의 상태를 평가하기보다는, 일단 뿌리째 흔들리지 않도록 선택과 집중이 필요해 보인다. 광명시 입장에서는 차량기지 예정치가 광명시 중심 복판이기도 하고 개발 가치가 높은 곳이다. 구로차량기지 이전과 관련해 차량기지 지하화, 보금자리지구 지정, 추가 역 설치, 광명역 연계, 배차 간격 축소 등을 요청했지만, 신도시 발표 외에는 추가적인 논의가 진행되지 못한 상황이다. 지금은 아예 이전 반대를 분명히 하고 있어서 재조사가 진행 중인데, 공사비 증액 등을 감안하면 쉽게 결정을 내리지 못하는 실정이다. 지도상에서 위치를 보면 비교적 좋은 자리에 위치하고 있다. 한 번 자리를 잡으면 50년 이상 존치하기 때문에 기피시설에 가까운 차량기지를 흔쾌히 승낙하긴 어렵다고 본다. 인천시는 플랜B로 차량기지를 인천으로 들고올 생각도 있어 보인다. 인천 2호선 운연역 등이 검토되기도 했다. 결국 목마른 사람이 우물을 판다고, 차량기지를 인천까지 끌고 올 것인지가 관건이다.

은계역은 은계공공주택지구가 형성되어 주거벨트가 형성되어 있다. 그렇기에 은계역은 좋은 교통수단이다. 이미 은계역이 생기는 은계사거리 주변에는 은계브리즈힐, 시흥은계호반써밋플레이스, 은계파크자이 등 신축 아파트가 형성되어 있다. 대단지를 형성하고 있는 은계파크자이(20.12/1,719)는 4억 원(21.2)이 최근 실거래가다. 2022년 7월 기준 7억 원대로 호가가 형성되어 있다. 은계역이 생길 곳으로 지정된 은계사거리에서 거리상 가장 가까운 은계브리즈힐(19.1/835)은 5억 8천만 원(22.8)에 거래되었다. 주변에는 은행 1구역과 은행 2구역이 재개발을 준비 중이다. 은행 1구역은 2억 원 초반~3억 원 중반에 매매가가 형성되어 있으며, 은행 2구역은 보인다.

순천에 '성산역'이란 이름의 기차역이 있긴 하지만 지하철역은 없으니 지역명으로 '성산역'이라 호칭해도 무리는 없을 듯하다. 처음에는 역에 포함되지 않았으나 역간 거리를 감안하고, 주변 상황을 고려했을 때 내부순환 하부 인근에 생길 가능성이 높아 보인다.

최근 2년간 손바뀜이 활발했다. 노후도가 상당하지만 신축도 제법 보인다. 언제든지 소규모 정비사업 진행이 가능한 곳이다. 홍대 인근은 이미 여러 수요가 많기 때문에 가격이 적지 않다. 꼬마빌딩이든, 주택이든 전체적으로 인근에 비하면 높은 편이다.

위드 코로나 시대를 감안할 때, 젊은층과 외국인 수요 등을 생각해보면 성산역이라 하더라도 홍대 방향으로 최대한 근접하는 게 유리하다. 특히 주택이라면 유념해야 한다. 꼬마빌딩이나 상가의 경우 역 주변에 가까운 게 유리해 보인다. 매매가가 낮지 않아 수익성이 높지 않을 수 있다. 실투자금이 부족해 대출 비율이 높다면 부담을 느낄 수 있으니, 아무래도 현금이 제법 있어야 접근이 가능할 듯하다.

우선 매물이 나오면 어떤 그림이 나올지 상상해야 한다. 도로 폭, 인접대지선, 주차장 등을 감안하고 용도 지역을 감안해서 상업·업무시설로 지을지, 주택으로 지을지 고려해야 한다. 하우빌드(sketch.howbuild.com)를 통해 가설계 느낌을 살펴보자. 비교적 유사한 형상으로 나온다. 추정 토지가를 감안해서 매도가와 비교해보는 것도 좋다. 예상 건축비와 소요 기간을 감안해서 어떻게 세팅하는 게 좋을지 생각해봐야 한다.

홍대입구역 일대는 젊음의 거리, 유행의 거리다. 코로나19만 아니면 외국인들이 더 많이 보였을 텐데 하는 아쉬움이 남는다. 공항철도만 이용하면 외국 여행의 거점으로 자리 잡기 좋은 입지임은 분명하다. 이태원만큼은 아니어도 살짝 다국적

차례대로 원종역, 홍대입구역. 원종역이 대장지구를 제외하고 대장홍대선에서 가장 혜택을 보는 역이다.

느낌이 나고, 젊은이들로 붐비는 밤샘 문화가 홍대입구에 활력을 불어넣고 있다. 경의중앙선 지하화도 활동 반경을 넓히는 데 한몫했다고 본다. 게스트하우스를 비롯한 에어비앤비 등을 통한 공간대여업이 성행할 수 있는 입지를 갖고 있다. 그렇다고 구분상가 건물을 매입하거나 경매 등을 통해 사는 건 아닌 듯싶다. 다소 외곽에 위치하더라도 단독주택이 백 번 날 듯하다. 요즘 젊은 친구들은 분위기가 좋거나 특이하면 조금 거리가 있어도 기꺼이 찾아온다.

기가 나올 수 있다.

덕은지구는 고양시에 해당하는 소규모 사업 지구다(6천~7천 세대급). 남측 도로를 경계로 서울과 지역을 나눈다. 상암월드컵파크의 연식이 20년에 근접해가고 있기에 신축 아파트로 옮길 수 있지만, 주변 상황을 고려하면 신축만 보고 가기에는 다소 한계도 있어 보인다. 차라리 타 지역에서 옮겨 오거나 분양받는 것도 한 방법이다. DMC와는 거리가 제법 있지만 DMC리버파크자이(22.11/702)가 그나마 덕은지구를 살린 듯하다. 2022년 7월 기준 34평형의 분양가는 8억 원 후반대다.

고양 덕은지구 도시개발 사업은 경기도 고양시 덕양구 덕은동 일원으로 사업 면적은 64만 600m²에 달한다. 주택계획은 5천 호(1만 3천 명)로 사업 시행은 한국토지주택공사가 맡았다. 전체 주거 세대수가 제한적이라 상업시설은 조심할 필요가 있다. 인근 지식산업센터를 비롯한 업무시설을 어떻게 볼 것인지 중요하다. 예정 역 부근을 볼지, 한강뷰가 좋을지 고민되겠지만 지식산업센터는 역세권이 가장 좋다. 뷰도 중요하지만 목적이 업무용이고 직원이 출퇴근하려면 기본적으로 역을 끼고 있어야 한다. 도보 5분 거리는 그래도 양호하다. 앞으로 개통해서 이용하려면 2030년까지 기다려야 한다. 오랜 시간 공실과 저가의 임대료를 감당해야 한다는 뜻이다. 조감도만 보고 덥석 계약하지 말고 현실적인 부분을 감안해야 한다. 임차인을 잘 받거나, 아니면 직접 들어가서 뭔가 할 생각도 필요하다.

서울 지식산업센터의 경우 계약면적 기준 평당가가 3천만 원에 이르기도 하지만 신도시의 경우 상황이 많이 다르다. 자족시설에 공기업, 대기업, 중견기업 없이 나홀로 지식산업센터만 공급되거나 교통이 형편 없으면 말 그대로 '노답'이다. 수요보다 공급이 갈수록 월등하게 앞서고 있다.

그럼에도 덕은을 좋게 보는 이유는 대장홍대선이 갖는 의미 때문이다. DMC 대체 수요 및 홍대입구와의 연결을 통한 2호선 접근성, 한강 건너 9호선을 통한 타

지역과의 연계성이 우수하다. 전체 세대 규모에 비하면 타 신도시에 비해 상당히 빠르게 교통 편의가 좋아질 가능성이 높다.

DMC 첨단산업단지, 상암역 일대는 방송국을 비롯한 관련 업체 및 IT기업 건물이 많다. 주변 아파트 단지는 평당가 4천만 원대에서 거래되고 있다. 경의중앙선 수색역보다는 대장홍대선을 통해 2호선으로 연결해 이동할 가능성이 높다. 아직 미정이지만 DMC첨단산업역, 이 정도 호칭이 좋지 않을까? 상암중학교가 인근에 있지만 주변을 대표하기에 부족해 보인다. 아직 역의 위치는 확정되지 않았다.

그렇다면 역의 위치는 어떻게 고려될까? 역간 거리, 주변 용도 상황, 여객수요, 장래 계획, 환승 등을 가지고 결정될 가능성이 높다. 무엇보다도 역간 거리와 용도, 특히 상업지역을 많이 염두에 둔다. 주변에는 MBC(좌측 큰 구역)가 상징적이다. SBS와 YTN은 비교적 작게 포진되어 있다. 방송국 수요와 이미지를 생각하지 않을 수 없다. 그렇다고 디지털미디어시티역이 근접해 있기에 너무 우측으로 붙기도 애매하다.

디지털미디어시티역 일대에 위치한 성산시영아파트의 고공행진을 보라. '시장+입지+상품'의 결과다. 무슨 말이 필요하겠는가? 현실에 안주하지 말아야 할 이유다. 그냥 살면, 그냥 살게 된다. 편한 것도 좋지만 시장 예측과 판단을 우선시할 필요가 있다.

성산역 일대는 내부순환도로(고가) 앞뒤로 지하철 역사가 생길 가능성이 있다. 최초 계획에는 반영되지 않았는데 역간 거리가 있다 보니 자연스레 생길 확률이 매우 높아졌다. 지도처럼 주변에는 근생 건물과 주택들이 즐비하다. 다소 거리는 있지만 도보로도 이동이 가능하기에 가급적 홍대입구 방면으로 좋은 물건을 찾아본다면 나름 답을 찾을 수 있다고 본다. 다른 역에 비해 상대적으로 대장홍대선의 역할이 다소 애매한 부분도 있지만, 성산역 주변의 환경이 조금은 개선될 것으로

가 손실금액의 60%를 부담하는 게 타당하다고 판시했다.

철도는 사업 초기에는 대부분 적자일 수밖에 없다. 당초 예측한 수요를 맞출 수 없기 때문이다. 사업 진행을 위해 경제성을 확보하려면 수요가 어느 정도 받쳐줘야 하기에 수요 예측 가능성을 최대한 높게 설정하지만, 현실은 다른 사업계획이 예상보다 빠르게 진행되지 않고 교통수요에 대한 대안이 다양하기에 괴리감이 클 수밖에 없다. 복잡한 이야기는 이제 뒤로 하고, 신사역은 2022년 하반기 개통 예정이다.

과거에는 강남까지 수인분당선 환승을 통해 1시간 30분이 소요되었지만 봉담역이 개통하면 30분대로 줄어들게 된다. 봉담역 예정지는 봉담1지구와 봉담2지구 사이에 있으며, 봉담1지구는 완성되었고 봉담2지구는 2023~2024년 입주를 위해 한창 공사 중에 있다.

주변에는 봉담2지구, 봉담동화지구, 봉담내리지구 등 택지지구가 조성 중에 있다. 봉담동화지구에는 봉담파라곤이 2023년 3월 입주 예정이며, 750세대 봉담자이라피네가 2023년 10월 7월 입주 예정이다. 주변에 초중고가 가깝게 위치하고 있다. 봉담내리지구에는 4천 세대 대단지 힐스테이트봉담프라이드시티가 2024년 8월에 입주한다. 효행지구는 지구 지정을 하고 진행 중에 있다.

가장 가깝게 위치한 수정마을동남메리트(02.7/864)는 3억 5천만 원(22.9)에 실거래되었고, 2022년 7월 기준 3억 원 중반에서 5억 원 초반에 시세가 형성되어 있다. 근처 가장 신축인 봉담2지구중흥S클래스더퍼스트(22.6/784)는 3억 9천만 원(22.9)에 실거래되었다.

신분당선 서북부 연장
용산~삼송 복선전철

총점: ★★★
노선 가치: ★ | 열차 운행: ☆ | 예산 투입: △ | 진행 속도: △ | 주변 개발: ★
연장: 20.2km | 총 사업비: 1조 8,002억 원

2013년 서울시는 광화문역과 은평뉴타운, 삼송지구까지 연결되는 노선을 처음 제안했다. 2016년 제3차 국가철도망 구축계획에서 신규 사업으로 반영하면서 민간 사업으로 추진하고자 했다. 2018년 예비타당성 신청 기준 B/C가 0.86이 나왔으나, 이는 GTX 미반영 결과로 이후 재분석 시 사업성은 더 떨어진 것으로 나왔

차례대로 삼송역, 삼송아이파크2차. 3호선이 지나가는 삼송역은 인근에 스타필드고양과 이마트트 레이더스가 입점해 있다.

다. 그 이후 GTX-A노선과 선로를 공용하는 과정까지 검토되었으나 공사에 대한 진행 과정, 선로의 속도 문제 등이 대두되었고, 이번에 제4차 국가철도망 구축계획에 다시 들어와 있다.

신분당선 삼송 연장의 전제 조건은 용산까지 우선 연결되어야 한다는 것이다. 신사역~용산역 구간 사업은 용산미군기지 반환 문제로 현재까지 지반조사조차 진행되지 못하고 있다. 미군부지 토양 정화 사업, 청와대 이전에 따른 주변 계획 변경 등을 고려하면 2~3년의 조사, 계획, 설계 과정이 필요하다. 공사를 5년으로 잡아도 2030년에 운행이 가능하다. 그럼에도 정부와 서울시가 용산에 집중하는 만큼 동빙고역, 용산공원(국립중앙박물관)역, 용산역 등 주변 파급력은 상당할 수 있다. 한남뉴타운 사업이 진행되고 있기 때문에 경우에 따라서는 추가 역 신설도 가능하다. 용산 구간 착공이 늦어지는 바람에 노선 변경 요청을 해볼 수 있는 상황이다. 기존 노선보다는 수요를 감안해 살짝 북측으로 옮겨갈 수 있다. 가칭 보광역 신설을 검토 중에 있다.

3호선이 지나가는 삼송역은 인근에 스타필드고양과 이마트트레이더스가 입점해 있다. 스타필드고양 뒤로 동산동 자연마을이 있는데 현재 민간도시개발을 추진 중이다. 추진위원회가 결성되고 동의서 작업이 진행 중인 것으로 알려져 있다. 개발제한구역이 해제되어도 4층 이하 건물만 지을 수 있어서 사업성이 떨어진다. 만약 진행된다면 환지 방식으로 개발될 예정이다.

삼송역 바로 옆 상가 2층의 경우 2022년 4월 기준 평당가 1,480만 원에 실거래 되었다. 오피스텔이 모여 있는 구분상가는 2021년 11월 기준 1층 매물이 평당가 3,400만 원대에 거래되었다. 삼송역에서 가장 가깝고 2020년 최근에 입주한 주상복합 삼송역현대헤리엇(20.10/364)은 2022년 9월 기준 7억 원에서 8억 원 중반으로 매매호가가 형성되어 있다. 삼송아이파크2차(15.8/1,066)는 8억 2천만 원(22.7)에 거래되었다.

대장홍대선 부천대장 ~ 홍대입구 복선전철

총점: ★★★★★
노선 가치: ★ | 열차 운행: ★ | 예산 투입: ☆ | 진행 속도: ★ | 주변 개발: ★(+☆)
연장: 20.0km | 총 사업비: 2조 1,523억 원

    대장홍대선 복선전철 민간투자 사업은 노선 연장 18.4km로 환승역 4~5개를 포함한 총 11개 역이 정차할 예정이다. 건설 기간 6년, 운영 기간 개시 후 40년, 민간제안자로는 현대건설이 우선협상자다. 예정 역은 '대장역-원종역(환)-고강역-화곡역(환)-강서구청역-가양역(환)-덕은역-상암역-디지털미디어시티역(환)-성산역-

홍대입구역(환)' 등이다.

대장역 일대는 3기 신도시 부지로, 향후 10년 동안 개발이 진행될 예정이다. 이에 맞춰 대장홍대선 공사도 같은 시기에 진행될 예정이다. 주변에는 봉오대로 좌우로 산업단지와 물류창고 등이 많다. 인근 봉오대로 축을 청라신도림선으로 검토하고 있기에 향후 가치가 더 커질 수도 있다.

사업 면적 341만 9,544m²(103만 4천 평) 규모의 3기 신도시 부천대장 공공주택지구는 2029년 완공을 목표로 하고 있다. 사업 지역은 경기도 부천시 대장동, 오정동, 원종동, 삼정동 일원이며, 주택 계획은 2만 호(4만 3천 명)다. 사업 시행은 경기도, 한국토지주택공사, 부천도시공사 등이 나눠서 진행한다.

사업 규모는 인근 계양지구와 묶어서 볼 필요가 있다. 대장지구는 답과 전밖에 없지만, 신도시 개발이 완료되면 주택 2만 호가 들어선다. 인근 오정휴먼시아 시세와 비슷하게 분양가가 산정되었지만, 신도시인 점을 감안하면 향후 격차가 상당할 듯하다. 인근에 부천, 계양, 마곡산업단지, 오정물류산업단지, 오정일반산업단지, 서운일반산업단지가 있어 공장 밀집지와도 인접해 있다. 제3연륙교 개발 수혜가 기대되는 봉오대로와 인접해 있어 청라국제도시와 인천국제공항, 김포공항까지 잇는 도로와 새로운 항공물류 체인을 형성할 것으로 보인다.

GTX-D 대장역 변수도 챙겨야 한다. 당초 원종홍대선에서 대장역 신설을 결정하며 대장홍대선으로 확장되었는데, 대장홍대선에서 대장지구를 제외하고 지금 투자할 수 있는 곳 중에 혜택이 기대되는 곳은 원종역이다. 특히 원종사거리 주변을 주목할 필요가 있다. 원종사거리는 경기도 부천시 오정동 일대로 현재 서해선 공사가 마무리되어 2022년 원시~소사 구간에 이어 원종역까지 우선 개통된다. 인근 상권이 발달되어 있고, 원종역 동쪽은 빌라 및 유흥시설, 대로변은 근생 및 구분상가가 즐비하다. 이에 원종역 주변은 소규모 정비사업, 재건축, 가로주택정비사업 추진이 활발할 것으로 보인다(원종동 욱일6~8차 등). 꼭 체크해두자! 원종역이 대장지구를 제외하고 대장홍대선에서 가장 혜택을 보는 역이다.

2022년 7월 기준 원종역사거리 주변 상업지 시세는 평당가 3천만~4천만 원, 주거지는 평당가 1,500만~2천만 원이다. 소규모 정비사업, 상가주택의 투자 가치가 무난해 보인다. 모텔 등은 계산기를 잘 두드려야 한다. 구분상가는 임대료가 5% 내외로 나온다면 노려볼 만하다. 업무, 상업 용도는 반경 250m, 주거는 반경 500m를 원칙으로 삼되 상권이 살아 있거나 이동인구가 연속된 가로라면 더 폭넓게 잡아도 무방하다. 경인고속도로 남측은 고가도로라고 해도 혈이 막혀 개발에 제한적이다. 예를 들어 강남역, 교대역 사이에 경부고속도로가 가로의 혈을 막고 있는데, 이로 인해 신논현, 뱅뱅사거리 가로가 연속됨을 볼 수 있다.

고강역, 고강사거리 주변에는 다세대·다가구주택이 밀집되어 있으나 신축도 있어 전체적인 재개발이 쉽지 않아 보인다. 소규모 형태로 진행될 가능성이 높다. 소규모 아파트와 연립주택, 다세대·다가구주택 등이 전체적으로 많이 포진되어 있다. 거주지 위로 비행기가 뜨는 건 좋은 요인이 아니기에 동선을 잘 확인해 사업성 있는 구역을 노리는 게 좋다.

신월역 일대는 아무래도 공항이 부담이다. 역이 신설되는 건 무조건 좋은 일이지만 호재에도 한계는 있다. 주거시설로 적합하지 않을 수 있다. 참으로 어려운 이야기지만, 비행기가 없었다면 더욱 좋았을 것이다.

화곡역 일대는 역 주변 빌딩이나 꼬마빌딩, 근생 건물 등은 유동수요가 있기에 어느 정도 가격을 유지하고 영향을 행사하고 있다. 그러나 김포공항 고도 제한과 다세대주택 밀집 지역이라는 오명은 어떤 식으로든 벗어날 필요가 있어 보인다. 최근 1년 동안 현재진행형을 포함해 170여 건에 달하는 경매 물건을 보며 '그 좋은 부동산 시절에 이게 무슨 일인가?' 하는 생각이 들었다.

강서구청역 일대는 강서구청을 비롯해 좌측에는 한국폴리텍대학교가 있고, 인근에는 강서신혼희망타운이 신축되고 있다. 아파트보다는 근생 건물과 다세대주택 밀집 지역이다. 가급적 가양역과 가까운 곳으로 대지지분이 넓은 주택이나 근생을 노려볼 만하다.

강서구청 주변은 서울 주변 지역에 비하면 상대적으로 저렴하다. 화곡동 아파트는 구축의 경우 비교적 평당가가 적게 나오지만 단독주택은 비슷비슷하다. 노후도를 감안하면 소규모 정비사업 가능성은 다분하다. 신설 노선의 경우 기존 역에서 더블역세권이 되는 것보다, 아무것도 없는 곳에서 생기는 게 더 가치가 상승할 수 있다. 참고로 토지는 최소 34평 이상, 건평 50평 이상은 나와야 1+1이 가능하다는 점도 기억해두면 좋다. 이에 주변에 저렴한 단독주택 매입을 고려해볼 만하다. 그러나 재개발 지역이고, 가로주택정비사업의 경우 해당사항이 없기에 가로주택정비사업에 초점을 두었다면 가성비는 썩 빌이 좋을 수도 있다. 일단 역세권 개발은 하나의 블록이 승강장 끝단 350m 이내에 있는 게 좋다.

가양역 일대는 9호선 급행역, 가양역을 중심으로 상업시설과 지식산업센터, 한강변 재건축 예정 아파트가 눈에 띈다.

덕은역 일대는 덕은지구 공사가 한창이다. 아파트 분양은 단지별로 이미 상당수 진행되었고, 지식산업센터와 상업시설 분양도 계속 이어지고 있다. 현장에서 지식산업센터, 상가 1+1 분양 이야기도 들을 수 있었는데 주의가 필요해 보인다. 아무리 최근에 지식산업센터의 열기가 뜨거워서 분양 차익을 누린다고 한들 이렇게까지 무리할 필요는 없을 듯하다. 덕은역은 덕은지구 광역교통분담금 활용이 필요하다. 서울 경계에 인접했음에도 불구하고 교통 불편이 상당할 수 있기에 대장홍대선은 절대적으로 필요한 노선이다. 주택 규모가 크지 않기에 잘 모르는 사람도 많지만 향후 건설이 완료되고 지하철까지 연결되면 작은 고추가 맵다는 이야기가 나올 수 있다.

덕은지구는 고양시에 해당하는 소규모 사업 지구다(6천~7천 세대급). 남측 도로를 경계로 서울과 지역을 나눈다. 상암월드컵파크의 연식이 20년에 근접해가고 있기에 신축 아파트로 옮길 수 있지만, 주변 상황을 고려하면 신축만 보고 가기에는 다소 한계도 있어 보인다. 차라리 타 지역에서 옮겨 오거나 분양받는 것도 한 방법이다. DMC와는 거리가 제법 있지만 DMC리버파크자이(22.11/702)가 그나마 덕은지구를 살린 듯하다. 2022년 7월 기준 34평형의 분양가는 8억 원 후반대다.

고양 덕은지구 도시개발 사업은 경기도 고양시 덕양구 덕은동 일원으로 사업 면적은 64만 600m²에 달한다. 주택계획은 5천 호(1만 3천 명)로 사업 시행은 한국토지주택공사가 맡았다. 전체 주거 세대수가 제한적이라 상업시설은 조심할 필요가 있다. 인근 지식산업센터를 비롯한 업무시설을 어떻게 볼 것인지 중요하다. 예정 역 부근을 볼지, 한강뷰가 좋을지 고민되겠지만 지식산업센터는 역세권이 가장 좋다. 뷰도 중요하지만 목적이 업무용이고 직원이 출퇴근하려면 기본적으로 역을 끼고 있어야 한다. 도보 5분 거리는 그래도 양호하다. 앞으로 개통해서 이용하려면 2030년까지 기다려야 한다. 오랜 시간 공실과 저가의 임대료를 감당해야 한다는 뜻이다. 조감도만 보고 덥석 계약하지 말고 현실적인 부분을 감안해야 한다. 임차인을 잘 받거나, 아니면 직접 들어가서 뭔가 할 생각도 필요하다.

서울 지식산업센터의 경우 계약면적 기준 평당가가 3천만 원에 이르기도 하지만 신도시의 경우 상황이 많이 다르다. 자족시설에 공기업, 대기업, 중견기업 없이 나홀로 지식산업센터만 공급되거나 교통이 형편 없으면 말 그대로 '노답'이다. 수요보다 공급이 갈수록 월등하게 앞서고 있다.

그럼에도 덕은을 좋게 보는 이유는 대장홍대선이 갖는 의미 때문이다. DMC 대체 수요 및 홍대입구와의 연결을 통한 2호선 접근성, 한강 건너 9호선을 통한 타

지역과의 연계성이 우수하다. 전체 세대 규모에 비하면 타 신도시에 비해 상당히 빠르게 교통 편의가 좋아질 가능성이 높다.

DMC 첨단산업단지, 상암역 일대는 방송국을 비롯한 관련 업체 및 IT기업 건물이 많다. 주변 아파트 단지는 평당가 4천만 원대에서 거래되고 있다. 경의중앙선 수색역보다는 대장홍대선을 통해 2호선으로 연결해 이동할 가능성이 높다. 아직 미정이지만 DMC첨단산업역, 이 정도 호칭이 좋지 않을까? 상암중학교가 인근에 있지만 주변을 대표하기에 부족해 보인다. 아직 역의 위치는 확정되지 않았다.

그렇다면 역의 위치는 어떻게 고려될까? 역간 거리, 주변 용도 상황, 여객수요, 장래 계획, 환승 등을 가지고 결정될 가능성이 높다. 무엇보다도 역간 거리와 용도, 특히 상업지역을 많이 염두에 둔다. 주변에는 MBC(좌측 큰 구역)가 상징적이다. SBS와 YTN은 비교적 작게 포진되어 있다. 방송국 수요와 이미지를 생각하지 않을 수 없다. 그렇다고 디지털미디어시티역이 근접해 있기에 너무 우측으로 붙기도 애매하다.

디지털미디어시티역 일대에 위치한 성산시영아파트의 고공행진을 보라. '시장+입지+상품'의 결과다. 무슨 말이 필요하겠는가? 현실에 안주하지 말아야 할 이유다. 그냥 살면, 그냥 살게 된다. 편한 것도 좋지만 시장 예측과 판단을 우선시할 필요가 있다.

성산역 일대는 내부순환도로(고가) 앞뒤로 지하철 역사가 생길 가능성이 있다. 최초 계획에는 반영되지 않았는데 역간 거리가 있다 보니 자연스레 생길 확률이 매우 높아졌다. 지도처럼 주변에는 근생 건물과 주택들이 즐비하다. 다소 거리는 있지만 도보로도 이동이 가능하기에 가급적 홍대입구 방면으로 좋은 물건을 찾아본다면 나름 답을 찾을 수 있다고 본다. 다른 역에 비해 상대적으로 대장홍대선의 역할이 다소 애매한 부분도 있지만, 성산역 주변의 환경이 조금은 개선될 것으로 보인다.

순천에 '성산역'이란 이름의 기차역이 있긴 하지만 지하철역은 없으니 지역명으로 '성산역'이라 호칭해도 무리는 없을 듯하다. 처음에는 역에 포함되지 않았으나 역간 거리를 감안하고, 주변 상황을 고려했을 때 내부순환 하부 인근에 생길 가능성이 높아 보인다.

최근 2년간 손바뀜이 활발했다. 노후도가 상당하지만 신축도 제법 보인다. 언제든지 소규모 정비사업 진행이 가능한 곳이다. 홍대 인근은 이미 여러 수요가 많기 때문에 가격이 적지 않다. 꼬마빌딩이든, 주택이든 전체적으로 인근에 비하면 높은 편이다.

위드 코로나 시대를 감안할 때, 젊은층과 외국인 수요 등을 생각해보면 성산역이라 하더라도 홍대 방향으로 최대한 근접하는 게 유리하다. 특히 주택이라면 유념해야 한다. 꼬마빌딩이나 상가의 경우 역 주변에 가까운 게 유리해 보인다. 매매가가 낮지 않아 수익성이 높지 않을 수 있다. 실투자금이 부족해 대출 비율이 높다면 부담을 느낄 수 있으니, 아무래도 현금이 제법 있어야 접근이 가능할 듯하다.

우선 매물이 나오면 어떤 그림이 나올지 상상해야 한다. 도로 폭, 인접대지선, 주차장 등을 감안하고 용도 지역을 감안해서 상업·업무시설로 지을지, 주택으로 지을지 고려해야 한다. 하우빌드(sketch.howbuild.com)를 통해 가설계 느낌을 살펴보자. 비교적 유사한 형상으로 나온다. 추정 토지가를 감안해서 매도가와 비교해보는 것도 좋다. 예상 건축비와 소요 기간을 감안해서 어떻게 세팅하는 게 좋을지 생각해봐야 한다.

홍대입구역 일대는 젊음의 거리, 유행의 거리다. 코로나19만 아니면 외국인들이 더 많이 보였을 텐데 하는 아쉬움이 남는다. 공항철도만 이용하면 외국 여행의 거점으로 자리 잡기 좋은 입지임은 분명하다. 이태원만큼은 아니어도 살짝 다국적

차례대로 원종역, 홍대입구역. 원종역이 대장지구를 제외하고 대장홍대선에서 가장 혜택을 보는 역이다.

느낌이 나고, 젊은이들로 붐비는 밤샘 문화가 홍대입구에 활력을 불어넣고 있다. 경의중앙선 지하화도 활동 반경을 넓히는 데 한몫했다고 본다. 게스트하우스를 비롯한 에어비앤비 등을 통한 공간대여업이 성행할 수 있는 입지를 갖고 있다. 그렇다고 구분상가 건물을 매입하거나 경매 등을 통해 사는 건 아닌 듯싶다. 다소 외곽에 위치하더라도 단독주택이 백 번 날 듯하다. 요즘 젊은 친구들은 분위기가 좋거나 특이하면 조금 거리가 있어도 기꺼이 찾아온다.

제2경인선 청학
~노온사 복선전철

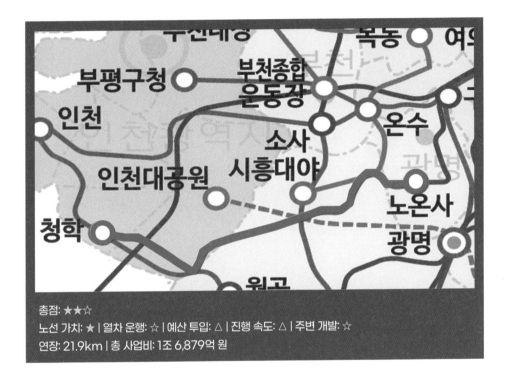

총점: ★★☆
노선 가치: ★ | 열차 운행: ☆ | 예산 투입: △ | 진행 속도: △ | 주변 개발: ☆
연장: 21.9km | 총 사업비: 1조 6,879억 원

  2019년부터 추진 중인 제2경인선은 인천시에서 주도적으로 요청하고 있다. 구간별로 살펴보면 청학~노온사 21.9km(신설), 노온사~구로 9.4km(차량기지 이전 전제), 구로~노량진 7.3km(1호선, 기존선) 등을 운행하는 사업이다. 인천 서남권, 시흥시, 광명시가 혜택을 볼 수 있지만 구로차량기지 이전이라는 전제 조건이 달려 있

다. 그러나 광명시가 차량기지 지하화, 정거장 추가 설치 등을 요구하면서 반대 입장을 내고 있다. 현재 구로차량기지 이전 타당성 재조사가 진행 중에 있다.

예정 역은 청학, 신연수, 인천논현, 도림, 서창, 신천, 은계, 옥길, 노온사 등으로 현재 상황에서 역을 분석하는 건 무의미하다. 큰 줄기가 위태로운데 잎의 상태를 평가하기보다는, 일단 뿌리째 흔들리지 않도록 선택과 집중이 필요해 보인다. 광명시 입장에서는 차량기지 예정치가 광명시 중심 복판이기도 하고 개발 가치가 높은 곳이다. 구로차량기지 이전과 관련해 차량기지 지하화, 보금자리지구 지정, 추가 역 설치, 광명역 연계, 배차 간격 축소 등을 요청했지만, 신도시 발표 외에는 추가적인 논의가 진행되지 못한 상황이다. 지금은 아예 이전 반대를 분명히 하고 있어서 재조사가 진행 중인데, 공사비 증액 등을 감안하면 쉽게 결정을 내리지 못하는 실정이다. 지도상에서 위치를 보면 비교적 좋은 자리에 위치하고 있다. 한 번 자리를 잡으면 50년 이상 존치하기 때문에 기피시설에 가까운 차량기지를 흔쾌히 승낙하긴 어렵다고 본다. 인천시는 플랜B로 차량기지를 인천으로 들고올 생각도 있어 보인다. 인천 2호선 운연역 등이 검토되기도 했다. 결국 목마른 사람이 우물을 판다고, 차량기지를 인천까지 끌고 올 것인지가 관건이다.

은계역은 은계공공주택지구가 형성되어 주거벨트가 형성되어 있다. 그렇기에 은계역은 좋은 교통수단이다. 이미 은계역이 생기는 은계사거리 주변에는 은계브리즈힐, 시흥은계호반써밋플레이스, 은계파크자이 등 신축 아파트가 형성되어 있다. 대단지를 형성하고 있는 은계파크자이(20.12/1,719)는 4억 원(21.2)이 최근 실거래가다. 2022년 7월 기준 7억 원대로 호가가 형성되어 있다. 은계역이 생길 곳으로 지정된 은계사거리에서 거리상 가장 가까운 은계브리즈힐(19.1/835)은 5억 8천만 원(22.8)에 거래되었다. 주변에는 은행 1구역과 은행 2구역이 재개발을 준비 중이다. 은행 1구역은 2억 원 초반~3억 원 중반에 매매가가 형성되어 있으며, 은행 2구역은

차례대로 서창지구, 노온사역. 구로차량기지 이전이 제2경인선에 있어 가장 큰 산일 수도 있다.

2억~3억 원대로 매매가가 형성되어 있다.

청학역(청학사거리)은 수인선으로 먼저 개통되고 국토교통부가 최대 3개의 추가 정거장을 신설하려는 움직임을 보이고 있다. 아직 확실하지는 않다. 구로차량기지 이전이 제2경인선에 있어 가장 큰 산일 수도 있다. 조만간 타당성 조사의 결과가 나오고, 그 결과에 따라 만일 무산 시 인천시는 GTX-B노선으로 선회하려는 대책을 갖고 있다.

청학역 예정지 주변에는 오래된 아파트 단지가 형성되어 있다. 이제 재건축 연한으로 가고 있는 1990년대 초반의 아파트들이다. 청학역에서 가장 가까운 위치에 있는 삼용(94.3/300)은 5억 5천만 원(22.4)의 실거래가를 기록했다. 효정 (93.12/312)은 4억 4천만 원(22.6)에 거래되었다. 대지지분이 크고 현재 재건축 이야기가 나오고 있다. 성호(93.11/488)는 4억 2천만 원(22.6)에 실거래되었으며, 연수서 해(93.6/294)는 4억 원(22.4)에 실거래되었다.

신구로선 시흥대야 ~목동 복선전철

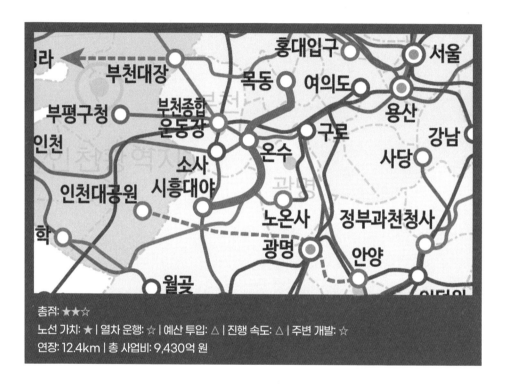

총점: ★★☆

노선 가치: ★ | 열차 운행: ☆ | 예산 투입: △ | 진행 속도: △ | 주변 개발: ☆

연장: 12.4km | 총 사업비: 9,430억 원

신구로선에 앞서 강북횡단선, 목동선 등과 결합해서 봐야 한다. 신구로선은 목동역을 중심으로 강북횡단선과 연결(환승)될 수 있다. 목동역, 오목교역, 양천구청역이 도보로 이동 가능한 생활권임을 감안하면 모든 노선이 진행되면 금상첨화겠지만, 현실적인 문제는 건설과 운영에 따른 예산이다. 어떻게 어떻게 지었다고 한들 운영 적자는 어떻게 보존할 것인지, 그 '어떻게' 짓는 것도 민자인지 재정인지, 민자로 하더라도 공사비의 50%는 보존해줘야 하는데 그 예산은 또 어떻게 감당할 것인지, 어느 것 하나 만만하지 않다.

신구로선은 광역철도로 구분되기 때문에 국토교통부의 핸들링과 사업비 매칭이 필요하다. 광역철도는 국가 예산으로 최대 70%(서울 50%) 지원이 가능하다. 1조 원이 소요되는 사업이라고 가정하고 단순 수치만 따져보면 노선 구간 30%에 해당되는 시흥, 부천에서는 3천억 원의 30%, 약 900억 원을 반반씩 각출해서 내면 된다. 서울시는 남은 7천억 원 중 3,500억 원을 부담해야 한다. 결국 본 노선은 서울시의 협조나 국토교통부와의 긴밀한 관계와 협의가 필요하다는 이야기다.

목동선은 재정 사업으로 예비타당성이 진행 중이다. 총 연장 10.9km, 12개 역, 총 사업비 1조 1,692억 원이다. 강북횡단선은 검토 중으로 총 연장 25.7km, 20개 역, 총 사업비 2조 546억 원이다. 지역별로 살펴보면 다른 지역은 그래도 운행 중이거나 본궤도에 올라온 반면, 아직 서울 서남축에는 가시적으로 보이는 게 없다. 그렇기에 목동선 정도는 예비타당성에 맞춰 서부선에 이어 면목선과 더불어 차기 사업으로 지정될 가능성이 있다. 강북횡단선은 지역 균형 발전이라는 명분도 있지만 재정 악화라는 단점도 있기에 본격화되는 시기에 여러 논란이 함께 등장할 수 있다.

신구로선은 고무차륜, 3량, 무인 등 일반적인 경전철 형태 운행이 예상된다. 이 중 시흥시 은계지구, 부천시 옥길지구, 서울시 항동지구 등은 타 지역보다 노선의 의미가 크다. 신도시임에도 불구하고 대중교통이 꽤 불편하기 때문에 꼭 필요한 교통수단이 아닐까 생각된다. 신도시 개발 당시 철도 예산이 없었던 점이 아쉽다. 지자체의 적극적인 의지가 필요해 보인다.

민자사업으로 제안한다면 5호선 목동역보다는 2호선 신도림역으로 우회하자는 의견이 나올 수 있다. 양천구청 지선의 의미는 크지 않고, 5호선 또한 강북횡단선이 예정되어 있긴 하지만 실질적으로 2호선 본선 연결이 더 큰 의미가 있다.

1호선과 7호선이 지나가는 더블역세권 온수역은 온수역세권 개발과 신구로선 추가로 더욱 발전할 것이라 생각한다. 2호선 양천구청역과 5호선 목동역을 한 번에 갈 수 있는 장점이 있다. 럭비경기장은 대규모 상업시설과 아파트로 변경될 계획을 가지고 있으며, 현재 한 건설사에 의해 낙찰이 되었다. 온수역에서 가장 가까운 위치에 대흥성원동진빌라주택 재건축 사업이 있다. 1,289세대로 지어질 예정이다. 대흥빌라 전용면적 85m², 성원빌라 전용면적 76m², 동진빌라 전용면적 68m² 3개 빌라는 전체적으로 7억 원 중반에 매매호가가 형성되어 있다. 재개발 괴안3D구역은 현재 일반분양이 얼마 안 남았다. 쌍용건설을 통해 759세대로 지어질 예정이다. 괴안2D구역은 정비구역 해제 결정을 했다. e편한세상온수역(20.4/921)은 10억 8천만 원(22.4)을 찍으면서 10억 원을 돌파했다.

항동지구 주변 역인 역곡역과 온수역이 그리 가까운 거리에 위치해 있지 않아서 항동역은 항동지구의 교통수요를 받아줄 수 있는 좋은 역할을 할 것으로 보인다. 항동역이 생기면 온수역에서 1호선과 7호선을 통해 광화문과 강남으로 이동이 가능하고, 5호선 목동역에서 여의도까지의 접근성도 좋아지게 된다. 푸른수목원과 천왕산이 있어 숲세권으로 형성되어 있다. 한양수자인에듀힐즈(19.9/634)는 10억 5천만 원(22.5)에 거래되었다.

옥길역은 교통망이 좋지 않은 옥길신도시의 교통을 쾌적하게 만들 수단이 될 수 있다. 근처에는 스타필드부천도 자리 잡았다. 계수범박주택재개발구역에는 대규모 신축 아파트 부천일루미스테이트(23.2/3,724)가 생긴다. 6억 3천만 원(22.7)에 실거래되었다. 옥길센트리뷰(17.12/1,318)는 6억 4천만 원(22.9)에 실거래되었고 옥길호반베르디움(17.12/1,420)은 10억 900만 원(22.2)에 실거래되었다.

차례대로 목동역 로데오거리, 온수역, 옥길역 업무단지, 시흥대야역 온계파크자이. 1호선과 7호선이 지나가는 더블역세권 온수역은 온수역세권 개발과 신구로선 추가로 더욱 발전할 것이라 생각한다.

서해선이 지나가는 시흥대야역은 바로 앞에서 영남1차, 영남2차가 대야 3구역 재건축 사업이 진행 중이다. 영남1차(96.2/390) 15평형은 2억 6천만 원(22.6)에 실거래되었고, 대림e편한세상이 들어올 예정이다. 영남2차(96.2/600)는 16평 기준으로 2억 4천만 원(22.8)에 실거래되었다. 은계어반리더스(19.12/1,198)는 5억 9천만 원(22.8)에 실거래되었다.

CHAPTER 4

비수도권 광역철도(11개 사업)
전격 분석

충청권 광역철도(2단계)
신탄진 ~ 조치원 복선전철

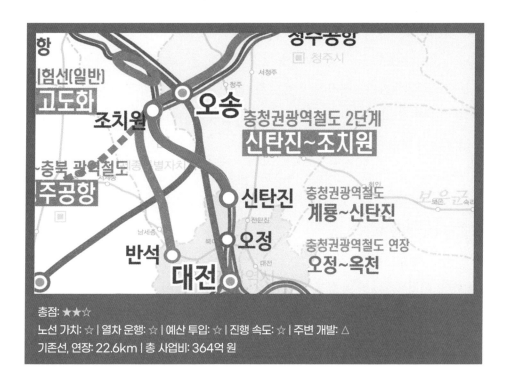

총점: ★★☆
노선 가치: ☆ | 열차 운행: ☆ | 예산 투입: ☆ | 진행 속도: ☆ | 주변 개발: △
기존선, 연장: 22.6km | 총 사업비: 364억 원

충청권 광역철도(2단계)는 신탄진역, (현도산업단지역), 부강역, (내판역), 신탄진역 등에 정차할 예정이다. 신탄진역은 대전시이며, 현도산업단지역은 청주시, 부강역·내판역·신탄진역 등은 세종시에 속한다.

충청권 광역철도 2단계 사업에 앞서, 1단계 사업의 진행 상황과 열차 운행을 염두에 두면 2~3단계도 동일한 방식으로 진행될 가능성이 높다. 현재 1단계 사업은 대구경북권 광역철도와 유사한 방식으로 진행될 예정이다. 2~3단계 구간은 1단계 구간의 연장선상이다. 아무래도 서울 방향이고 세종과 오송(충북)을 아우를 수 있는 조치원 방향이 우선이다. 1편성이 전동차 2~3량으로 구성되고 하루 50~60회(편도) 정도 운행될 예정이다.

현재 대전조차장을 기점으로 경부선, 호남선 등 다양한 방면의 철도가 운행 중이다. 또한 조치원역을 기점으로 경부선과 충북선 등으로 연결되어 대전조차장 이후부터 조치원역까지는 Y자의 모이는 라인이다. 이에 비록 무궁화이긴 하나 하루에 편도 기준 40대가 신탄진, 부강, 조치원 구간을 통과하게 된다.

충청권 광역철도 1단계 사업은 총 연장 35km, 총 사업비 2,694억 원의 사업이다. 2022년 6월 감사원이 대전도시철도 2호선과 중복되는 구간(서대전역~가수원역)에 수요 예측 재조사가 필요하다는 의견을 기획재정부에 제출함으로써 전체적인 일정은 1년 이상 미뤄졌다. 1년 후에 공사가 시작되면 2026년에 개통 가능하다. 기존 선로 활용, 단선 추가, 복복선 등 전동차가 정차할 수 있는 승강장 공사를 해야 한다. 여기에 1호선 용두역 건설도 진행하려면 시간이 더 필요해 보인다. 기존 6개 역사, 신설 6개 역사 예정이며, 1편성당 2량만 운행될 예정이다. 많이 부족해 보인다. 기존 역은 신탄진역, 회덕역, 서대전역(2호선 환승), 가수원역, 흑석리역, 계룡역 등이 개량된다. 신설 역은 덕암역, 오정역, 중촌역, 용두역(1호선 환승), 문화역, 도마역(2호선 환승) 등의 역이다. 해당 구간 개통 시 1일 65회(편도) 운행될 예정이고, 용두역(대전 1호선), 서대전역·오정역(대전 2호선) 등 기존 대전도시철도와 환승이 가능하다. 연간 약 700만 명이 이용할 것으로 예상하고 있다.

광역철도 사업에 따라 사업비는 국가가 70%, 지자체가 30% 부담한다. 다만 오정역과 용두역(대전 1호선 구간) 신설은 지자체 요청이므로 지자체가 전액 부담한다.

현장 스케치

차례대로 신탄진역 초입부, 조치원역. 충청권 광역철도(2단계)는 신탄진역, (현도산업단지역), 부강역, (내판역), 신탄진역 등에 정차할 예정이다.

충청권 광역철도 2단계 신탄진역은 2023년 계룡~신탄진 구간(충청권 광역철도 1단계)이 개통될 예정이며, 신천역 위쪽 금강변을 따라 재개발로 인해 여러 대단지 아파트들이 들어선 상태다. 바로 옆에 위치한 신탄진 재정비촉진지구는 현재 정비구역 지정 상태에 있다. 신탄진역 오른쪽으로 남한제지 이전적지지구에 아파트가 입주하는데, 앞서 대단지로 입주된 동일스위트리버스카이1단지(21.11/1,757)는 4억 6천만 원(22.9)의 매매호가를 형성하고 있다. 추후 동일스위트리버스카이2단지가 655세대로 2024년 2월에 완공될 예정이다. 분양권은 2022년 7월 기준 4억 원 중반에서 5억 원 초반에 거래되고 있다. 금강로하스엘쿠르(17.10)도 4억 9천만 원(22.5)에 실거래되었다.

세종조치원 공공주택지구는 사업 면적 87만 5,717m²(27만 평)이고, 수용 세대는 7,200세대(1만 5천 명)이며, 사업 시행은 한국토지주택공사가 진행하고 있다. 조치원역에서 가장 가까운 위치에 있는 욱일(99.5/1,208)은 2억 7천만 원(22.10)에 실거래되었다. 조치원신흥e편한세상(08.9/681)은 4억 2천만 원(22.10)에 실거래되었다.

충청권 광역철도(3단계) 강경~계룡 복선전철

총점: ★★
노선 가치: ☆ | 열차 운행: ☆ | 예산 투입: ☆ | 진행 속도: △ | 주변 개발: △
기존선, 연장: 40.7km | 총 사업비: 511억 원

2021년 제4차 국가철도망 구축계획에서 충청권 광역철도 3단계 사업으로 강경~계룡 구간이 포함되었다. 또한 가수원역~논산역 호남선 고속화, 직선화 설계에 국비 5억 원이 확보되어 예비타당성 중에 있다. 계룡역, 논산역, 강경역 등에 정차할 예정이다. 무궁화호 열차와 ITX새마을호(파란색) 열차가 다니고 있다(편도, 총

17회). 시간 차이는 크지 않다.

계룡역 남서쪽 측에 대실지구, 하대실지구, 하대실2지구가 위치해 있다. 대실지구는 현재 입주 상태이며, 하대실지구는 2023년 말, 하대실2지구는 2026년 말 준공 예정이다. 대실지구에는 이케아가 들어올 예정이었으나 취소되었다. 하대실지구에는 한국가스공사 기술교육원이 입주할 예정이다. 하대실2지구는 2022년 토지 보상을 시작으로 2026년 입주할 예정으로 2,153세대 규모다.

계룡역에서 가장 가깝게 위치한 계룡대림e편한세상(07.12/918)은 2억 8천만 원(22.8)에 거래되었다. 계룡한라비발디더센트럴(23.3/905)은 분양권이 4억 원 초반대에 거래되고 있다. 계룡푸르지오더퍼스트(22.8/883)는 분양권이 3억 원 중반에서 4억 원 초반에 거래되고 있다.

논산역에는 KTX, ITX, 무궁화 등 각각의 열차가 다 선다. 논산역 남측 10km에는 논산훈련소가 위치한다. 계룡과 논산은 군부대가 있어 입소 시기나 휴가 때 유동인구가 제법 있다. 논산시 중심으로 들어가면 스타벅스를 비롯해 제법 깨끗한

현장 스케치

차례대로 계룡역 초입부, 논산역 승강장. 제4차 국가철도망 구축계획에서 충청권 광역철도 3단계 사업으로 강경~계룡 구간이 포함되었다.

식당과 모텔이 많이 보인다. 장병들이 하루 전에 와서 다음 날 입소하는 경우도 적지 않다. 입소시간은 통상 평일 오후 2시라고 한다. 논산자르메지구 도시개발구역은 도시개발구역 지정 및 개발계획 수립, 지형도면 고시를 받게 되고 조합설립인가를 받아 환지 방식으로 사업을 추진한다. 토지주의 동의를 80% 이상 받았기에 사업이 본격화되었다. 논산수린나(18.3/307)는 2억 8천만 원(22.8)에 거래되었고, 논산대교코아루(15.10/318) 25평형은 2억 2천만 원(22.8)에 거래되었다. 논산역 근처 근생 1층은 2022년 5월 평당가 270만 원에 거래되었다. 단독주택은 2022년 3월 평당가 100만 원에 거래되었다.

강경역은 논산시 강경읍이다. 금강포구를 끼고 오래 전부터 모여 살았던 곳이다. 대전법원 논산지원이 있다.

동탄 ~ 청주공항 광역철도
동탄 ~ 청주공항 단선전철

총점: ★★☆

노선 가치: ☆ | 열차 운행: ☆ | 예산 투입: △ | 진행 속도: △ | 주변 개발: ☆(+☆)

연장: 78.8km | 총 사업비: 2조 2,466억 원

수도권 내륙선이라고도 불린다. 동탄역을 시점으로 안성역, 진천선수촌역, 충북 혁신도시역, 청주공항역 등에 정차될 예정이다. 2019년 11월 경기도지사, 충청북도 지사 등 6개 지자체장이 모여 상생협력 업무협약을 체결하기도 했다. 단선철도임에 도 광역철도 사업으로 구분된 점은 그래도 의미가 있지만 사업의 속도가 관건이다.

현장 스케치

차례대로 청주공항역, 청주공항 내부. 단선철도임에도 광역철도 사업으로 구분된 점은 그래도 의미가 있지만 사업의 속도가 관건이다.

안성역은 그동안 철도가 없어서 굉장히 불편했는데 수도권 내륙선과 평택부발선이 정차하는 환승역이 될 예정이다. 안성역 위쪽으로는 당왕지구가 있다. 2024년 10월에는 대단지 e편한세상안성그랑루체(24.10/1,370)가 준공을 예정에 두고 있으며, 안성금호어울림더프라임(24.1/1,240) 분양권의 매매호가는 2억 4천만 원~4억 원을 형성하고 있다. 안성역 예정 역 북쪽에 위치한 안성아양시티프라디움(18.5/688) 33평형은 5억 2천만 원(22.6)에 거래되었다. 아양택지지구 안성아양광신프로그레스(18.9/545) 33평형은 4억 5천만 원(22.7)에 거래되었다.

충북혁신도시역은 진천에 있다. 2018년 3단계까지 완료된 혁신도시 주변에는 11개 공공기관 및 서비스기관이 들어와 있으며, 2024년 12월에는 국립소방병원도 준공될 예정이다. 인근에는 성본산업단지, 맹동인곡산업단지, 용산일반산업단지 등 다양한 산업단지가 착공을 기다리고 있다. 충북혁신도시아모리움내안애(18.3/842) 33평형은 4억 5천만 원(22.6)에 거래되었다. 충북혁신리슈빌(18.11/1,315) 33평형은 3억 8천만 원(22.6)에 거래되었다.

대전 ~ 세종 ~ 충북 광역철도
반석 ~ 청주공항 복선전철

총점: ★★☆

노선 가치: ★ | 열차 운행: ☆ | 예산 투입: △ | 진행 속도: △ | 주변 개발: ☆

연장: 49.4km | 총 사업비: 2조 1,022억 원

대전, 세종, 충북을 잇는 광역철도 사업이다. 행정수도 완성과 충청권 메가시티 구축을 위해 지역 내 주요 거점(대전 반석역, 정부세종청사역, 조치원역, 오송역, 청주공항역 등)을 연계하는 광역철도 노선이다. 주요 도시 간 통행시간을 획기적으로 단축(청주-대전 120분 → 50분, 청주-세종 80분 → 30분)하고, KTX 오송역, 청주공항역 이용

편의를 제고하는 등 지역 내 인적·물적 교류 활성화를 통한 하나의 생활권 형성에 기여할 것으로 기대된다. 오송~청주공항 간 구체적인 노선계획은 사전타당성 조사 시 청주 도심 경유 노선을 포함해 대안별 경제성, 지역 발전 영향 등을 고려해 최적의 안으로 검토 및 추진된다. 세종을 비수도권이라고 할 수 있는가? 그 의미나 상징성은 이루 말할 수 없다. 대한민국의 최근 10년을 돌아보면 세종은 최대 성장세를 보인 곳이다. 실제로 현장에서는 "부동산 투자를 하면서 세종을 안 가봤다고 하면 투자 이야기를 꺼내지도 말라."는 이야기도 자주 오갔다.

다른 노선은 역 주변에 휑한 곳이 많고 수요도 한계가 있다. 그에 반해 1호선 반석역 주변, 세종시 일대, 오송역, 청주 구간은 수요가 적지 않다. 단서 조항을 달았지만 민심에 의하든, 경제성에 의하든 청주 도심을 통과할 가능성을 높게 본다.

본 노선의 의미와 한계는 분명하다. 의미는 KTX 확대에 따른 기존 철도 용량의 여유가 많아 이를 활용하는 측면이다. 환승 할인이 가능하기에 주동선이 이 철길과 연계상에 있다면 충분히 활용될 가치가 있다. 기존 일반열차에서는 버스나 다른 지하철로의 환승 할인이 불가능했다면 이를 가능하게 한다는 점에서 일정 이상의 수요는 확보될 것으로 예상된다. 한계는 노선 자체가 기존 전국망의 철도 선로여서 현재 역 주변의 도시적 기능은 크지 않다. 업무 밀집지역이나 주요 상권이 제한적이기에 확장하기 힘든 구조다.

제4차 국가철도망 구축계획을 같이 고려해보면 대전 1호선의 의미가 더 커졌다. 1호선 연장은 세종과 오송으로 연결되기 때문에 주변 아파트 단지와 재개발·재건축 단지를 다시 살펴봐야 한다. 대전, 세종, 충북은 나름 400만 명이 사는 도시다. 서울 접근성도 유리하고, 여러 기관 본사와도 가까워지고, 무엇보다도 세종시를 인근에 품고 있다. 광역철도의 의미를 되새겨보자.

대전 1호선 연장 외삼역은 외삼차량기지 내에 신설하는 역이다. 이 근처에 주거, 연구개발, 산업단지 등을 포함한 첨단국방산업단지 조성을 추진 중에 있다. 대전에 민간 기업이 기업할 수 있는 부지가 상대적으로 적은 편이기 때문에 입주에 관심을 가지는 회사가 줄을 서고 있는 상황이다. 2023년에 산업단지 분양을 시작한다고 한다. 만약 개통을 하게 되면 대전도시철도 최초의 지상철이 된다. 외삼역 예정지와 가장 가깝게 위치한 반석7단지삼부르네상스(04.11/834)는 3억 9천만 원(22.9)에 거래되었다.

세종터미널역은 행정중심복합도시3-1생활권의 중심에 있다. 세종고속터미널이 2025년 착공을 하려고 했으나 현재 부지 예산 문제와 광역철도 노선 포함 등의 변수로 인해 더디게 진행되고 있다. 제4차 국가철도망 구축계획에 세종터미널역이 포함되면서 환승센터의 기본계획 포함 등 여러 가지 문제가 생겨났고 계획이 지지부진해진 상태다. 터미널에서 가장 근거리에 위치한 해들2단지베아채(18.2/331)가 6억 3천만 원(22.5)에 실거래되었다. 대단지 해들4단지중흥S클래스에듀퍼스트(18.8/1,015)는 7억 4,500만 원(22.5)에 실거래되었다.

나성역은 행정중심복합도시2-4생활권이 개발 중에 있다. 어느 정도는 개발이 되었고 나머지 부지는 개발계획 중에 있다. 나성역 예정지 근처에 있는 나릿재1단지리더스포레(21.1/343)는 2022년 7월 기준 13억~14억 원의 매매호가를 기록 중에 있다. 대단지 나릿재2단지리더스포레(21.6/845)는 14억~17억 원의 매매호가를 형성 중에 있다.

천안청주공항선이 지나가는 오송역은 북쪽에는 역세권 개발 사업인 오송생명과학단지가 형성되어 있다. 오송역세권 개발 사업은 계속 무산되다가 2020년 청주시가 환지 방식으로 승인했다. 2021년 5월 14일 첫 삽을 떴다. 총 사업비 2,337억 원을 투입해 주거, 상업, 유통용지와 공공시설을 건설한다. 얼마 전 이주자 택지 추첨을 완료했다. 현재 오송역현대힐스테이트가 분양 완료 후 2024년에

현장 스케치

차례대로 반석역, 세종역 해들4단지중흥S클래스에듀퍼스트, 오송역. 청주공항역. 지역 내 인적·물적 교류 활성화를 통한 하나의 생활권 형성에 기여할 것으로 기대된다.

완공 예정 중에 있다. 오송컨펙스는 산업단지의 수요로 인한 컨벤션 및 MICE 수요로 인해 2021년 9월에 착공해 2024년에 개장할 예정이다. 2024년에는 2,415세대 오송역파라곤센트럴시티가 들어온다. 오송호반베르디움(10.8/634)은 4억 4천만원(22.6)에 실거래되었다.

대구권 광역철도(2단계)
김천~구미 복선전철(기존선)

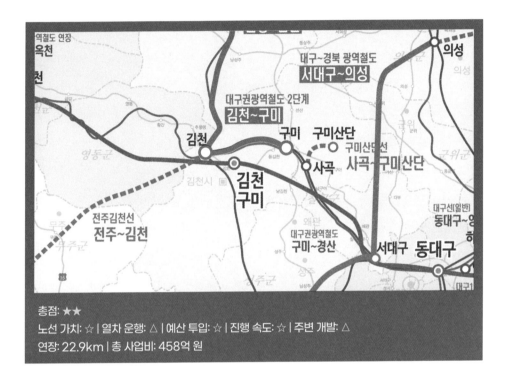

총점: ★★

노선 가치: ☆ | 열차 운행: △ | 예산 투입: ☆ | 진행 속도: ☆ | 주변 개발: △

연장: 22.9km | 총 사업비: 458억 원

대구권 광역철도는 대구광역시와 주변 지역을 연계하는 경부선을 활용한 철도 사업이다. 1단계 사업은 구미역에서 경산역까지 연결하는 사업으로 사곡역, 왜관역, 왜관공단역, 서대구역, 원대역, 대구역, 동대구역, 경산역 등에 정차할 예정이다. 광역철도로 지정된 사업으로 사업비의 70%를 지원받아 진행 중이다. 1일 편도 기준 60회 운행 예정이며, 이는 수도권 경강선의 운행 간격과 유사하다. 1편성 2량이라는 한계 때문에 민원 소지가 다분하다. 차량기지는 경산역으로 결정되었다.

이번에 반영된 2단계 사업은 총 사업비가 500억 원 미만으로 별도의 예비타당성 조사 없이 진행 가능하다. 한정된 예산으로 기존 역 개량 수준에 머무를 수밖에 없다는 한계도 있다. 김천시는 경북드림밸리 사업을 위해 율곡역 신설을 요청하고 있다. 기존 역 중심으로 부동산 시장을 보자.

구미 사곡역은 구미공단의 직장인들 수요가 몰릴 예정이다. 사곡역에서 대구역까지는 30분 정도 걸리기에 구미와 대구의 교통 연계가 이뤄질 전망이다. 구미 사곡지구 도시개발구역으로 최근에 지어진 1,210세대의 e편한세상금오파크(20.9/1,210)는 3억 8천만 원(22.10)에 거래되었다. 사곡역에서 가장 가까운 상모사곡화성파크드림(08.6/418)은 2억 6천만 원(22.8)에 거래되었다.

칠곡 왜관역 아래쪽에는 왜관택지개발예정지구가 있다. 현재 진행 중으로 단독주택과 상가가 들어와야 개발이 마무리된다. 이미 2018년 말에 칠곡왜관태왕아너스센텀(18.11/728)이 입주했고 3억 2천만 원(22.10)에 거래되었다. 왜관역에서 근거리에 위치하고 비교적 최근에 신축한 협성휴포레칠곡왜관(17.11/606)은 3억 5천만 원(22.5)에 거래되었다.

구미역 원평 1구역은 1,610세대 대단지 아파트가 2023년 11월에 입주 예정이다. 현대산업개발과 포스코건설이 컨소시엄하는 구미아이파크더샵이 입주 예정이다. 4억 1천만 원(22.9)에 실거래되었다. 원평 2구역은 2020년 관리처분 이후 이주를 시작했지만 현재 보상금 합의점을 찾지 못해 반대시위가 벌어진 상태다. 2,200세대 대단지로 시공사는 GS건설이며, 조합원이 272명으로 적기 때문에 사업성이 좋아 보인다. 33평형 조합원 분양가는 2억 8천만 원이며 피(P)는 2억 원대 중반으로 형성되어 있다. 원평 3구역은 시공사는 포스코건설로 선정했고, 861세

대로 공급될 예정이다. 조합원 수는 157세대다. 원평 1~2구역이 완성되고 마지막
으로 완성될 예정이다.

　김천역은 주공1단지(80.8/360)가 재건축 정비구역으로 지정 고시되었으며, 36타
입이 1억 원(22.6)에 실거래되었다. 주공1단지는 건폐율 30% 이하, 용적률 250%
이하를 적용한 432가구와 부대복리시설을 신축할 계획이다. 김천푸르지오더퍼스
트(24.6/703) 분양권은 3억 9,907만 원(22.7)에 실거래되었다.

현장 스케치

차례대로 구미역 외부, 구미역 내부, 구미역 구미아이파크더샵, 김천역. 대구권 광역철도는 대구광
역시와 주변 지역을 연계하는 경부선을 활용한 철도 사업이다.

대구 1호선 영천 연장
경산 하양역 ~ 금호 복선전철

총점: ★★☆

노선 가치: ☆ | 열차 운행: ★ | 예산 투입: △ | 진행 속도: △ | 주변 개발: △

연장: 5.0km | 총 사업비: 2,052억 원

대구도시철도는 대구지하철 1호선(연장 28.4km, 32개 역, 설화명곡역~안심역), 2호선(연장 31.4km, 29개 역, 문양역~영남대역), 3호선(연장 23.1km, 30개 역, 칠곡경대병원역~용지역, 모노레일) 등이 운영되고 있다. 이 중 1호선 안심역~하양역 구간 8.9km를 공사하고 있는데 사복역, 경일대역, 하양역 3개 역에 정차할 예정이다. 사복역은

2015년에 지어진 대구혁신도시 부지 하단에 건설 중에 있다. 예전 대구선 부지를 활용해 역이 건설된다. 경일대역, 하양역(역간 거리 1.7km)이 연장되면 대구에서 통학하는 대학생들과 산업단지의 근무자들의 교통 여건이 개선될 것으로 보인다. 근처에 경일대학교, 대구가톨릭대학교 등이 있어 학생들 수요가 많고, 진량공단 등 산업단지에는 다수의 근로자들이 근무하고 있다.

본 사업은 하양역 이후 대구대역과 금호역까지 이어지는 연장 사업이다. 당초 영천시는 영천역까지 1호선을 연계하려고 했으나, 우선적으로 렛츠런파크 영천 개발을 추진하고자 금호역 정차를 요청해 이번 사업에 반영되었다.

하양역은 대구선이 운행 중에 있으며, 1호선 공사가 한창이다. 승강장과 역 사이를 공사 중에 있다. 하양역은 대구선(일반철도)과 대구 1호선(지하철)이 정차한다. 경산하양금호어울림(23.1/626)의 2022년 7월 기준 분양권 매매호가는 2억 원 초중반을 형성했다. 하양역 근처 경산하양롯데낙천대2차(06.6/486)는 2억 9천만 원 (22.9)에 실거래되었다.

현장 스케치

차례대로 하양역, 영천역. 대구선을 활용해 1호선을 연장 운행한다.

대구~경북 광역철도
서대구~의성 복선전철

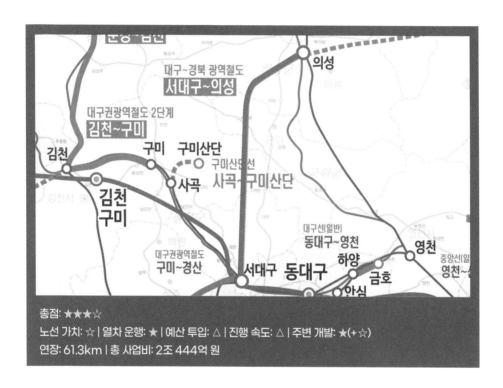

총점: ★★★☆

노선 가치: ☆ | 열차 운행: ★ | 예산 투입: △ | 진행 속도: △ | 주변 개발: ★(+☆)

연장: 61.3km | 총 사업비: 2조 444억 원

    대구~경북 광역철도 사업은 30분대 접근 교통망 구축을 통한 공항 이용객 편의 제고 등 대구·경북통합신공항 건설을 위해 필요한 사업이다. 서대구역을 중심으로 KTX 서대구역, 대구권 광역철도(구미~경산), 대구산업선(서대구역~국가산업단지), 달빛내륙철도(대구~광주) 등이 연계되면, 대구·경북 광역경제권 형성을 위한 인적·물적 교류 및 관광산업 등이 활성화되어 지역 경제 발전에 기여할 수 있다. GTX 열차 도입이 가능한 구간으로 핵심은 대구·경북통합신공항이다. 신공항 이전 속도에 따라 본 사업이 속도감 있게 추진될 수 있다. 서대구역 기능 확장에 따라 주변 재개발 단지를 체크해봐야 한다. 공급물량이 너무 많아서 단기적으로 가격 상승에 제한적 요소가 많지만, 구도심의 전체적인 변화에 따른 신도시 같은 느낌으로 변모될 가능성이 높다. 본 노선에 따라 상대적으로 입지가 부족한 의성역 주변과 신설선에 의한 추가 역 부지를 눈여겨볼 만하다. 또한 기존 도심에 있는 공항 이전에 따른 고도 제한 해제로 인한 가치 상승에 포인트를 두고 싶다.

단순하게 철도망 호재로만 본다면 서대구역이 으뜸이다. 서대구역은 대구 서구 평리동에 위치하며 2022년 3월 KTX 정차역으로 정식 개통했다. 서대구역 개통으로 인해 포화 상태인 동대구역의 교통 기능을 분산하는 효과를 가져왔다. 추후에는 2027년에 대구산업선이 개통될 예정이며, 서대구~광주 간의 달빛내륙선이 현재 사전타당성 조사 중이다. 더불어 서대구역세권이 개발계획 중에 있다.

현재 평리동 쪽에는 재개발이 현재진행형이다. 8,300여 세대 대규모 주거타운으로 바뀔 예정이다. 평리 1구역은 현재 조합분양 신청을 받고 관리처분단계에 있다. 한신공영에서 시공을 하고, 780세대를 지을 예정이다. 2022년 7월 매매호가는 1억 원 후반에서 3억 원 초반에 거래되고 있다. 평리 2구역은 현재 관리처분인가를 앞두고 있으며, 두산건설과 일성건설의 컨소시엄으로 지어질 예정이다. 1,030여 세대가 입주할 예정이다. 2022년 7월 매매호가는 1억 원 후반에서 4억 원 초반이다. 4억 원대는 아파트와 상가를 같이 받는 형태다. 평리 3구역은 1,418세대의 서대구KTX영무예다음으로 2023년 3월에 입주할 예정이다. 2022년 7월 기준 4억 원 중반대로 가격이 형성되어 있다.

평리 4구역은 관리처분인가를 받고 이주 중인데 시공사는 한라건설이다. 1,151세

차례대로 서대구역, 의성역. 대구·경북통합신공항 이용을 위해 철도망이 연결된다.

대가 입주할 예정이며, 조합원은 598명이다. 2022년 7월 기준 매매호가는 1억 원 후반에서 2억 원 후반으로 형성되어 있다. 평리 5구역은 서대구역센텀화성파크 드림이라는 이름으로 2024년 8월에 입주할 예정이며, 총 1,404세대이며, 조합원은 392세대다. 2022년 7월 기준 피(P)는 2억 원 초반으로 5억 원 초반에 매매호가가 형성되어 있다. 평리 6구역은 서대구역서한이다음더퍼스트라는 이름으로 2023년 4월에 856세대로 입주할 예정이다. 2022년 7월 기준 4억 원 초반에서 후반대로 매매호가가 형성되어 있으며 마이너스피(-P)로 거래되는 물건도 보인다. 평리 7구역은 1,594세대의 대단지로 4억 원 후반에서 5억 원 초반의 매매호가로 거래 중에 있다. 2023년 10월에 입주할 예정이다.

부산~양산~울산 광역철도
부산 노포~울산역 복선전철

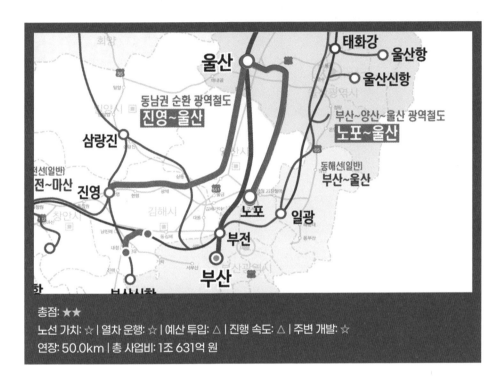

총점: ★★
노선 가치: ☆ | 열차 운행: ☆ | 예산 투입: △ | 진행 속도: △ | 주변 개발: ☆
연장: 50.0km | 총 사업비: 1조 631억 원

부산, 양산, 울산으로 이어지는 광역철도 사업이다. 비수도권에서 가장 많은 인구를 가지고 있는 부산, 울산, 경남을 1시간 생활권으로 묶는 '동남권 메가시티' 조성을 위한 핵심 사업이다. 철도 중심의 대중교통체계 구축(부산도시철도 1호선, 울산도시철도 1호선, 양산선 도시철도와 연계)을 통해 지속적으로 증가하는 지역 간 통행량으

로 인한 교통 문제를 해소하고 저탄소 녹색교통 구현에 기여할 것으로 기대된다.

KTX 울산역과 1호선 노포역의 연결이다. 이 노선은 GTX보다는 트램으로 검토되었다. 노포역 주변은 시골 외곽의 느낌이고, KTX 울산역 주변도 아직은 한가하다. 노선 자체가 남북을 연결하는 좋은 축으로 보이나, 수요적 측면에서 매우 부족한 게 현실이다. 동해선 태화강역 개통이 오히려 더 기대된다.

울산역은 울산 'KTX 역세권 복합특화단지' 구역 사업으로 도시개발구역 지정 및 계발계획 수립 및 고시를 했다. 면적 153만m²에 1만 1천 세대의 산업, 연구, 교육, 정주 기능이 있는 스마트 자족도시를 만드는 뉴딜사업이다. 비용은 공공과 민간이 55:45로 진행한다. 2025년 사업을 준공할 계획이며 부지 보상과 환지 절차는 2022년 9월부터 시작될 전망이다. 경부고속철도 역세권 도시개발구역은 2023년까지 완공을 목표로 이미 KTX울산우성스마트시티뷰와 울산역신도시동문굿모닝힐 등 주거용 아파트가 들어섰다.

동남권순환 광역철도
진영 ~ 울산역 복선전철

총점: ★★

노선 가치: ☆ | 열차 운행: ☆ | 예산 투입: △ | 진행 속도: △ | 주변 개발: △

연장: 51.4km | 총 사업비: 1조 9,354억 원

동남권순환 광역철도 사업은 KTX 울산역을 기점으로 북정역, 물금역, 진영역 등에 정차한다. 전체 구간을 보면 양산시 구간이 가장 길어 물금신도시를 수혜 지역으로 꼽고 있다. 2020년 경남도지사는 울산역을 기점으로 울산 도심, 부산, 김해, 창원까지 이르는 동남권 메가시티 구축을 위한 광역철도망을 제시한 바 있다.

현장 스케치

차례대로 양산 복정 양산선 공사현장, 양산 복정 시내. 동남권순환 광역철도 사업은 KTX 울산역을 기점으로 북정역, 물금역, 진영역 등에 정차한다.

다만 사업비 대비 수요를 검증해보면 경제성에 한계를 드러낼 수 있다.

본 노선을 동남권순환 광역철도라고 부르는 이유는 2020년 10월, 도지사가 한국판 뉴딜 전략회의에서 경남 지역의 대순환철도를 발표하면서다. KTX 울산역~진영역을 넘어 창원, 부산 사상, 부전, 일광, 울산 지역까지 연결하는 하나의 원을 그리겠다는 의도였다. 그 일환에서 본 사업이 진행되고 있으나 막대한 공사비와 경제성을 고려한다면 사업의 속도는 빠르지 않을 듯하다.

진영역은 역세권 개발 이야기가 나왔으나 지금은 소강 상태다. 협성휴포레진영(17.3/534) 전용면적 76m²는 2억 1천만 원(22.7)에 실거래되었다. 진영역 인근 최근 거래된 단독주택은 2021년 토지 평당가 240만 원대에 실거래되었다. 토지는 평당가 237만 원대에 거래되었으며, 진영역 근처의 경우 2022년에 거래된 현황은 없다.

광주~나주 광역철도
상무역~나주역 복선전철

총점 : ★★☆

노선가치 : ☆ | 열차운행 : ☆ | 예산투입 : △ | 진행 속도 : △ | 주변개발 : △(+☆)

연장 : 28.1km | 총 사업비 : 1조 5,235억 원

본 사업에 앞서 광주 2단계 사업을 이해해야 한다. 광주광역시는 2021년 6월 남구청 앞 백운광장 주변 도시철도 2호선 건설공사, 그리고 대남대로 지하차도 건설공사를 시작으로 본 사업에 본격 착수하기로 했다. 2호선이 이제 본궤도에 올라와서 공사가 하나씩 진행되면 1단계 구간은 2026년에 이용이 가능해 보인다. 이

후 단계별로 진행될 예정이다. 10년 동안의 시간이 이제 본격화되었다는 뜻이다. 일부 차선이 축소되면서 출퇴근길 러시아워 교통 혼잡이 예상되었지만, 대부분 개착터널 방식으로 진행되는 만큼 차량 통제는 불가피했다. 몇 년 후면 광주에서도 지하철을 흔히 볼 수 있을 듯하다.

경상도에 비하면 인구수나 발전의 속도가 느리지만 지역 나름의 역할은 분명 있어 보인다. 상무지구와 전남대학교, 조선대학교 주변이 왠지 눈에 들어온다. 철도계획이나 역세권의 의미는 수도권과 광역대단위, 광역 내 도시철도에 따라 사뭇 다를 수 있다. 이는 철도망이 갖고 있는 영향력과 교통수단의 대안 효과에서 그 의미를 찾을 수 있다. 자가용으로 출퇴근하고 싶어도 출퇴근 혼잡과 주차시설 미비 등으로 인해 서울로의 자가용 진입은 한정된 인원만 가능하다. 따라서 정시성을 확보할 수 있는 수도권 전철의 파급력은 상대적으로 클 수밖에 없다. 이에 반해 지방 광역 단위는 자가용 이용 시 수도권보다는 전체적으로 여유가 있고, 정시성 확보도 용이하다.

수요적 측면에서도 쉽게 말해 '쪽수'가 다르다. 이용자 수만 단순 비교해도 일일 이용객이 수백만 명에 이르는 수도권과 수만 명에도 이르지 못하는 광역 단위 이용객의 수는 비교 자체가 무의미하다. 그렇기에 역세권의 가치와 주택 시장, 특히 아파트 시장은 이에 민감할 수밖에 없다. 역세권 투자는 수도권은 아파트, 상업, 업무용 중심으로 보고, 광역대 단위도 이에 준하여 살펴보되 KTX나 ITX 신설용은 토지를 중심으로 봐야 그 효과를 제대로 누릴 수 있다.

정도의 차이는 있지만 전체적인 가격대는 신축 위주로 차이를 보이는 듯하다. 광주 전역을 도는 순환선이지만, 지하로 연결되어 1호선과 더불어 대부분의 지역을 훑고 가는 모습이다. 이에 더해 나주까지 연결되는 광역철도망이 연결된다면 의미는 더 커질 수 있다.

차례대로 나주역, 나주혁신도시, 광주-나주 광역철도 사업은 광주도시철도 1호선(상무역)과 광주·전남 혁신도시, 호남고속철도 나주역을 연계한 광역철도망 구축 사업이다.

광주~나주 광역철도 사업은 광주도시철도 1호선(상무역)과 광주·전남 혁신도시, 호남고속철도 나주역을 연계한 광역철도망 구축 사업이다. 지역 간 이동시간을 단축(광주-나주 81분 → 33분)하고, 광역경제·생활권 형성에 기여하고, 광주 남구 에너지밸리산업단지 및 도시첨단산업단지 조성, 나주 한국에너지공과대학교 설립 등 장래 수요에 대비할 수 있을 것으로 기대된다.

그런데 노선 연장이 짧다. GTX 열차 도입이 효과적이지 못할 수 있다. KTX 나주역에서 나주혁신도시(한국에너지공과대학교 등)를 거쳐 상무역으로 연결되는 노선이다. 본 노선은 아무래도 나주혁신도시의 의미가 상당하다. 나주혁신도시는 현재 다른 지역으로 연결되는 대중교통이 불편하다. 광주 상무는 광주 핵심 지역이다. 이와 한 번에 연결되고, KTX까지 연결된다면 숨통이 트이는 역할을 톡톡히 할 것이다. GTX 열차 도입은 핵심역이 필요할 수밖에 없다. 본 구간은 GTX역보다는 급행열차면 충분하다. 이에 따라 중간중간 정차하는 역도 살펴보지 않을 수 없다.

용문~홍천 광역철도
용문~홍천 단선전철

총점: ★★
노선 가치: ☆ | 열차 운행: ☆ | 예산 투입: △ | 진행 속도: △ | 주변 개발: △
연장: 34.1km | 총 사업비: 8,537억 원

　용문~홍천 광역철도는 경의중앙선(용문역)과 연계되는 강원권 최초의 광역철도 노선이다. 개량 중인 중앙선과 충북선 연계 운행 등으로 지역 개발 촉진과 함께 국가 균형 발전을 유도할 것으로 기대된다. 그런데 사업성을 보면 애매하다. 경상도 2개, 전라도 1개, 충청도 1개…. 그냥 강원도도 한 자리를 채운 느낌이다. 최근 춘천~속초 사업성에 대한 문제를 TV에서 대대적으로 다루며 혼쭐을 냈다. 본 노선도 그에 못지않다고 본다. 홍천군 인구는 7만 명이 채 되지 않는다. 단일노선보다는 연계노선으로 검토될 수도 있는데 이 또한 사업성을 넘기기가 쉽지 않아 보인다. 지역 균형 발전을 위해 예비타당성 면제 사업으로 진행된다고 하더라도 사업이 속도감 있게 진행되기는 어려워 보인다.

경의중앙선이 지나가는 용문역부터 살펴보자. 경기도 양평군 용문면 다문리 766번지 일원에 양평다문지구가 있다. 양평다문지구는 단독주택과 공동주택으로 이뤄진다. 환지 방식으로 추진하고 단지 조성 공사가 완료되었다. 양평다문지구반도유보라아이비파크(23.7/740)가 2023년 7월에 입주 예정이다. 3억 9천만 원(22.8)에 실거래되었다. 가장 최근에 지어진 밀레니엄(20.8/72) 29평형은 3억 5천만 원(22.3)에 실거래되었다.

철도가 없던 홍천에 용문홍천선이 연결될지 지켜보자. 이번 민선8기는 국가항체 클러스터 조성, 홍천 드라마테마파크&스튜디오 유치 등과 함께 용문~홍천 간 철도 사업 조기 착공을 지역 발전을 위한 주요 전략으로 선정하고 추진 중이다. 용문홍천선이 연결되면 서울역에서 홍천까지 경의중앙선이 연결된다. 강원인력개발원 부지에 조성되는 홍천 국가항체 클러스터는 4만 5,697m² 부지에 사업비 600억 원을 들여 코로나19 등 신종 감염병에 대응할 백신 및 치료제 개발 사업을 육성할 것이다. 홍천역 예정 역에서 가까운 곳에 위치한 삼호2차(00.10/465) 20평형은 7,500만 원(22.7)에 실거래되었다.

대한민국 역세권 입지지도

부의 레벨을 올리는
역세권 투자

초판 1쇄 발행 2022년 11월 5일

지은이 표찬(밴더빌트)
펴낸곳 원앤원북스
펴낸이 오운영
경영총괄 박종명
편집 이광미 최유정 김형욱 양희준
디자인 윤지예 이영재
마케팅 문준영 이지은 박미애
등록번호 제2018-000146호(2018년 1월 23일)
주소 04091 서울시 마포구 토정로 222 한국출판콘텐츠센터 319호 (신수동)
전화 (02)719-7735 | **팩스** (02)719-7736
이메일 onobooks2018@naver.com | **블로그** blog.naver.com/onobooks2018
값 24,000원
ISBN 979-11-7043-349-1 03320